T0272626

Entra en mi habitación del TRADING

Una guía completa para el *trading*

Dr. Alexander Elder

EDICIONES OBELISCO

Colección Empresa
ENTRA EN MI HABITACIÓN DEL *TRADING*
Dr. Alexander Elder

1.ª edición: noviembre de 2023

Título original: *Come Into My Trading Room*

Traducción: *David George*
Maquetación: *Juan Bejarano*
Corrección: *Sara Moreno*
Diseño de cubierta: *Isabel Estrada*

© 2002, 2022, Alexander Elder
(Reservados todos los derechos)
© 2023, Ediciones Obelisco, S. L.
(Reservados los derechos para la presente edición)

Edita: Ediciones Obelisco, S. L.
Collita, 23-25. Pol. Ind. Molí de la Bastida
08191 Rubí - Barcelona - España
Tel. 93 309 85 25
E-mail: info@edicionesobelisco.com

ISBN: 978-84-1172-062-5
DL B 17289-2023

Impreso en SAGRAFIC
Passatge Carsí, 6 - 08025 Barcelona

Printed in Spain

A los participantes en mis campamentos

Introducción

«Puedes ser libre. Puedes vivir y trabajar en cualquier lugar del mundo, independizarte de la rutina y no tener que responderle a nadie». Con esas palabras empecé mi primer libro, *Vivir del trading: Trading for a living.* Uno de mis mayores placeres en los años desde su publicación ha sido conocer y trabar amistad con gente que alcanzó la libertad gracias al trading exitoso.

Organizo, varias veces al año, un campamento para traders consistente en una semana de clases intensivas en complejos vacacionales remotos. Disfruto con los éxitos de los asistentes al campamento. Un corredor de bolsa se convirtió en un trader a jornada completa, cerró su negocio y se mudó a Río de Janeiro para dedicarse a lo que siempre le había interesado: las mujeres latinas. Una psicóloga se convirtió en una escritora tan exitosa que pudo costearle una jubilación temprana a su marido y se mudó con él a las Islas Vírgenes para convertirse en una experta en lo que ella llama «tumbarse simultáneamente en hamacas». Un hombre se compró una montaña en Vermont y opera en la bolsa desde la casa que se construyó en la cima. Desearía que todos los alumnos pudieran triunfar, pero no es tan fácil.

¿Cuántos psiquiatras hacen falta para cambiar una bombilla? Sólo uno, pero la bombilla tiene que querer cambiar.

Para tener éxito en el trading necesitas varias características innatas sin las cuales no deberías ni siquiera empezar. Éstas incluyen la disciplina, la tolerancia al riesgo y ser bueno con los números. Un tipo gordo que suela ir bebido y no pueda abandonar el vicio del tabaco es improbable que sea un buen trader, ya que carece de disciplina. Un quisquilloso que se obsesione por cada céntimo será alguien demasiado tenso como para vivir con los riesgos del mercado. Un soñador que no pueda hacer unas operaciones matemáticas sencillas sobre la marcha se perderá cuando los precios cambien rápidamente.

Además de la disciplina, la tolerancia al riesgo y ser bueno con los números, el trading exitoso requiere de las siglas MMD (mente, método y dinero). Mente significa desarrollar normas psicológicas que te mantengan tranquilo en medio del ruido de los mercados. Método es un sistema de análisis de precios y de desarrollo de un árbol de toma de decisiones. El dinero se refiere a la gestión del dinero, que implica arriesgar sólo una pequeña parte de tu capital para el trading en cualquier transacción. Piensa en la forma en la que un submarino está dividido en varios compartimentos de modo que no se hunda si una sección se inunda: debes estructurar tu cuenta de esta forma. Psicología, tácticas de trading y gestión del dinero: puedes aprender estas habilidades.

¿Cuánto tiempo llevará que te conviertas en un trader competente y cuánto te costará? ¿Qué normas implementar, qué métodos usar, cómo repartir tu capital para el trading? ¿Qué deberías estudiar en primer, segundo y tercer lugar? ¿En qué mercados deberías operar y cuánto dinero puedes esperar ganar? Si estas cuestiones te interesan, has escogido el libro adecuado.

Puedes tener éxito con el trading. Ya se ha hecho antes y lo está haciendo hoy, en este preciso instante, gente que ha empezado desde cero, ha aprendido a operar en la bolsa y se está ganando muy bien la vida con ello. Los mejores ganan fortunas, y otros fracasan debido a la ignorancia o la falta de disciplina. Si estudias cuidadosamente este libro, la ignorancia no supondrá un problema y me oirás gritarte una y otra vez dirigiéndote hacia un trading disciplinado, responsable y profesional.

El trading es un viaje de autodescubrimiento. Si disfrutas aprendiendo, si no te asusta el riesgo, si las recompensas te atraen y si estás dispuesto a dedicarle trabajo, tienes un gran proyecto por delante. Trabajarás duro y disfrutarás de los descubrimientos que hagas a lo largo del camino.

Te deseo éxito. Ahora empecemos.

Cómo está organizado este libro

Los libros escritos desde el corazón toman su propia dirección. Se desarrollan y cambian en el proceso de su redacción. Empiezas con un plan, pero el libro toma el mando y antes de darte cuenta estás yendo mucho más lejos de lo planeado.

Empecé a escribir este libro hace tres años en un vuelo a Nueva York, cuando regresaba de un campamento para traders celebrado en México. Habíamos tenido más principiantes de lo normal, muchos de ellos mujeres. No dejaban de preguntar por algún libro al que llamaban, en tono de broma, *Trading para dummies.* No había tontos en nuestro grupo. Los participantes en el campamento eran listos, agudos y estaban motivados, pero necesitaban aprender las reglas y las herramientas. Se me ocurrió que escribiría una breve introducción práctica, lo titularía *Trading financiero para principiantes en pañales,* y que lo tendría listo para las Navidades.

Pasaron tres Navidades antes de completar mi proyecto. La parte para los principiantes fue fácil, pero seguí entrando en las profundidades del trading, compartiendo lo que había aprendido en los nueve años que habían pasado desde la publicación de *Vivir del trading: Trading for a living*. Desarrollé nuevos indicadores y sistemas. Mi gestión del dinero se volvió más nítida y desarrollé un nuevo enfoque para el mantenimiento de registros. Mi trabajo con cientos de traders me mostró cómo enseñar a la gente a darle la vuelta a su vida con el trading y pasar de los saltos aleatorios de entrada y salida a un estilo profesional tranquilo. Tómate unos minutos para leer cómo está organizado este libro de modo que puedas sacarle todo el jugo.

La primera parte («Trading financiero para principiantes en pañales») está escrita principalmente para aquellos que están empezando a interesarse por el trading. Expone asuntos cuyo dominio es esencial para el éxito y coloca señales de peligro alrededor de los obstáculos más importantes. Incluso los traders experimentados harían bien en revisar este capítulo, especialmente el concepto de los obstáculos externos para el éxito, que nunca se había explicado con todo lujo de detalle en la literatura sobre el trading, y la crítica de la teoría del mercado eficiente.

La segunda parte («Las siglas MMD para el trading exitoso»), te enseña los tres aspectos clave del trading: la mente, el método y el dinero. La mente es tu psicología para el trading. El método es cómo abordas el encontrar transacciones y tomas decisiones para entrar y salir. El dinero es cómo gestionas tu capital para el trading para la supervivencia y el éxito a largo plazo. Una vez que revisemos las normas psicológicas, compartiré contigo mis herramientas de análisis favoritas, algunas de las cuales no he revelado nunca. Nos ocuparemos del análisis de los sistemas, el trading intradía y un nuevo método para fijar *stops*. La estrategia, paso a paso, de gestión del dinero no ha aparecido nunca antes en la literatura sobre el trading.

La tercera parte («Entra en mi habitación del trading») nos proporciona otro primer conjunto de instrucciones precisas para organizar tu tiempo y tu esfuerzo, además de para llevar unos buenos registros. Un mantenimiento adecuado de registros es una marca distintiva de un trading exitoso. Unos buenos registros te ayudan a aprender de tus errores y también de tus victorias. Sabes que deberías llevar registros, pero ahora verás exactamente cómo hacerlo. Para cuando hayas acabado de trabajar toda esta sección, nadie podrá llamarte un «bebé perdido en el bosque».

Tómate tu tiempo mientras leas este libro, haz anotaciones, regresa a las secciones que más te interesen. Este libro sintetiza veinte años de trading y de experiencia en la enseñanza. Me llevó tres años escribirlo y probablemente lleve más de una lectura extraer todo su valor. Carga tu *software* de gráficos, saca los registros de tus transacciones y evalúa todos los conceptos con tus propios datos. Sólo el análisis hará que estas ideas se conviertan en las tuyas propias.

Para cuando abandones mi habitación del trading te encontrarás en una posición para llevar tu trading a un nivel más elevado, inteligente y exitoso.

¿Hombre o mujer?

Casi todos los escritores de libros de no ficción se enfrentan a este dilema: qué pronombre personal usar: ¿Él? ¿Ella? ¿Él o ella?

Los traders hombres superan a las traders mujeres en una proporción de veinte a uno, aunque esta proporción se está volviendo más equilibrada rápidamente, ya que cada vez más mujeres entran en los mercados. En nuestros campamentos para traders, que atraen al segmento más avanzado de los traders, ya hemos pasado de una gran preponderancia de hombres a estar cerca de la paridad.

Me encuentro con que el porcentaje de traders de éxito es superior entre las mujeres. Tienden a ser menos arrogantes, y la arrogancia es un pecado mortal en el trading. El ego masculino, esa maravillosa característica que nos ha traído guerras, revueltas y derramamientos de sangre desde tiempos inmemoriales, tiende a quedar muy absorto en el trading. Un tipo estudia sus gráficas, decide comprar y ahora su autoestima está implicada: ¡tiene que tener razón! Si el mercado va como él quiere, espera que le dé todavía más razón: cuanto más mejor. Si el mercado va en su contra, es lo suficientemente duro para soportar el dolor y espera a que el mercado revierta y le dé la razón, mientras destroza su cuenta.

Las mujeres traders, por otro lado, es mucho más probable que hagan una sencilla pregunta: ¿dónde está el dinero? Les gusta tomar los beneficios y centrarse en evitar las pérdidas en lugar de demostrarse que tienen la razón. Las mujeres es más probable que se adapten a las circunstancias y se dejen llevar, pillen una tendencia y salgan un poco antes, registrando beneficios. Cuando les digo a los traders que llevar registros es un aspecto enormemente importante de su éxito, las mujeres es más probable que los lleven que los hombres. Si estás planteándote contratar a un trader, y si el resto de los factores son iguales, yo te recomendaría que buscases a una mujer.

Pese a ello, hay muchos más traders hombres que mujeres. En lengua inglesa (y en otros idiomas), que son lo que son, «él» fluye mejor que «él o ella» o que saltar de un pronombre personal al otro. Para hacer la lectura más fácil, usaré el pronombre personal masculino a lo largo de este libro. Confío en que comprenderás que no pretendo faltar al respeto a las mujeres traders. Quiero que este libro sea de más fácil lectura para todos, independientemente de su sexo, en cualquier lugar del mundo.

PRIMERA PARTE

TRADING FINANCIERO PARA PRINCIPIANTES EN PAÑALES

¿Los traders nacen o se hacen? La respuesta no es fácil. Tanto la aptitud como el aprendizaje son importantes, pero en distintas proporciones para cada persona. En un extremo tenemos a los genios natos que necesitan de muy poco aprendizaje, y en el otro tenemos a los apostadores y los zoquetes, a los que no es probable que las clases vayan a ayudarles. El resto de nosotros nos encontramos en medio de esa curva: con algunas aptitudes, pero necesitados de educación.

Un genio tiene poca necesidad de libros porque tiene un instinto y talento fantásticos con respecto al mercado. Un apostador está demasiado ocupado «colocándose» con la adrenalina. Este libro se ha escrito para el trader que se encuentra en medio de estos dos extremos.

CAPÍTULO 1

¿Invertir? ¿Operar en la bolsa? ¿Apostar?

Un recién llegado al mercado se enfrenta a tres caminos que le conducen hacia un bosque lleno de tesoros y peligros. La primera senda, para los inversores, discurre por las zonas más soleadas. La mayoría de los que la toman salen con vida, por no decir mucho más ricos. Otro camino, que es para los traders, nos conduce hacia el corazón del bosque. Muchos viajeros desaparecen, pero los que salen parecen ricos. La tercera senda es un atajo que lleva a los apostadores hacia los pantanos.

¿Cómo puedes distinguir qué camino es cada cuál? Debes escoger tu senda cuidadosamente porque si no acabarás en el sendero de los apostadores, especialmente porque se cruza con los caminos de los inversores y de los traders. Regresaremos a esta cuestión en los capítulos sobre la psicología del trading.

Un inversor inteligente

Los inversores sacan provecho reconociendo nuevas tendencias en la economía e invirtiendo en ellas antes de que los demás se den cuenta de la oportunidad. Un inversor experto puede ganar un enorme porcentaje de beneficios manteniendo su posición sin ser tremendamente activo.

Allá por la década de 1970, compré acciones de una compañía llamada KinderCare que gestionaba una cadena de guarderías. Intentaron hacerlas tan uniformes y fiables como las hamburguesas de McDonald's. KinderCare atendía a los *baby boomers* que estaban teniendo bebés a diestro y siniestro. La mitad de mis amigas estaban embarazadas en esa época. Se estaba dando un importante cambio social en EE. UU., y el empleo femenino estaba alcanzando cifras de récord. Alguien tenía que cuidar de los bebés de todas esas familias con dos fuentes de ingresos, y las acciones de KinderCare subieron como la espuma gracias a una nueva tendencia social.

AT&T tenía el monopolio de las llamadas telefónicas a larga distancia. Entonces, a finales de la década de 1970, una pequeña y atrevida empresa advenediza llamada MCI ganó una batalla legal que le permitió competir con AT&T. La era de la liberalización había llegado, y las acciones de MCI (la primera compañía que había entrado en la brega) se vendían por tres dólares, presentando otra gran oportunidad para subirse al carro de una nueva tendencia.

Hace algunos años volé a Nueva York desde el Caribe con mi amigo George. Se hizo millonario comprando 30 000 dólares en acciones de Dell antes de que la mayoría de la gente hubiese oído hablar de esta compañía, vendiendo estas acciones en su valor máximo, 3 años después, con la ayuda del análisis técnico. George, que estaba despatarrado en su asiento en primera clase, estaba leyendo cuidadosamente a varios asesores en inversiones, intentando detectar la siguiente tendencia en la tecnología de Internet. ¡Cuánta razón tenía! Al cabo de un año, las acciones de Internet estaban por las nubes, desafiando a la ley de la gravedad.

Ése es el cebo de la inversión. Si puedes comprar un paquete de acciones de Dell a cuatro dólares por acción y obtener ochenta dólares por cada una de ellas algunos años después, es fácil irse de vacaciones en avión a un complejo vacacional durante una semana en lugar de sentarse frente a un monitor estando atento a cada mínimo cambio (tick).

¿Cuáles son las desventajas? Invertir requiere de unas elevadas dosis de paciencia y de una inmensa cantidad de confianza en uno mismo. Para comprar acciones de Chrysler después de que fuera rescatada tras estar al borde de la bancarrota, o de buscadores de Internet antes de que nadie supiera qué significaban esas palabras, tenías que tener un elevado nivel de confianza en tu capacidad para interpretar las tendencias de la sociedad y de la economía. Todos somos muy listos a toro pasado, muy poco son listos en las primeras fases del juego y sólo un mínimo porcentaje de la gente dispone de la fortaleza emocional para hacer una gran apuesta con respecto a su visión y aferrarse a ella. Los que pueden hacer esto de forma constante, como Warren Buffett o Peter Lynch, son aclamados como superestrellas.

Un trader inteligente

Los traders ganan dinero apostando a fluctuaciones de precios a corto plazo. La idea consiste en comprar cuando nuestra interpretación del mercado nos dice que los precios están subiendo y en vender cuando la tendencia alcista pierde fuerza. Como alternativa, podemos apostar por una bajada y vender a corto cuando nuestro análisis apunte hacia una tendencia bajista, cerrando cortos cuando la tendencia bajista empiece a tocar fondo. La idea es sencilla, pero su implementación es difícil.

Es difícil convertirse en un gran analista, pero es más difícil convertirse en un gran trader. Los principiantes suelen asumir que pueden ganar dinero porque son listos, dominan la informática y tienen un historial de éxito en los negocios. Puedes adquirir un ordenador potente e incluso comprarle a un vendedor un sistema con una eficiencia probada, pero invertir dinero en él es como intentar sentarse en un taburete de tres patas al que le faltan dos patas. Los otros dos factores son la psicología y la gestión del dinero.

Equilibrar tu mente es tan importante como analizar los mercados. Tu personalidad influye en tus percepciones, haciendo que sea un aspecto clave en tu éxito o fracaso. Gestionar el dinero en tu cuenta de trading es esencial para sobrevivir a las inevitables bajadas y prosperar a largo plazo. La psicología, el análisis de los mercados, la gestión de dinero: debes dominar estos tres aspectos para convertirte en un éxito.

Hay dos enfoques principales para aprovecharse del comportamiento de la multitud. El primero es el trading de impulso: comprar cuando una onda empieza a atravesar a la multitud, haciendo que el mercado suba, y vender cuando esa onda empiece a perder intensidad. Identificar una nueva tendencia cuando es naciente supone un reto. A medida que la tendencia acelera y la multitud se vuelve eufórica, los aficionados se enamoran de sus posiciones. Los profesionales permanecen tranquilos y monitorizan la velocidad de la tendencia. En cuanto se dan cuenta de que la multitud retorna a su adormecimiento habitual, recogen sus beneficios sin esperar a una reversión.

El otro método es la estrategia de ir en contra de las tendencias. Implica apostar contra las desviaciones y por la vuelta a la normalidad. Los traders que van en contra de las tendencias venden a corto cuando una ruptura alcista empieza a avanzar a una velocidad desmesurada y cubren cortos cuando una tendencia bajista empieza a irse apagando. A los principiantes les encanta operar en la bolsa contra las tendencias («¡Compremos! ¡Este mercado no puede bajar más!»), pero la mayoría quedan empalados en un pico de precios que no logra invertirse. Un hombre al que le guste orinar en contra de la dirección en viento no tiene ningún derecho a quejarse de tener que pagar unas facturas elevadas al tinte. Los profesionales pueden operar contra las tendencias sólo porque están dispuestos a salir corriendo ante la primera señal de problemas. Antes de apostar por una reversión, asegúrate de que tu estrategia de salida y la gestión de tu dinero estén bien sintonizadas.

Los traders de impulso y los que operan en contra de las tendencias sacan provecho de dos aspectos opuestos del comportamiento de la multitud. Antes de ejecutar una operación, asegúrate de si estás invirtiendo, haciendo transacciones de impulso u operando en contra de las tendencias. Una vez que hayas entrado en una operación, gestiónala según lo planeado. No cambies tus tácticas en medio de una transacción porque entonces contribuirás a la caja de previsión de los ganadores.

Los aficionados siguen pensando a qué transacciones subirse, mientras que los profesionales pasan la misma cantidad de tiempo averiguando en qué momento salir. También se centran en la gestión del dinero, calculando qué tamaños de posición pueden permitirse en las condiciones actuales del mercado, si piramidar, cuándo obtener beneficios parciales, etc. También pasan mucho tiempo llevando buenos registros de sus transacciones.

La teoría del mercado eficiente

Un trader se estruja la mente, el alma y todo su ser intentando obtener beneficios del mercado cuando irrumpe una noticia inquietante: es la teoría del mercado eficiente. Sus principales defensores son los académicos, que sienten apego por señalar que los precios reflejan toda la información disponible sobre el mercado. La gente compra y vende basándose en sus conocimientos, y el ultimo precio representa todo lo que se sabe sobre ese mercado. Ésta es una observación válida a partir de la cual los defensores del mercado eficiente sacan la curiosa conclusión de que nadie puede vencer al mercado. Dicen que los mercados lo saben todo y que el trading es como jugar al ajedrez contra alguien que sabe más que tú. No pierdas tu tiempo ni tu dinero: simplemente indexa tu cartera de inversión y elige acciones basándote en la volatilidad.

¿Qué hay de los traders que ganan dinero? Los teóricos del mercado eficiente dicen que los ganadores no son más que gente con suerte. La mayoría de la gente gana dinero en algún momento, antes de volver a perderlo en los mercados. ¿Qué pasa con aquellos que consiguen mejores resultados que el mercado año tras año? Warren Buffet, uno de los grandes inversores del siglo xx, dice que invertir en un mercado en el que la gente cree en la eficiencia es como jugar al póquer contra aquellos que creen que no vale la pena fijarse en los naipes.

Creo que la teoría del mercado eficiente ofrece una de las visiones más fieles de los mercados. También creo que es una de las piezas más grandes de basura teórica. La teoría apunta, correctamente, que los mercados reflejan la inteligencia de todos los miembros de la multitud, pero tiene defectos fatales al asumir que los inversores y los traders son seres humanos racionales que siempre se esfuerzan por maximizar los beneficios y minimizar las pérdidas. Ésa es una visión muy idealizada de la naturaleza humana.

La mayoría de los traders pueden ser racionales en un buen fin de semana, cuando los mercados están cerrados. Estudian tranquilamente sus gráficas y deciden qué comprar y vender, de dónde sacar beneficios y dónde cortar las pérdidas. Cuando los mercados abren el lunes, los planes mejor concebidos de ratones y hombres quedan destrozados en las sudorosas manos de los traders.

El trading y las inversiones son en parte racionales y en parte emocionales. La gente suele actuar por impulso incluso aunque se haga daño en el proceso. Un apostador ganador alardea de sus posiciones y se pasa por alto las señales para vender. Un trader miedoso apaleado por el mercado se vuelve inconmensurablemente precavido. En cuanto sus acciones bajan unos pocos *ticks,* vende, violando así sus propias normas. Cuando esas acciones suben, superando su objetivo original de beneficios, no puede soportar el dolor de perderse el repunte y compra muy por encima del punto de entrada planeado. Las acciones se atascan y se deslizan hacia abajo, y él observa, primero con esperanza y luego congelado del terror, cómo se hunden estrepitosamente. Al final, no puede soportar más dolor y vende a pérdida, casi cuando las acciones están tocando fondo. ¿Qué es tan racional en este proceso? El plan original de comprar puede que haya sido racional, pero implementarlo ha generado una tormenta emocional.

Los traders emocionales no persiguen sus mejores intereses a largo plazo. Están demasiado ocupados saboreando la descarga de adrenalina o demasiado enfrascados en el miedo, desesperados por sacar la mano de una trampa para ratones. Los precios reflejan un comportamiento inteligente de los inversores y traders racionales, pero también reflejan la histeria de las masas bulliciosas. Cuanto más activo esté el mercado, más traders serán emocionales. Las personas racionales pueden pasar a ser una minoría, rodeados de todos aquéllos con las manos sudorosas, el corazón acelerado y la mente nublada.

Los mercados son más eficientes durante los períodos en los que las bandas de fluctuación están planas, cuando la gente es propensa a usar la cabeza. Se vuelven menos eficientes durante las tendencias, en las que las personas se vuelven más emocionales. Es difícil ganar dinero en los mercados planos, porque tus oponentes están relativamente tranquilos. Las personas racionales son enemigos peligrosos. Es más fácil llevarse el dinero de los traders que están emocionados por una tendencia de movimiento rápido, porque el comportamiento emocional es más primitivo y fácil de predecir. Para ser un trader de éxito, debes mantener la calma en todo momento y tomar el dinero de los aficionados excitados.

La gente es más probable que sea racional cuando está sola y que se vuelva más impulsiva cuando se una a multitudes. El intenso foco del trader en el precio de unas acciones, una divisa o unos futuros le empuja hacia la muchedumbre de todos aquellos que operan con ese producto. A medida que el precio sube y baja ligeramente, los ojos, las cabezas y los cuerpos de los traders de todos los continentes empiezan a subir y bajar al unísono. El mercado hipnotiza a los traders igual que un mago hipnotiza a una serpiente, moviendo su flauta rítmicamente hacia arriba y hacia abajo. Cuanto más rápidamente se mueva un precio, más fuertes serán las emociones. Cuanto más emocional se vuelva un mercado, menos eficiente será, y la ineficiencia genera oportunidades de beneficios para los traders tranquilos y disciplinados.

Un trader racional puede ganar dinero permaneciendo tranquilo y siguiendo sus normas. A su alrededor, la multitud va tras repuntes, llena de avaricia. Vende cuando el mercado baja, chillando debido al dolor y el miedo. Mientras tanto, el trader inteligente obedece sus reglas. Puede usar un sistema mecánico o ser un trader discrecional, interpretando los mercados y ejecutando operaciones. Sea como fuere, sigue sus normas en lugar de obedecer a sus entrañas, y ésa es su gran ventaja. Un trader maduro obtiene dinero a través del gran agujero de la teoría del mercado eficiente: su presunción de que los inversores y los traders son seres humanos racionales. La mayoría de la gente no lo es: sólo los ganadores lo son.

¿Qué es el precio?

Cada operación representa una transacción entre un comprador y un vendedor que se reúnen cara a cara, por teléfono o en Internet, con o sin corredores de bolsa (brókeres) de por medio. El comprador quiere comprar lo más barato posible, y el vendedor quiere vender lo más caro posible, pero ambos sienten la presión de la multitud de traders indecisos que los rodean y que pueden dar un paso en cualquier momento para robarles su transacción.

Una transacción se da cuando el comprador más codicioso, temeroso de que los precios se le escapen, da un paso adelante y hace una oferta por un céntimo más; o el vendedor más timorato, temiendo quedarse con su mercancía en las manos y no poder sacársela de encima, accede a aceptar un céntimo menos. A veces, un vendedor miedoso le vende su mercancía a un precio bajo a un comprador tranquilo y disciplinado que está esperando a que una transacción se cruce en su camino. Todas las transacciones reflejan el comportamiento de la muchedumbre del mercado. Cada precio que parpadea en tu pantalla representa un consenso momentáneo del valor entre los participantes en el mercado.

Los valores intrínsecos de las compañías y de las materias primas cambian lentamente, pero los precios oscilan para todos los productos porque el consenso puede variar rápidamente. Uno de mis clientes solía decir que los precios están conectados con los valores mediante una goma elástica de un kilómetro de longitud, lo que permite que los mercados oscilen entre unos niveles de sobrevaloración e infravaloración.

El comportamiento normal de la multitud es el de darse unas vueltas, hacer ruido y no ir a ningún lugar. De vez en cuando, una multitud se emociona y explota con un repunte o es presa del pánico, pero generalmente no hace más que perder el tiempo. Las noticias y los rumores envían ondas a lo largo y ancho de la muchedumbre, cuyos movimientos dejan huellas en nuestras pantallas. Los precios y los indicadores reflejan cambios en la psicología de la multitud.

Cuando el mercado no aporta señales claras para comprar o para vender a corto, muchos principiantes empiezan a mirar de reojo a sus pantallas, intentando reconocer señales para llevar a cabo transacciones. Una buena señal te salta desde la gráfica y te agarra por los mofletes: ¡no puedes perdértela! Vale la pena esperar a estas señales en lugar de forzar transacciones cuando el mercado no te ofrece ninguna. Los aficionados buscan retos y los profesionales buscan transacciones fáciles. Los perdedores se «colocan» con la acción, mientras que los profesionales buscan las mejores probabilidades.

Los mercados con un movimiento rápido aportan las mejores señales para operar. Cuando la muchedumbre está fascinada por las emociones, los traders tranquilos encuentran las mejores oportunidades para ganar dinero. Cuando los mercados se vuelven planos, muchos traders exitosos se retiran, dejándoles el campo a los apostadores y los brókeres. Jesse Livermore, un gran especulador del siglo XX, solía decir que hay tiempo para operar a largo, para operar a corto y para irse a pescar.

¿Un apostador inteligente?

La mayoría de la gente apuesta en algún momento de su vida. A la mayoría les proporciona entretenimiento, para algunos se convierte en una adicción, mientras que una pequeña minoría se convierte en profesional y se gana la vida con ello. Las apuestas proporcionan sustento a una muy pequeña minoría y entretenimiento a las masas, pero un apostador ocasional que busque ganar algo de dinero rápido tiene las mismas probabilidades de éxito que un cubito de hielo sobre un fogón caliente.

A algunos inversores famosos les gusta apostar a los caballos. Entre ellos tenemos a Peter Lynch, famoso gracias al fondo Magellan Fund, y a Warren Buffett, que solía publicar un boletín informativo acerca de los cálculos sobre las victorias en las carreras de caballos. Mi amigo

Lou, al que le dediqué mi primer libro, pasó varios años en el circuito de los cálculos sobre las victorias en las carreras ecuestres y apostaba a los caballos para ganarse la vida antes de comprarse un puesto como agente bursátil con cartera propia en la bolsa y enfocar los mercados financieros como alguien tranquilo que hacía cálculos sobre las victorias. Algunos juegos de naipes, como el bacarrá, se basan únicamente en el azar, mientras que otros, como el *blackjack,* implican un cierto grado de habilidad, lo que atrae a la gente inteligente.

Los profesionales consideran que las apuestas son un trabajo. Siguen calculando las probabilidades y actúan sólo cuando las matemáticas juegan en su favor. Los perdedores, por otro lado, ansían la acción y participan en un juego tras otro, pasando de un sistema a medio hacer a otro.

Cuando apuestas por diversión, sigues un conjunto de reglas de gestión del dinero. La primera norma consiste en limitar la cantidad que arriesgarás en cualquier sesión dada. En una de las raras ocasiones en las que un amigo me arrastra a un casino, me meto lo que estoy dispuesto a perder esa noche en el bolsillo derecho y recolecto mis ganancias, si las obtengo, en mi bolsillo izquierdo. Dejo de jugar en cuanto mi bolsillo derecho está vacío y nunca echo mano del izquierdo. De vez en cuando me encuentro con más dinero en el bolsillo izquierdo del que tenía en el derecho, pero lo que es cierto es que nunca cuento con ello.

Un amigo, que es un hombre de negocios de éxito, disfruta con el brillo de Las Vegas. Varias veces al año toma 5000 dólares en metálico y vuela hasta allí para pasar un fin de semana. Cuando se le acaba el efectivo, se va a nadar a la piscina, disfruta de una buena cena y vuela de vuelta a casa. Puede permitirse gastarse 5000 dólares en ocio y nunca se gasta más de la cantidad que se ha propuesto. Al holgazanear en una piscina después de haber perdido su dinero, se diferencia de las legiones de apostadores compulsivos que siguen cargando más fichas de juego en su tarjeta de crédito esperando a que su «suerte» cambie. Un apostador sin gestión del dinero se arruinará con toda seguridad.

CAPÍTULO 2

¿En qué mercados operar?

Mucha gente no le dedica mucha reflexión a las decisiones importantes en la vida. Tropiezan con ellas por cuestiones geográficas, de tiempo o por casualidad. Dónde vivir, dónde trabajar, en qué mercados operar: muchos lo deciden por impulso, sin pensárselo seriamente. No es de extrañar que haya tanta gente insatisfecha con su vida. Puedes escoger tus mercados por impulso o pararte a pensar si trabajar con acciones, futuros u opciones. Cada uno de ellos tiene pros y contras.

Los traders de éxito son personas racionales. Los ganadores operan sólo por dinero, y los perdedores obtienen sus «subidones» de la emoción del juego. El dónde les conduzcan estos «subidones» es otra cuestión.

Al escoger un mercado en el que operar, recuerda que cada instrumento de inversión, ya se trate de unas acciones, unos futuros o unas opciones, debe satisfacer dos criterios: la liquidez y la volatilidad. La liquidez hace referencia al volumen medio diario en comparación con otros instrumentos en su grupo. Cuanto mayor sea el volumen, más fácil será entrar y salir. Puedes desarrollar una posición rentable con unas acciones con un volumen bajo y acabar quedándote pillado en la puerta al querer salir y sufrir un deslizamiento al intentar recoger beneficios. La volatilidad es el grado de movimiento de tu instrumento. Cuanto más se mueva, mayores serán las oportunidades para operar. Por ejemplo, las acciones de muchas compañías de servicios públicos son muy líquidas, pero es difícil operar con ellas debido a su baja volatilidad: tienden a moverse entre un rango de precios muy estrecho. Algunas acciones con un volumen y una volatilidad bajos puede que supongan buenas inversiones para tu cartera a largo plazo, pero no para el trading. Recuerda que no todos los mercados son buenos para el trading simplemente porque tengas una convicción firme sobre su dirección futura. También deben tener un buen volumen y moverse bien.

Acciones

Una acción es un certificado de propiedad de una compañía. Si compras cien acciones de una empresa que ha emitido cien millones de acciones, posees una millonésima parte de esa compañía. Te has convertido en copropietario de esa empresa, y si otras personas quieren poseerla, tendrán que pujar por tus acciones, elevando así su valor.

Cuando a la gente le gustan las perspectivas de una empresa, puja por sus acciones, haciendo que su precio suba. Si no le gustan las previsiones, venden sus acciones, haciendo que el precio baje. Las compañías de capital abierto intentan hacer que el precio de sus acciones aumente, ya que esto hace que les resulte más fácil emitir más acciones o vender deuda. Las primas de los altos ejecutivos suelen ir ligadas a los precios de las acciones.

Los valores intrínsecos, y especialmente los ingresos, dirigen los precios a largo plazo, pero John Maynard Keynes, el famoso economista y un tipo astuto a la hora de escoger acciones, replicó en una ocasión: «A largo plazo, todos estamos muertos». Los mercados están llenos de valores chicharro (valores que son muy baratos y con escasa liquidez en la bolsa), que son acciones de compañías poco rentables que en algún momento se disparan, desafiando la ley de la gravedad. Las acciones de nuevos sectores atractivos, como la biotecnología o Internet, pueden basarse en las expectativas de ganancias futuras en lugar de en unos registros operativos reales. Cada acción tiene su momento de gloria hasta que la realidad se asienta. Las acciones de compañías rentables y bien dirigidas pueden oscilar lateralmente o bajar. El mercado refleja la suma total de lo que cada participante sabe, piensa o siente sobre unas acciones, y un precio descendente significa que los grandes titulares están vendiendo. La norma esencial en cualquier mercado es: «Está bien comprar barato, pero no está bien comprar más acciones a un precio más bajo que el pagado anteriormente». No compres unas acciones con una tendencia a bajar más de precio, incluso aunque parezcan un chollo. Si te gustan sus aspectos fundamentales, emplea el análisis técnico para confirmar que la tendencia es alcista.

A Warren Buffett, uno de los inversores más exitosos de EE. UU., le gusta decir que cuando compras acciones, te conviertes en socio de un tipo maníaco-depresivo al que llama Sr. Mercado. Cada día, el Sr. Mercado viene corriendo y te ofrece comprarte tu parte del negocio o venderte su parte. La mayoría de las veces deberías ignorarle porque el tipo es psicótico, pero en ocasiones, el Sr. Mercado está tan enormemente deprimido que te ofrece su parte por casi nada, y es entonces cuando deberías comprar. En otras ocasiones, se vuelve tan maníaco que te ofrece un precio de locos por tu parte, y es entonces cuando deberías vender.

Esta idea es brillante por su simplicidad, pero es difícil de implementar. A la mayoría de nosotros, el Sr. Mercado nos hace perder la cabeza porque su estado de ánimo es muy contagioso. La mayoría de la gente quiere vender cuando el Sr. Mercado está deprimido y comprar cuando es un maníaco. Debemos conservar nuestra cordura. Necesitamos criterios objetivos para decir qué cantidad elevada es demasiado elevada y qué cantidad baja es demasiado baja. Buffett toma sus decisiones sobre la base del análisis fundamental y un fantástico instinto. Los traders pueden usar el análisis técnico.

Hablando del «instinto», esto es algo que un inversor o un trader pueden desarrollar después de años de experiencia exitosa. Lo que los principiantes llaman «instinto» suele ser la necesidad de apostar, y yo les digo que no tienen derecho al «instinto».

¿Con qué acciones deberíamos operar? Hay más de diez mil de ellas en EE. UU., y muchas más en el extranjero. Peter Lynch, un gerente de cartera muy exitoso, escribe que él sólo compra acciones de compañías que son tan sencillas que hasta un idiota podría gestionarlas, ya que en algún momento alguno lo hará. Pero Lynch es un inversor, no un trader. Las acciones de muchas compañías con poco valor intrínseco pueden embarcarse en alzas fantásticas, haciendo ganar montones de dinero a los traders alcistas (toros) antes de colapsar y hacer ganar una cantidad similar de dinero a los traders bajistas (osos).

El mercado bursátil ofrece numerosísimas opciones, incluso después de eliminar las acciones sin liquidez o las que tienen unos precios estancados. Abres un periódico de finanzas y en sus páginas lees relatos sobre fantásticas subidas y sorprendentes bajadas. ¿Deberías subirte al carro y operar con las acciones que salen en las noticias? ¿Se han alejado demasiado de su punto de partida? ¿Cómo encontrar a futuros líderes? Tener que tomar tantas decisiones estresa a los principiantes. Intentan abarcar demasiado, saltando entre distintas acciones en lugar de centrarse en unas pocas y aprender a operar bien con ellas. Los novatos que no pueden operar con confianza con unas únicas acciones van buscando un *software* de monitorización que les permitirá seguir el rastro a miles de ellos.

Además de las acciones, puedes escoger a sus primos hermanos, los fondos mutuos (también llamados fondos de inversión). Los inversores a largo plazo tienden a poner su dinero en fondos diversificados que contienen cientos de acciones distintas. Los traders tienden a centrarse en los fondos de sectores, lo que les permite operar con ciertos sectores de la economía o con países enteros. Escoges un sector o un país preferido y le dejas la selección de acciones concretas a analistas presuntamente excelentes que trabajan para estos fondos.

Escoger unas acciones o un fondo ganador es mucho más difícil que escuchar consejos en una fiesta u ojear los titulares en un periódico. Un trader debe desarrollar un conjunto de parámetros de búsqueda fundamentales o técnicos, tener la disciplina para seguir su sistema y extender una red de seguridad de gestión del dinero bajo su responsabilidad. Profundizaremos en las tres áreas en la segunda parte de este libro.

¿HACIA DÓNDE ME DIRIJO DESDE AQUÍ? *How to buy stocks,* de Louis Engel, es el mejor libro introductorio para los inversores y traders en acciones. Su autor falleció hace algunos años, pero el editor actualiza el libro cada pocos años. Asegúrate de adquirir la última edición.

Futuros

Los futuros parecen peligrosos al principio: nueve de cada diez traders se arruinan el primer año. Al fijarte en mayor detalle, queda claro que el peligro no está en los futuros, sino en la gente que opera con ellos. Los futuros ofrecen a los traders algunas de las mejores oportunidades para obtener beneficios, pero los peligros son proporcionales a las recompensas. Los futuros hacen fácil que los apostadores se peguen un tiro en el pie o más arriba. Un trader con unas buenas habilidades de gestión del dinero no tiene por qué temer a los futuros.

Los futuros solían recibir el nombre de *materias primas,* los ladrillos irreducibles de la economía. Los viejos solían decir que una materia prima era algo que te hacía daño si se te caía sobre un pie (oro, azúcar, trigo, crudo). En las últimas décadas, muchos instrumentos financieros empezaron a operar como las materias primas (divisas, bonos, índices bursátiles). El término «futuros» incluye materias primas tradicionales junto con nuevos instrumentos financieros.

Un futuro es un contrato para entregar o aceptar la entrega de una cantidad concreta de una materia prima en una fecha determinada. Un contrato de futuros es vinculante tanto para el comprador como para el vendedor. En el caso de las opciones, el comprador tiene el derecho, pero no la obligación de aceptar una entrega. Si compras una opción de compra o un derecho de venta puedes retirarte si lo deseas. En el caso de los futuros no cuentas con ese lujo. Si el mercado va en tu contra, tendrás que añadir dinero a tu margen o salir de tu transacción con una pérdida. Los futuros son más estrictos que las opciones, pero tienen un mejor precio para los traders.

Comprar unas acciones te convierte en copropietario de una compañía. Cuando compras un contrato de futuros, no posees nada, sino que entras en un contrato vinculante para la compra futura de una mercancía, ya sea una carga de trigo o un fajo de bonos del Tesoro. La persona que te vende ese contrato asume la obligación de entregarte el producto. El dinero que pagas por unas acciones va al vendedor, pero en el caso de los futuros, tu margen se lo queda el vendedor a modo de fianza, asegurándose así de que aceptarás la entrega cuando vuestro contrato venza. Al dinero del margen se le solía llamar *dinero honesto.* Mientras con las acciones pagas intereses por los préstamos o financiamientos de margen, en el caso de los futuros puedes recaudar el interés sobre tu margen.

Cada contrato de futuros tiene una fecha de vencimiento, y las distintas fechas se venden por distintos precios. Algunos profesionales analizan sus diferencias para predecir reversiones. La mayoría de los traders de futuros no esperan y cierran sus contratos pronto, resolviendo los beneficios y las pérdidas en metálico. Pese a ello, la existencia de una fecha de entrega fuerza a la gente a actuar, proporcionando esto un útil baño de realidad. Una persona puede mantener unas acciones perdedoras durante diez años y engañarse a sí misma diciéndose que sólo es una pérdida sobre el papel. En el caso de los futuros, la realidad, en forma de una fecha de vencimiento, siempre despierta a un soñador.

Para comprender cómo funcionan los futuros, comparemos una transacción con ellos versus una transacción en metálico, comprando o vendiendo una cierta cantidad de una materia prima inmediatamente. Digamos que es febrero y que el oro está cotizando a 400 dólares la onza. Tu análisis te indica que es probable que suba a 420 dólares al cabo de unas semanas. Con 40 000 dólares puedes comprarle un lingote de oro de 100 onzas a un comerciante. Si tu análisis es correcto, en algunas semanas tu oro valdrá 42 000 dólares. Puedes venderlo y obtener un beneficio de 2000 dólares, o un 5 por 100 antes de comisiones, cosa que está muy bien. Ahora veamos qué sucede si operas con futuros basándonos en el mismo análisis.

Como es febrero, el próximo mes para la entrega de oro es abril. Un contrato de futuros cubre 100 onzas de oro con un valor de 40 000 dólares. El margen de este contrato es de sólo 1000 dólares. En otras palabras, puedes controlar 40 000 dólares de oro con un depósito de 1000 dólares. Si tu análisis es correcto y el precio del oro sube 20 dólares por onza, obtendrás, aproximadamente, el mismo beneficio que el que habías obtenido comprando 100 onzas de oro y pagándolas en metálico: 2000 dólares. Lo único que sucede es que tu beneficio no es del 5 por 100, sino del 200 por 10, ya que tu margen era de 1000 dólares. ¡Los futuros realmente pueden multiplicar tus ganancias!

Una vez que la mayoría de la gente comprende cómo funcionan los futuros, se ven inundados por la codicia. Un aficionado con 40 000 dólares llama a su corredor de bolsa (bróker) y le dice que le compre cuarenta contratos. Si su análisis es correcto y el oro sube hasta los 420 dólares, ganará 2000 dólares por contrato: un total de 80 000 dólares. ¡Triplicará su dinero en unas pocas semanas! Si repite esto algunas veces, será millonario antes de que acabe el año. Estos sueños de dinero fácil arruinan a los apostadores. ¿Qué es lo que pasan por alto?

El problema con los mercados es que no se mueven en línea recta. Las gráficas están llenas de falsas rupturas, falsas reversiones y rangos de trading plano. El oro puede muy bien subir de 400 a 420 dólares por onza, pero también es perfectamente posible que baje a los 390 dólares por el camino. Esa bajada de 10 dólares habría generado una pérdida de 1000 dólares sobre el papel para alguien que comprara 100 onzas de oro al contado. Para un trader de futuros con un contrato por 100 onzas de oro con un margen de 1000 dólares, esa bajada de 10 dólares representa una masacre total. Mucho antes de alcanzar ese triste punto, su bróker le llamará y le pedirá más dinero de margen. Si has dedicado la mayor parte de tu capital a una transacción, no dispondrás de reservas y tu bróker se llevará todo tu dinero.

Los apostadores sueñan con grandes beneficios, ajustan sus márgenes jugándoselo todo y les echan fuera del juego a patadas con el primer movimiento que va en su contra. Puede que su análisis a largo plazo sea correcto y que el oro suba hasta su precio objetivo, pero el principiante estará condenado porque comprometerá demasiado de su capital y tendrá muy pocas reservas. Los futuros no matan a los traders: es la mala gestión del dinero lo que mata a los traders.

Los futuros pueden ser muy atractivos para aquellos que tengan unas buenas habilidades de gestión del dinero. Prometen unas altas tasas de rentabilidad, pero exigen una disciplina impasible. Al empezar a abordar el trading, te irá mejor con acciones de movimiento más lento. Una vez que hayas madurado como trader, echa un vistazo a los futuros. Puede que sean adecuados para ti si eres muy disciplinado. Regresaremos a los mercados de futuros en la segunda parte de este libro y nos fijaremos en los mejores para empezar.

¿Hacia dónde me dirijo desde aquí? *Winning in the futures markets,* de George Angell, es el mejor libro introductorio para los traders de futuros (es muy superior al resto de sus libros). *The futures game,* de Teweles y Jones, es una minienciclopedia que ha formado a generaciones de futuros traders (asegúrate de hacerte con la última edición). *Economics of futures trading,* de Thomas A. Hieronymus es, probablemente, el libro más profundo sobre los futuros, pero lleva mucho tiempo descatalogado. Intenta encontrar un ejemplar de segunda mano.

Opciones

Una opción es una apuesta de que unas acciones, un índice o unos futuros concretos alcanzarán o superarán un precio concreto al cabo de un período concreto. Detente y vuelve a leer esa frase. Date cuenta de que la palabra «concreto» aparece tres veces. Debes escoger las acciones adecuadas, predecir la extensión de su movimiento y prever cuán rápidamente llegarán ahí. Debes tomar tres decisiones, y si te equivocas en sólo una de ellas, perderás dinero.

Cuando compras una opción, debes atravesar tres aros con un único salto. Debes acertar con las acciones, acertar con su movimiento y acertar con la elección del momento adecuado para ellas. ¿Has intentado lanzar alguna vez una pelota a través de tres aros en un parque de atracciones? Esta triple complejidad hace que la compra de acciones sea un juego mortal.

Las opciones ofrecen apalancamiento: la capacidad de controlar amplias posiciones con un pequeño desembolso de dinero. Todo el riesgo de una opción está limitado al precio que pagues por ella. Las opciones permiten a los traders ganar dinero rápidamente cuando aciertan, pero si el mercado cambia, puedes irte sin nada. Éste es el flujo estándar de la propaganda de las agencias de bolsa. Atrae a hordas de pequeños inversores que no pueden permitirse comprar acciones, pero que quieren un mayor rendimiento por su dinero. Lo que normalmente acaba maltrecho es el bolsillo del comprador de opciones.

Mi compañía, Financial Trading, Inc., lleva años vendiendo libros a traders. Siempre que una persona vuelve para comprar otro libro, es una señal de que está activo en los mercados. Muchos clientes compran libros sobre acciones o futuros cada pocos meses o años, pero cuando una persona que los compra por primera vez encarga un libro sobre opciones, nunca regresa. ¿Por qué? ¿Gana tanto dinero tan rápidamente que no necesita otro libro o acaba fracasando estrepitosamente?

Muchos principiantes compran opciones de compra porque no pueden permitirse las acciones. Los traders de futuros que han sido vapuleados a veces recurren a las opciones de futuros. Los perdedores cambian a las opciones en lugar de enfrentarse a su propia incapacidad para negociar en la bolsa. Usar un atajo para escabullirse de los problemas en lugar de enfrentarse a ellos nunca funciona.

Los traders de acciones y futuros exitosos emplean a veces las opciones para reducir los riesgos o proteger los beneficios. Los traders serios rara vez compran opciones y sólo en situaciones especiales, tal y como veremos más adelante en este libro. Las opciones son inútiles para la gente pobre que las usa como sustitutivos de las acciones porque no se pueden permitir lo genuino.

Los profesionales se aprovechan al máximo de los principiantes soñadores que acuden en manada a las opciones. Su diferencial entre el precio de compra y venta es horrible. Si las pujas por una opción son por 75 centavos y se ofrece a un dólar, ya vas un 25 por 100 por detrás en el juego en cuanto compras. La expresión «tus pérdidas están limitadas a lo que pagaste por una opción» significa que puedes perder el 100 por 100. ¿Qué tiene de genial perderlo todo?

Tuve una clienta que era generadora de mercados en el parqué de la bolsa estadounidense de valores. Acudió a mis clases sobre análisis técnico porque estaba embarazada y quería abandonar el parqué y operar desde casa. «Las opciones –dijo– son un negocio de esperanza. Puedes comprar esperanza o vender esperanza. Soy una profesional: vendo esperanza. Voy a la bolsa por la mañana y averiguo lo que quiere la gente. Entonces pongo precio a esa esperanza y espero vendérsela».

Los profesionales es más probable que escriban opciones más que comprarlas. Escribir es un negocio que requiere de mucho capital. Necesitas cientos de miles de dólares para hacerlo bien, y los escritores de opciones más exitosos operan con millones de dólares; e incluso el juego al que juegan no está exento de riesgos. Hace varios años, un amigo que era uno de los principales gerentes de cartera de EE. UU. apareció en la portada de *The Wall Street Journal* después de haber perdido el equivalente a veinte años de beneficios en un único mal día escribiendo opciones de venta al descubierto.

Hay dos tipos de escritores de opciones. Los escritores cubiertos compran unas acciones y escriben una opción en su contra. Los escritores al descubierto escriben opciones de compra y de venta de acciones que no poseen, respaldando sus escritos con efectivo en sus cuentas. Escribir opciones al descubierto te hace sentir como si sacaras dinero de la nada, pero un movimiento violento puede llevarte a la quiebra. Escribir opciones es un juego serio, sólo adecuado para los traders disciplinados y con un capital elevado.

Los mercados son como bombas que chupan el dinero de los bolsillos de la mayoría de la gente, que está mal informada, y lo bombean hacia los bolsillos de una minoría avispada. La gente que mantiene esas bombas, como los brókeres, los vendedores, los reguladores e incluso los conserjes que barren los parqués de las bolsas, reciben su paga del torrente de dinero que fluye por los mercados. Como los mercados toman el dinero de la mayoría, pagan por la ayuda y dan lo que queda a la minoría espabilada, la mayoría debe perder, por definición. Puedes estar seguro de que independientemente de lo que hagan, crean y digan la mayoría de los traders, no vale la pena hacerlo, creerlo ni decirlo. Debes distinguirte de la multitud para tener éxito. Los traders inteligentes buscan situaciones en las que la mayoría de la gente hace las cosas de una manera, mientras que una minoría adinerada sigue el camino contrario.

En el caso de las opciones, la mayoría compra opciones de compra y, en menor grado, opciones de venta. La gente con información privilegiada escribe opciones casi exclusivamente. Los profesionales usan la cabeza, mientras que los aficionados se ven impulsados por la codicia y el miedo. Las opciones sacan el máximo provecho de esos sentimientos.

La codicia es el motor de la propaganda de la venta de opciones. Debes haber oído el eslogan «¡Controla un gran bloque de acciones con tan sólo unos pocos dólares!». Un aficionado puede ser optimista con unas acciones de 60 dólares, pero no dispone de 6000 dólares para comprar cien acciones. Compra algunas opciones de compra por 70 dólares con dos meses de vida restantes por 500 dólares cada una. Si esas acciones suben a 75 dólares, esas opciones adquirirán 500 dólares de valor intrínseco, mientras se mantiene algo del valor del tiempo, y un especulador puede doblar lo apostado en una semana. El aficionado compra opciones de compra y se sienta a esperar que su dinero se duplique.

Empiezan a suceder cosas extrañas. Siempre que las acciones suben dos puntos, sus opciones de compra sólo suben uno, pero cuando las acciones bajan o incluso se quedan quietas, sus opciones de compra caen rápidamente. En lugar de ver cómo su dinero se duplica velozmente, el aficionado pronto se encuentra con una pérdida del 50 por 100 en el papel, mientras el reloj empieza a hacer tictac cada vez más fuerte. La fecha de vencimiento se acerca, y pese a que las acciones tienen más valor que cuando adquirió sus opciones de compra, ahora éstas son más baratas, mostrando pérdidas sobre el papel. ¿Debería vender y salvar algo del dinero o debería aguantar y esperar una subida? Incluso aunque sepa cuál es la opción correcta, no la va a elegir. Su codicia le deja frito. Aguanta hasta que sus opciones llegan a su fecha de vencimiento y no valen nada.

Otro gran motivador para comprar opciones es el miedo, especialmente en el caso de opciones de futuros. Un perdedor recibe algunos golpes dolorosos: su análisis era patético y su gestión del dinero no existía. Ve una transacción atractiva, pero teme perder. Oye los cantos de sirena: «Ganancias ilimitadas con un riesgo limitado» y compra opciones de futuros. Los especuladores compran opciones al igual que la gente pobre compra boletos de lotería. Una persona que compra un boleto de lotería arriesga el 100 por 100 de lo que ha pagado. Cualquier situación en la que arriesgues el 100 por 100 parece como un caso raro de riesgo limitado. ¡¿Limitado al 100 por 100?! La mayoría de los especuladores pasa por alto esta cifra de mal agüero.

Los compradores de opciones tienen un historial deprimente. Puede que ganen algunos dólares con algunas transacciones, pero nunca he visto a nadie acrecentar su capital comprando opciones. Las probabilidades de victoria en este juego son tan escasas que tras algunas transacciones empiezan a hacer efecto y destrozan al comprador. Al mismo tiempo, las opciones tienen un gran valor de entretenimiento. Proporcionan un boleto barato para el juego, un sueño asequible, igual que un boleto de lotería.

Necesitas un mínimo de un año de experiencia exitosa de trading con acciones o futuros antes de tocar las opciones. Si eres nuevo en los mercados, ni siquiera sueñes en usar las opciones en lugar de las acciones. Independientemente de lo pequeña que sea tu cuenta, encuentra algunas acciones y aprende a operar con ellas.

¿**HACIA DÓNDE ME DIRIJO DESDE AQUÍ?** El merecidamente clásico superventas sobre las opciones es *Options as a strategic investment,* de Lawrence MacMillan. Es una verdadera minienciclopedia que cubre todos los aspectos del trading con opciones y es mucho mejor que su otro libro.

CAPÍTULO 3

Los primeros pasos

El trading nos tienta con su promesa de libertad. Si sabes cómo operar en la bolsa, puedes vivir y trabajar en cualquier lugar del mundo, independizarte de la rutina y no rendir cuentas ante nadie. El trading atrae a la gente con una inteligencia superior a la normal que disfruta con los juegos y no teme los riesgos. Antes de lanzarte de cabeza a esta emocionante aventura, ten presente que, además de tu entusiasmo, necesitarás poseer unos conocimientos serios de las realidades del trading.

El trading estresará tus sentimientos. Para sobrevivir y tener éxito, deberás desarrollar una psicología para el trading sólida.

El trading desafiará a tu mente. Para obtener una ventaja en los mercados, deberás dominar unos buenos métodos analíticos.

El trading te exigirá unas buenas habilidades matemáticas. Una persona sin conocimientos matemáticos que no pueda gestionar los riesgos quebrará con toda seguridad.

La psicología del trading, el análisis técnico y la gestión del dinero: si aprendes estas tres cosas, puedes triunfar en el trading; pero primero fijémonos en los obstáculos externos para que alcances el éxito.

Los mercados están organizados para apartar a la mayor parte de la gente de su dinero. No se permite robar, pero los mercados están enormemente sesgados a favor de sus miembros y en contra de los forasteros. Estudiemos los obstáculos que evitan que muchos traders tengan éxito e intentemos reducirlas.

Los obstáculos externos para el éxito

Un inversor puede empezar con prácticamente nada, comprando algunos miles de dólares de acciones. Si compra y retiene, sus comisiones y otros gastos supondrán factores menores en su éxito o fracaso. Los traders tienen una tarea más difícil. Unos gastos aparentemente triviales pueden arruinarlos, y cuanto más pequeña sea su cuenta, mayor será el peligro. Los costes de las transacciones pueden levantar una barrera infranqueable para alcanzar la victoria.

¡¿Costes de las transacciones?!

Los principiantes apenas piensan en ellos, pero los costes de las transacciones son una causa importante de la «mortalidad» de los traders. Adaptar tus planes para reducir estos costes te proporcionará una ventaja con respecto a la multitud del mercado.

Tengo una amiga a cuya hija de doce años se le ocurrió, hace poco, una idea brillante para un negocio nuevo, que llamó La Fábrica de Cobayas. Imprimió folletos promocionales con la impresora de su madre y los repartió entre los buzones de sus vecinos. Las cobayas, que son populares entre los niños de su vecindario, cuestan seis dólares, pero ella podía comprarlos en el mercado central por sólo cuatro dólares. La niña soñaba con los beneficios cuando su madre, que es trader, le preguntó cómo iba a llegar desde el barrio residencial en el que vivían al mercado central y luego volver. «Alguien me llevará en coche», respondió la niña.

Puede que alguien lleve gratis en coche a un niño, pero el mercado no hará eso por ti. Si compras unas acciones por cuatro dólares y las vendes por seis, no obtendrás un beneficio de dos dólares. Una buena parte de esa cantidad se perderá en forma de costes de transacciones. Los aficionados tienden a ignorarlos, mientras que los profesionales se centran en ellos y hacen todo lo posible por reducirlos, a no ser que los estén recaudando de ti, en cuyo caso intentarán aumentarlos. Los principiantes fundan su Fábrica de Cobayas y no pueden comprender por qué siguen comprando a cuatro dólares, venden a seis y, pese a ello, pierden dinero.

Un trader nuevo es como un corderito que camina por un bosque oscuro. Es probable que lo maten y que su piel (su capital para el trading) se reparta en tres partes entre los brókeres, los traders profesionales y lo proveedores de servicios. Cada uno de ellos intentará tomar un pedazo de la piel de ese pobre cordero. No seas ese cordero: piensa en los costes de las transacciones. Hay tres tipos: las comisiones, el deslizamiento y los gastos.

Comisiones

Las comisiones puede que parezcan un gasto minúsculo. La mayoría de los traders las pasan por alto, pero si las sumas, probablemente te encontrarás con que tu bróker acabará con buena parte de tus beneficios.

Una agencia de correduría puede cobrarte 20 dólares por comprar o vender hasta 5000 acciones. Si tienes una cuenta de 20 000 dólares y compras 200 acciones de un valor con un precio de 100 dólares, la comisión de 20 dólares equivale a un 0,1 por 100. Cuando vendas esas acciones pagarás otra comisión, y el coste de la agencia de correduría ascenderá a un 0,2 por 100 de tu capital. Opera así una vez por semana y al final del mes tu bróker habrá ganado un

1 por 100 de tu cuenta, independientemente de que tú hayas ganado dinero o no. Sigue así durante un año y el coste de tus comisiones ascenderá hasta el 12 por 100 de tu capital. Eso es mucho dinero. Los gerentes de cartera profesionales están contentos con unos rendimientos anuales del 25 por 100, año tras año. No podrían generarlos si tuvieran que pagar un 12 por 100 anual en comisiones.

Pero espera, porque las cosas empeoran.

Fijémonos en un pequeño trader que sólo pueda permitirse cien acciones con un precio de veinte dólares. Su precio de compra será de dos mil dólares, pero paga la misma comisión de veinte dólares, lo que se come un enorme 1 por 100 de su capital. Cuando cierra esa transacción y paga otra comisión, ya va un 2 por 100 por detrás en el juego. Si opera así una vez por semana, al final del mes sus comisiones supondrán un 10 por 100 de su cuenta: más de un 100 por 100 al cabo de un año. El gran George Soros promedia unas ganancias anuales del 29 por 100. Nunca habría conseguido eso si hubiera tenido que superar una barrera del 100 por 100 en comisiones.

Cuanto mayor sea tu cuenta, menor será el porcentaje que se comerán las comisiones y más baja la barrera que se opondrá a tu triunfo. Tener una gran cuenta supone una gran ventaja, pero independientemente de su tamaño, no seas hiperactivo. Cada operación, cada comisión aparentemente barata, hace que tu obstáculo hacia el éxito sea más alto. Diseña un sistema que no opere con mucha frecuencia.

He conocido a traders de futuros que han pagado comisiones «de ida y vuelta» de ochenta dólares a brókeres que ofrecen todos los servicios. Ése era el precio de, supuestamente, un asesoramiento experto, pero cualquier profesional desinteresado te dirá que un trader de futuros que pague ochenta dólares por unas comisiones «de ida y vuelta» no tiene posibilidades de ganar. ¿Por qué paga la gente unas comisiones tan desorbitadas? Porque el corderito que se aventura hacia el interior de un bosque oscuro está tan asustado del malvado lobo (el trader profesional) que paga a un protector (un bróker que ofrece todos los servicios) para que lo guíe. Una vez que haces los cálculos, queda claro que te irá mejor corriendo el riesgo frente al lobo que apuntándote a un despellejamiento garantizado por parte de tu protector.

Hay brókeres que ofrecen todos los servicios cuya asesoría merece la pena. Ofrecen buenos consejos, buenas ejecuciones de órdenes y sus comisiones no son desorbitadas. La trampa es que sólo aceptan cuentas muy abultadas que generen un elevado volumen de negocio. Llévales una cuenta de un millón de dólares con un historial de trading activo y puede que llames su atención.

Si tienes una cuenta de cinco o seis cifras y operas sólo un par de veces por semana, no pierdas tu tiempo ni tu dinero buscando la falsa seguridad de un bróker caro. Hazte con los servicios de un bróker económico sin florituras con el que puedas ponerte en contacto fácilmente vía Internet o por teléfono, y empieza a buscar buenas operaciones.

Deslizamiento

El deslizamiento es la diferencia entre el precio en el momento en el que has emitido tu orden y el precio al que esa orden se ha ejecutado. Puedes emitir una orden para comprar cuando una cobaya se está vendiendo a cuatro dólares, pero la factura que te llega es de 4,25 dólares. ¿Cómo es eso? Luego, la cobaya alcanza los seis dólares y emites una orden de venta para vender en el mercado, pero sólo recibes 5,75 dólares. ¿Por qué? En nuestra vida cotidiana estamos acostumbrados a pagar los precios anunciados. Aquí, en La Fábrica de Cobayas de los mayores, te quitan un cuarto de dólar por comprar y otro cuarto de dólar por vender. Podría ser peor. Esos cuartos de dólar y medios dólares pueden acabar suponiendo una pequeña fortuna para un trader moderadamente activo. ¿Quién obtiene ese dinero? El deslizamiento es una de las principales fuentes de ingresos para los profesionales del mercado, y es la razón por la cual tienden a callarse mucho al respecto.

Ni unas acciones, ni unos futuros, ni unas opciones tienen un precio fijo, sino dos precios que cambian rápidamente: el de compra (puja o demanda) y el de venta (u oferta). Una puja es lo que el comprador se ofrece a pagar, mientras que una oferta es lo que está pidiendo un vendedor. Un profesional es feliz amoldándose a un comprador ansioso y vendiéndole al instante, ya mismo, a un precio ligeramente superior al de la última transacción en el mercado. Un trader codicioso que tema que el tren alcista abandone la estación paga de más a un profesional que le permita disponer de sus acciones al instante. Ese profesional ofrece un servicio similar a los vendedores. Si quieres vender sin esperar, temeroso de que los precios puedan desplomarse, un profesional te compra lo que tengas al momento, pero a un precio ligeramente inferior al de la última transacción en el mercado. Los vendedores ansiosos aceptan unos precios ridículamente bajos. El deslizamiento depende del estado emocional de los participantes en el mercado.

El profesional que vende a compradores y compra a vendedores no es un trabajador social. Dirige una empresa, y no una organización de beneficencia. El deslizamiento es el precio que cobra por una acción rápida. Él ha pagado un precio elevado por su puesto en la encrucijada de las órdenes de compra y venta, comprando o alquilando un puesto de agente bursátil con cartera propia en la bolsa o instalando un equipamiento costoso.

Algunas órdenes son a prueba del deslizamiento, mientras que otras invitan al deslizamiento. Los tres tipos más populares de órdenes son las limitadas, las de compra o venta y las de suspensión. Una orden limitada especifica el precio (p. ej. «Compra cien acciones de La Fábrica de Cobayas a cuatro dólares»). Si el mercado está tranquilo y estás dispuesto a esperar, conseguirás ese precio. Si La Fábrica de Cobayas cae por debajo de los cuatro dólares para cuando tu orden alcance el mercado, puede que la adquieras algo más barata, pero no cuentes con ello. Si el mercado sube por encima de los cuatro dólares, tu orden limitada no se ejecutará. Una orden limitada te permite controlar el precio al que compras o vendes, pero no te garantiza que se vea satisfecha.

Una orden de mercado (de compra o venta) te permite comprar o vender de inmediato, al precio que puedas conseguir en ese momento. La ejecución está garantizada, pero no el precio. Si quieres comprar o vender de inmediato, en este preciso momento, no puedes esperar obtener el mejor precio: cedes el control y te ves afectado por el deslizamiento. Las órdenes de compra y venta emitidas por traders ansiosos son el sustento de los profesionales.

Una orden de suspensión o *stop* se convierte en una orden de mercado cuando el mercado alcanza ese nivel. Supón que compras 100 acciones de La Fábrica de Cobayas a 4,25 dólares y que esperas que suban hasta los 7 dólares, pero proteges tu posición con un *stop* a los 3,75 dólares. Si el precio desciende hasta los 3,75 dólares, tu *stop* se convierte en una orden de venta y se ejecuta lo antes posible. Saldrás, pero debes esperar sufrir un deslizamiento en un mercado que se mueva rápidamente.

Puedes escoger lo que quieres controlar cuando emitas una orden: el precio o el momento. Una orden limitada te permite controlar el precio sin asegurar una ejecución de la orden. Cuando emites una orden de mercado se asegura una ejecución de la orden, pero no el precio. Un trader tranquilo y paciente prefiere usar órdenes limitadas, ya que los que usan órdenes de mercado siguen perdiendo porciones de capital debido al deslizamiento.

El deslizamiento tiende a suponer un gasto mucho más elevado que las comisiones. Estimé su volumen en mi libro *Vivir del trading: Trading for a living* y pensé que ésta era una de las partes más explosivas de esta obra, pero muy pocos se dieron cuenta de ello. La gente atenazada por la codicia o el miedo quiere operar a cualquier precio en lugar de centrarse en sus intereses financieros a largo plazo… y ahí se va al garete la teoría del mercado eficiente.

Hay empresas de trading intradía que prometen enseñar a los traders a aprovecharse del deslizamiento operando con el diferencial entre el precio de compra y venta. Su tecnología no garantiza el éxito, y las comisiones del trading activo anulan cualquier ventaja. La gente paga mucho dinero por disponer de un listado con los mejores precios del mercado (cotizaciones de nivel 2), pero no he percibido un gran aumento del rendimiento entre aquellos que usan dichos listados.

Entrar en una operación es como meterte en un río de aguas bravas. La oportunidad, además del peligro, está en el agua. Estás seguro de pie, en la orilla, y puedes controlar dónde y cuándo saltar, pero salir del agua puede ser más complicado. Puede que veas un lugar por el que quieres salir: un objetivo de beneficio en el que puedes emitir una orden limitada. Puede que quieras permitir que el río te lleve siempre que la corriente lo permita, protegiendo tu posición con un *stop* de protección. Eso puede que haga aumentar tus beneficios, pero también incrementará el deslizamiento.

Las órdenes limitadas funcionan mejor con las órdenes de entrada. Te perderás una operación de vez en cuando, pero habrá muchas otras a tu disposición. Ese río lleva fluyendo cientos de años. Un trader serio usa órdenes limitadas para entrar, órdenes limitadas para entrar y recoger beneficios, y protege sus posiciones con *stops*. Todo lo que podamos hacer para reducir el deslizamiento va directamente a nuestro balance y mejora nuestras probabilidades de éxito a largo plazo.

Gastos

Algunos gastos son inevitables, especialmente al principio: tendrás que comprar algunos libros, descargarte *software* para el trading, contratar un servicio de datos, etc. Es importante que mantengas tus gastos lo más bajos que sea posible. Los aficionados tienen el encantador hábito de pagar por sus gastos relacionados con el trading, como los ordenadores, las suscripciones y los servicios de asesoría, con tarjetas de crédito, sin sacar dinero de sus cuentas de trading. Eso los protege de ver el verdadero ritmo al que van cuesta abajo.

Los buenos traders aumentan sus posiciones rentables y reducen el tamaño de sus operaciones durante las rachas perdedoras. Podemos aplicar el mismo principio sólido a los gastos. A los perdedores les gusta gastar dinero con los problemas, mientras que los ganadores invierten una fracción de sus ganancias en sus operaciones. Los traders de éxito se dan un capricho con un ordenador o un paquete de *software* nuevo sólo después de disponer de suficientes beneficios para pagarlos.

Incluso las mejores herramientas pueden arrasarte. En un seminario celebrado recientemente en Frankfurt, un trader estaba emocionado con un potente paquete de análisis que iba a contratar la semana siguiente. Costaba 2000 marcos mensuales (casi 1000 dólares), pero le iba a proporcionar una enorme ventaja analítica. «¿Cuánto dinero tienes que tener en tu cuenta de trading?», le pregunté. Me contestó que 50 000 marcos. En tal caso, no podía permitírselo. Ese software iba a costarle 24 000 marcos anuales y debía generar un beneficio de por lo menos el 50 por 100 sólo para pagar por sus indicaciones. Independientemente de lo bueno que fuera el *software,* a ese ritmo iba a perder dinero. Le dije que buscara un paquete más barato, algo que no le costara más de 1000 marcos anuales, o un 2 por 100 de su cuenta.

Los traders que trabajan para empresas obtienen respaldo de sus gerentes, colegas y personal, pero los traders particulares tienden a sentirse solos y aislados. Los vendedores abusan de ellos prometiéndoles orientarlos para salir de la jungla. Cuanto más sobrecargado te sientas, más probable será que escuches a los vendedores. Nueve de cada diez profesionales en cualquier campo, ya se trate de abogados, mecánicos de automóviles o médicos, no son lo suficientemente buenos. Tú no te fías de un mecánico de coches o de un médico mediocre, sino que más bien les pides referencias a amigos de confianza. La mayoría de los traders particulares no saben a quién preguntar y responden a los asesores con los anuncios más llamativos, que rara vez son los mejores expertos en trading.

Un asesor al que conozco hace años fue imputado hace poco por el FBI por robar cientos de millones de dólares de clientes japoneses. Antes de eso había cultivado una reputación como uno de los expertos del mercado más destacados en EE. UU. y era citado constantemente por los medios. Nos presentaron en una conferencia en la que la gente pagaba miles de dólares por escucharle. Me preguntó qué pensaba de su presentación, y le dije que sonaba increíblemente interesante, pero que no había podido entender buena parte de ella. «Ésa es la idea –sonrió–. Si mis clientes creen que sé algo que ellos no saben, los tendré de por vida». Supe, de inmediato, que era una persona deshonesta y lo único que me sorprendió fue el tamaño de su botín.

Algunos consejos sobre el trading pueden ser sorprendentemente buenos. Algunos dólares te comprarán un libro que contenga la experiencia de toda una vida. Algunos cientos de dólares te conseguirán una suscripción a un boletín informativo con consejos originales y útiles; pero las joyas son infrecuentes, mientras que hay legiones de charlatanes que abusan de los traders inseguros. Tengo dos reglas para filtrar a los peores delincuentes: evita los servicios que no comprendas y los servicios caros.

Si no comprendes a un asesor, aléjate de él. El trading atrae a la gente con una inteligencia superior a la media, lo que probablemente te incluya. Si no puedes comprender algo después de dedicarle un esfuerzo honesto, probablemente sea porque el otro tipo te está hablando sin decirte nada. Cuando se trata de libros, evito los mal escritos. El lenguaje es un reflejo del pensamiento, y si alguien no puede escribir con claridad, su pensamiento probablemente tampoco sea demasiado claro. También evito los libros sin una bibliografía. Todos tomamos cosas prestadas de nuestros predecesores, y un autor que no reconozca sus deudas es arrogante o perezoso. Ésas son unas características horribles para un trader, y si escribe así, no quiero sus consejos; y, por supuesto siento un nulo respeto por los ladrones. Los títulos de los libros no tienen derechos de autor, y en los últimos años un puñado de gente ha copiado el título de mi primer libro: *Vivir del trading: Trading for a living*, generalmente con pequeñas variaciones. Estoy seguro de que algún payaso robará el título del libro que estás leyendo ahora. ¿Querrás aprender de un furtivo que no puede pensar por sí mismo?

Mi segunda norma consiste en evitar los servicios muy caros, ya se trate de libros, boletines informativos de asesoramiento o seminarios. Probablemente, un boletín informativo que cueste 200 dólares tendrá un mejor valor que uno de 2000 dólares, y un seminario que cueste 500 dólares valdrá más la pena que uno que cueste 5000. Los mercaderes de productos supercaros venden una promesa implícita para conseguir «las llaves del reino de los cielos». Sus clientes suelen estar desesperados por recuperarse de pérdidas estratosféricas. Los jugadores de fútbol americano llaman a esto una «jugada a la desesperada», que es cuando el equipo que va perdiendo lanza, en los últimos segundos del partido, el balón hacia adelante esperando que se produzca el milagro de anotar. Ya han perdido el partido en términos de habilidad, y ahora intentan remontar con una única apuesta a la desesperada. Cuando un trader que ha perdido más de la mitad de su cuenta compra un sistema de trading que cuesta 3000 dólares, está haciendo lo mismo.

Los asesores útiles tienden a ser modestos, y los precios de sus servicios son consecuentes con ello. Un precio obsceno es un truco de *marketing* que transmite un mensaje subliminal de que el servicio es mágico. No hay magia: nadie puede cumplir esa promesa. Un servicio relativamente barato es un chollo si es bueno y supone una pequeña pérdida si no lo es.

Alguien le preguntó en una ocasión a Sigmund Freud cuál creía que era la mejor actitud para un paciente: «El escepticismo benigno», respondió el gran psiquiatra, y ése es un buen consejo para los traders financieros. Mantén una actitud de sano escepticismo. Si te encuentras con algo que no entiendas, vuelve a intentarlo, y si pese a ello no lo captas, probablemente no valga la pena tenerlo. Aléjate corriendo, y no caminando, de aquellos que te ofrezcan venderte las llaves del reino de los cielos. Mantén tus gastos bajos y recuerda que cualquier información que recibas se volverá valiosa para ti sólo después de que la hayas probado con tus datos, haciéndola tuya.

Toma tus herramientas

Un trader exitoso es como un pez nadando río arriba, en contra de la corriente. Las comisiones, el deslizamiento y los gastos siguen haciéndote retroceder. Debes ganar lo suficiente para superar estas tres barreras antes de empezar a conseguir algo de dinero.

No supone ninguna vergüenza decidir que el trading es demasiado duro y marcharse, al igual que no supone ninguna vergüenza ser incapaz de bailar o tocar el piano. Muchos principiantes se zambullen sin pensar y acaban heridos económica y emocionalmente. Es un juego genial, pero si lo dejas, será mejor que lo hagas pronto.

Si decides dedicarte al trading, sigue leyendo, ya que en las siguientes secciones estudiaremos la psicología, las tácticas de trading y la gestión del dinero; pero, en primer lugar, debemos hablar de los aspectos prácticos del trading: cómo abrir una cuenta, elegir un ordenador y empezar a recopilar datos.

El tamaño importa

Ganar o perder dinero en el mercado depende, en parte, de cuánto dinero metas en tu cuenta. Dos personas pueden llevar a cabo las mismas transacciones, pero una hará aumentar su capital y la otra se arruinará. ¿Cómo puede ser esto si compran y venden la misma cantidad de las mismas acciones al mismo tiempo?

Supón que nos reunimos y decidimos pasar una hora lanzando una moneda al aire, jugando a cara o cruz: cara ganas y cruz pierdes. Cada uno de nosotros aportará cinco dólares para poder jugar y apostará 25 centavos en cada jugada. Siempre que usemos una moneda no trucada, al final de esa hora habremos, más o menos, empatado, y cada uno de nosotros acabará con unos cinco dólares.

¿Qué sucede si jugamos al mismo juego y usamos la misma moneda, pero ahora tú empiezas con cinco dólares mientras que yo sólo aporto un dólar? Probablemente acabarás llevándote mi dinero. Es probable que ganes porque tu capital te proporciona una mayor capacidad de aguante. Haría falta una racha de veinte jugadas perdedoras para llevarte a la bancarrota, mientras que, para mí, una racha de tan sólo cuatro jugadas perdedoras resultaría fatal. Es mucho más fácil que se produzcan cuatro derrotas seguidas que veinte. El problema de una cuenta pequeña es que no dispone de reservas para sobrevivir a una breve racha de operaciones o transacciones perdedoras. Las transacciones ganadoras siempre se entrelazan con operaciones perdedoras, y una breve racha perdedora borra del mapa a los traders pequeños.

La mayoría de los principiantes empiezan con demasiado poco dinero. Hay mucho ruido en los mercados: movimientos aleatorios que desafían a los sistemas de trading. Un trader pequeño que entre en un período ruidoso no dispone de un colchón de seguridad. Puede que su análisis a largo plazo sea brillante, pero el mercado acabará con él porque no dispone de la capacidad de aguante para superar una racha perdedora.

Allá en 1980, como aficionado bisoño, entré en una sucursal del banco Chase que se encontraba al doblar la esquina y saqué un anticipo de caja de 5000 dólares con mi tarjeta de crédito.

Necesitaba esa enorme suma para satisfacer una demanda de cobertura suplementaria en mi agotada cuenta de trading. El cajero, de ojos pequeños y malvados, llamó al gerente, que me pidió que plasmara la huella digital de mi pulgar en el recibo. La transacción parecía sucia, pero conseguí el dinero, que acabé perdiendo al cabo de unos meses. Mi sistema era correcto, pero el ruido del mercado me estaba matando. No fue hasta que conseguí que mi cuenta de trading alcanzara unas cómodas cinco cifras cuando empecé a ganar dinero. Ojalá alguien me hubiese explicado el concepto del tamaño en aquella época.

Operar con una cuenta pequeña es como pilotar un avión a la altura de las copas de los árboles. No dispones de margen de maniobra ni de tiempo para pensar. La más mínima distracción, un pequeño infortunio o una puñetera rama que sobresalga pueden hacer que el avión se estrelle y se incendie. Cuanto más alto vueles, de más tiempo dispondrás para superar un problema. Volar a baja altitud ya es lo suficientemente difícil para los expertos, pero es mortal para los principiantes. Un trader necesita ganar altura, obtener más capital y conseguir algo de espacio para maniobrar.

Una persona con una gran cuenta que apuesta una pequeña fracción de su capital en cualquier transacción dada puede estar tranquila. Una persona con una cuenta pequeña va poniéndose más tensa porque sabe que una única transacción puede arrasar o dañar su cuenta. A medida que el estrés aumenta, la capacidad de razonar desciende.

Presencié el mejor ejemplo de cómo el dinero puede retorcer la mente de un jugador mientras le enseñaba a mi hija mayor a jugar al *backgammon*. En esa época tenía unos ocho años, pero era muy resuelta y brillante. Al cabo de algunos meses de práctica, empezó a ganarme. Entonces le sugerí que jugáramos apostando dinero: un centavo por punto, que con nuestro sistema de puntuación implicaba un máximo de 32 centavos por partida. Seguía ganándome, y yo seguí subiendo las apuestas. Para cuando alcanzamos los diez centavos por punto, ella empezó a perder y me acabó devolviendo hasta el último centavo. ¿Por qué podía ganarme cuando jugábamos por poco dinero, pero perdió cuando las apuestas aumentaron? Porque para mí 3,20 dólares eran una minucia, pero para ella suponían un dineral. Pensar en ello hizo que se pusiera algo más tensa y jugó por debajo de su máximo nivel: lo suficiente para quedarse atrás. Un trader con una cuenta pequeña está tan preocupado por el dinero que eso afecta a su capacidad para pensar, jugar y ganar.

Otros principiantes aportan demasiado dinero al juego, y eso tampoco es bueno. Un novato con demasiado capital quiere cazar demasiados conejos, se vuelve descuidado, pierde de vista sus posiciones y acaba perdiendo dinero.

¿Cuánto dinero deberías tener en tu cuenta de trading al empezar? Recuerda que estamos hablando de capital para el trading. Esto no incluye tus ahorros, tus inversiones a largo plazo, tus fondos para la jubilación, tu capital inmobiliario o tus ahorros para las compras navideñas. Sólo contamos el dinero que quieres jugarte en los mercados, intentando conseguir una tasa de rentabilidad más elevada que la que puedes alcanzar con las letras del Tesoro.

Ni se te ocurra pensar en comenzar con menos de 20 000 dólares. Ésa es la cantidad mínima indispensable, pero 50 000 dólares proporcionan una altura de vuelo mucho más segura.

Te permiten diversificar y practicar una gestión sensata del dinero. Al mismo tiempo, no te recomiendo comenzar con más de 100 000 dólares. Demasiado dinero en una cuenta de trading hace que un principiante pierda la concentración y conduce al trading torpe. Los profesionales pueden usar mucho más, pero los principiantes deberían permanecer por debajo de los 100 000 dólares mientras aprenden a operar en la bolsa. Aprende a pilotar un avión monomotor antes de pasar a un modelo bimotor. Un trader de éxito necesita adquirir el hábito de tener cuidado con el dinero.

Los principiantes me preguntan a veces qué hacer si sólo disponen de 10 000 o de 5000 dólares. Les apremio a que estudien los mercados y practiquen el trading simulado sobre el papel mientras consiguen un segundo empleo para acumular capital. Empieza a operar con una cuenta con un tamaño decente. Vas a entrar en batalla, tu capital es tu espada, y necesitas un arma lo suficientemente larga para tener alguna posibilidad en el combate con unos oponentes bien armados.

Hardware y software

Pensar en mis primeras compras de tecnología para el trading es pura nostalgia. Entré en una tienda en Florida y me compré una calculadora de bolsillo. Un año después me compré una calculadora programable con un pequeño motor que sacaba tarjetas magnéticas de memoria por su ranura. Luego me compré mi primer ordenador. Tenía dos unidades para disquetes: una para el programa y otra para el disquete de datos. Lo actualicé, haciéndolo pasar de 48 KB de RAM a 64 KB (kilobytes, no megabytes) y era un cohete. Mi primer módem recopilaba datos a la ágil velocidad de 300 baudios, y más tarde lo mejoré hasta unos espectaculares 1200 baudios. Cuando se dispuso de discos duros, me compré una unidad de 10 MB (también tenían un modelo de 20 MB, pero ¿quién necesitaba un monstruo así?). Sólo había un buen programa para el análisis técnico, y costaba 1900 dólares. En la actualidad puedo comprar un *software* cien veces más potente por una décima parte de ese precio.

¿Necesita todo trader un ordenador? Mi amigo Lou Taylor llevó a cabo todas sus investigaciones sobre el papel. Yo solía ofrecerle ordenadores, pero sin éxito alguno. La mayoría de los traders, entre los que me incluyo, estaríamos perdidos sin un ordenador. Amplía nuestro alcance y acelera las investigaciones. Simplemente recuerda que los ordenadores no garantizan beneficios. La tecnología ayuda, pero no garantiza la victoria. Un mal conductor estrellará el mejor coche.

Para convertirte en un trader computarizado, debes elegir un ordenador, un *software* para el trading y una fuente de datos. Los programas para el trading tienden a ser poco exigentes y funcionan bien en ordenadores viejos y lentos. Un buen programa para el análisis técnico debe descargar los datos, trazar gráficas a diario, semanalmente y, preferiblemente, intradía, y ofrecer multitud de indicadores. Un buen programa debería permitirte añadir tus propios indicadores al sistema y permitirte monitorizar listas de valores de acuerdo con tus parámetros. La lista de programas para traders sigue creciendo, así que para cuando te hayas leído este libro, cualquier reseña habrá quedado anticuada. Mi compañía sigue actualizando nuestra breve guía de *soft-*

ware, que enviamos a modo de servicio público. Para pedir una copia actualizada, ponte en contacto con nosotros en la dirección que aparece al final del libro.

Un avance sorprendente en los últimos años es la enorme cantidad de recursos para traders disponible en Internet. En la actualidad puedes analizar los mercados sin comprarte ningún *software:* simplemente acude a una página web, teclea tus acciones o tus futuros, selecciona los indicadores y clica con tu ratón. Algunas páginas web son gratuitas y en el caso de otras es necesario suscribirse. Con todas esas páginas web, ¿por qué comprar un *software* para el análisis técnico? Por la misma razón por la que en una ciudad como Nueva York, con su buen sistema de transporte público, algunos tenemos coches. Los clientes me preguntan, frecuentemente, cómo añadir algún nuevo indicador a su página web favorita. Cuando viajas en autobús, no le puedes pedir al conductor que tome tu ruta favorita.

¿Puedes programar tu propio indicador en una página web y monitorizar gráficas con él, colocando marcas verdes como señales de compra y puntos rojos como señales de venta? Cuando encuentres una página web que pueda hacer eso quizás no necesites un *software.* Hasta entonces, aquéllos de nosotros que nos mostramos serios con la investigación, seguiremos comprando *software* de análisis técnico. Puedes conseguir un programa de primera por algunos cientos de dólares. Una base de datos históricos con un año de actualizaciones te costará un par de cientos de dólares más. Sin embargo, si tienes una cuenta diminuta, emplea páginas web gratuitas. Intenta siempre reducir tus gastos al porcentaje más pequeño posible de tu cuenta.

Datos

Inscribirte en un servicio de datos parece sencillo, pero hace que surjan varias preguntas que van al corazón del trading. ¿Cuántos mercados deberías seguir? ¿Cuánto deberías retroceder en tu investigación? ¿Necesitas datos en tiempo real? Responder a esas preguntas te hace entrar en profundidad en el proyecto del trading y te fuerza a revisar tu proceso de toma de decisiones.

¿CUÁNTOS MERCADOS DEBERÍAS SEGUIR? Los principiantes cometen el error común de intentar seguir demasiados mercados a la vez. Algunos buscan un *software* para escanear miles de acciones y se empantanan rápidamente. Los principiantes serios deberían escoger no más de dos o tres docenas de acciones y monitorizarlas cada día. Debes llegar a conocerlas, desarrollar un instinto sobre cómo se mueven. ¿Sabes cuándo reparten beneficios tus compañías? ¿Conoces su precio mínimo y máximo del último año? Cuanto más sepas sobre un valor, más confianza tendrás y menos sorpresas podrán surgir de repente frente a ti. Muchos profesionales se centran en sólo algunas acciones, o incluso en una sola.

¿A qué valores deberías seguirles el rastro? Empieza eligiendo dos o tres sectores que actualmente estén en el candelero: las industrias tecnológicas, de Internet, de telecomunicaciones y las biotecnológicas se encuentran a la vanguardia del mercado en el momento de la redacción de este libro, pero es probable que esta lista cambie. Siempre lo hace. Escoge media docena de acciones líderes en cada uno de estos sectores y síguelas a diario. Es ahí donde encontrarás los mayores volúmenes, las tendencias más firmes y las reversiones más definidas. Varios meses después, tras llegar a conocer tus acciones y ganar algo de dinero, quizás estés preparado para añadir otro sector y elegir sus seis valores más destacados. Recuerda que la profundidad de tu investigación es mucho más importante que su amplitud. Puedes ganar más dinero con un puñado de acciones conocidas.

La elección es más sencilla para los traders de futuros: sólo hay unas tres docenas de futuros en seis o siete sectores. Los principiantes deberían permanecer alejados de los mercados más volátiles. Tomemos los cereales, por ejemplo. Deberías analizar el maíz, el trigo y la soja, pero operar sólo con el maíz, porque tiende a ser el más lento y tranquilo del grupo. Aprende a llevar una bicicleta con ruedines antes de empezar a correr. Cuando se trate de bienes tropicales, analízalos todos, pero opera sólo con el azúcar (un mercado grande, líquido y razonablemente volátil), dejando a un lado el café y el cacao, que pueden moverse tan rápidamente como el índice S&P. No hace falta decir que un principiante no debe implicarse en los futuros de índices bursátiles, cuyo apodo en el parqué es el de «cohetes». Puedes ascender para llegar hasta ellos en un par de años, pero en esta fase, si tienes una opinión sobre el mercado de valores, opera con recibos de depósito del índice S&P o con un fondo de inversión que imite el índice NAS-DAQ 100, que son índices del mercado que se negocian en la bolsa.

¿Cuánto deberías retroceder en tu investigación? Una gráfica diaria en una pantalla de ordenador te mostrará, sin problemas, cinco o seis meses de historia. Verás menos con una gráfica de velas (*véase* el capítulo 5), que además ocupan más espacio. Las gráficas diarias por sí solas no son suficientes, y necesitarás gráficas semanales con por los menos un historial de dos años. Aprender historia te prepara para el futuro, y podría ser de utilidad echar un vistazo a una tabla de diez años y ver si ese mercado está alto o bajo en el panorama general a largo plazo.

Las gráficas que se extienden a lo largo de veinte años o más son especialmente útiles para los traders de futuros. Los futuros, al contrario que las acciones, tienen un suelo y un techo naturales. Esos niveles no son rígidos, pero antes de que compres o vendas, intenta averiguar si estás más cerca del suelo o del techo.

El precio mínimo de los futuros es su coste de producción. Cuando un mercado cae por debajo de ese nivel, los productores empiezan a abandonar, los suministros caen y los precios aumentan. Si hay un exceso de azúcar y su precio en los mercados mundiales cae por debajo de lo que cuesta su cultivo, los principales productores van a empezar a cerrar sus negocios. Hay excepciones, como cuando un país desesperadamente pobre vende materias primas en los mercados mundiales para conseguir divisas fuertes mientras paga a los trabajadores de su país con la divisa local devaluada. El precio puede caer por debajo del coste de producción, pero no puede permanecer ahí durante demasiado tiempo.

El techo para la mayoría de las materias primas es el coste de sustitución. Una materia prima puede reemplazar a otra si el precio es el adecuado. Por ejemplo, con un aumento del precio del maíz, que es un importante alimento para el ganado, puede que resulte más barato alimentar a los animales con trigo. A medida que más y más ganaderos hacen el cambio y reducen sus compras de maíz, eliminan lo que impulsaba el aumento de precio del maíz. Un mercado atenazado por la histeria puede elevarse brevemente por encima de su techo, pero no podrá permanecer ahí durante mucho tiempo. Su regreso al rango normal de precios proporciona oportunidades de beneficios para los traders astutos. Aprender de esta historia puede ayudarte a mantener la calma cuando los demás estén perdiendo la cabeza.

Los contratos de futuros vencen cada pocos meses, haciendo que las gráficas a corto plazo sean difíciles de analizar. Cuando se trata de las gráficas diarias, nos fijamos en el mes actualmente activo, pero ¿qué pasa con las gráficas semanales? Aquí tenemos que usar los contratos perpetuos o continuos, que son herramientas matemáticas que empalman varios meses de contratos. Vale la pena descargar dos series de datos: el contrato activo actual, remontándonos unos seis meses, y el contrato perpetuo, remontándonos por lo menos dos años. Analiza gráficas semanales usando datos perpetuos y pasa al mes actual para estudiar las gráficas diarias.

¿Necesitas datos en tiempo real? Los datos en tiempo real fluyen hacia tu pantalla a cada *tick* (mínimo aumento o descenso) a medida que los precios cambian en los mercados. Una pantalla en vivo es una de las cosas más cautivadoras del mundo, a la misma altura del voleibol nudista mixto o una colisión en cadena en una autopista. Ver cómo tus acciones bailan frente a tus ojos puede ayudarte a encontrar los mejores momentos para comprar y vender o hacerte olvidar la realidad y nadar en adrenalina.

¿Mejorarán tu trading los datos/información en vivo? La respuesta es «Sí» para unos pocos, «Quizás» para algunos y «No» para la mayoría. Tener una pantalla en vivo en tu escritorio, dice un amigo mío que es trader, es como sentarte frente a una máquina tragaperras: acabas, invariablemente, echándole monedas.

Operar con gráficas en vivo parece engañosamente fácil, cuando, en realidad, es uno de los juegos más rápidos del planeta. Compra a las 10:05 h, mira como el precio aumenta unos pocos *ticks* y retira un par de cientos de dólares de la mesa a las 10:15 h. Repite esto varias veces al día y vete a casa a las 16:00 h con varios miles de dólares y ninguna posición abierta. Duerme como un bebé y regresa por la mañana. El problema es que necesitas unos reflejos perfectos para hacer eso. Si te detienes un instante a pensar, retrasas el recoger un beneficio o pones pequeñas objeciones a aceptar una pérdida, estás muerto.

La mayoría de los traders intradía más exitosos son hombres a principios de su veintena. He conocido a muy pocos traders intradía exitosos que tengan más de treinta años. Hay excepciones, por supuesto: una amiga mía septuagenaria es una fantástica trader intradía, pero ella es una excepción que confirma la regla. Este juego requiere de unos reflejos rápidos como el rayo, además de cierta capacidad irreflexiva para saltar que pocos de nosotros conservamos una vez que cumplimos los treinta años.

Los principiantes no necesitan datos en vivo porque deben dedicar toda su atención a aprender a operar con gráficas diarias y semanales. Una vez que empieces a sacar dinero de los mercados, puede que sea una buena idea aplicar tus nuevas habilidades a las gráficas intradía. Cuando las gráficas a mayor plazo te den una señal para comprar o vender, usa los datos en vivo no para operar intradía, sino para entrar o salir de tus posiciones.

Una vez que decidas usar datos en vivo, asegúrate de que sean reales y no te lleguen con retraso. La mayoría de las bolsas cobran unas cuotas mensuales por los datos en tiempo real, mientras que Internet está lleno de páginas que ofrecen datos gratuitos con una demora de veinte minutos. Ese retraso no interfiere con el valor como entretenimiento, pero operar con él es suicida. Si necesitas datos en tiempo real, asegúrate de conseguir los mejores.

Análisis y trading

Los mercados generan enormes volúmenes de información: informes anuales y trimestrales; estimaciones de beneficios; informes de personas vinculadas a las empresas; estudios de grupos de sectores; previsiones tecnológicas; gráficas semanales, diarias e intradía; indicadores técnicos; volumen de operaciones; opiniones en chats; los círculos de discusión interminables en Internet. Con tantos datos, pronto te das cuenta de que tu análisis nunca puede ser completo.

Algunos traders que han perdido dinero caen en la parálisis del análisis. Desarrollan la curiosa idea de que si analizan más datos dejarán de perder y se convertirán en ganadores. Puedes reconocerlos por sus hermosas gráficas y sus estanterías repletas de informes sobre valores. Te mostrarán señales indicadoras en medio de cualquier gráfica, pero cuando les preguntes qué harán al alcanzar la ventaja adecuada, sólo mascullan porque no operan en la bolsa.

Se paga a los analistas para que tengan razón y a los traders para ser rentables. Esos dos objetivos son distintos y exigen temperamentos diferentes. Las empresas tienden a separar a los traders y a los analistas en departamentos distintos. Los traders particulares no disponen de ese lujo.

Los análisis alcanzan, rápidamente, el punto en el que se obtienen unos beneficios menguantes. El objetivo no es ser completo, sino desarrollar un proceso de toma de decisiones y respaldarlo con la gestión del dinero. Necesitas desarrollar varias pantallas analíticas para reducir el volumen de información del mercado hasta que alcance un tamaño manejable.

Análisis fundamental

Los analistas fundamentales predicen movimientos de precios basándose en la oferta y la demanda. En el caso de las acciones, estudian la oferta y la demanda de los productos de la compañía. En el caso de los futuros estudian la oferta y la demanda de las materias primas.

¿Ha anunciado una empresa un nuevo avance tecnológico? ¿Una expansión en el extranjero? ¿Una nueva asociación estratégica? ¿Un nuevo director ejecutivo? Cualquier cosa que le suceda a esa compañía puede influir en el suministro de sus productos y sus costes. Prácticamente todo lo que sucede en la sociedad puede influir en la demanda.

El análisis fundamental es difícil porque la importancia de distintos factores cambia con el paso del tiempo. Por ejemplo, durante una expansión económica, es probable que los analistas fundamentales se centren en las tasas de crecimiento, pero que durante una recesión lo hagan en la seguridad de los dividendos. Un dividendo puede parecer una reliquia pintoresca en un mercado alcista dinámico, pero cuando las cosas vienen mal dadas, la prueba definitiva de unas acciones son los ingresos que generan. Un analista fundamental debe vigilar a la multitud, ya que desvía su atención de los valores de la bolsa a la innovación tecnológica y a cualquier cosa que le preocupe en ese momento. Los analistas fundamentales estudian valores, pero las relaciones entre los valores y los precios no es directa. Es, una vez más, como esa goma elástica de un kilómetro de largo.

El trabajo de un analista fundamental en los mercados de futuros no es mucho más fácil. ¿Cómo interpretas las acciones de la Reserva Federal, con su gran poder sobre las tasas de interés y la economía? ¿Cómo analizas los informes meteorológicos durante las estaciones críticas de crecimiento en los mercados de los cereales? ¿Cómo estimas las existencias remanentes y las expectativas meteorológicas en el hemisferio sur versus el norte cuyos ciclos meteorológicos tienen seis meses de diferencia? Puedes pasar toda una vida aprendiendo los aspectos básicos o puedes buscar a gente capaz que venda sus investigaciones.

El análisis fundamental es mucho más limitado que el técnico. Una media móvil funciona de forma similar con la soja y con IBM en las gráficas semanales, diarias o intradía. El histograma de la MACD muestra mensajes similares con los bonos del Tesoro e Intel. ¿Deberíamos olvidarnos de los análisis fundamentales y concentrarnos en los análisis técnicos? Muchos traders toman el camino fácil, pero creo que es un error.

Los factores fundamentales o intrínsecos son muy importantes para un trader a largo plazo que quiera subirse a tendencias importantes durante varios meses o años. Si los análisis fundamentales son alcistas, deberíamos favorecer el largo plazo, y si son bajistas el corto plazo. El análisis fundamental es menos relevante para un trader que opere a corto plazo o intradía.

No tienes por qué convertirte en un experto en el análisis fundamental de cada acción y cada materia prima. Hay gente muy inteligente especializada en eso, y publican sus investigaciones. Muchos de ellos también se dan cabezazos contra la pared, ya que son incapaces de comprender por qué, si saben tanto sobre sus mercados, no pueden ganar dinero con el trading.

Si podemos tomar nuestras ideas de los analistas fundamentales pero las filtramos haciéndolas pasar por tamices técnicos, estaremos kilómetros por delante de aquellos que analizan sólo análisis fundamentales o técnicos. Los análisis fundamentales alcistas deben ser confirmados por unos indicadores técnicos al alza, ya que si no serán sospechosos. Los análisis fundamentales bajistas deben ser confirmados por unos indicadores técnicos a la baja. Cuando los análisis fundamentales y los técnicos coinciden, un trader astuto puede hacer su agosto.

¿HACIA DÓNDE ME DIRIJO DESDE AQUÍ? El principal libro sobre el análisis fundamental de las acciones es *Security Analysis: principios y técnica,* de Benjamin Graham y David Dodd. Ambos autores fallecieron hace muchos años, pero el libro sigue siendo actualizado por sus discípulos. Si decides estudiarlo, asegúrate de obtener la última edición. Warren Buffett, que fue alumno de Graham, se convirtió en uno de los hombres más ricos del mundo. Hay un libro de fácil lectura que explica su enfoque con respecto al análisis fundamental: *Warren Buffett,* de Robert G. Hagstrom.

La mejor revisión sobre los análisis fundamentales de los futuros es *The futures game,* de Richard Teweles y Frank Jones. Este volumen clásico se revisa y actualiza cada diez años, más o menos: asegúrate de adquirir la última edición. Contiene una sección sobre los análisis fundamentales de cada mercado de futuros. Tanto si operas con soja como con francos suizos, puedes documentarte rápidamente sobre los factores clave que dirigen ese mercado.

Análisis técnico

Los mercados financieros discurren bajo un sistema bipartidista: los toros (mercado alcista) y los osos (mercado bajista). Los toros hacen que los precios aumenten y los osos que bajen, mientras que las gráficas nos muestran sus huellas. Los analistas técnicos estudian gráficas para encontrar cuándo uno de los grupos vence al otro. Buscan patrones repetitivos de precios, intentando reconocer tendencias alcistas o bajistas en sus primeras fases y generar señales de compra o de venta.

El papel del análisis técnico en Wall Street ha cambiado a lo largo de los años. Fue muy popular a principios del siglo XX, siendo Charles Dow, el fundador del *The Wall Street Journal* y el creador de los Promedios Dow, quien marcó su inicio. Varios analistas destacados, como Roger Babson, predijeron e identificaron la cima de 1929. Luego llegó un cuarto de siglo de exilio en el que los analistas de las empresas tuvieron que ocultar sus gráficas si querían conservar su empleo. El análisis técnico se ha vuelto enormemente popular desde la década de 1980. El acceso fácil a ordenadores personales ha puesto el *software* técnico al alcance de los traders.

El mercado de valores se ha vuelto cada vez más orientado al corto plazo en los últimos años. Atrás quedaron los días de «comprar y retener» en los que la gente compraba «buenas acciones» a largo plazo, las guardaba y recogía los dividendos. El ritmo del cambio económico está aumentando y las acciones se mueven cada vez más rápidamente. Surgen nuevos sectores, los viejos se hunden y muchas acciones se han vuelto más volátiles que las materias primas. El análisis técnico resulta muy adecuado para esos cambios acelerados.

Hay dos tipos principales de análisis técnico: el clásico y el computarizado. El análisis clásico se basa únicamente en el estudio de gráficas sin usar nada más complejo que un lápiz y una regla. Los técnicos clásicos buscan tendencias alcistas y bajistas, zonas de soporte y de resistencia, además de patrones repetitivos, como triángulos y rectángulos. Es un campo fácil en el que entrar, pero su principal inconveniente es la subjetividad. Cuando un técnico clásico se siente alcista, su regla tiende a subir, y cuando se siente bajista esa regla tiende a deslizarse hacia abajo.

El análisis técnico moderno se basa en indicadores computarizados cuyas señales son mucho más objetivas. Los dos tipos principales son los indicadores de tendencias y los osciladores. Los indicadores de seguimiento de tendencias, como las medias móviles, el sistema direccional y la MACD (convergencia-divergencia de la media móvil) ayudan a identificar tendencias. Los osciladores, como el estocástico, el Force Index y el RSI (Relative Stregth Index o índice de fuerza relativa) ayudan a identificar cambios o reversiones. Es importante elegir varios indicadores de ambos grupos, establecer sus parámetros y permanecer con ellos. Los aficionados suelen hacer un mal uso del análisis técnico buscando indicadores que les muestren lo que quieren ver.

La principal herramienta del análisis técnico no es el lápiz ni el ordenador, sino el órgano que se supone que todo analista tiene entre sus orejas: su cerebro. Pese a ello, si dos técnicos tienen un mismo nivel de desarrollo, el que tenga un ordenador dispone de una ventaja.

El análisis técnico es, en parte, una ciencia y, en parte, un arte: es en parte objetivo y en parte subjetivo. Se basa en métodos computarizados, pero monitoriza la psicología de la multitud, que nunca puede ser plenamente objetiva. El mejor modelo para el análisis técnico es una encuesta de opinión pública. Los encuestadores usan métodos científicos, pero necesitan un talento psicológico para diseñar preguntas y escoger técnicas de sondeo. Los patrones de precios en las pantallas de nuestros ordenadores revelan el comportamiento de la muchedumbre. El análisis técnico consiste en psicología social aplicada: el oficio de analizar el comportamiento de las masas con fines lucrativos.

Muchos principiantes agobiados por el enorme volumen de datos caen en la trampa de los sistemas automáticos de trading. Sus vendedores afirman haber probado retrospectivamente las mejores herramientas técnicas y haberlas unido para obtener sistemas ganadores. Siempre que un principiante emocionado me dice que está planeando comprar un sistema automático, le pregunto cómo se gana la vida y qué podría suceder si yo compitiese con él después de comprar un sistema automático de toma de decisiones en su campo. La gente quiere creer en la magia, y si esa magia puede evitar que trabaje y piense, pagará alegremente un buen dinero por él.

El trading exitoso se basa en las siglas MMD (mente, método y dinero). El análisis técnico, independientemente de lo inteligente que sea, es responsable sólo de una tercera parte de tu éxito. También debes poseer una buena psicología para el trading y una gestión adecuada del dinero, tal y como verás más adelante en este libro.

¿Hacia dónde me dirijo desde aquí? *Análisis técnico de las tendencias de los valores,* de Robert D. Edwards y John Magee, escrito en la primera mitad del siglo xx, se considera el libro definitivo sobre el trazado clásico de gráficas. Obtén cualquier edición posterior a 1995, porque ésa es la fecha en la que se llevó a cabo la última revisión importante de este libro. *Análisis técnico de los mercados financieros,* de John Murphy, ofrece la revisión más exhaustiva del análisis técnico moderno y clásico. Mi primer libro, *Vivir del trading: Trading for a living,* dispone de amplias secciones sobre el análisis tanto clásico como moderno.

Cuándo comprar y vender

El secreto del trading es que no hay ningún secreto. No hay una contraseña mágica para conseguir beneficios. Los principiantes siguen buscando trucos, y muchos vendedores taimados se los venden. La verdad es que el trading consiste en trabajo y en un poco de talento. No se diferencia en nada de ningún otro campo del empeño humano. Cuando llevas a cabo una operación quirúrgica, enseñas cálculo o pilotas un avión, todo se reduce a conocer las normas, tener la disciplina necesaria, dedicar trabajo y tener un poco de talento.

Un trader inteligente presta atención a los fundamentos. Es consciente de las fuerzas clave en la economía. Pasa la mayor parte de su tiempo analítico con el análisis técnico, trabajando para identificar tendencias y reversiones. Más adelante en este libro revisaremos herramientas técnicas clave y organizaremos un plan para el trading.

Los mercados siguen cambiando, y el quid de la cuestión es la flexibilidad. Un programador brillante me dijo hace poco que seguía perdiendo dinero, pero quienquiera que estuviera comprando con sus *stops* debía estar obteniendo rentabilidad, porque sus *stops* estaban dando en el clavo con los puntos inferiores de los descensos. Le pregunté que por qué no empezaba a emitir sus órdenes de compra en los puntos en los que ahora situaba los *stops*. No lo hacía porque era demasiado rígido y para él las órdenes de compra eran órdenes de comprar y los *stops* eran *stops*. Un nivel elevado de formación puede ser una desventaja para el trading. Brian Monieson, un afamado trader de Chicago, dijo en una ocasión en una entrevista: «Tengo un doctorado en matemáticas y un pasado en el campo de la cibernética, pero pude superar esos inconvenientes y ganar dinero».

A muchos profesionales les preocupa tener la razón. Los ingenieros creen que todo puede calcularse, y los médicos creen que si llevan a cabo suficientes pruebas darán con el diagnóstico y el tratamiento correctos. Curar a un paciente implica mucho más que precisión. Es un chiste recurrente la gran cantidad de médicos y abogados que pierden dinero en los mercados. ¿Por qué? Ciertamente, no se debe a la falta de inteligencia, sino a una falta de humildad y flexibilidad.

Los mercados operan en una atmósfera de incertidumbre. Las señales para el trading están claras en medio de la gráfica, pero a medida que te acercas al borde derecho, te encuentras en lo que John Keegan, el gran historiador militar, llamaba «la niebla de la guerra». No hay ninguna certeza, sino sólo probabilidades. Aquí tienes dos objetivos: ganar dinero y aprender. Ganes o pierdas, debes adquirir conocimientos de una transacción para ser un mejor trader mañana. Monitoriza tu información fundamental, interpreta las señales técnicas, implementa tus normas de gestión del dinero y de control del riesgo. Ahora estás listo para apretar el gatillo. ¡Adelante!

SEGUNDA PARTE

LAS SIGLAS MMD PARA EL TRADING EXITOSO

Compra barato y vende caro. Compra a corto cuando las acciones estén caras y cierra cortos cuando las acciones estén baratas. Los traders son como los surferos, que intentan pillar buenas olas, pero su playa es rocosa, y no arenosa. Los profesionales esperan a que lleguen las oportunidades, pero los aficionados se lanzan, llevados por las emociones: siguen comprando fortaleza (con los precios altos) y vendiendo debilidad (con los precios bajos), perdiendo su capital en los mercados. «Compra barato y vende caro» parece una norma sencilla, pero la codicia y el miedo pueden invalidar las mejores intenciones.

Un profesional espera que surjan en el mercado patrones familiares. Puede que perciba una nueva tendencia con un impulso ascendente que indique que se avecinan precios mayores; o puede que detecte la flaqueza de un impulso durante un ascenso, lo que indicaría debilidad. Una vez que reconoce un patrón lleva a cabo una transacción. Tiene una idea clara sobre cómo entrará, en qué punto recogerá los beneficios y en qué punto aceptará una pérdida si el mercado se vuelve en su contra.

Una transacción es una apuesta a un cambio de precio, pero hay una paradoja. Cada precio refleja el ultimo consenso en cuanto al valor entre los participantes en el mercado. Llevar a cabo una transacción desafía a ese consenso. Un comprador discrepa de la sabiduría colectiva diciendo que el mercado está infravalorado. Un vendedor disiente de la sabiduría de todo el grupo porque cree que el mercado está sobrevalorado. Tanto el comprador como el vendedor esperan que el consenso cambie, pero mientras tanto desafían al mercado. Ese mercado incluye a algunas de las mentes más brillantes y a algunas de las personas más ricas del planeta. Discutir con este grupo es un asunto peligroso y debe llevarse a cabo muy cuidadosamente.

Un trader inteligente busca los agujeros en la teoría del mercado eficiente. Sigue monitorizando el mercado en busca de breves períodos de ineficiencia. Cuando la multitud se ve atenazada por la codicia, los recién llegados se zambullen y se cargan de acciones. Cuando los precios descendentes atenazan a los miles de compradores, se libran de sus posesiones debido al pánico, ignorando los valores fundamentales. Esos episodios de comportamiento emocional reducen la fría eficiencia del mercado, generando oportunidades para los traders disciplinados. Cuando los mercados están calmados y son eficientes, el trading se convierte en una lotería, con las comisiones y el deslizamiento empeorando las probabilidades.

La mentalidad de la multitud cambia lentamente, y los patrones de precios se repiten, aunque con variaciones. Las oscilaciones emocionales proporcionan oportunidades para el trading, mientras que los mercados eficientes desmenuzan y talan, sin ofrecer ninguna ventaja a los traders y sin hacer nada más que sus costes crezcan. Las herramientas de análisis técnico trabajarán para ti sólo si tienes la disciplina de esperar a que surjan patrones. Los profesionales operan sólo cuando los mercados les ofrecen ventajas especiales.

Según la teoría del caos, muchos procesos (el flujo del agua en los ríos, el movimiento de las nubes en el cielo, los cambios de precios en los mercados del algodón) son caóticos, con islas transitorias de orden llamadas fractales. Esos fractales parecen similares desde cualquier distancia, ya los veamos desde un telescopio o un microscopio. La costa de Maine parece tan abrupta desde un transbordador espacial como cuando te arrodillas y la observas con una lupa. En la mayoría de los mercados financieros, las gráficas semanales a largo plazo y las gráficas de cinco minutos a corto plazo parecen tan similares que no puedes distinguirlas sin unas marcas. Los ingenieros se han dado cuenta de que pueden conseguir un mejor control de muchos procesos si aceptan que son caóticos e intentan sacarles el máximo rendimiento a los fractales temporales, las islas de orden. Eso es exactamente lo que hace un buen trader. Reconoce que el mercado es caótico e impredecible la mayor parte del tiempo, pero espera encontrar islas de orden. Se forma para comprar y vender sin poner objeciones cuando encuentra esos patrones.

El trading exitoso depende de las siglas MMD (mente, método y dinero). Los principiantes se centran en el análisis, pero los profesionales operan en un espacio tridimensional. Son conscientes de la psicología del trading: sus propios sentimientos y la psicología de masas de los mercados. Cada trader necesita disponer de un método para escoger acciones, opciones o futuros concretos, además de unas normas firmes para «apretar el gatillo»: decidir cuándo comprar y vender. El dinero hace referencia a cómo gestionas tu capital para el trading.

Mente, método y dinero (psicología del trading, método del trading y gestión del dinero): la gente a veces me pregunta cuál de los tres es más importante. Eso es como preguntar qué pata de un taburete de tres patas es la más importante. Retira una de ellas cada vez y luego intenta sentarte. En la segunda parte de este libro nos centraremos en estas tres bases del éxito en el mercado.

CAPÍTULO 4

Mente: El trader disciplinado[1]

Los traders llegan a los mercados con grandes expectativas, pero pocos obtienen beneficios y la mayoría fracasan. La industria oculta buenas estadísticas al público, mientras promociona su Gran Mentira de que el dinero perdido por los perdedores va a parar a los ganadores. De hecho, los ganadores cosechan sólo una fracción del dinero perdido por los perdedores. La mayor parte de las pérdidas va a parar a la industria del trading como coste del hecho de operar: comisiones, deslizamiento y gastos. Un trader exitoso debe superar varios obstáculos y seguir superándolos. Ser mejor que la media no es lo suficientemente bueno: debes estar muy por encima de la multitud. Sólo puedes ganar si dispones tanto de conocimiento como de disciplina.

La mayoría de los aficionados llegan a los mercados con unos planes de trading a medio hacer, sin tener ni una pista sobre la psicología o la gestión del dinero. La mayoría acaban haciéndose daño y acaban abandonando después de algunos golpes dolorosos. Otros encuentran más dinero y regresan al trading. No debemos llamar perdedora a la gente que sigue perdiendo dinero en los mercados, porque sí que obtienen algo a cambio. ¡Lo que consiguen es un fantástico valor en forma de entretenimiento!

---

1. Gracias a Mark Douglas. Tomé prestado el título de su libro para este capítulo.

Los mercados son los lugares más entretenidos sobre la faz de la Tierra. Son como un juego de naipes, una partida de ajedrez y una carrera de caballos, todo en uno. El juego se desarrolla a todas horas: siempre puedes encontrar acción.

Un conocido mío tenía una vida hogareña horrorosa. Evitaba a su esposa quedándose a trabajar hasta tarde en la oficina, pero el edificio cerraba los fines de semana, haciendo que tuviera que regresar al seno de su familia. Cuando llegaba el domingo por la mañana ya no podía soportar más la «unidad familiar» y huía al sótano de su casa. Ahí había montado un sistema para el trading, usando el equipo que le había prestado otro perdedor a cambio de una parte de los beneficios futuros. ¿Con qué puedes operar un domingo por la mañana en las afueras de Boston? Resultó que los mercados del oro estaban abiertos en Oriente Medio. Mi conocido solía encender su pantalla con las cotizaciones, tomaba el teléfono (estamos hablando de la época anterior a Internet) y hacía transacciones con oro en Abu Dabi.

Nunca se preguntó cuál era su ventaja con respecto a los traders locales. ¿Qué es lo que tiene, sentado en un bucólico barrio residencial de Boston que no tengan en Abu Dabi? ¿Por qué deberían los habitantes de su región enviarle dinero? Todo profesional conoce su ventaja, pero pregúntale a un aficionado y no obtendrás resultado. Una persona que no sepa cuál es su ventaja no dispondrá de ella y perderá dinero. Warren Buffett, uno de los inversores más ricos del mundo, dice que cuando te sientas para jugar una partida de póquer, debes saber, al cabo de quince minutos, quién va a proporcionar las ganancias, y si no conoces la respuesta, entonces esa persona eres tú. Mi amigo de Boston acabó perdiendo su casa porque quebró, lo que dio un nuevo giro a sus problemas maritales, pese a que ya no operaba con oro en Abu Dabi.

Mucha gente, ya sea rica o pobre, se siente atrapada y aburrida. Tal y como escribió Henry David Thoreau hace casi dos siglos: «La mayoría de los hombres llevan vidas de tranquila desesperación».

Nos despertamos en la misma cama cada mañana, tomamos el mismo desayuno y conducimos hacia el trabajo por la misma carretera. Vemos las mismas caras aburridas en la oficina y reorganizamos los papeles en nuestros viejos escritorios. Conducimos de vuelta a casa, vemos los mismos programas estúpidos en la televisión, tomamos una cerveza y nos vamos a dormir a la misma cama. Repetimos esta rutina día tras día, mes tras mes, año tras año. Parece como una cadena perpetua sin posibilidad de libertad condicional. ¿Qué hay que podamos esperar con ilusión? ¿Quizás unas breves vacaciones el año que viene? Compraremos una oferta con todo incluido, volaremos a París, nos subiremos a un autobús con el resto del grupo y pasaremos quince minutos frente al Arco de Triunfo y media hora subiendo a la Torre Eiffel. Luego regresaremos a casa, de vuelta a la vieja rutina.

La mayoría de la gente vive en un profundo surco invisible: no hay necesidad de pensar, de tomar decisiones, de sentir el vivir la vida al límite. La rutina parece cómoda, pero es mortalmente aburrida.

Incluso las diversiones dejan de ser divertidas. ¿Cuántas películas de Hollywood puedes ver en un fin de semana hasta que todas acaben siendo un recuerdo borroso? ¿Cuántos viajes a Disneylandia puedes hacer hasta que todas las experiencias en las atracciones parezcan como un viaje interminable a ninguna parte? Por citar, una vez más, a Thoreau: «Incluso tras los llamados juegos y diversiones de la humanidad se encuentra una desesperación tan estereotípica como inconsciente. No hay juego en ellos».

Y entonces abres una cuenta de trading y emites una orden para comprar quinientas acciones de Intel. Cualquiera que tenga algunos miles de dólares puede escapar de la rutina y encontrar emociones en los mercados.

¡De repente el mundo adquiere unos colores vivos! Intel sube medio punto, compruebas las cotizaciones, sales corriendo a comprar un periódico y sintonizas la televisión o la radio para recibir las últimas actualizaciones. Si dispones de un ordenador en el trabajo, abres una pequeña ventana para vigilar tus acciones. Antes de Internet, la gente solía comprarse pequeñas radios para obtener las cotizaciones del mercado y las escondía en cajones medio abiertos en su escritorio. Sus antenas, que sobresalían de los escritorios de los hombres de mediana edad, parecían como rayos de luz que brillaban en las celdas de una prisión.

¡Intel ha subido un punto! ¿Deberías vender y recoger los beneficios? ¿Deberías comprar más acciones y doblar la apuesta? Tu corazón está latiendo con fuerza: ¡Te sientes vivo! Ahora ha subido tres puntos. Multiplicas eso por el número de acciones que tienes y te das cuenta de que por tan sólo unas horas estás cerca de ganar lo mismo que con tu salario semanal. Empiezas a calcular el porcentaje de tus beneficios: si sigues operando así durante el resto del año menuda fortuna tendrás para cuando llegue las Navidades.

De repente levantas la mirada desde una calculadora para ver que Intel ha bajado dos puntos. Tienes un nudo en el estómago, pegas tu rostro a la pantalla, te encorvas, comprimiendo tus pulmones y reduciendo el flujo de sangre haca tu cerebro, lo que supone una postura horrible para tomar decisiones. La ansiedad te inunda, como si fueras un animal atrapado, pero estás vivo.

El trading es la actividad más emocionante que una persona puede hacer con la ropa puesta. El problema es que no puedes sentirte excitado y ganar dinero al mismo tiempo. Piensa en un casino, en el que los aficionados se alegran porque las bebidas son gratis, mientras los jugadores profesionales, que cuentan las cartas, juegan, fríamente, una partida tras otra, retirándose la mayor parte de las veces y apostando fuerte a su favor cuando el recuento de cartas les aporta una ligera ventaja contra la banca. Para ser un trader exitoso debes desarrollar una férrea disciplina (mente), conseguir una ventaja frente a los mercados (método) y controlar los riesgos en tu cuenta de trading (dinero).

Caminando dormido por los mercados

Sólo hay una razón racional para operar en la bolsa: ganar dinero. El dinero nos atrae hacia los mercados, pero con la emoción del nuevo juego solemos perder la perspectiva de ese objetivo. Empezamos a operar en la bolsa a modo de entretenimiento, como huida, para fanfarronear frente a nuestra familia y amigos, etc. Una vez que un trader pierde de vista el dinero, está frito.

Es fácil sentirse relajado, tranquilo y sereno leyendo un libro o fijándote en tus gráficas un fin de semana. Es fácil ser racional cuando los mercados han cerrado, pero ¿qué sucede después de treinta minutos frente a una pantalla con información en vivo? ¿Se te empieza a acelerar el pulso? ¿Te hipnotizan los *ticks* ascendentes y descendentes? Los traders obtienen descargas de adrenalina del mercado y la emoción nubla su buen juicio. Las resoluciones tranquilas tomadas en un fin de semana se van al garete durante las subidas o bajadas de las cotizaciones. «Esta vez es distinto… Es una excepción… No pondré un *stop* ahora, el mercado está demasiado volátil» son las frases reveladoras de los traders emocionales.

Mucha gente inteligente camina dormida por los mercados. Sus ojos están abiertos, pero su mente está cerrada. Se ven impulsados por las emociones y siguen repitiendo sus errores. No pasa nada por cometer errores, pero lo que no está bien es repetirlos. Cuando cometes un error por primera vez, eso muestra que estás vivo, buscando, experimentando. Repetir un error es un síntoma de neurosis.

Hay perdedores de todos los sexos, edades y color de piel, pero varias muletillas los delatan. Fijémonos en algunas de las excusas más comunes. Si te reconoces a ti mismo, usa eso como señal para empezar a aprender un nuevo enfoque con respecto a los mercados.

Echarle la culpa al bróker

Un trader escucha la voz de su bróker en los momentos más importantes y tensos: al emitir órdenes de compra o venta, o al solicitar información que pueda conducir a emitir una orden. El bróker está cerca del mercado, y muchos de nosotros asumimos que él sabe más que nosotros. Intentamos interpretar la voz de nuestro bróker y averiguar si aprueba o desaprueba nuestras actuaciones.

¿Es escuchar la voz de tu bróker parte de tu sistema de trading? ¿Te dice que compres cuando la media móvil semanal suba, el indicador Force Index (índice de fuerza) diario baje, y el bróker parece entusiasmado; o simplemente te dice que compres cuando tal y cual indicadores alcancen tales y cuales parámetros?

Intentar interpretar la voz de tu bróker es una señal de inseguridad, un estado común para los principiantes. Los mercados son enormes y volátiles y sus subidas y bajadas pueden parecer abrumadoras. La gente asustada busca a alguien fuerte y sabio para que la saque de la jungla. ¿Puede orientarte tu bróker? Probablemente no, pero si pierdes dinero tendrás una gran excusa: que fue tu bróker el que te metió en esa estúpida operación.

Un abogado que estaba buscando un perito me llamó hace poco. Su cliente, un profesor universitario, había comprado a corto sus acciones de Dell por veinte dólares hacía años, antes del fraccionamiento de las acciones *(split),* después de que su bróker le hubiera dicho que «ya no podrían subir más». Esas acciones se convirtieron en la niña bonita del mercado alcista, subieron por las nubes, y un año después, el profesor cerró cortos a ochenta dólares, demoliendo su cuenta de un millón de dólares, que representaba los ahorros de toda su vida. Ese hombre fue lo suficientemente inteligente para sacarse un doctorado y ahorrar un millón de dólares, y era lo suficientemente emocional para seguir a su bróker mientras los ahorros de toda su vida se consumían lentamente. Poca gente demanda a su bróker, pero casi todos los principiantes le echan las culpas.

Los sentimientos de los traders por los brókeres son similares a los sentimientos de los pacientes por sus psicoanalistas. El paciente se tumba en el diván y la voz del psicoanalista, que surge en los momentos importantes, parece llevar verdades psicológicas más profundas que las que el paciente probablemente podría haber descubierto por sí mismo. En realidad, un buen bróker es un artesano que a veces puede ayudarte a conseguir mejores ejecuciones de órdenes y obtener la información que has solicitado. Él es tu ayudante, no tu asesor. Fijarte en un bróker en busca de orientación es una señal de inseguridad, lo que no es favorable para el éxito en el trading.

La mayoría de la gente empieza a operar en la bolsa más activamente tras pasarse a los brókeres electrónicos. Las comisiones bajas son un factor, pero el cambio psicológico es más importante. La gente se muestra menos cohibida cuando no tiene que tratar con una persona que vive y respira. Todos nosotros hacemos, en ocasiones, transacciones estúpidas, y los brókeres electrónicos nos permiten hacerlas en privado. Nos avergüenza menos darle a una tecla que llamar a un bróker.

Algunos traders logran transferir sus ansiedades y miedos a los brókeres electrónicos. Se quejan de que los brókeres electrónicos no saben lo que quieren, como el aceptar ciertos tipos de órdenes. ¿Por qué no transfieres tu cuenta?, les pregunto al ver el miedo en su rostro. Es el miedo al cambio, a echarlo todo a perder.

Para ser un trader exitoso debes aceptar toda la responsabilidad por tus decisiones y acciones.

Echarle la culpa al gurú

Un principiante que entra en los mercados pronto se ve rodeado de una variopinta multitud de gurús: expertos que venden consejos para el trading. La mayoría cobran unas tarifas, pero algunos ofrecen consejos gratuitos para fomentar el negocio para sus empresas de corretaje. Los gurús publican boletines informativos, se los cita en los medios de comunicación y muchos matarían por aparecer en la televisión. Las masas están hambrientas de claridad, y los gurús están ahí para saciar esa hambre. La mayoría son traders fracasados, pero ser un gurú no es tan fácil. Su tasa de «mortalidad» es elevada, y pocos de ellos permanecen más de dos años. La novedad se desvanece, los clientes no renuevan sus suscripciones y el gurú encuentra más fácil ganarse la vida vendiendo revestimientos de aluminio que trazando líneas de tendencias. Mi capítulo sobre el negocio de los gurús en *Vivir del trading: Trading for a living* motivó más gritos y amenazas que cualquier otro de ese libro.

Los traders pasan por tres fases en cuanto a sus actitudes hacia los gurús. Al principio beben de sus consejos, esperando ganar dinero con ellos. En la segunda etapa, los traders empiezan a evitar a los gurús como si fuesen una plaga, considerándolos distracciones para su propio proceso de toma de decisiones. Por último, algunos traders exitosos empiezan a prestar atención a unos pocos gurús que los avisan de nuevas oportunidades.

Algunos traders perdedores van buscando un entrenador, un maestro o un terapeuta. Muy poca gente es experta tanto en psicología como en trading. He conocido a varios gurús que eran totalmente incapaces e inútiles en cuanto al trading, pero que afirmaban que su presunta experiencia en la psicología los cualificaba para formar a traders. Detente un momento y compara esto con la terapia sexual. Si yo tuviese un problema sexual, podría ir a ver a un psiquiatra, un psicólogo, un terapeuta sexual o incluso a un consejero espiritual, pero nunca acudiría a un sacerdote católico, incluso aunque yo fuese católico. Ese sacerdote carece de conocimientos prácticos sobre el problema, y si los tiene, lo mejor que puedes hacer es huir corriendo, y no simplemente alejarte caminando. Un maestro que no opera en la bolsa es altamente sospechoso.

Los traders pasan por varias etapas en cuanto a su actitud con respecto a los consejos. A los principiantes les encantan, y aquellos que son más serios insisten en hacer sus propios deberes, mientras que los traders avanzados puede que escuchen los consejos, pero siempre los introducen en sus propios sistemas de trading para ver si esos consejos se sostienen. Siempre que oigo un consejo, lo someto a mis propios filtros computarizados. La decisión de comprar, operar a corto o hacerse a un lado es sólo mía, con un rendimiento medio de aceptar un consejo de cada veinte. Los consejos llaman mi atención hacia las oportunidades que puedo haber pasado por alto, pero no hay atajos para el trabajarte tus propias transacciones.

Un novato que se haya quemado puede preguntar por la trayectoria de un gurú. Hace años yo publicaba un boletín informativo y me di cuenta de lo espantosamente fácil que era para los gurús manipular y sesgar sus registros, incluso aunque fueran monitorizados por servicios de *rating* independientes.

Nunca he conocido a ningún trader que aceptara todos los consejos de su gurú, incluso aunque pagara mucho dinero por ello. Si un gurú tiene doscientos suscriptores, éstos escogerán distintas recomendaciones, operarán con ellas de distintas formas y la mayoría perderá dinero, cada uno a su manera. Hay una norma en el sector de la asesoría: «Si haces previsiones para ganarte la vida, haz muchas». Los gurús ofrecen excusas convenientes a los traders que caminan dormidos que necesitan un chivo expiatorio por sus pérdidas.

Tanto si escuchas a un gurú como si no, eres responsable al cien por ciento del resultado de tus transacciones. La próxima vez que recibas un soplo, introdúcelo en tu sistema de trading para ver si te ofrece una señal de compra o de venta, ya que tú eres responsable de las consecuencias de aceptar o rechazar los consejos.

Echarle la culpa a las noticias inesperadas

Es fácil sentirse airado y dolido cuando una mala noticia afecta negativamente a tus acciones. Compras algo, su valor sube, una mala noticia llega al mercado y el precio de tus acciones se derrumba. ¿El mercado te la ha jugado, dices? Puede que las noticias hayan sido repentinas, pero tú eres responsable de gestionar cualquier reto.

La mayoría de las noticias sobre una compañía se lanzan con una frecuencia regular. Si operas con unas ciertas acciones, deberías saber por adelantado cuándo esa empresa informará sobre sus ingresos y estar preparado para cualquier reacción del mercado ante esas noticias. Relaja tu posición si no estás seguro sobre el impacto de un anuncio inminente. Si operas con bonos, divisas o futuros de índices de acciones, debes saber cuándo se lanzan los datos estadísticos económicos clave y cómo los principales indicadores o la tasa de desempleo pueden tener un impacto en tu mercado. Puede que sea buena idea ajustar tus *stops* o reducir el tamaño de tu operación con antelación al lanzamiento de noticias importantes.

¿Qué pasa si aparece una noticia realmente inesperada: le disparan a un presidente, aparece un analista que aporta una previsión de ganancias bajistas, etc.? Debes estudiar tu mercado y saber qué pasó después de sucesos similares en el pasado: debes hacer tus deberes antes de que el suceso te golpee. Disponer de estos conocimientos te permite actuar sin demora. Por ejemplo, la reacción del mercado de valores a una agresión a un presidente siempre ha sido un bajón brusco seguido de un rebote completo de vuelta a la normalidad, por lo que algo sensato sería aprovechar ese golpe de suerte.

Tu plan de trading debe incluir la posibilidad de un movimiento adverso brusco debido a sucesos repentinos. Debes haber establecido tu *stop* y el tamaño de tu transacción debe ser tal que no sufras daños económicos en caso de una reversión. Hay muchos riesgos esperando a saltar sobre un trader: tú y sólo tú eres responsable del control de los daños.

Hacer castillos en el aire

Cuando el dolor aumenta poco a poco, la tendencia natural es la de no hacer nada y esperar una mejoría. Un trader que camina dormido da a sus transacciones perdedoras «más tiempo para que funcionen», mientras destruye lentamente su cuenta.

Un sonámbulo tiene esperanza y sueña. Soporta una pérdida y dice: «Estas acciones remontarán, siempre lo han hecho». Los ganadores aceptan las pérdidas ocasionales, las encajan y siguen adelante. Los perdedores posponen la aceptación de las pérdidas. Un aficionado efectúa una transacción de la misma forma en la que un niño compra un boleto de lotería. Espera que la rueda de la fortuna decida si gana o pierde. Los profesionales, por otro lado, disponen de planes férreos para salir, ya sea con un beneficio o con una pequeña pérdida. Una de las diferencias clave entre los profesionales y los aficionados es su planificación de las salidas.

Un trader sonámbulo compra a 35 dólares y pone un *stop* en 32. Las acciones bajan a 33 dólares y dice: «Les daré un poco más de espacio». Baja su *stop* a 30 dólares. Ése es un error fatal: ha roto su disciplina y violado su propio plan.

Sólo puedes desplazar los *stops* en un sentido: en la dirección de tu transacción. Los *stops* son como un trinquete en un barco a vela: están diseñados para tensar las sogas de tus velas. Si empiezas a dale a tu transacción «más espacio para respirar», esa falta extra de tensión se dará la vuelta y te hará daño. Cuando el mercado premia a los traders por romper sus normas, eso tiende una trampa todavía mayor en su siguiente transacción.

El mejor momento para tomar decisiones es antes de realizar una transacción. Tu dinero no corre ningún riesgo y puedes valorar los objetivos de beneficios y los parámetros de pérdidas. Una vez que estás de lleno en una transacción, empiezas a crear un vínculo con ella. El mercado te hipnotiza y te tienta hacia decisiones emocionales. Ésa es la razón por la cual debes anotar tu plan de salida y seguirlo.

Convertir una transacción perdedora en una «inversión» es una enfermedad común entre los pequeños traders particulares, pero algunos traders que trabajan para empresas también la sufren. Se dan desastres en bancos e importantes empresas financieras cuando traders mal supervisados pierden dinero en transacciones a corto plazo y las meten en cuentas a largo plazo, esperando que el tiempo los rescate. Si estás perdiendo al principio, perderás al final. No retrases la hora de reconocerlo. La primera pérdida es la mejor pérdida: ésta es la norma de aquéllos de nosotros que operamos en la bolsa con los ojos abiertos.

Un remedio contra la autodestrucción

La gente a la que le gusta quejarse de su mala suerte suele ser experta en buscarse problemas y en arrancar la derrota de las garras de la victoria. Un amigo que trabaja en el sector de la construcción solía tener un conductor que soñaba con comprarse su propio camión y trabajar como autónomo. Ahorró dinero durante años y al final se compró al contado un enorme camión nuevecito. Dejó su trabajo, se emborrachó como una cuba y al final del día acabó haciendo rodar cuesta abajo su camión, que no estaba asegurado, por un terraplén. Se declaró el siniestro total y el conductor regresó solicitando su antiguo empleo. ¿Tragedia, drama o miedo a la libertad y el deseo de un empleo seguro con un salario regular?

¿Por qué la gente inteligente con un historial de éxitos sigue perdiendo dinero en una operación descabellada tras otra, tropezando para ir de una calamidad a una catástrofe? ¿Ignorancia, mala suerte o un deseo oculto de fracasar?

Mucha gente tiene una vena autodestructiva. Mi experiencia como psiquiatra me ha convencido de que la mayoría de la gente que se queja de problemas graves está, de hecho, saboteándose a sí misma. Yo no puedo cambiar la realidad externa de un paciente, pero cuando sano a alguien de su autosabotaje, resuelve rápidamente sus problemas externos.

La autodestrucción es una característica humana muy generalizada porque la civilización está construida sobre el control de la agresividad. A medida que crecemos, se nos enseña a controlar la agresividad contra los demás: compórtate, no empujes, sé agradable. Nuestra agresividad tiene que ir a algún lugar, y muchos la dirigen contra sí mismos: el único objetivo no protegido. Dirigimos nuestra ira hacia el interior y aprendemos a sabotearnos. No es sorprendente que tantos de nosotros crezcamos temerosos, cohibidos y tímidos.

La sociedad cuenta con varias defensas contra los extremos del autosabotaje. La policía intentará convencer a un potencial suicida para que se baje de un tejado, y una junta médica retirará los bisturís de las manos de un cirujano con tendencia a los accidentes, pero nadie detendrá a un trader autodestructivo. Puede estar fuera de control en los mercados financieros, infligiéndose heridas a sí mismo, mientras los brókeres y otros traders toman su dinero alegremente. Los mercados financieros carecen de controles protectores contra el autosabotaje.

¿Te estás saboteando a ti mismo? La única forma de averiguarlo es manteniendo unos buenos registros, especialmente un diario de trader y una curva de capital, que mostraremos más adelante en este libro. El ángulo de tu curva de capital es un indicador objetivo de tu comportamiento. Si se inclina hacia arriba, con algunos pequeños descensos, lo estás haciendo bien. Si apunta hacia abajo, muestra que no estás en sintonía con los mercados y que posiblemente estés en modo autosabotaje. Si observas eso, reduce el tamaño de tus transacciones y pasa más tiempo con tu diario de trader, averiguando qué estás haciendo.

Debes convertirte en un trader consciente de ti mismo. Mantén unos buenos registros, aprende de los errores pasados y hazlo mejor en el futuro. Los traders que pierden dinero tienden a avergonzarse. Una mala pérdida nos hace sentir como si hicieran un comentario desagradable sobre nuestros genitales: la mayoría de la gente sólo quiere tapárselos, alejarse y que nunca vuelvan a verla. Ocultarse no soluciona nada. Emplea el dolor de una pérdida para convertirte en un ganador disciplinado.

Perdedores anónimos

Hace años tuve una revelación que cambió mi vida en el trading para siempre. En aquella época, mi capital solía subir y bajar como un yoyó. Sabía lo suficiente sobre los mercados como para sacar provecho de muchas transacciones, pero era incapaz de aferrarme a mis ganancias y hacer crecer mi capital. La revelación que acabó haciéndome bajarme de la montaña rusa procedió de una visita fortuita a una reunión de Alcohólicos Anónimos (AA).

Una tarde acompañé a un amigo a una reunión de AA que se celebraba en una Asociación Cristiana de Jóvenes de la localidad. De repente, la reunión me enganchó. Sentí como si la gente que había en esa habitación estuviese hablando de mi trading. Todo lo que tenía que hacer era reemplazar la palabra «alcohol» por la palabra «pérdida».

La gente que estaba en la reunión de AA hablaba sobre cómo el alcohol controlaba su vida, y mi trading en esa época estaba dominado por las pérdidas: las temía e intentaba llevar a cabo operaciones para salir de ellas. Mis emociones seguían a una curva de capital escarpada: el éxtasis en los puntos altos y un miedo con un sudor frío en los puntos bajos, con los dedos temblando sobre los botones de marcación rápida del teléfono.

En aquella época tenía una consulta psiquiátrica muy concurrida y atendía a algunos alcohólicos. Empecé a percibir similitudes entre ellos y los traders perdedores. Los perdedores se acercaban a los mercados de la misma forma en la que los alcohólicos entraban en un bar: con una expectativa agradable, pero acababan con terribles dolores de cabeza, resacas y pérdidas de control. Beber y operar en la bolsa atraen a la gente a cruzar la línea que va del placer a la autodestrucción.

Los alcohólicos y los perdedores viven con los ojos cerrados: ambos están bajo las garras de la adicción. Cada alcohólico al que veía en mi consulta quería discutir sobre su diagnóstico. Para evitar perder el tiempo, solía sugerirles una prueba sencilla. Les decía a los alcohólicos que siguieran bebiendo, como tenían por costumbre, a lo largo de la siguiente semana, pero que anotaran cada trago, y que trajeran ese registro a nuestra próxima cita. Ni uno solo de los alcohólicos pudo llevar ese diario durante más de unos pocos días, ya que mirarse frente a un espejo reducía el placer de su conducta impulsiva. Hoy, cuando les digo a los traders perdedores que lleven un diario de sus transacciones, muchos se molestan.

Los buenos registros son una señal de conciencia de uno mismo y de disciplina. Unos registros pobres o inexistentes son señal de un trading impulsivo. Muéstrame a un trader con unos buenos registros y te enseñaré a un buen trader.

Los alcohólicos y los perdedores no piensan en el pasado ni el futuro y se centran sólo en el presente: la sensación del alcohol deslizándose por su gaznate o del mercado latiendo en la pantalla. Un alcohólico activo está en fase de negación: no quiere conocer la profundidad de su abismo, la gravedad de su problema, el dolor que se está provocando a sí mismo y a los demás.

Lo único que puede romper el estado de negación de un alcohólico es el dolor de llegar a los que AA llama «tocar fondo». Es la versión particular de cada individuo del infierno: una enfermedad potencialmente fatal, el rechazo por parte de la familia, perder el trabajo u otro suceso catastrófico. El dolor insoportable de haber tocado fondo golpea el estado de negación de un alcohólico y le fuerza a enfrentarse a una dura decisión: puede autodestruirse o dar un giro a su vida.

AA es una organización de voluntarios sin ánimo de lucro cuyo único objetivo es ayudar a los alcohólicos a permanecer sobrios. No pide donaciones, no se anuncia, no es un grupo de presión ni toma parte en ninguna acción pública. No dispone de terapeutas a los que se los pague: los miembros se ayudan los unos a los otros en las reuniones dirigidas por viejos miembros. AA dispone de un sistema de patrocinios en el que miembros antiguos patrocinan y respaldan a miembros nuevos.

Un alcohólico que se une a AA pasa por lo que se llama un programa de doce pasos. Cada paso es una etapa de crecimiento personal y recuperación. Su método es tan eficaz que la gente que se está recuperando de otros comportamientos adictivos está empezando a usarlo.

El primer paso es el más importante para los traders. Parece fácil, pero es extremadamente difícil aceptarlo. Muchos alcohólicos no pueden asimilarlo, abandonan AA y siguen destruyendo su vida. El primer paso consiste en ponerse de pie en una reunión, enfrentarse a una habitación llena de alcohólicos en recuperación y admitir que el alcohol es más fuerte que tú. Esto es duro porque si el alcohol es más fuerte que tú, no puedes volver a probarlo. Una vez que des el primer paso, te comprometes a una lucha para permanecer sobrio.

El alcohol es una droga tan potente que AA recomienda vivir sin él paso a paso, día a día. Un alcohólico en recuperación no planea permanecer sobrio un año o cinco años a partir de ahora: tiene una meta más sencilla, que es irse a la cama sobrio hoy. Al final, esos días de sobriedad se acaban convirtiendo en años. Todo el sistema de las reuniones y patrocinios de AA está orientado al objetivo de la sobriedad paso a paso, día a día.

AA aspira a cambiar no sólo el comportamiento sino la personalidad para reforzar la sobriedad. Los miembros de AA llaman a algunas personas «borrachos sobrios». Suena como una contradicción en sus términos: si una persona esta sobria, ¿cómo puede estar borracha? La sobriedad por sí misma no es suficiente: una persona que no haya cambiado su forma de pensar sólo se encuentra a un paso de resbalar y volver a beber debido al estrés o al aburrimiento. Un alcohólico debe cambiar su forma de ser y de sentir para recuperarse del alcoholismo.

Nunca tuve ningún problema con el alcohol, pero mi experiencia en la psiquiatría me había enseñado a respetar a AA por su éxito con los alcohólicos. No era un punto de vista popular. Cada paciente que acudía a AA reducía los ingresos en mi profesión, pero eso nunca me molestó. Después de mi primera vista a AA, me di cuenta de que si millones de alcohólicos se recuperaban siguiendo ese programa, entonces los traders podrían empezar a dejar de perder, recuperar su saldo y convertirse en ganadores aplicando los principios de AA.

¿Cómo podemos traducir las lecciones de AA al lenguaje del trading?

Un trader que pierde está en fase de negación. Su capital está menguando, pero él sigue zambulléndose en transacciones sin analizar lo que está haciendo mal. Sigue pasando de un mercado a otro al igual que un alcohólico pasa del whisky al vino peleón. Un aficionado cuya mente no sea lo suficientemente fuerte como para aceptar una pequeña pérdida acabará encajando la madre de todas las pérdidas. Un agujero importante en una cuenta de trading afecta a la autoestima. Una única gran pérdida o una serie de pérdidas malas machacan a un trader contra su «punto más bajo». La mayoría de los principiantes colapsan y se retiran. La vida de un especulador medio se mide en meses, y no en años.

Los que sobreviven encajan en dos grupos. Algunos retornan a sus viejas formas de hacer, igual que los alcohólicos entran en un bar después de sobrevivir a un episodio de *delirium tremens*. Meten más dinero en sus cuentas y se convierten en clientes de vendedores que venden sistemas mágicos de trading. Siguen apostando, sólo que ahora sus manos tiemblan debido a la ansiedad y el miedo cuando intentan apretar el gatillo.

Una minoría de traders que tocan fondo deciden cambiar. La recuperación es un proceso lento y solitario. Charles Mackay, autor de uno de los mejores libros sobre la psicología de masas, escribió, hace casi dos siglos, que los hombres enloquecen cuando están entre una multitud, pero que recobran la sensatez lentamente y uno a uno. Desearía que dispusiéramos de una organización para traders en recuperación del mismo modo en el que los alcohólicos que están recuperándose disponen de AA. No la tenemos porque el trading es muy competitivo. Los miembros de AA se esfuerzan por mantenerse sobrios juntos, pero una reunión de traders en recuperación podría muy fácilmente verse envenenada por la envidia y los pavoneos. Los mercados son un lugar en el que la gente va tan a degüello que no formamos grupos de soporte mutuo ni encontramos a mecenas. Algunos oportunistas se hacen pasar por formadores de traders, pero la mayoría me hacen sentir escalofríos debido a su mentalidad de tiburones. Si dispusiésemos de una organización de traders, la llamaría Perdedores Anónimos (PA). El nombre es contundente, pero no pasa nada. Después de todo, Alcohólicos Anónimos no se llama Bebedores Anónimos. Un nombre cruel ayuda a los traders a enfrentarse a su impulsividad y su autosabotaje. Como no disponemos de PA, tendrás que recorrer el camino de la recuperación por tu cuenta. He escrito este libro para ayudarte a lo largo de tu senda.

El riesgo versus la pérdida de un hombre de negocios

Hace años, cuando comencé mi recuperación de las pérdidas, cada mañana celebrara lo que llamaba una reunión de Perdedores Anónimos para una sola persona. Llegaba a la oficina, encendía mi pantalla de las cotizaciones, y mientras se estaba calentando, decía: «Buenos días, mi nombre es Alex y soy un perdedor. Llevo dentro de mí infligir grandes daños a mi cuenta. Lo he hecho antes. Mi único objetivo para hoy es volver a casa sobrio: volver a casa sin pérdidas».

Cuando la pantalla ya se había encendido, empezaba a hacer transacciones siguiendo el plan redactado la noche anterior mientras los mercados estaban cerrados.

Puedo oír, de inmediato, una objeción: «¿Qué quieres decir con volver a casa sin pérdidas? Es imposible ganar dinero cada día. ¿Qué sucede si compras algo y se desploma?». En otras palabras, ¿qué pasa si has comprado al precio más caro del día? ¿Qué sucede si vendes algo al descubierto y empieza subir de precio inmediatamente?

Debemos trazar una línea clara entre una pérdida y el riesgo de un hombre de negocios. El riesgo de un hombre de negocios supone una pequeña baja de capital. Una pérdida supera ese límite. Como trader, me dedico al negocio del trading y debo asumir riesgos normales para un negocio, pero no puedo permitirme pérdidas.

Imagina que no estás operando en la bolsa, sino gestionado una frutería y verdulería. Asumes un riesgo cada vez que compras una caja de tomates. Si tus clientes no te los compran, se echarán a perder. Ése es un riesgo normal para un negocio: esperas vender la mayor parte de tu inventario, pero algunas frutas y verduras se echarán a perder. Mientras compres con cuidado, haciendo que la fruta no vendida y echada a perder sólo suponga un pequeño porcentaje de tu volumen diario, tu negocio seguirá siendo rentable.

Imagina que un mayorista trae un tráiler lleno de frutas exóticas a tu tienda e intenta venderte toda esa cantidad. Te dice que puedes ganar más en los próximos dos días que lo que has ganado en los seis meses anteriores. Suena genial, pero ¿qué pasa si tus clientes no compran esas frutas exóticas? Un tráiler lleno de fruta podrida puede perjudicar tu negocio y poner en peligro su supervivencia. Ya no es el riesgo de un hombre de negocios, sino que es una pérdida.

Las normas de la gestión del dinero trazan una línea recta entre el riesgo de un hombre de negocios y una pérdida, tal y como verás más adelante en este libro.

Algunos traders han argumentado que mi enfoque relativo a AA era demasiado negativo. Una mujer joven de Singapur me dijo que creía en el pensamiento positivo y que se consideraba una ganadora. Podía permitirse ser positiva porque la disciplina se le imponía desde fuera por parte del gerente del banco para el que operaba en la bolsa. Otra ganadora que discutía conmigo era una mujer septuagenaria de Texas, una trader tremendamente exitosa de futuros de índices de la bolsa. Era muy religiosa y se consideraba una administradora del dinero. Cada mañana madrugaba y rezaba con mucha fuerza y mucho tiempo. Luego conducía hacia la oficina y le exprimía todo el jugo al índice S&P. En cuanto una transacción iba en su contra, la cortaba y se salía, ya que el dinero pertenecía al Señor y no le correspondía a ella perderlo. Mantenía sus pérdidas pequeñas y acumulaba beneficios.

Pensé que nuestros enfoques tenían mucho en común. Los dos teníamos unos principios fuera del mercado que evitaban que perdiésemos dinero. Los mercados son los lugares más permisivos del mundo. Puedes hacer lo que quieras siempre que dispongas de suficiente capital para hacer transacciones. Es fácil quedar atrapado por la emoción, razón por la cual necesitas normas. Confío en los principios de AA, y otra trader creía en sus sentimientos religiosos, y tú puedes elegir algo distinto. Simplemente asegúrate de tener un conjunto de principios que te digan claramente lo que puedes hacer o lo que no en los mercados.

Estar sobrio en la batalla

La mayoría de los traders abren cuentas con dinero ganado en sus negocios o profesiones. Muchos tienen un historial personal de éxitos y esperan hacerlo bien en los mercados. Si podemos dirigir un hotel, llevar a cabo una cirugía ocular, o llevar casos en un juzgado, seguro que podremos abrirnos camino entre los máximos, los mínimos y los cierres. Sin embargo, los mercados, que parecen tan fáciles al principio, nos siguen dando lecciones de humildad.

Se derrama poca sangre con el trading, pero el dinero, que es la savia de los mercados, tiene un importante impacto en la calidad y la duración de nuestra vida. Recientemente, un amigo que escribe un informe sobre los mercados de valores, me mostró una pila de cartas de sus suscriptores. La que llamó mi atención procedía de un hombre que había ganado el suficiente dinero con el trading para pagarse un trasplante de riñón. Le salvó la vida, pero pensé en lo que le había sucedido a montones de otras personas que también tenían grandes necesidades pero que operaban pésimamente en el mercado y perdían dinero.

El trading es una batalla. Cuando escoges tu arma y arriesgas tu vida, ¿preferirías estar borracho o sobrio? Debes prepararte, escoger tu batalla, entrar en ella cuando estés listo y retirarte después de haber llevado a cabo lo que has planeado. Un hombre tranquilo y sobrio escoge sus batallas tranquilamente. Entra y se retira cuando él decide y no cuando un abusón le lanza un reto. Un jugador disciplinado escoge su propio juego de entre los cientos disponibles. No tiene por qué perseguir a todos y cada uno de los conejos como un perro con la lengua colgando: prepara una emboscada para su presa y deja que el conejo acuda a él.

La mayoría de los aficionados no admitirán que están operando en la bolsa a modo de entretenimiento. Una tapadera frecuente es que están en los mercados para ganar dinero. En realidad, la mayoría de los traders obtienen grandes emociones metiendo dinero en ideas a medio hacer. El trading en los mercados financieros es más respetable que apostar a los ponis, pero las emociones son igual de buenas.

Les digo a mis amigos que apuestan a los caballos que imaginen ir a una carrera en la que puedan apostar después de que los caballos hayan partido del cajón de salida y que puedan retirar tu dinero de la mesa antes de que la carrera acabe. El trading es un juego fantástico, pero sus tentaciones son muy intensas.

El trader maduro

Los traders exitosos son gente aguda, curiosa y modesta. La mayoría han pasado por períodos de pérdidas: se graduaron en la escuela de los golpes fuertes, y esa experiencia les ayudó a pulir sus aristas.

Los traders exitosos son gente segura de sí misma, pero nunca arrogante. Las personas que han sobrevivido en los mercados permanecen atentas. Confían en sus habilidades y sus métodos de trading, pero mantienen los ojos y los oídos abiertos a los nuevos acontecimientos. Es divertido estar cerca de los traders de éxito, que tienen confianza en sí mismos y están atentos, y son tranquilos y flexibles.

Los traders exitosos suelen ser gente poco convencional, y algunos son muy excéntricos. Cuando se reúnen con otros, suelen romper las normas sociales. Los mercados están organizados para que la mayoría de la gente pierda dinero, y los pocos ganadores van a otro ritmo, entrando y saliendo de los mercados.

Los mercados consisten en enormes multitudes de personas que se fijan en los mismos instrumentos de inversión y quedan hipnotizados por las pequeñas subidas y bajadas. Piensa en el público que asiste un concierto o a una sala de cine. Cuando el espectáculo comienza, el público sintoniza emocionalmente y desarrolla una mentalidad comunitaria amorfa pero poderosa, riendo o llorando juntos. También surge una mentalidad comunitaria en los mercados, sólo que aquí es más maligna. En lugar de reír o llorar, la multitud busca la debilidad psicológica de cada trader y le golpea en ese punto.

Los mercados seducen a los traders codiciosos para que compren posiciones que son demasiado grandes para sus cuentas y luego los destruyen con una reacción que no pueden permitirse soportar. Echan a los traders miedosos de las transacciones ganadoras con breves picos que van contra la tendencia antes de embarcarse en movimientos desenfrenados. Los traders perezosos son las víctimas favoritas del mercado, que sigue lanzándoles trucos nuevos a los desprevenidos. Independientemente de tus defectos psicológicos y tus miedos, e independientemente de tus demonios interiores, tus debilidades ocultas y tus obsesiones, el mercado los buscará, los encontrará y los utilizará en tu contra, al igual que un luchador experimentado usa el propio peso de su oponente para lanzarle al suelo.

Los traders exitosos han superado o dejado atrás sus demonios interiores. En lugar de verse zarandeados por los mercados, conservan su propio equilibrio y examinan en busca de rendijas en las armaduras de la multitud, de modo que sean ellos los que puedan zarandear al mercado para variar. Pueden parecer excéntricos, pero cuando se trata del trading están mucho más cuerdos que la muchedumbre.

Ser trader es un viaje de autodescubrimiento. Opera en la bolsa durante el tiempo suficiente y te enfrentarás a todas tus carencias psicológicas: ansiedad, codicia, miedo, ira y pereza. Recuerda que no estás en los mercados en busca de psicoterapia: el autodescubrimiento es un subproducto, y no el objetivo del trading. La principal meta de un trader de éxito es la de acumular capital. El trading sano se limita a dos preguntas que debes hacerte en cada transacción: «¿Cuál es el beneficio que tengo como objetivo?» y «¿Cómo protegeré mi capital?».

Un buen trader acepta la plena responsabilidad por el resultado de cada transacción. No puedes echarle la culpa a los demás por llevarse tu dinero. Debes mejorar tus planes para el trading y tus métodos para la gestión del dinero. Te llevará tiempo y te exigirá disciplina.

Disciplina

Una amiga mía tenía una empresa de adiestramiento canino. En ocasiones, un cliente potencial la telefoneaba y le decía: «Quiero adiestrar a mi perro para que acuda cuando le llame. No quiero enseñarle a sentarse o a tumbarse». Y ella le respondía: «Adiestrar a un perro para que vaya sin correa es una de las cosas más difíciles que se pueden enseñar. Primero debe llevar a cabo mucho entrenamiento de obediencia. Lo que usted me dice suena a algo así como: "Quiero que mi perro sea neurocirujano, pero no quiero que vaya al instituto"».

Muchos traders nuevos esperan sentarse frente a sus pantallas y ganar un dinero fácil operando intradía. Se saltan el instituto y van directos a la neurocirugía.

La disciplina es necesaria para el éxito en la mayoría de los proyectos, pero especialmente en los mercados, porque carecen de controles externos. Tienes que vigilar, ya que nadie lo hará por ti, excepto el administrativo de márgenes. Puedes embarcarte en las transacciones más estúpidas, necias y autodestructivas, pero mientras dispongas de suficiente dinero en tu cuenta nadie te detendrá. Nadie te dirá: «Oye, espera, piensa en lo que estás haciendo». Tu bróker repetirá tu orden para confirmar que la ha entendido. Una vez que tu orden llegue al mercado, otros traders se pelearán por el privilegio de llevarse tu dinero.

La mayoría de los campos de los proyectos humanos dispone de normas, medidas y organismos o colegios profesionales para imponer una disciplina. Da igual lo independiente que te sientas: siempre habrá una agencia que estará pendiente de ti. Si un médico en una consulta privada empieza a extender demasiadas recetas de analgésicos, no tardará en enfrentarse al departamento de salud. Los mercados no ponen restricciones, siempre que dispongas de suficiente capital. Incrementar tus posiciones perdedoras es similar a recetar narcóticos en exceso, pero nadie te detendrá. De hecho, otros participantes en el mercado quieren que seas poco disciplinado e impulsivo. Eso hace que sea más fácil que consigan tu dinero. Tu defensa contra la autodestrucción es la disciplina. Debes instaurar tus propias normas y seguirlas para evitar el autosabotaje.

La disciplina significa diseñar, probar y seguir tu sistema para el trading. Significa aprender a entrar y salir en respuesta a señales predefinidas en lugar de saltar fuera y dentro caprichosamente. Significa hacer lo correcto, y no lo fácil; y el primer reto en el camino para el trading disciplinado implica asentar un sistema de mantenimiento de registros.

El mantenimiento de registros

Los buenos traders llevan buenos registros. Los llevan no sólo para sus contables, sino como herramientas de aprendizaje y disciplina. Si no dispones de unos buenos registros, ¿cómo podrás medir tu desempeño, valorar tu progreso y aprender de tus errores? Aquellos que no aprenden del pasado están condenados a repetir sus errores.

Cuando decides convertirte en trader, te apuntas a un curso caro. Para cuando averiguas cómo funciona el juego, su coste puede igualar al de la educación universitaria, excepto porque la mayoría de los alumnos no se gradúan: abandonan y no obtienen nada por su dinero excepto los recuerdos de algunas anécdotas emocionantes.

Siempre que decidas mejorar tu desempeño en cualquier área de la vida, el mantener registros será de ayuda. Si quieres convertirte en un mejor corredor, llevar registros de tus velocidades es esencial para diseñar mejores entrenamientos. Si el dinero es un problema, mantener y revisar registros de todos los gastos seguro que hará aparecer tendencias derrochadoras. Llevar unos registros escrupulosos pone el foco sobre un problema y te permiten mejorar.

Convertirse en un buen trader significa hacer varios cursos: psicología, análisis técnico y gestión del dinero. Cada curso requiere de su propio conjunto de registros. Deberás sacar buenas notas en los tres para graduarte.

Tu primer registro esencial consiste en una hoja de cálculo con todas tus transacciones. Debes monitorizar tus entradas y salidas, el deslizamiento y las comisiones, además de los beneficios y las pérdidas. El capítulo 5 («Método: Análisis técnico»), sobre las bandas de fluctuación, te enseñará a valorar la calidad de cada transacción, permitiéndote comparar los rendimientos en distintos mercados y condiciones.

Otro registro esencial muestra el saldo en tu cuenta al final de cada mes. Imprímelo en forma de una gráfica, creando una curva de capital cuyo ángulo te dirá si estás en sintonía con el mercado. El objetivo es una tendencia alcista constante interrumpida por pequeñas bajadas. Si tu curva se inclina hacia abajo, eso te mostrará que no estás en sintonía con los mercados y que tendrás que reducir el tamaño de tus transacciones. Una curva de capital serrada tiende a ser señal de un trading impulsivo.

Tu diario de trading es tu tercer registro esencial. Siempre que entres en una transacción, imprime las gráficas que te dieron pie a comprar o vender. Pégalas a la página izquierda de un gran cuaderno y escribe algunas palabras explicando por qué compraste o vendiste, especificando el beneficio que tienes como objetivo y tu *stop*. Cuando cierres esa transacción vuelve a imprimir las gráficas, pégalas en la página derecha y anota lo que has aprendido de la transacción completada.

Estos registros son esenciales para todos los traders, y regresaremos a ellos en el capítulo 8 («El trader organizado»). Una caja de zapatos repleta de recibos de confirmación no cuenta como sistema de mantenimiento de registros. ¿Demasiados registros? ¿No dispones de suficiente tiempo? ¿Quieres saltarte el instituto y zambullirte en la neurocirugía? Los traders fracasan debido a la impaciencia y a la falta de disciplina. Los buenos registros te diferencian de la multitud del mercado y te sitúan en el camino hacia el éxito.

Entrenarse para la batalla

Cuánta formación necesites dependerá del trabajo que desees. Si quieres ser conserje puede que sea suficiente con una hora de formación. Simplemente aprende a acoplar una fregona al lado correcto del palo y encuentra un cubo sin agujeros. Si, por otro lado, quieres pilotar un avión o llevar a cabo una operación quirúrgica, tendrás que aprender muchas más cosas. El practicar el trading se parece más a pilotar un avión que a fregar el suelo, lo que significa que necesitarás dedicar mucho tiempo y energía para dominar este oficio.

La sociedad exige una formación exhaustiva para los pilotos y los médicos, ya que sus errores son mortales. Como trader, eres libre de ser económicamente mortal para contigo mismo: a la sociedad no le importa, ya que tu pérdida es la ganancia de otra persona. Pilotar un avión y la medicina tienen unos estándares y normas, además de organismos o colegios profesionales para hacer que se cumplan. En el trading debes asentar tus propias normas y ser el propio encargado de su cumplimiento.

Los pilotos y los médicos aprenden de formadores que les imponen una disciplina mediante pruebas y evaluaciones. Los traders particulares no disponen de un sistema externo para aprender, hacer exámenes o tener disciplina. Nuestro trabajo es duro porque debemos aprender por nuestra cuenta, desarrollar una disciplina y probarnos una y otra vez en los mercados.

Cuando nos fijamos en la formación de los pilotos y los médicos, destacan tres aspectos, que son la aceptación gradual de responsabilidad, las evaluaciones constantes y la formación hasta que sus acciones se vuelven automáticas. Veamos si podemos aplicarlos al trading.

1. La aceptación gradual de la responsabilidad

Una escuela de aviación no pone a un principiante en el asiento del piloto en su primer día. Un estudiante de Medicina tendrá suerte si se le permite tomarle la temperatura a un paciente en su primer día en el hospital. Sus superiores hacen una doble comprobación antes de permitirle avanzar hacia el siguiente nivel ligeramente superior de responsabilidad.

¿En qué se parece esto a la educación de un nuevo trader?

No tiene nada de gradual. La mayoría de la gente empieza por un impulso, después de oír un soplo o rumor sobre alguien que gana dinero. Un principiante tiene algo de dinero que le quema en el bolsillo. Consigue el nombre de un bróker en el periódico, le envía un cheque mediante un servicio de mensajería y realiza su primera transacción. ¡Ahora está empezando a aprender! ¿Cuándo cierra este mercado? ¿Cómo es que el mercado está subiendo pero mis acciones están bajando?

Un enfoque de «nadar o hundirse» no funciona en proyectos complejos como pilotar un avión o el trading. Es emocionante zambullirse, pero lo que busca un buen trader no es la emoción. Si no dispones de un plan de trading concreto, será mejor que te vayas con tu dinero a Las Vegas. El resultado será el mismo, pero por lo menos te invitarán a unas cuantas bebidas gratis.

Si eres serio en cuanto a aprender a operar en la bolsa, empieza con una cuenta relativamente pequeña y márcate el objetivo de aprender a hacer transacciones en lugar de ganar mucho dinero apresuradamente. Mantén un diario de trading y ponle una calificación de rendimiento a cada transacción.

2. Evaluaciones y valoraciones constantes

El progreso de un cadete de la escuela de aviación o de un estudiante de Medicina se mide mediante cientos de exámenes. Los profesores valoran constantemente los conocimientos, las habilidades y la capacidad de tomar decisiones. A un alumno con buenos resultados se le da una mayor responsabilidad, pero si su rendimiento baja deberá estudiar más y hacer más exámenes.

¿Pasan los traders por un proceso similar?

Mientras dispongas de dinero en tu cuenta, puedes hacer transacciones por impulso, intentando escabullirte de un agujero. Puedes meter recibos de confirmación en una caja de zapatos y dárselos a tu contable cuando llegue la época de hacer la declaración de la renta. Nadie puede obligarte a fijarte en los resultados de tus exámenes, a no ser que lo hagas tú mismo.

El mercado nos pone a prueba todo el tiempo, pero sólo unos pocos prestan atención. Pone una calificación de rendimiento a cada transacción y publica esas valoraciones, pero poca gente sabe dónde buscarlas. Otra prueba muy objetiva es nuestra curva de capital. Si operas en varios mercados puedes llevar a cabo esta prueba en cada uno de ellos, además de en tu cuenta en su conjunto. ¿Nos sometemos la mayoría de nosotros a este examen?: no. Los pilotos y los médicos deben responder ante sus organismos autorizadores, pero los traders se escapan de clase porque nadie asiste y su disciplina interna es débil. Por otra parte, los exámenes son una parte clave de la disciplina para el trading y son esenciales para tu victoria en los mercados. Mantener y revisar tus registros, tal y como se señalará más adelante en este libro, te sitúa por delante de tus competidores indisciplinados.

3. Practicar hasta que las acciones se vuelvan automáticas

Durante una de mis pruebas finales en la facultad de Medicina me enviaron a examinar a un paciente en una sala medio vacía. De repente oí un ruido que procedía de detrás de la cortina. Miré y allí había otro paciente que se estaba muriendo. «¡No tiene pulso!», le grité a otro estudiante, y juntos tendimos al hombre en el suelo. Empecé a hacer compresiones en su pecho, mientras mi compañero le hacía el boca a boca: una respiración forzada cada cuatro compresiones de pecho. Ninguno de nosotros podía salir corriendo a pedir ayuda, pero alguien abrió la puerta y nos vio. Un equipo de reanimación entró a la carrera, sometió al hombre a unas descargas con el desfibrilador y le sacaron de ahí.

No he tenido que volver a reanimar a nadie nunca, pero funcionó esa primera vez porque llevaba cinco años de formación. Cuando llegó el momento de actuar, no me hizo falta pensar. La idea de la formación es hacer que las acciones se vuelvan automáticas, permitiéndonos así concentrarnos en la estrategia.

¿Qué harás si tus acciones suben cinco puntos a tu favor? ¿Y si van cinco puntos en tu contra? ¿Qué pasa si tus futuros alcanzan el límite máximo de subida en un día? ¿Y si superan el límite máximo de bajada en un día? Si tienes que pararte y pensar mientras te encuentras en una transacción, estás muerto. Debes dedicar tiempo a preparar planes para el trading y decidir por adelantado qué harás cuando el mercado haga cualquier cosa imaginable. Desarrolla esos escenarios en tu mente, usa tu ordenador y llévate al punto en el que no tengas que reflexionar sobre qué hacer si el mercado sufre un cambio.

Un trader maduro llega a una etapa en la que la mayoría de las acciones del trading se vuelven prácticamente automáticas. Esto te proporciona la libertad de pensar en la estrategia. Piensas en lo que quieres conseguir y menos en las tácticas (cómo conseguirlo). Para alcanzar ese punto debes operar en la bolsa mucho tiempo. Cuanto más tiempo operes en la bolsa y más transacciones hagas, más aprenderás. Opera con tamaños pequeños mientras estés aprendiendo y efectúa muchas transacciones. Recuerda que el primer ítem en la agenda de un principiante es aprender cómo operar en la bolsa, y no ganar dinero. Una vez que hayas aprendido a operar en la bolsa, el dinero llegará.

CAPÍTULO 5

Método:
Análisis técnico

¿Estas acciones subirán o bajarán? ¿Deberías adoptar una posición larga o corta? Los traders recurren a multitud de herramientas para encontrar respuestas a estas preguntas. Muchos acaban muy confundidos o preocupados intentando elegir entre el reconocimiento de patrones, los indicadores computarizados, la inteligencia artificial o incluso la astrología en el caso de algunas almas desesperadas.

Nadie puede aprender todos los métodos analíticos, al igual que nadie puede aprender toda la medicina. Un médico no puede convertirse en especialista en cirugía cardíaca, obstetricia y psiquiatría. Ningún trader puede saberlo todo sobre los mercados. Debes encontrar un nicho que te atraiga y especializarte en él.

Los mercados emiten volúmenes enormes de información. Nuestras herramientas nos ayudan a organizar esos flujos de una forma manejable. Es importante escoger herramientas analíticas y unas técnicas que tengan sentido para ti, unirlas en un sistema coherente y centrarte en la gestión del dinero. Cuando tomamos nuestras propias decisiones de trading en el borde correcto de la gráfica, lidiamos con probabilidades, y no con certezas. Si quieres certezas, acude a la mitad de la gráfica e intenta encontrar a un bróker que acepte tus órdenes.

Este capítulo sobre el análisis técnico muestra cómo un trader aborda el análisis de mercados. Úsalo como modelo para elegir tus herramientas favoritas, en lugar de seguirlo servilmente. Comprueba cualquier método que quieras con tus propios datos, ya que sólo la evaluación personal convertirá la información en conocimiento y convertirá a estos métodos en los tuyos propios.

Muchos conceptos que aparecen en este libro están ilustrados con gráficas. Las he seleccionado de entre una amplia variedad de mercados: acciones, además de futuros. El análisis técnico es un lenguaje universal, pese a que los acentos difieran. Puedes aplicar lo que has aprendido de la gráfica de IBM a la plata o al yen japonés. Yo opero en la bolsa principalmente en EE. UU., pero he usado los mismos métodos en Alemania, Rusia, Singapur y Australia. Conocer el lenguaje del análisis técnico te permite interpretar cualquier mercado del mundo.

El análisis es duro, pero el trading es mucho más duro. Las gráficas reflejan lo que ha sucedido. Los indicadores revelan el equilibrio de poder entre los toros (mercado alcista) y los osos (mercado bajista). El análisis no es un fin en sí mismo, a no ser que consigas un empleo como analista para una empresa. Nuestro trabajo como traders consiste en tomar decisiones de compra, de venta o de hacernos a un lado basándonos en nuestro análisis.

Después de revisar cada gráfica, debes acudir a su borde derecho, donde se imprimirá la siguiente barra, y decidir si apostar por los toros, por los osos o apartarte a un lado. Debes dar seguimiento al análisis de la gráfica determinando unos objetivos de beneficios, estableciendo *stops* y aplicando las normas de gestión del dinero.

Trazado básico de gráficas

Una transacción es una apuesta por un cambio de precio. Puedes ganar dinero comprando barato y vendiendo caro, o comprando a corto a un precio alto y cerrando cortos a un precio bajo. Los precios son fundamentales para nuestro proyecto, pero pese a ellos pocos traders se paran a pensar qué son los precios. ¿Qué es exactamente lo que estamos intentando analizar?

Los mercados financieros consisten en enormes multitudes de gente que se reúnen en el parqué de una bolsa, por teléfono o vía Internet. Podemos dividirlos en tres grupos: compradores, vendedores y traders indecisos. Los compradores quieren comprar lo más barato posible. Los vendedores quieren vender lo más caro posible. Negociar les podría llevar una eternidad, pero sienten la presión de los traders indecisos. Deben actuar rápidamente, antes de que algún trader indeciso se decida, entre en el juego y se quede con su chollo. Los traders indecisos son la fuerza que acelera el trading. Son verdaderos participantes en el mercado siempre que observen ese mercado y dispongan del dinero para operar en él. Cada trato se cierra en medio de la multitud del mercado, lo que somete a presión a los compradores y los vendedores. Ésta es la razón por la cual cada transacción representa el estado emocional de toda la muchedumbre del mercado.

El precio es un consenso del valor por parte de todos los participantes en el mercado expresado en forma de una actuación en el momento de la transacción.

Muchos traders no tienen una idea clara de lo que están intentando analizar. ¿El estado de situación patrimonial de las compañías? ¿Las declaraciones de la Reserva Federal? ¿Los informes meteorológicos de los estados en los que se cultiva soja? ¿Las vibraciones cósmicas de la teoría de Gann? Cada gráfica sirve a modo de encuesta continua del mercado. Cada pequeña subida o bajada representa un consenso momentáneo del valor por parte de todos los participantes en el mercado. Los precios máximos y mínimos, la altura de cada barra, el ángulo de cada línea de tendencia y la duración de cada patrón reflejan aspectos del comportamiento de la multitud. Reconocer estos patrones puede ayudarnos a decidir cuándo apostar por los toros o por los osos.

Durante una campaña para unas elecciones, los encuestadores llaman a miles de personas para preguntarles qué votarán. Las encuestas bien diseñadas tienen un valor predictivo, y ésta es la razón por la cual los políticos pagan por ellas. Los mercados financieros funcionan con un sistema bipartidista: los Toros y los Osos, y hay una enorme mayoría silenciosa de traders indecisos que pueden dar su voto a cualquiera de los dos partidos. El análisis técnico es una encuesta de los participantes en el mercado. Si los toros dominan, deberíamos cerrar cortos y adoptar una posición larga. Si los osos están más fuertes, deberíamos adoptar posiciones cortas. Si la elección está demasiado reñida, un trader inteligente se hace a un lado. Hacerse a un lado o mantenerse al margen es una posición legítima en el mercado, y es la única en la cual no puedes perder dinero.

El comportamiento individual es difícil de predecir. Las multitudes son mucho más primitivas y su comportamiento es mucho más repetitivo y predecible. Nuestro trabajo no consiste en discutir con la multitud ni decirle lo que es racional o irracional. Debemos identificar el comportamiento de la multitud y decidir cómo es probable que prosiga. Si la tendencia es alcista y nos encontramos con que la multitud está volviéndose más optimista, deberíamos operar en ese mercado a largo. Si nos encontramos con que la multitud se está volviendo menos optimista, es el momento de vender. Si la multitud parece confusa, deberíamos apartarnos a un lado y esperar a que el mercado se decida.

El significado de los precios

Los precios máximos y los mínimos, las cotizaciones a la apertura y al cierre del mercado, las oscilaciones intradía y los rangos semanales reflejan el comportamiento de la multitud. Nuestras gráficas, indicadores y herramientas técnicas son ventanas a la psicología de las masas en los mercados. Debes tener claro qué estás estudiando si quieres acercarte más a la verdad.

Muchos participantes en el mercado tienen antecedentes en los campos de la ciencia y la ingeniería, y suelen verse tentados a aplicar los principios de la física. Pueden, por ejemplo, intentar ignorar el ruido de una banda de fluctuación de precios para obtener una señal clara de una tendencia. Esos métodos pueden ayudar, pero no pueden convertirse en sistemas automáticos de trading porque los mercados no son procesos físicos: son reflejos de la psicología de la multitud, que sigue unas leyes distintas y menos precisas. En la física, si lo calculas todo predices hacia dónde te llevará un proceso. Esto no es así en los mercados, en los que una multitud puede tomarte por sorpresa. Aquí tienes que actuar en la atmósfera de la incertidumbre, razón por la cual debes protegerte con una buena gestión del dinero.

La apertura del mercado

El precio a la apertura del mercado, el primer precio del día, está marcado en una gráfica de barras por un ligero cambio que apunta hacia la izquierda. Un precio de apertura refleja el influjo de las órdenes durante la noche. ¿Quién ha emitido esas órdenes?: un dentista que ha leído un consejo en una revista después de cenar, un maestro cuyo bróker le ha ofrecido una transacción, pero que necesita el permiso de su esposa para comprar, un jefe de finanzas de una empresa lenta que ha estado en una reunión todo el día esperando a que su idea fuese aprobada por un comité. Éstas son las personas que emiten órdenes antes de la apertura del mercado. Los precios de apertura reflejan las opiniones de participantes en el mercado que están peor informados.

Cuando los profanos compran o venden, ¿quién asume el lado opuesto de sus transacciones? Los profesionales del mercado intervienen para ayuda, pero no dirigen una organización de beneficencia. Si los agentes bursátiles con cartera propia ven más órdenes de compra entrando, abren el mercado a un precio superior, forzando a los profanos a pagar de más. Los profesionales compran a la baja, de modo que la más ligera bajada les hace ganar dinero. Si la multitud tiene miedo antes de la apertura del mercado y predominan las órdenes de venta, la bolsa abrirá el mercado a un precio muy bajo. Adquieren sus bienes baratos, de modo que el más ligero repunte les hace obtener beneficios a corto plazo.

El precio de apertura establece el primer balance del día entre los profanos y los iniciados, los aficionados y los profesionales. Si eres un trader a corto plazo, presta atención al rango de apertura: los precios máximos y mínimos de los primeros quince o treinta minutos de trading. La mayoría de los rangos de apertura se ven seguidos de rupturas que son importantes porque muestran quién está tomando el control del mercado. Varios sistemas de trading intradía se basan en seguir las rupturas con respecto a los rangos de apertura.

Una de las mejores oportunidades para entrar en una transacción se da cuando el mercado muestra un desfase en la apertura en la dirección opuesta de la transacción que tenías pensada. Imagina que analizas un mercado por la noche y que tu sistema te dice que operes a largo con unas ciertas acciones. Unas noticias malas golpean al mercado por la noche, entran las órdenes de venta y esas acciones comienzan el día con un precio bastante menor. Una vez que los precios se estabilicen dentro del rango de apertura, si sigues siendo optimista y ese rango se encuentra por encima de tu *stop* de pérdidas planeado, emite tu orden de compra sólo unos *ticks* por encima del punto máximo del rango de apertura, con un *stop* por debajo. Puede que adquieras una buena mercancía en venta.

El precio máximo

¿Por qué suben los precios? La respuesta estándar (hay más compradores que vendedores) no tiene sentido porque para cada transacción hay un comprador y un vendedor. El mercado sube cuando los compradores tienen más dinero y son más entusiasmados que los vendedores.

Los compradores ganan dinero cuando los precios suben. Cada pequeño ascenso mejora sus beneficios. Se sienten inundados por el éxito, siguen comprando, llaman a sus amigos y les dicen que compren: ¡esto está subiendo! Al final, los precios suben hasta un nivel en el que los toros ya no disponen de más dinero que dedicar y algunos empiezan a recoger beneficios. Los osos consideran que el mercado tiene un sobreprecio y venden. El mercado se para, se da la vuelta y empieza a caer, abandonando el precio máximo del día. Ese punto máximo marca el mayor poder de los toros ese día.

El punto más alto de cada barra refleja el poder máximo de los toros durante esa barra. Muestran cuánto pueden elevar el mercado los toros durante ese lapso de tiempo. El punto máximo de una barra diaria refleja el poder máximo de los toros durante ese día, el punto máximo de una barra semanal refleja el poder máximo de los toros durante esa semana, y el punto máximo de una barra de cinco minutos refleja el poder máximo de los toros durante esos cinco minutos.

El precio mínimo

Los osos ganan dinero cuando los precios bajan, y cada pequeño descenso hace ganar dinero a los que venden al descubierto (a corto). A medida que los precios se deslizan hacia abajo, los toros se vuelven cada vez más inquietos. Cortan sus compras y se mantienen a un lado, suponiendo que podrán adquirir lo que quieran a un precio más barato más adelante. Cuando los compradores recogen velas, es más fácil para los osos hacer que los precios bajen, y el descenso continúa.

Hace falta dinero para vender acciones al descubierto, y una caída de los precios se ralentiza cuando los osos empiezan quedarse sin dinero. Los buscadores de chollos optimistas entran en escena. Los traders experimentados reconocen lo que está sucediendo y empiezan a cerrar cortos y a operar a largo. Los precios ascienden desde sus puntos mínimos, dejando atrás los precios bajos, el precio mínimo del día.

El punto más bajo de cada barra refleja el máximo poder de los osos durante esa barra. El punto mínimo de una barra diaria refleja el máximo poder de los osos durante ese día, el punto mínimo de una barra semanal refleja el máximo poder de los osos durante esa semana, y el punto mínimo de una barra de cinco minutos refleja el máximo poder de los osos durante esos cinco minutos. Hace varios años diseñé un indicador llamado Elder-ray, para monitorizar el poder relativo de los toros y los osos midiendo cuánto se alejaban el punto alto y el bajo de cada barra del precio medio.

El cierre del mercado

El precio al cierre se marca en una barra con una señal que apunta hacia la derecha. Refleja el consenso final del valor ese día. Éste es el precio en el que la mayoría de la gente se fija en los periódicos que lee a diario. Es especialmente importante en el mercado de futuros, porque la liquidación de las cuentas de trading depende de él.

Los traders profesionales monitorizan los mercados a lo largo del día. Al principio del día aprovechan los precios de apertura, vendiendo acciones que abren a precios altos y comprando acciones que abren a precios bajos, para luego revertir estas posiciones. Su forma normal de operar es hacerlo a la contra de los extremos de los mercados y por la vuelta a la normalidad. Cuando los precios alcanzan un nuevo valor máximo y se detienen, los profesionales venden, impulsando al mercado hacia abajo. Cuando los precios se estabilizan después de una caída, compran, ayudando a que el mercado suba.

Las olas de compra y venta por parte de los aficionados que llegan al mercado en su apertura disminuyen a medida que avanza el día. Los foráneos han hecho lo que planeaban hacer, y cerca del cierre el mercado está dominado por los traders profesionales.

Los precios al cierre reflejan las opiniones de los profesionales. Fíjate en cualquier gráfica y verás con qué frecuencia los precios a la apertura y al cierre se encuentran en los extremos opuestos de una barra de precios. Esto se debe a que los aficionados y los profesionales tienden a encontrarse en los extremos opuestos de las transacciones.

Gráficas de velas y de punto y figura

Las gráficas de barras son las más ampliamente usadas para monitorizar los precios, pero hay otros métodos. Las gráficas de velas se volvieron populares en Occidente en la década de 1990. Cada vela representa un día de trading y tiene un cuerpo y dos mechas, una por encima y otra por debajo. El cuerpo refleja el diferencial entre los precios de apertura y de cierre. Las personas que trazan gráficas de velas creen que la relación entre el precio de apertura y el de cierre es la información más importante de entre los datos diarios. Si los precios cierran más altos de lo que abrieron, el cuerpo de la vela es blanco, pero si los precios cierran más bajos de lo que abrieron, el cuerpo de la vela es negro.

La altura del cuerpo de una vela y la longitud de sus mechas reflejan las batallas entre los toros y los osos. Estos patrones, además de los patrones formados por varias velas vecinas, proporcionan información útil sobre la batalla de poder en los mercados y puede ayudarnos a decidir si adoptar una posición larga o corta.

El problema de las velas es que son demasiado gruesas. Puedo echar una ojeada a una pantalla de ordenador con una gráfica de barras y ver cinco o seis meses de datos diarios sin comprimir la escala. Si sitúas una gráfica de velas en el mismo espacio, tendrás suerte si obtienes dos meses de datos en la pantalla. En último término, una gráfica de velas no cuenta muchas más cosas que una gráfica de barras. Si dibujas una gráfica de barras normal y prestas atención a las relaciones entre los precios de apertura y de cierre, mejorando esa gráfica con varios indicadores técnicos, podrás interpretar los mercados igual de bien y quizás mejor. Las gráficas de velas son útiles para algunos traders, pero no para todos. Si te gusta usarlas, úsalas; si no, céntrate en tus gráficas de barras y no te preocupes porque vayas a perderte algo esencial.

Las gráficas de punto y figura se basan únicamente en los precios al cierre, que son los precios más importantes del día. Difieren de las gráficas de barras y de las de velas porque no tienen una escala de tiempo horizontal. Cuando los mercados se vuelven inactivos, las gráficas de punto y figura dejan de dibujarse porque añaden una nueva columna de «X» y de «O» sólo cuando los precios cambian más allá de un cierto punto crítico. Las gráficas de punto y figura hace que las áreas de congestión sobresalgan, ayudando a los traders a encontrar soportes y resistencias y proporcionando objetivos para reversiones y para recoger beneficios. Las gráficas de punto y figura son mucho más antiguas que las de barras. Los profesionales que se encuentran en un pozo a veces las garabatean en la parte posterior de sus fichas de trading.

Escoger una gráfica es un asunto de preferencias personales: elige la que te haga sentir cómodo. Yo prefiero las gráficas de barras, pero conozco a muchos traders serios a las que les gustan las de puntos y figuras o las de velas.

La realidad de la gráfica

Las pequeñas variaciones de precios se fusionan en forma de barras, y las barras en patrones, mientras la multitud escribe su diario emocional en la pantalla. Los traders exitosos aprenden a reconocer algunos patrones y operan con ellos. Esperan a que surja un patrón familiar para aparecer igual que los pescadores esperan que un pez pique en la orilla de un río en la que han triunfado pescando muchas veces.

Muchos aficionados saltan de una acción a otra, pero los profesionales suelen operar en los mismos mercados durante años. Aprenden la personalidad de la captura que tienen planeada, sus hábitos y sus peculiaridades. Cuando los profesionales ven un precio mínimo a corto plazo en unas acciones familiares, reconocen un chollo y compran. Su compra detiene la bajada y hace que las acciones suban. Cuando los precios ascienden, los profesionales reducen sus compras, pero los aficionados entran en tromba, absorbidos por las buenas noticias. Cuando los mercados se vuelven sobrevalorados, los profesionales empiezan a deshacerse de su inventario. Sus ventas detienen el ascenso y empujan el mercado hacia abajo. Los aficionados se asustan y empiezan a deshacerse de sus acciones, acelerando la bajada. Una vez que se ha despojado a los poseedores débiles, los precios se deslizan hacia abajo hasta el nivel en el que los profesionales ven un precio mínimo, y el ciclo se repite.

Ese ciclo no es matemáticamente perfecto, y ésa es la razón por la cual los sistemas mecánicos de trading no funcionan. Usar indicadores técnicos requiere de buen juicio. Antes de revisar patrones de gráficas concretos, pongámonos de acuerdo con las definiciones básicas.

- *Una tendencia alcista* es un patrón en el que la mayoría de las subidas alcanzan un punto superior que la subida anterior y la mayoría de los descensos se detienen a un nivel superior que el descenso anterior.
- *Una tendencia bajista* es un patrón en el que la mayoría de los descensos bajan hasta un punto inferior que el descenso anterior, y la mayoría de las subidas ascienden hasta un nivel inferior que la subida anterior.
- *Una línea de tendencia alcista* es una línea que conecta dos o más puntos mínimos adyacentes con una inclinación ascendente. Si dibujamos una línea paralela a ella que conecte los puntos superiores obtendremos una banda de fluctuación.
- *Una línea de tendencia bajista* es una línea que conecta dos o más puntos máximos adyacentes inclinándose hacia abajo. Podemos trazar una línea paralela conectando los puntos inferiores, marcando así una banda de fluctuación.

- *Un soporte* está marcado por una línea horizontal que conecta dos o más puntos mínimos adyacentes. Frecuentemente se puede trazar una línea paralela que conecte los puntos superiores, marcando así una banda de fluctuación.
- *Una resistencia* está marcada por una línea horizontal que conecta dos o más puntos máximos adyacentes. Frecuentemente se puede trazar una línea paralela por debajo para marcar una banda de fluctuación.

Puntos máximos y mínimos

Los puntos máximos de las subidas marcan las áreas de máximo poder de los toros. Les hubiera gustado subir los precios todavía más y ganar más dinero, pero es ahí donde se ven abrumados por los osos. Los puntos mínimos de las bajadas, por otro lado, son las áreas de máximo poder de los osos. Les hubiera encantado empujar los precios todavía más abajo y aprovecharse de posiciones a corto, pero acaban sobrepasados por los toros.

Usa un ordenador o una regla para trazar una línea, conectando puntos máximos cercanos entre sí. Si está inclinada hacia arriba muestra que los toros se están volviendo más fuertes, cosa que es bueno saber si planeas operar a largo. Si esa línea se inclina hacia abajo, te muestra que los toros se están volviendo más débiles y que comprar no es tan buena idea.

Las líneas de tendencia aplicadas a los puntos mínimos del mercado ayudan a visualizar cambios en el poder de los osos. Cuando una línea que conecta dos puntos mínimos cercanos se inclina hacia abajo, eso muestra que los osos se están volviendo más fuertes y que la venta al descubierto es una buena opción. Si, por otro lado, esa línea se inclina hacia arriba, eso muestra que los osos se están volviendo más débiles.

Cuando las líneas que conectan los puntos superiores y las líneas que conectan los puntos inferiores están cerca de ser horizontales, el mercado está clavado en una banda de fluctuación. Podemos esperar a una ruptura u operar con oscilaciones a corto plazo dentro de ese rango.

Líneas de tendencia alcista y líneas de tendencia bajista

Los precios frecuentemente parecen avanzar por caminos invisibles. Cuando los picos ascienden cada vez más alto a cada subida sucesiva, los precios tienen una tendencia alcista. Cuando los precios mínimos siguen bajando cada vez más, los precios tienen una tendencia bajista.

Podemos identificar tendencias alcistas trazando líneas de tendencia que conecten los puntos mínimos de las bajadas. Usamos los puntos mínimos para identificar una tendencia alcista porque los picos de las subidas tienden a ser sucesos expansivos e irregulares durante las tendencias alcistas. Los descensos tienden a ser más ordenados, y cuando los conectas con una línea de tendencia, obtienes una imagen más fiel de esa tendencia alcista.

Identificamos tendencias bajistas trazando una línea de tendencia que conecte los picos de las subidas. Cada punto mínimo en una tendencia bajista tiende a estar más abajo que el anterior punto mínimo, pero el pánico entre los poseedores débiles puede hacer que los precios inferiores sean irregularmente intensos. Trazar una línea de tendencia bajista a lo largo de los puntos máximos de las subidas aporta una imagen más correcta de esa tendencia bajista.

La característica más importante de una línea de tendencia es la dirección de su inclinación. Cuando es hacia arriba, los toros ostentan el control, y cuando es hacia abajo los osos están al mando. Cuanto más larga sea la línea de tendencia y cuantos más puntos de contacto tenga con los precios, más válida es. El ángulo de la línea de tendencia refleja la temperatura emocional de la multitud. Las tendencias tranquilas y poco profundas pueden durar mucho tiempo. A medida que las tendencias se aceleran, las líneas de tendencia deben volver a trazarse, lo que hace que sean más inclinadas. Cuando ascienden o descienden a sesenta grados o más, sus rupturas tienden a llevar a reversiones importantes. Esto sucede a veces cerca de las colas de movimientos desbocados.

GRÁFICA 5.1   Líneas de tendencia: colas de canguro

Traza líneas de tendencia alcista que atraviesen los puntos inferiores para marcar tendencias alcistas. Traza líneas de tendencia bajista a lo largo de los puntos superiores para marcar tendencias bajistas. Date cuenta de que los precios pueden atravesar una línea de tendencia sin romper la tendencia. Fíjate en que los precios parecen estar unidos a sus líneas de tendencia como con una goma elástica que se extiende hasta un cierto punto en cualquier tendencia dada. Quieres establecer posiciones en la dirección de la pendiente de una línea de tendencia, entrando razonablemente cerca de ella. Para cuando la tendencia alcance un nuevo punto máximo o mínimo, esa oscilación alejándose de la línea de tendencia se estará volviendo desfasada: no le queda mucho tiempo de vida. En el borde derecho de esta tabla la tendencia es bajista y la oscilación ha caído tanto por debajo de su línea de tendencia como cualquiera desde mayo. Si operas al descubierto, ha llegado el momento de pensar en cosechar beneficios.

Date cuenta de las barras que sobresalen de entre el ajustado serpenteo de precios en los puntos inferiores en mayo, noviembre y abril, además del último punto superior en mayo. Se trata de colas de canguro, que tienden a marcar puntos de cambio. El mercado prueba un nuevo punto superior o inferior con una barra que es mucho más alta que las barras precedentes y las posteriores, y luego retrocede a partir de ese extremo del precio. Puedes reconocer una cola durante la barra que le sigue y operar contra ella.

Puedes trazar estas líneas usando una regla o un ordenador. Es mejor trazar líneas de tendencia además de las líneas de soporte y resistencia a lo largo de los bordes de congestión en lugar de a través de los extremos de los precios. Las áreas de congestión reflejan el comportamiento de la multitud, mientras que los puntos extremos sólo muestran el pánico entre los miembros más débiles de la multitud.

Colas: El patrón de canguro

A las tendencias les lleva mucho tiempo formarse, pero las colas se crean en sólo unos pocos días. Proporcionan conocimientos valiosos sobre la psicología de los mercados, señalan áreas de reversión y apuntan hacia oportunidades para el trading.

Una cola es un pico de un día en la dirección de la tendencia seguida de una reversión. Hacen falta un mínimo de tres barras para crear una cola: barras relativamente estrechas al principio y al final, con una barra extremadamente ancha en medio. Esa barra de en medio es la cola, pero no lo sabrás con seguridad hasta el día siguiente, que tendrá una barra bruscamente estrechada de vuelta en la base, permitiendo que la cola destaque. Una cola sobresale entre un serpenteo estrecho de precios: es imposible que la pases por alto.

Un canguro, al contrario que un caballo o un perro, se impulsa empujándose sobre su cola. Siempre puedes saber en qué dirección va a saltar un canguro: en sentido contrario a su cola. Cuando la cola apunta hacia el norte, el canguro salta hacia el sur, y cuando la cola apunta hacia el sur, el canguro salta hacia el norte. Las colas del mercado tienden a darse en los puntos de inflexión en los mercados, que rebotan a partir de ellas al igual que los canguros rebotan desde su cola. Una cola no prevé la amplitud de un movimiento, pero el primer salto suele durar unos días, ofreciendo una oportunidad para el trading. Puede irte bien si reconoces las colas y operas en la bolsa en su contra.

Antes de operar con cualquier patrón debes comprender qué te cuenta sobre el mercado. ¿Por qué los mercados saltan alejándose de sus colas?

Los mercados de valores son propiedad de sus miembros, que sacan provecho del volumen, más que de las tendencias. Los mercados fluctúan, buscando niveles de precios que aporten el mayor volumen de órdenes. Los miembros no saben cuáles son esos niveles, pero siguen probando más alto y más bajo. Una cola muestra que el mercado ha probado un cierto nivel de precios y lo ha rechazado.

Si un mercado se hunde y rebota, muestra que los precios inferiores no atraen al volumen. Lo más natural para el mercado a continuación es subir y probar niveles superiores para ver si unos precios superiores traerán consigo un mayor volumen. Si el mercado sube como la espuma y rebota, dejando una cola que apunta hacia arriba, eso muestra que unos precios superiores no atraen al volumen. Es probable que los miembros vendan en el mercado a un menor precio para averiguar si unos precios más bajos atraerán al volumen. Las colas funcionan porque los propietarios del mercado están buscando maximizar sus ingresos.

Siempre que veas una barra muy alta, que mida varias veces la media de los últimos meses, señalando en la dirección de la tendencia existente, estate atento a la posibilidad de una cola. Si al día siguiente el mercado traza una barra muy estrecha en la base de la barra alta, completará una cola. Estate preparado para adoptar una posición operando en contra de esa cola antes del cierre de la sesión.

Cuando un mercado muestre una cola en sentido descendente, opera a largo cerca de la base de esa cola. Una vez hayas operado a largo, coloca un *stop* de protección aproximadamente a medio camino hacia abajo de la cola. Si el mercado empieza a comerse su cola, sal corriendo sin demora. Los objetivos para recoger los beneficios en estas posiciones a largo se asientan mejor usando medias móviles y canales *(véase «Indicadores: Cinco balas en un cargador»,* más adelante en este capítulo).

Cuando un mercado muestre una cola en sentido ascendente, opera al descubierto (a corto) en el área de la base de esa cola. Una vez que estés operando al descubierto, coloca un *stop* de protección aproximadamente a medio camino hacia arriba de la cola. Si el mercado empieza a subir por su cola, ha llegado el momento de salir corriendo: no esperes a que la subida se coma toda la cola. Establece unos objetivos para la recogida de beneficios empleando medias móviles y canales.

Puedes operar en contra de las colas en cualquier período de tiempo: las gráficas diarias son lo más común, pero puedes operar con ellas con gráficas intradía o semanales. La magnitud de un movimiento depende de su período de tiempo. Una cola en gráficas semanales generará un movimiento mucho más amplio que una cola en una gráfica de cinco minutos.

Soporte, resistencia y falsas rupturas

Cuando la mayoría de los traders y los inversores compran y venden, asumen un compromiso emocional además de financiero con respecto a su transacción. Sus emociones pueden impulsar tendencias de mercado o hacer que reviertan.

Cuanto más tiempo opera un mercado a un cierto nivel, más gente compra y vende. Imagina que unas acciones caen de los 80 dólares y se negocian a cerca de 70 durante varias semanas hasta que muchos creen que han encontrado un soporte y han tocado fondo. ¿Qué sucede si entran unas ventas fuertes que hacen que esas acciones bajen a 60 dólares? La gente inteligente que opera a largo saldrá corriendo rápido, vendiendo a 69 o 68 dólares. Otros permanecerán sentados a lo largo de todo el doloroso descenso. Si los perdedores no han cedido cerca de los 60 dólares y siguen vivos cuando el mercado opere de vuelta a los 70, su dolor los impulsará a aprovechar la oportunidad de «salirse sin ganancias ni pérdidas». Sus ventas probablemente limitarán una subida, por lo menos temporalmente. Sus dolorosos recuerdos son la razón por la cual las áreas que servían como soporte del descenso se convierten en una resistencia en el camino del ascenso y viceversa.

El arrepentimiento es otra fuerza psicológica tras el soporte y la resistencia. Si unas acciones cotizan a 80 dólares durante un tiempo y luego suben hasta 95, los que no las compraron cerca de 80 sienten como si hubieran perdido el tren. Si esas acciones vuelven a bajar cerca de 80, los traders que se arrepintieron de la oportunidad perdida regresarán para comprar en bloque.

El soporte y la resistencia pueden permanecer activos durante meses o incluso años porque los inversores tienen unos recuerdos duraderos. Cuando los precios regresan a sus niveles antiguos, algunos aprovechan la oportunidad para incrementar sus posiciones mientras otros ven una oportunidad para salir.

Siempre que trabajes con una gráfica, traza líneas de soporte y de resistencia a lo largo de los máximos y los mínimos recientes. Espera que una tendencia se ralentice en esas áreas, y úsalas para adoptar posiciones o recoger beneficios. Recuerda que el soporte y la resistencia son flexibles: son más como una valla de alambre que como un muro de vidrio. Un muro de vidrio es rígido y se hace añicos cuando se rompe, pero una manada de toros puede empujar contra una valla de alambre y meter su morro por los huecos, y cederá, pero resistirá. Los mercados tienen muchas rupturas falsas por debajo del soporte y por encima de la resistencia, y los precios regresan a su rango normal tras una breve transgresión.

Una falsa ruptura al alza se da cuando el mercado asciende por encima de la resistencia y absorbe a compradores antes de revertir y caer. Una falsa ruptura a la baja se da cuando los precios caen por debajo del soporte, lo que atrae a más osos justo antes de una subida. Los falsos puntos de ruptura proporcionan a los profesionales algunas de las mejores oportunidades para el trading. Son similares a las colas, sólo que éstas tienen una única barra amplia, mientras que las falsas rupturas pueden tener varias barras, ninguna de ellas especialmente alta.

¿Qué provoca las falsas rupturas y cómo operar con ellas? Al final de un gran ascenso, el mercado topa con una resistencia, se detiene y empieza agitarse. Los profesionales saben que hay muchas más órdenes de compra por encima del nivel de resistencia. Algunas las emitieron traders que buscaban comprar una nueva ruptura, otras son *stops* de protección puestos por aquellos que operaron al descubierto en el ascenso. Los profesionales son los primeros en saber dónde tiene la gente colocados sus *stops,* ya que son los que poseen las órdenes.

Una falsa ruptura se da cuando los profesionales organizan una expedición de pesca para poner *stops.* Por ejemplo, cuando unas acciones se encuentran ligeramente por debajo de su resistencia a 60 dólares, el parqué puede empezar a cargarse de operaciones a largo cerca de los 58,5 dólares. Cuando los vendedores se retraen, el mercado asciende por encima de los 60 dólares, lo que activa *stops* de compra. El parqué empieza a vender debido a esa subida, descargando operaciones a largo cuando los precios alcanzan los 60,5 dólares. Cuando ven que las órdenes de compra por parte del público están menguando, venden al descubierto y los precios descienden de vuelta por debajo de los 60 dólares. Es entonces cuando tus gráficas muestran una falsa ruptura por encima de los 60 dólares.

Los futuros del índice S&P 500 son famosos por sus puntos de ruptura falsos. Día tras día, este mercado supera el máximo de la jornada anterior o cae por debajo del mínimo de la sesión anterior unos pocos *ticks* (un *tick* es el cambio mínimo de precio permitido por la bolsa en la que se efectúan transacciones con un valor o instrumento). Ésta es una de las razones por las que el índice S&P es un mercado difícil en el que operar, pero atrae a los principiantes como moscas. El parqué hace su agosto con ellos.

Algunas de las mejores oportunidades para el trading *se dan después de falsas rupturas.* Cuando los precios vuelven a situarse en su rango después de una falsa ruptura al alza, dispones de una confianza extra para operar al descubierto. Emplea la parte superior de la falsa ruptura como tu *stop* para limitar las pérdidas. Una vez que los precios vuelven a ascender para situarse en su rango después de una falsa ruptura a la baja, dispones de una confianza extra para operar a largo. Emplea el punto inferior de esa falsa ruptura como tu *stop* para limitar las pérdidas.

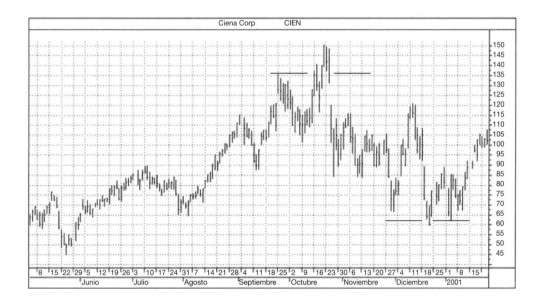

GRÁFICA 5.2   Soporte, resistencia y falsas rupturas

En septiembre, CIEN asentó un pico por debajo de 140, luego atacó ese nivel en octubre y subió por encima de 150, para después bajar por debajo del antiguo pico algunos días después. Algunos desdichados la compraron por encima de 150: ¡debían querer tener esas acciones de verdad! La falsa ruptura al alza marcó el fin de ese mercado alcista.

El mercado bajista estableció un mínimo justo por debajo de 65 dólares en diciembre, pero en enero algunos vendedores desesperados vertieron suficientes acciones para empujar las acciones de CIEN cerca de los 60 dólares. En el borde derecho de la gráfica los precios están subiendo por encima del nivel de su antiguo mínimo. La trampa para osos se ha cerrado de un portazo, con una subida del 50 por 100 en sólo un mes. Estas señales son mucho más fáciles de reconocer usando indicadores técnicos de los que hablaremos más adelante.

Si tienes una posición abierta, defiéndete de las falsas rupturas reduciendo el tamaño de tus transacciones y colocando unos *stops* más amplios. Estate preparado para reposicionarte si te encuentras con un cierre forzado (por alcanzar tu *stop)* de tus posiciones.

El arriesgar sólo una pequeña fracción de tu cuenta en cualquier transacción tiene muchas ventajas. Te permite ser más flexible con los *stops*. Cuando la volatilidad es elevada, plantéate proteger tu posición a largo comprando un derecho de venta o una posición al descubierto adquiriendo una opción de compra. Por último, si te encuentras con un cierre forzado de tus posiciones *(stop out)* debido a una falsa ruptura, no temas regresar a una transacción. Los principiantes tienden a hacer una única operación con una posición y se quedan fuera si se encuentran con un cierre forzado de sus posiciones. Los profesionales, por otro lado, intentarán varias entradas antes de dar en la diana con la transacción que quieren.

GRÁFICA 5.3   Dobles techos y dobles fondos: volumen

Callaway Golf (ELY) alcanzó su cima de 27,18 dólares en marzo, en el punto A, y volvió a moverse con dificultad cerca de ese nivel, alcanzando los 26,95 dólares, en abril, en el punto B. Algunos días después de rebotar desde el punto B, el doble techo se volvió claramente visible. Muchos indicadores (que revisaremos más adelante) trazaron divergencias bajistas en ese momento.

En junio, esas acciones se derrumbaron, ya que el anciano fundador de la compañía e inventor del palo de golf Big Bertha enfermó y falleció. En una típica reacción emocional, la gente se deshizo de sus acciones sin detenerse a pensar si la muerte de una persona podría arruinar a una empresa grande y sólidamente establecida que cotizaba en la bolsa. Estos descensos se retroalimentan, ya que los precios bajos asustan a más y más gente y hacen que vendan. Fíjate en el enorme pico de volumen, que reflejaba el pánico generalizado. El punto mínimo en C parece una cola de canguro, aunque no tiene su forma más clásica. Los precios ascendieron por encima de los 17 dólares en el punto D en lo que se llama un «rebote del gato muerto»: no surgió como fruto de un gran optimismo, sino simplemente como reacción a la bajada.

En el borde derecho de la gráfica, ELY está descendiendo hasta su punto mínimo reciente de volumen bajo. Si repunta desde ese nivel, establecerá un doble fondo. Éste es un patrón bastante típico: un desplome seguido de un rebote del gato muerto y seguido de un lento descenso hasta el segundo punto mínimo. Una vez que los precios suban desde el segundo mínimo, es probable que auguren un ascenso sostenido.

Dobles techos y dobles fondos

Los toros ganan dinero cuando el mercado sube. Siempre hay unos pocos que recogen sus beneficios en el camino ascendente, pero entran nuevos toros y el ascenso continúa. Cada subida alcanza un punto en el que suficientes toros se lo quedan mirando y dicen: «Esto está muy bien, y puede que se ponga incluso mejor, pero preferiría tener metálico». Las subidas llegan a su tope cuando suficientes toros ricos toman sus beneficios, mientras que el dinero de los toros nuevos no es suficiente para reemplazar el que se ha retirado.

Cuando el mercado se dirige hacia abajo desde su cima, los toros espabilados, los que han recogido sus beneficios pronto, son el grupo más relajado. Otros toros, que siguen operando a largo, especialmente si entraron tarde, se sienten atrapados. Sus beneficios se están desvaneciendo y se están convirtiendo en pérdidas. ¿Deberían aguantar o vender?

Si suficientes toros adinerados deciden que el descenso es excesivo, entrarán y comprarán. Cuando el ascenso se reanude, entrarán más toros. Ahora los precios se acercan al nivel de su antiguo máximo, y es ahí donde puedes esperar que las órdenes de venta inunden el mercado. Muchos traders que quedaron atrapados en el descenso anterior se prometen salir si el mercado les da una segunda oportunidad.

A medida que el mercado asciende hasta su anterior cima, la principal pregunta es si ascenderá hasta un nuevo máximo o si formará un doble pico y descenderá. Los indicadores técnicos pueden ser de gran ayuda para responder a esta pregunta. Cuando suben hasta un nuevo máximo, te dicen que aguantes, y cuando forman divergencias bajistas (*véase* «Indicadores: Cinco balas en un cargador», más adelante en este capítulo) te dicen que recojas tus beneficios en el segundo pico.

Se da una imagen especular de esto en los puntos mínimos del mercado. El mercado cae hasta un nuevo punto bajo en el que suficientes osos empiezan a cerrar cortos y el mercado sube. Una vez que ese ascenso se apaga y los precios vuelven a hundirse, todas las miradas están puestas en el mínimo anterior: ¿resistirá? Si los osos están fuertes y los toros inquietos, los precios caerán por debajo del primer mínimo y la tendencia bajista seguirá. Si los osos están débiles y los toros fuertes, ese declive se detendrá cerca del mínimo anterior, generando un doble fondo. Los indicadores técnicos ayudan a averiguar cuál de las dos cosas es más probable que suceda.

Triángulos

Un triángulo es un área de congestión, una pausa en las que los ganadores cosechan sus beneficios y nuevos seguidores de tendencias se suben al carro mientras sus oponentes operan contra la tendencia anterior. Es como una estación de ferrocarril. El tren se detiene para que los pasajeros bajen y otros se suban, pero siempre existe la posibilidad de que ésta sea la última estación de la línea y que el tren nunca regrese.

El límite superior de un triángulo muestra dónde los vendedores superan a los compradores y evitan que el mercado suba. El límite inferior muestra dónde los compradores superan a los vendedores y evitan que el mercado baje. A medida que los dos empiecen a converger sabrás que se acerca una ruptura. Como norma general, la tendencia que precedió al triángulo merece el beneficio de la duda. Los ángulos entre las paredes del triángulo reflejan el equilibrio de poder entre los toros y los osos y apuntan en la dirección probable de una ruptura.

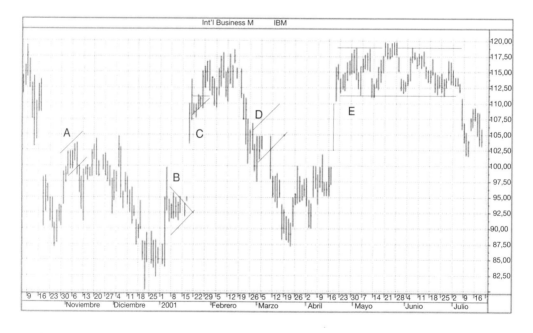

GRÁFICA 5.4   Triángulos, banderines y rectángulos

Los patrones en las gráficas son las huellas de los toros y los osos. Los patrones A y D se llaman *banderines:* un serpenteo estrecho de precios que sigue a un movimiento brusco en sentido ascendente o descendente por su mástil. Cuando un banderín ondea en dirección hacia la tendencia (A),

82

suele verse seguido de una reversión intensa. Cuando ondea en contra de la tendencia precedente (D), se trata de un patrón de consolidación y esa tendencia suele continuar. Dispón tus órdenes de entrada de acuerdo con ello, por encima o por debajo de los límites del banderín.

El patrón B es un triángulo simétrico y el C es un triángulo ascendente. Las rupturas que surgen a partir de triángulos tienden a seguir las tendencias que las precedieron, especialmente cuando los triángulos son compactos, consistentes en sólo algunas barras. El patrón E es un rectángulo. Fíjate en cómo los toros y los osos empujan contra las paredes del rectángulo, generando breves falsas rupturas: ten cuidado y no entres demasiado pronto. Cuando los precios se salen con decisión de un rectángulo, la reversión es completa.

En el borde derecho de la gráfica, los precios se encuentran por debajo de un rectángulo que proporciona una fuerte resistencia por encima. El precio es cómo un hombre que se está ahogando debajo de un hielo flotante. La tendencia está bajando, y los ascensos suponen oportunidades de operar al descubierto.

Un triángulo ascendente tiene un límite superior plano y un límite inferior ascendente. La línea plana superior muestra que los osos han trazado una línea en la arena y que venden cuando el mercado llega a ella. Deben ser un grupo bastante poderoso, que espere tranquilamente a que los precios les lleguen antes de descargar sus acciones. Al mismo tiempo, los compradores se están volviendo más agresivos. Compran su mercancía y siguen haciendo subir el suelo del mercado.

¿Por qué partido deberías apostar? Nadie sabe quién ganará esas elecciones, pero los traders astutos tienden a emitir órdenes de compra ligeramente por encima de la línea superior de un triángulo ascendente. Como los vendedores están a la defensiva, si los toros que están atacando tiene éxito es probable que la ruptura sea pronunciada. Ésta es la lógica de comprar rupturas que suben de triángulos ascendentes.

Un triángulo descendente tiene un límite inferior plano y un límite superior descendente. La línea horizontal inferior muestra que los toros están bastante determinados, esperando tranquilamente a comprar a un cierto nivel de precios. Al mismo tiempo, los vendedores se van volviendo más agresivos. Siguen vendiendo a niveles cada vez inferiores de precios, empujando al mercado más cerca de la línea trazada por los compradores.

Como trader, ¿en qué sentido apostarás: por los toros o por los osos? Los traders experimentados tienden a emitir sus órdenes para vender a corto ligeramente por debajo de la línea inferior de un triángulo descendente. Permite que los compradores defiendan esa línea, pero si los toros colapsan después de una larga defensa, una ruptura probablemente será marcada. Ésta es la lógica de operar a corto con puntos de ruptura que bajan desde triángulos descendentes.

Un triángulo simétrico muestra que tanto los toros como los osos tiene el mismo grado de confianza. Los toros siguen desembolsando y los osos siguen vendiendo a un precio más bajo. Ninguno de los dos grupos se está retirando, y su lucha debe resolverse antes de que los precios alcancen el extremo del triángulo. Es probable que la ruptura vaya en la dirección de la tendencia que precedió al triángulo.

Volumen

Cada unidad de volumen representa los actos de dos personas: un comprador y un vendedor. Puede medirse de acuerdo mediante diversas cifras: el número de acciones negociadas, los contratos o los dólares que han cambiado de manos. El volumen suele trazarse en forma de un histograma debajo de los precios. Proporciona pistas importantes sobre las actuaciones de los toros y los osos. Un volumen pujante tiende a confirmar tendencias y un volumen menguante las pone en cuestión.

El volumen refleja el nivel de dolor entre los participantes en el mercado. En cada transacción, en cada *tick,* una persona está ganando y la otra perdiendo. Los mercados pueden moverse sólo si suficientes nuevos perdedores entran en el juego para proporcionar beneficios a los ganadores. Si el mercado está cayendo, hace falta que un toro muy valiente o inconsciente entre y compre, pero sin él no hay un aumento de volumen. Cuando la tendencia es hacia arriba, hace falta que un oso muy valiente o muy inconsciente entre y venda. Un volumen pujante muestra que los perdedores siguen entrando, permitiendo que la tendencia prosiga. Cuando los perdedores empiezan a abandonar ese mercado, el volumen cae y la tendencia pierde su fuerza. El volumen proporciona a los traders pistas valiosas.

Un golpe de un día de duración de un volumen infrecuentemente alto suele marcar el inicio de una tendencia cuando acompaña a una ruptura de una banda de fluctuación. Un golpe similar tiende a marcar el final de una tendencia si se da durante un movimiento bien asentado. Un volumen extremadamente alto, de tres o cuatro veces por encima de la media, identifica una histeria del mercado. Es entonces cuando los toros nerviosos finalmente deciden que la tendencia alcista es de verdad y entran en tromba a comprar o los osos nerviosos se convencen de que el descenso no tiene fondo y entran para vender a corto.

Las divergencias entre el precio y el volumen tienden a darse en los puntos de inflexión. Cuando los precios ascienden hasta un nuevo punto alto pero el volumen se contrae, esto muestra que la tendencia alcista atrae menos interés. Cuando los precios caen hasta un nuevo mínimo y el volumen disminuye, eso muestra que los precios bajos atraen poco interés y que una reversión ascendente es probable. El precio es más importante que el volumen, pero los buenos traders siempre analizan el volumen para valorar el grado de implicación de la multitud. Para obtener una valoración más objetiva del volumen, usa un indicador llamado Force Index (*véase* la siguiente sección). Los cambios de volumen detectados por el Force Index proporcionan mensajes importantes a los traders.

Indicadores: Cinco balas en un cargador

Tenía un amigo que conducía tanques en la Segunda Guerra Mundial, luchando desde Stalingrado hasta Viena. Hacía el mantenimiento de su tanque con tan sólo tres herramientas: un martillo grande, un destornillador grande y la versión en ruso de «¡Que the jod…!». Ganó la guerra con unas pocas herramientas sencillas, y podemos aplicar esta lección al peligroso entorno de los mercados.

Un principiante intenta conseguir un poco de dinero aquí y allá. Usa una técnica hoy y otra mañana. Su mente está dispersa y sigue perdiendo, y no hace más que enriquecer a su bróker y a los agentes de bolsa con cartera propia. Un nuevo cazador entra en el bosque con un montón de cachivaches sofisticados a su espalda, pero pronto descubre que la mayor parte no hace sino hacerle avanzar más lento. Un leñador experimentado viaja ligero de equipaje.

Un principiante le dispara a cualquier cosa que se mueva, incluyendo su propia sombra. Un viejo cazador sabe exactamente qué presa está persiguiendo y lleva consigo sólo unas pocas balas. La simplicidad y la disciplina van de la mano. Para ser un trader exitoso, escoge un pequeño número de mercados, selecciona unas pocas herramientas y aprende a usarlas bien. Si le sigues el rastro a cinco acciones, tu investigación será más profunda y los resultados mejores que si te ocupas de cincuenta. Si usas cinco indicadores les sacarás más jugo que si usas veinticinco. Siempre puedes ampliar más adelante, una vez que obtengas beneficios constantes.

Los indicadores de los que vamos a hablar representan la elección de un trader. Yo llamo a este enfoque «cinco balas en un cargador». Había un antiguo rifle del ejército que aceptaba cinco balas, y yo analizo los mercados usando no más de cinco indicadores. Si cinco no son de ayuda, entonces con diez no lo haremos mejor, ya que probablemente no haya ninguna transacción que hacer. Te ofrezco esta lista como punto de partida para escoger tus propias balas. Presta atención al principio general de seleccionar indicadores de distintos grupos para centrarte en distintos aspectos del comportamiento de la multitud. La idea clave es seleccionar unas pocas herramientas básicas que encajen en tu estilo de análisis y trading.

Las herramientas que estamos a punto de revisar (las medias móviles, las envolturas, la MACD, el histograma de la MACD y el Force Index) son los ladrillos de un sistema de trading que se describe en el siguiente capítulo. No hay ningún indicador mágico: todos tienen ventajas y desventajas. Es importante ser consciente de ambos porque entonces podremos combinar varios indicadores en un sistema para aprovechar sus fortalezas, mientras que sus inconvenientes se neutralizarán ente sí.

La elección de las herramientas

Los mercados pueden confundir a los traders. Suelen ir en dos direcciones al mismo tiempo: hacia arriba en las gráficas semanales y hacia abajo en las diarias. Un mercado puede revertir sin enviarte un *e-mail* sobre su cambio de planes. Unas acciones durmientes pueden reactivarse tanto que quemen y atravesar los *stops,* mientras que unas acciones anteriormente candentes pueden volverse tan frías que congelen tu capital junto con tus dedos.

El trading es un juego complejo y nada trivial. Los mercados están formados por enormes multitudes de personas, y el análisis técnico consiste en psicología social aplicada. Debemos seleccionar varias herramientas para identificar distintos aspectos del comportamiento del mercado. Antes de usar cualquier indicador, debemos comprender de qué manera está formado y qué mide. Debemos analizarlo con datos históricos y aprender cómo se desempeña bajo distintas condiciones. Una vez que empieces a probar un indicador, prepárate para ajustar sus marcos, convirtiéndolo en una herramienta personal para el trading tan fiable y familiar como una vieja llave inglesa.

Cajas de herramientas versus cajas negras

Sigo viendo anuncios en las revistas para traders que muestran ordenadores con billetes de cien dólares saliendo de sus disqueteras. Me encantaría hacerme con uno de estos modelos. Los únicos que pude encontrar tenían la dirección del dinero invertida. Los ordenadores pueden comerse el dinero, pero sacarlo de ellos lleva mucho trabajo duro. Esos anuncios venden cajas negras: sistemas de trading computarizados. Algún payaso ha programado un puñado de reglas de trading, las ha introducido en un disquete o CD a prueba de copias, y ahora te vende una herramienta con un gran historial. Aliméntalo con datos de los mercados y te escupirá una respuesta: cuándo comprar o vender. Si crees en esta magia, espera a conocer a Santa Claus.

Un historial fantástico de un sistema enlatado carece de sentido porque procede de encajar las normas en datos antiguos. Cualquier ordenador puede decirte qué normas funcionaron en el pasado. Los programas de las cajas negras se autodestruyen en cuanto los mercados cambian, incluso aunque incluyan una autooptimización. Las cajas negras atraen a los principiantes apaleados por los mercados, que obtienen una falsa sensación de seguridad de ellas.

Un buen paquete de *software* es una caja de herramientas: un conjunto de utensilios para analizar los mercados y tomar tus propias decisiones. Una caja de herramientas puede descargar datos, trazar gráficas y dibujar indicadores, además de cualquier señal de trading que te molestes en programar. Proporciona herramientas analíticas y para trazar gráficas, pero te deja a ti la toma de tus propias decisiones para el trading.

El corazón de cualquier caja de herramientas es su conjunto de indicadores: herramientas para identificar tendencias y reversiones tras el ruido de los datos sin procesar. Las buenas cajas de herramientas te permiten modificar los indicadores e incluso diseñar los tuyos propios. Los indicadores son objetivos: puedes discutir sobre la tendencia, pero cuando un indicador sube, es que sube, y cuando baja, es que baja. Recuerda que los indicadores derivan de los precios. Cuanto más complicados sean, más alejados estarán de los precios y más lejos estarán de la realidad. Los precios son lo principal, y los indicadores son secundarios, y los indicadores sencillos son los que mejor funcionan.

Indicadores de seguimiento de las tendencias y osciladores

Aprender a usar indicadores es como aprender una lengua extranjera. Debes sumergirte en ellas, cometer los errores típicos de los novatos y seguir practicando hasta que alcances un nivel de dominio y competencia.

Los buenos indicadores técnicos son herramientas sencillas que funcionan bien cuando las condiciones del mercado cambian. Son robustos: es decir, son relativamente inmunes a los cambios en los parámetros. Si un indicador nos proporciona señales excelentes usando una ventana de diecisiete días, pero pésimas al probar con una ventana de quince días, entonces probablemente sea inútil. Los buenos indicadores proporcionan señales útiles en una amplia variedad de escenarios.

Podemos dividir todos los indicadores técnicos en tres grupos principales: los de seguimiento de las tendencias, los osciladores y los misceláneos. Siempre que usemos un indicador, debemos saber a qué tipo pertenece. Cada grupo tiene sus ventajas e inconvenientes.

Los indicadores de seguimiento de las tendencias incluyen las medias móviles, la MACD (convergencia-divergencia de medias móviles), el sistema direccional y otros. Unas grandes tendencias implican mucho dinero, y estos indicadores nos ayudan a operar a largo con las tendencias alcistas y a corto con las tendencias bajistas. Disponen de una inercia integrada que les permite aferrarse a una tendencia y seguirla. Esa misma inercia hace que se demoren en los puntos de inflexión. Sus ventajas y desventajas son la otra cara de la moneda las unas de las otras, y no puedes tener las unas sin las otras.

Entre los osciladores tenemos el Force Index (índice de fuerza), el Rate of Change (tasa de cambio) y el estocástico, entre otros. Ayudan a captar puntos de inflexión mostrando cuándo los mercados tienen una posición sobrecomprada (están demasiado altos y listos para caer) o sobrevendida (están demasiado bajos y listos para subir). Los osciladores funcionan de maravilla en las bandas de fluctuación, en las que captan los repuntes y las caídas. Tomar sus señales cuando los precios están relativamente planos es como ir a un cajero automático: siempre consigues algo, aunque no sea mucho. Su desventaja es que dan señales prematuras de venta en las tendencias alcistas y de compra en las tendencias bajistas.

Los indicadores misceláneos como el Bullish Consensus (consenso alcista), el Commitments of Traders (compromisos de los traders) y el New High-New Low Index (índice nuevo máximo-nuevo mínimo) estiman el estado de ánimo actual del mercado. Muestran si el optimismo (alcismo) o el pesimismo (bajismo) general está subiendo o bajando.

Los indicadores de los distintos grupos suelen contradecirse entre sí. Por ejemplo, cuando los mercados suben, los indicadores de seguimiento de las tendencias suben, diciéndonos que compremos. Al mismo tiempo, los osciladores detectan una sobrecompra y empiezan a emitir señales de venta. Sucede lo contrario durante las tendencias bajistas, cuando los indicadores de seguimiento de tendencias bajan, dando señales de venta mientras los osciladores detectan una sobreventa, emitiendo señales de compra. ¿A cuál deberíamos seguir? Las respuestas son fáciles en medio de una gráfica, pero son mucho más difíciles en el borde derecho, donde debemos tomar nuestras decisiones de trading.

Algunos principiantes cierran los ojos ante la complejidad, escogen un único indicador y se aferran a él, hasta que el mercado los golpea desde una dirección inesperada. Otros crean una encuesta de opinión casera: toman una batería de indicadores y hacen una media de sus señales. Éste es un ejercicio sin sentido, porque su resultado depende de los indicadores que incluyas en tu encuesta: modifica la selección y cambiarás el resultado. El sistema de trading de la triple pantalla supera el problema de los indicadores en conflicto vinculándolos a distintos períodos de tiempo.

Tiempo: El factor de cinco

Una pantalla de ordenador puede mostrar, sin problema alguno, unas ciento veinte barras en un formato de precio de apertura/mínimo/máximo/de cierre. ¿Qué sucede si muestras una gráfica mensual, con cada una de esas barras representando un mes? Verás diez años de historia de un vistazo, el panorama general de tus acciones. Puedes mostrar una tabla semanal y revisar sus subidas y bajadas de los dos últimos años. Una tabla diaria te mostrará la actividad de los últimos meses. ¿Qué hay de una gráfica horaria, en la que cada una de las barras represente una hora de trading? Eso te permitirá centrarte en los últimos días y captar tendencias a corto plazo. ¿Quieres acercarte más todavía? ¿Qué tal una gráfica de diez minutos, en la que cada una de sus barras represente diez minutos de la actividad del mercado?

Fijándote en todas estas gráficas, te das cuenta rápidamente de que los mercados pueden moverse en distintas direcciones al mismo tiempo. Puedes ver un movimiento ascendente en la gráfica semanal, mientras que los valores diarios estén descendiendo. Una gráfica horaria puede que caiga, pero que una de diez minutos esté subiendo. ¿Qué tendencia seguir?

La mayoría de los principiantes se fijan sólo en un período de tiempo, generalmente el diario. El problema es que una nueva tendencia, que surja de otro período de tiempo, suele hacer daño a los traders que no miran más allá de sus narices. Otro grave problema es que fijarte en la gráfica diaria te coloca a la misma altura que miles de otros traders que también se fijan en ella. ¿Cuál es tu ventaja? ¿Cuál es tu superioridad?

Los mercados son tan complejos que siempre debemos analizarlos en más de un período de tiempo. El factor de cinco, descrito por primera vez en *Vivir del trading: Trading for a living,* vincula todos los períodos de tiempo. Cada franja de tiempo está relacionada con la siguiente superior y la siguiente inferior por un factor de cinco. Hay casi cinco (4,3, para ser exactos) semanas en un mes, cinco días en una semana y cerca de cinco horas en muchas sesiones de bolsa. Podemos desgranar una hora en segmentos de diez minutos y esos segmentos en barras de dos minutos.

El principio clave de la triple pantalla, que revisaremos más adelante, consiste en escoger tu franja de tiempo favorita y luego ascender al período de tiempo de una magnitud superior. Allí tomaremos la decisión estratégica de operar a largo o a corto. Regresaremos a nuestro período de tiempo favorito para tomar decisiones tácticas sobre cuándo entrar, salir, determinar un objetivo de beneficios y poner un *stop*. Añadir la dimensión del tiempo a nuestro análisis nos proporciona una ventaja sobre nuestros competidores.

Usa por lo menos dos, pero no más de tres períodos de tiempo, ya que añadir más sólo dificultará el proceso de toma de decisiones. Si estás operando intradía con gráficas de treinta y de cinco minutos, entonces una gráfica semanal es irrelevante, en esencia. Si estás operando con fluctuaciones del mercado empleando una gráfica semanal y una diaria, entonces los cambios en una gráfica de cinco minutos no suponen más que ruido. Elige tu franja de tiempo favorita, añade el período de tiempo de un orden de magnitud superior e inicia tu análisis en ese momento.

Medias móviles

Las medias móviles (MM) se encuentran entre las herramientas más antiguas, sencillas y útiles para los traders. Ayudan a identificar tendencias y a encontrar áreas para realizar transacciones. Las trazamos en forma de líneas en las gráficas de precios, y cada uno de esos puntos refleja el último precio medio.

¿Cuál es la realidad subyacente a las medias móviles? ¿Qué miden?

Cada precio es un consenso momentáneo del valor entre los participantes en el mercado, una instantánea de la multitud del mercado en el momento de una transacción. ¿Qué sucede si me enseñas una foto de tu amigo y me preguntas si es un optimista o un pesimista, un toro o un oso? Es difícil adivinarlo con una única instantánea. Si le haces fotos desde la misma posición durante diez días seguidos y las llevas a un laboratorio, puedes obtener una imagen compuesta. Cuando superpones diez fotografías, los rasgos típicos sobresalen, mientras que los atípicos se atenúan. Si empiezas a actualizar esa imagen compuesta cada día, dispondrás de una media móvil del estado de ánimo de tu amigo. Si colocas una serie de imágenes compuestas unas al lado de las otras, quedará claro si tu amigo se está volviendo más alegre o más triste.

Una media móvil es una imagen compuesta del mercado. Añade nuevos precios a medida que se dan y desecha los antiguos. Una media móvil ascendente muestra que la multitud se está volviendo más optimista (alcista), y una media móvil descendente proyecta que la multitud se está volviendo pesimista (bajista).

Una media móvil responde no sólo a los datos, sino también a cómo la construyamos. Debemos tomar varias decisiones para ayudar a separar el mensaje de nuestra media móvil del ruido de construcción. En primer lugar, debemos decidir qué datos usaremos. Debemos elegir la amplitud de nuestra ventana de tiempo: más amplia para captar tendencias más largas y más estrecha para detectar las más cortas. Por último, deberemos escoger el tipo de media móvil.

¿Qué datos promediar?

Los traders que se basan en las gráficas diarias y semanales suelen aplicar medias móviles a los precios de cierre. Esto tiene sentido, ya que reflejan el consenso final sobre el valor, que es el precio más importante del día.

El precio de cierre de una barra de cinco minutos o de una horaria no tiene un significado tan especial. A los traders intradía les va mejor no usando la media de los precios de cierre, sino un precio medio de cada barra. Pueden, por ejemplo, usar la media del precio de apertura, del máximo, del mínimo y de cierre de cada barra divididos entre cuatro, o el precio máximo, el mínimo y el de cierre divididos entre tres.

Podemos aplicar medias móviles a indicadores como el Force Index (*véase* a continuación). Un Force Index bruto refleja cambios de precios y el volumen del día. El uso de medias proporciona una gráfica más regular y revela una tendencia a más largo plazo del Force Index.

¿Cuán larga debe ser una media móvil?

Las medias móviles (MM) ayudan a identificar tendencias. Una MM ascendente te anima a mantener posiciones a largo, mientras que una MM descendente te dice que operes a corto. Cuanto más amplia sea la ventana de tiempo, más regular será una media móvil. El beneficio tiene un coste. Cuanto más larga sea una media móvil, más lentamente responderá a los cambios de tendencia. Cuanto más corta sea una media móvil, mejor le seguirá el rastro a los precios, pero estará más sujeta a los vaivenes, las desviaciones temporales de la tendencia principal. Si haces que tu media móvil sea muy larga, pasará por alto reversiones importantes por mucho. Las MM más cortas son más sensibles a los cambios de tendencia, pero las más cortas de diez barras no satisfacen el objetivo de una herramienta de seguimiento de las tendencias.

En la época en la que escribí *Vivir del trading: Trading for a living,* estaba usando MM de trece barras, pero en los últimos años he cambiado a medias móviles más largas para captar tendencias más importantes y evitar los vaivenes. Para analizar gráficas semanales, empieza con una media móvil de veintiséis semanas, que representan medio año de datos. Intenta acortar esa cifra y mira si puedes hacerlo sin sacrificar la regularidad de tu MM. En el caso de las gráficas diarias, empieza con una MM de veintidós días, que refleja el número de días de actividad bursátil en un mes, y mira si puedes acortarla. Independientemente de la longitud que decidas usar, asegúrate de probarla con tus propios datos. Si monitorizas sólo un puñado de mercados, dispondrás de tiempo suficiente para probar distintas longitudes de medias móviles hasta que obtengas unas líneas que fluyan sin sobresaltos.

La anchura de cualquier ventana de tiempo de un indicador es mejor expresarla en barras que en días. El ordenador no sabe si estás analizando gráficas diarias, mensuales u horarias: sólo ve barras. Independientemente de lo que digamos sobre una MM diaria, aplícalo a la semanal o a la mensual. Mejor llamarla una MM de veintidós barras que una MM de veintidós días.

Los traders con destreza matemática pueden evaluar el uso de medias móviles adaptativas, cuya longitud cambia como respuesta a las condiciones del mercado, tal y como propugnan John Ehlers, Tushar Chande y Perry Kaufman. El último libro de Ehlers, *Rocket science for traders,* profundiza en el adaptar todos los indicadores a las condiciones actuales del mercado.

¿Qué tipo de media móvil?

Una MM simple suma los precios de su ventana temporal y divide la suma entre la amplitud de esa ventana. Por ejemplo, para una MM simple de diez días de los precios de cierre, suma los precios al cierre de los últimos diez días y divide la suma entre diez. El problema con una MM simple es que cada precio la afecta el doble: cuando entra y cuando sale. Un nuevo valor alto hace que la media móvil ascienda, dando una señal para comprar. Esto es bueno: queremos que nuestras MM respondan a los nuevos precios. El problema es que diez días después, cuando esa cifra alta cae de la ventana, la MM también desciende, dando una señal de venta. Esto es ridículo, porque si acortamos una MM un día, obtendremos esa señal de venta un día antes, y si la alargamos un día la obtendremos un día después. Podemos diseñar nuestras propias señales manipulando la longitud de una MM simple.

Una media móvil exponencial (MME) supera este problema. Reacciona sólo ante los precios entrantes, a los que asigna un mayor peso. No elimina los precios antiguos de su ventana de tiempo, sino que los va excluyendo lentamente con el paso del tiempo.

$$MMM = P_{hoy} \times K + EMA_{ayer} \times (1\text{-}K)$$

donde $K = \dfrac{2}{N + 1}$

N = el número de días de la MME (elegido por el trader) MMEP$_{hoy}$
P_{hoy} = el precio de hoy
MME_{ayer} = la MME de ayer

Poca gente calcula indicadores a mano en la actualidad: los ordenadores lo hacen más rápidamente y con mayor precisión. Si decidimos echar un vistazo a una MME de veintidós barras de precios al cierre, K = 2 / (22+1) = 2/23 = 0,087. Multiplica el ultimo precio al cierre por esa cifra y luego multiplica la MME de ayer por 0,913 (es decir, 1 - 0,087), suma los dos valores y obtendrás la MME de hoy. Los traders preguntan a veces dónde obtener una MME al principio. Empieza por calcular una MM simple de veintidós barras y luego cambia a la MME. La mayoría de los indicadores requieren que dispongas de uno o dos meses de datos antes de que empiecen a proporcionarte señales significativas.

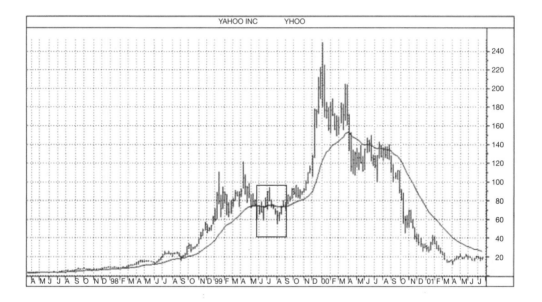

GRÁFICA 5.5   Media móvil: tendencia importante

Una media móvil exponencial es lenta pero firme, como un indicador de dirección de una apisonadora. Una MME funciona en todos los períodos de tiempo, pero brilla en los semanales, donde te ayuda a permanecer con la tendencia principal, por mucho que intente quitársete de encima. Operar en la misma dirección de una media móvil semanal usando una gestión sólida del dinero debería ayudarte a tomarle la delantera a la mayoría de los traders. Puedes posicionarte en la dirección de la MME y aguantar o entrar o salir empleando gráficas diarias.

Esta MME de veintiséis semanas ha monitorizado todo el glorioso mercado alcista de YHOO, desde sus oscuros inicios hasta su sorprendente pico de 250 dólares, para luego volver a caer en desgracia. Si te despiertas por la mañana, fíjate en la MME semanal y decide operar en su dirección y no te irá mal.

No hay indicadores perfectos, y una MME pasa por su serie de dificultades cuando el mercado se pone plano. Cuando la MME empiece a temblar, como hizo en 1999, habrá llegado el momento de hacerse a un lado o de operar a corto, sin contar con una tendencia importante.

Date cuenta también de las tres colas de YHOO (y de la cuarta, no tan pura como las tres primeras). Cada vez que había una cola, el precio acababa reduciéndose a la mitad en el transcurso de semanas.

En el borde derecho de la gráfica los precios están planos y la MME está descendiendo. Los precios se encuentran más cercanos al mínimo que al máximo, pero no hay prisa por comprar. Deja que la MME se aplane y que luego ascienda levemente antes de posicionarte para nuevo movimiento alcista importante.

Señales para el trading

El mensaje más importante de una media móvil es la dirección de su pendiente. Cuando la MME sube, muestra que la multitud se está volviendo más optimista y alcista, por lo que es un buen momento para operar a largo. Cuando cae, muestra que la multitud se está volviendo más pesimista o bajista y que es un buen momento para operar a corto.

Cuando una media móvil apunta hacia arriba, opera en ese mercado a largo. Cuando una media móvil apunte hacia abajo, opera en ese mercado a corto. Como trader, dispones de tres opciones: operar a largo, operar a corto o mantenerte a un lado. Una media móvil siempre quita una de estas opciones. Cuando señala hacia arriba te prohíbe operar a corto y te dice que operes a largo o te apartes a un lado. Cuando señala hacia abajo, te prohíbe comprar y te dice que sólo busques operaciones a corto o que te mantengas apartado. Cuando una MME empieza a dar sacudidas hacia arriba y hacia abajo, indica un mercado vacilante y sin una tendencia: es mejor dejar de usar métodos que sigan las tendencias. Sigue monitorizando la MME pero no le hagas mucho caso hasta que surja una nueva tendencia.

El único momento en el que está bien anular el mensaje de una media móvil es cuando estamos intentando escoger un mínimo después de una divergencia optimista entre el histograma de la MACD (descrito más adelante) y el precio. Si haces eso, asegúrate de usar *stops* ajustados (órdenes de pérdida limitada). Si tienes éxito, recoge tus beneficios, pero no pienses que las reglas del juego han cambiado. Un trader que crea que se encuentra por encima de las normas, se vuelve descuidado y pierde dinero.

Entra en posiciones largas cerca de una MM ascendente. Entra en posiciones cortas cerca de una MM descendente. Usa la MM para diferenciar entre «operaciones de valor» y «operaciones de la teoría del mayor loco». La mayoría de las tendencias alcistas se ven interrumpidas por descensos cuando los precios regresan a la MME. Cuando compramos cerca de la media móvil, compramos valor y podemos poner un *stop* ajustado ligeramente por debajo de la MMME. Si el ascenso continúa ganaremos dinero, pero si el mercado se vuelve en nuestra contra, la pérdida será pequeña. Comprar cerca de la MME ayuda a maximizar las ganancias y minimizar los riesgos.

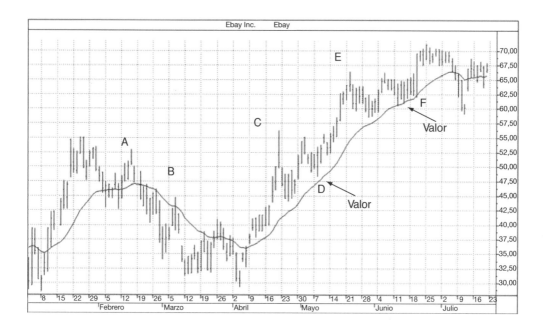

GRÁFICA 5.6 Operaciones de valor y operaciones de la teoría del mayor loco

Cuando compras cerca de una media móvil ascendente, compras valor (puntos D y F). Esperar a oportunidades así implica paciencia, pero es infinitamente más seguro que ir persiguiendo precios. Los que compran muy por encima de la MME pagan por encima del valor, esperando encontrarse con un loco todavía mayor que les pague incluso más. Los traders ansiosos que compran cerca de los máximos (puntos C y E) quedan afectados, o si no esperan tensamente a salir en el umbral de rentabilidad.

Muchas acciones y futuros tienen patrones de comportamiento típicos, y deberías intentar identificarlos y aprovecharlos. En el momento de la redacción de este libro, a EBAY tiende a tener colas de canguro (A, B, C y E). La cola C tenía la forma más clásica, pero las otras también funcionaron. Saber qué patrón esperar te ayuda a reconocerlo un poco antes cuando aparece.

En el borde derecho de la tabla la MME dejó de subir y empezó a oscilar. El movimiento alcista ha acabado. Si eres un trader de tendencias, ha llegado el momento de pasar a otras acciones que muestren una tendencia. Vigila a EBAY, esperando a que surja una nueva tendencia.

Si compramos muy por encima de la MME, nuestros actos dicen: «Soy un loco, estoy pagando en exceso, pero espero encontrarme por el camino con un loco todavía mayor que me pague todavía más». Apostar por la teoría del mayor loco es una mala idea. Hay muy pocos locos en el mercado. Los mercados financieros no atraen a la gente estúpida, y contar con ella es una propuesta perdedora.

Hay ocasiones en las que ascensos salvajes en acciones prometedoras parecen justificar la teoría del mayor loco. Las acciones sin activos ni beneficios pueden subir como la espuma. Un trader de valor que sienta que se está perdiendo esos movimientos espectaculares tiene una alternativa. Puede ceñirse a su método, diciendo con sobriedad: «No puedo captarlos todos»; o puede decidir: «Allá donde fueres haz lo que vieres» y empezar a comprar rupturas alcistas. Si haces eso, recuerda que ahora estarás implicado en trading de la teoría del mayor loco, y el único activo que te distinguirá de la frenética multitud es tu control del riesgo: tus *stops* y tu gestión del dinero.

Las mismas normas se aplican a las operaciones a corto en las tendencias bajistas. Cuando operas a corto durante un ascenso de la MME, estás vendiendo valor, antes de que el mercado revierta y empiece a destruir valor de nuevo. Un teórico del mayor loco opera a corto muy por debajo de la MME: cuanto más lejos, mayor es el loco.

Usa un sistema dual de medias móviles para identificar tendencias y adoptar posiciones. Puedes elegir una MME que monitorice tu mercado bien, pero que se mueva tan explosivamente que los precios no reaccionen nunca de vuelta a esa MME, negándote la posibilidad de operar con una transacción de valor. Para solucionar este problema, puedes añadir una segunda media móvil. Usa la MME más larga para señalar la tendencia y la más corta para encontrar puntos de entrada.

Supón que te encuentras con que una MME de veintidós días funciona bien para detectar tendencias en tu mercado. Trázala, pero luego divide su longitud a la mitad y traza una MME de once días en la misma pantalla con un color distinto. Sigue usando la MME de veintidós días para identificar los movimientos alcistas y bajistas, pero usa los retrocesos y nuevos ascensos desde picos recientes durante una tendencia alcista hacia la MME más corta para identificar puntos de entrada.

Las medias móviles ayudan a identificar tendencias y a decidir si operar a largo o a corto. Ayudan a marcar áreas de valor para entrar en transacciones. Para encontrar puntos de salida, recurriremos a nuestra próxima herramienta: los canales de medias móviles.

Canales

Los mercados son unas bestias maniacodepresivas. Suben con ascensos potentes para luego descender con bajadas impresionantes. Unas acciones atraen la atención del público y suben veinte puntos en un día, y luego bajan veinticuatro puntos al día siguiente. ¿Qué impulsa estos movimientos? Los valores intrínsecos cambian lentamente, pero las olas de codicia, miedo, optimismo y desesperación llevan a los precios hacia arriba y hacia abajo.

¿Cómo puedes saber cuándo un mercado ha alcanzado un nivel infravalorado o sobrevalorado, una zona para comprar o vender? Los técnicos del mercado pueden usar canales para encontrar esos niveles. Un canal, o una envoltura, consiste en dos líneas: una por encima y otra por debajo de una media móvil. Hay dos tipos principales de canales: las envolturas rectas y los canales de desviación estándar, también conocidos como bandas de Bollinger.

En las bandas de Bollinger, la envergadura o diferencial entre las líneas superior e inferior sigue cambiando en respuesta a la volatilidad. Cuando la volatilidad aumenta, las bandas de Bollinger son amplias, pero cuando los mercados se adormecen, esas bandas empiezan a estrecharse sobre la media móvil. Esta característica las hace útiles para los traders de opciones, ya que la volatilidad dirige los precios de las opciones. En resumen, cuando las bandas de Bollinger se estrechan, la volatilidad es baja y se deberían comprar las opciones. Cuando se expanden y separan, la volatilidad es elevada y las opciones deberían venderse o escribirse.

A los traders de acciones y futuros les va mejor con los canales o envolturas rectos. Éstos mantienen una distancia constante con respecto a la media móvil, proporcionando unos objetivos de precios más estables. Traza ambas líneas a un cierto porcentaje por encima o por debajo de la MME. Si usas medias móviles dobles, traza las líneas del canal paralelas a la más larga.

Una media móvil refleja el consenso medio sobre el valor, pero ¿cuál es el significado de un canal? La línea superior del canal refleja el poder de los toros para hacer que los precios suban por encima del consenso medio sobre el valor. Marca el límite normal del optimismo del mercado. La línea inferior del canal refleja el poder de los osos para empujar los precios por debajo del consenso medio sobre el valor. Marca el límite normal del pesimismo del mercado. Un canal bien trazado ayuda a diagnosticar la manía y la depresión. La mayoría de los programas de *software* trazan canales de acuerdo con esta fórmula:

$$\text{Línea superior del canal} = \text{MME} + \text{MME} \times \text{Coeficiente del canal}$$
$$\text{Línea inferior del canal} = \text{MME} - \text{MME} \times \text{Coeficiente del canal}$$

Un canal bien trazado contiene el grueso de los precios, con sólo unos pocos extremos sobresaliendo. Ajusta el coeficiente hasta que el canal contenga aproximadamente el 95 por 100 de todos los precios de los últimos (bastantes) meses. Los matemáticos llaman a esto el *canal de doble desviación estándar*. La mayoría de los paquetes de *software* llevan a cabo este ajuste muy fácilmente.

Encuentra coeficientes de canal adecuados para cualquier mercado mediante la prueba y el error. Sigue ajustándolos hasta que el canal contenga aproximadamente el 95 por 100 de todos los datos, sobresaliendo sólo los máximos más elevados y los mínimos más bajos. Trazar un canal es como probarse una camisa. Escoge la talla con la que todo el cuerpo se sienta cómodo, sobresaliendo sólo el cuello y los puños.

Los distintos vehículos de trading y los distintos períodos de tiempo requieren de distintas amplitudes del canal. Los mercados volátiles requieren de canales más amplios y coeficientes más elevados. Cuanto más largo sea el período de tiempo, más ancho será el canal. Los canales semanales tienden a ser el doble de anchos que los diarios. Las acciones tienden a requerir unos canales más amplios que los futuros. Un buen momento para revisar y adaptar los canales es cuando un viejo contrato se acerca a su vencimiento y cambias al nuevo mes de vencimiento.

Un canal trazado durante una tendencia alcista tiende a encajar con los picos. Los ascensos en un mercado alcista son mucho más potentes que los descensos, y los puntos mínimos rara vez alcanzan la línea inferior del canal. En una tendencia bajista, un canal tiende a monitorizar los valores mínimos, mientras que los máximos son demasiado débiles como para ascender hasta la línea superior del canal. No es necesario trazar dos canales distintos, uno para los máximos y otro para los mínimos. Simplemente sigue a la multitud dominante. En un mercado plano, espera que tanto los máximos como los mínimos contacten con sus líneas del canal.

Cuando somos optimistas, queremos comprar valor cerca de la ME ascendente y recoger beneficios cuando el mercado se vuelve sobrevalorado (al nivel o por encima de la línea superior del canal). Cuando nos sentimos pesimistas, queremos operar a corto cerca de la MME y cerrar cortos cuando el mercado se vuelve infravalorado (al nivel o por debajo de la línea inferior del canal).

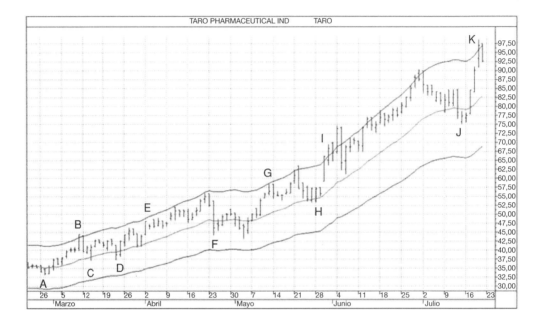

GRÁFICA 5.7   Canales para recoger beneficios

Cuando la MME asciende, identifica una tendencia ascendente. Es buena idea comprar cerca de esa MME o ligeramente por encima o por debajo, dependiendo del comportamiento reciente de esas acciones. En el punto A, la MMA se encuentra en 35 dólares, mientras que el punto bajo de la barra alcanza los 33 dólares (una penetración a la baja de dos puntos). En el punto C, el nivel inferior del precio penetra en la MME un punto, en el punto D 2,25 puntos, en el punto F 4 puntos, en el punto H 0,75 puntos y en el punto J 4 puntos. Esos niveles inferiores a corto plazo siguen alternándose entre los superficiales y los profundos: ésta es una información importante cuando intentas decidir dónde emitir tu orden de compra. Si la última penetración ha sido superficial, espera que la siguiente sea profunda y viceversa, y emite tus órdenes de compra de acuerdo con ello.

El punto en el que vender acciones compradas al nivel de la MME es cerca de la línea superior del canal. En retrospectiva, es fácil ver que comprar y retener habría funcionado incluso mejor en el caso de TARO, pero el futuro es muy nublado en el extremo derecho de la gráfica. Comprar valor cerca de la MME y recoger beneficios por encima del valor, cerca de la línea superior del canal, es un método más seguro y fiable. Las acciones compradas en el punto A pueden venderse en el punto B, volver a comprarse en el punto C o el D y venderse en el punto E, etc.

Un trader puede valorar su rendimiento basándose en el porcentaje del canal que se lleva en forma de beneficios en cualquier transacción dada. Por ejemplo, en el extremo derecho de la gráfica, la línea superior se encuentra en 97 dólares, y la inferior en 69 dólares, haciendo que ese canal tenga una amplitud de 28 puntos. Un trader excelente debería obtener el mínimo del 30 por 100 u 8,4 puntos de la siguiente operación, un trader correcto un 20 por 100 o 5,6 puntos, y un trader mediocre un 10 por 100 o 2,8 puntos.

En el extremo derecho, los precios están golpeando la línea superior del canal. Ha llegado el momento de recoger beneficios de las acciones compradas en el punto J, cerca de la MME, y esperar a un retroceso y un nuevo ascenso desde picos recientes durante una tendencia alcista.

Si compras cerca de una media móvil ascendente, recoge beneficios en la cercanía de la línea superior del canal. Si vendes a corto cerca de una media móvil descendente, cierra cortos en la cercanía de la línea inferior del canal. Los canales captan fluctuaciones por encima y por debajo del valor, pero no grandes tendencias. Estas fluctuaciones pueden ser muy gratificantes. Si puedes captar un movimiento desde la MME hasta la línea del canal en futuros de bonos, obtendrás un beneficio de unos 2000 dólares con una margen de 2000 dólares. Si puedes hacer esto algunas veces al año, te encontrarás muy por delante de muchos profesionales.

Un principiante que venda su posición cerca de la línea superior del canal puede que se arrepienta varias semanas después. En un mercado alcista, lo que parece sobrevalorado hoy puede que parezca un chollo al mes siguiente. Los profesionales no permiten que esos sentimientos los afecten. Están operando en la bolsa, y no invirtiendo. Saben que es fácil parecer inteligente observando gráficas antiguas, pero que es difícil tomar decisiones en el borde derecho. Disponen de un sistema y lo siguen.

Cuando los precios se salgan de un canal pero luego regresen a la media móvil, opera en la dirección de la pendiente de esa MM, con un objetivo de beneficios cerca de la línea del canal. Los precios se salen de los canales sólo durante las tendencias más intensas. Después de retroceder y regresar suelen volver a poner a prueba los extremos de esas rupturas. Una ruptura de un canal nos proporciona la confianza para operar de nuevo en su dirección.

Los precios a veces se disparan durante tendencias desenfrenadas. Se salen de un canal y permanecen fuera de él durante mucho tiempo, sin regresar a su MME. Cuando reconozcas un movimiento tan potente, dispondrás de una opción: apartarte a un lado o cambiar a un sistema para operar con movimientos por impulso. Los traders profesionales, una vez que encuentran una técnica que les funciona, tienden a permanecer con ella. Prefieren perderse una transacción que cambiar a un estilo poco familiar.

Si una media móvil está básicamente plana, opera a largo en la línea inferior del canal, vende a corto en la línea superior del canal y recoge beneficios cuando los precios retornen a su media móvil.

La línea superior del canal marca una zona de compra excesiva. Si el mercado está relativamente plano en las gráficas a largo plazo, entonces los ascensos hasta la línea superior del canal proporcionarán oportunidades para operar a corto, mientras que los descensos hasta la línea inferior del canal proporcionarán oportunidades de compra. Los profesionales tienden a operar contra las desviaciones y a favor del regreso a la normalidad. Los aficionados creen que cada ruptura se verá seguida de un enorme movimiento desbocado. Muy de vez en cuando, los aficionados tienen razón, pero a largo plazo vale la pena apostar como los profesionales. Ellos usan estos canales para encontrar dónde se ha salido de madre el mercado y es probable que revierta.

Cómo calificar tu rendimiento

Imagina a dos amigos asistiendo a un curso en la universidad. Ambos tienen unas capacidades y unos antecedentes similares, pero uno hace un examen cada semana mientras que el otro se espera al examen final. Siendo el resto de factores iguales, ¿cuál de ellos es probable que consiga una nota superior en el examen: el que esperó, o el que hizo los exámenes semanales?

La mayoría de los sistemas educativos examinan a los alumnos a intervalos regulares. Los exámenes animan a la gente a llenar los huecos de sus conocimientos. Los alumnos que hacen exámenes a lo largo del año tienden a hacerlo mejor en los exámenes finales. Los exámenes frecuentes ayudan a mejorar el rendimiento.

Los mercados siguen examinándonos, sólo que la mayoría de los traders no se preocupan de fijarse en sus calificaciones. Se regodean en sus beneficios o destruyen sus recibos de confirmación por perder en ciertas transacciones. Ni alardear ni castigarte te convierte en un mejor trader.

El mercado valora cada transacción y publica los resultados en un muro, sólo que la mayoría de los traders no tiene ni idea de dónde ver eso. Algunos cuentan el dinero, pero ésa es una medida muy burda que no compara el rendimiento en distintos mercados a distintos precios. Puedes conseguir más dinero con una transacción chapucera en un gran mercado caro que en una entrada y una salida elegantes en un mercado estrecho y difícil. ¿Cuál de ellas revela un mayor nivel de habilidad? El dinero es importante, pero no siempre proporciona la mejor medida del éxito.

Los canales nos ayudan a calificar la calidad de nuestras transacciones.

Cuando entras en una transacción, mides la altura del canal desde la línea superior a la inferior. Si usas gráficas diarias para encontrar operaciones, mide el canal diario: si usas una gráfica de diez minutos, mide el canal en una gráfica de diez minutos, etc. Al salir de esa operación, calcula el número de puntos que has obtenido como porcentaje del canal. ¡Ésa es la calificación de tu rendimiento!

Si unas acciones se están negociando a 80 dólares con un canal del 10 por 100, entonces la línea superior del canal se encuentra en 88 dólares y la inferior en 72 dólares. Supón que compras esas acciones a 80 dólares y que las vendes por 84. Si restas 4 puntos del canal de 16 puntos, entonces tu nota es de 4/16, o de un 25 por 100. ¿Dónde te sitúa eso en la curva de calificación?

Cualquier transacción en la que consigas un 30 por 100 o más de un canal te hará conseguir una nota de excelente. Si ganas entre un 20 y un 30 por 100, conseguirás un notable. Si obtienes entre un 10 y un 20 por 100 tu nota será un aprobado. Suspenderás si consigues menos en un 10 por 100 de un canal o incurres en una pérdida.

Los buenos traders mantienen unos buenos registros. Tu primer registro esencial consiste en una hoja de cálculo de todas tus transacciones (revisaremos esto en el capítulo 8: «El trader organizado»). Añade dos columnas a tu hoja de cálculo. Usa la primera para registrar la altura del canal cuando entres en la operación. Usa la segunda para calcular qué porcentaje de ese canal has conseguido al salir de esa transacción. Sigue monitorizando tus calificaciones para ver si tu rendimiento está mejorando, empeorando, es constante o es errático. En tus tiempos en la universidad, los profesores te ponían calificaciones. Ahora puedes usar los canales para averiguar tus notas y convertirte en un mejor trader.

¿En qué mercados operar?

Los canales pueden ayudarnos a decidir con qué acciones o futuros negociar y cuáles dejar tranquilos. Puede que unas acciones tengan un gran valor intrínseco o unas preciosas señales técnicas, pero mide su canal antes de ejecutar una operación. Eso te mostrará si las fluctuaciones son lo suficientemente amplias como para que valga la pena operar.

Puedes fijarte en unas acciones volátiles cuyo canal tenga una altura de 30 puntos. Si eres un trader excelente, deberías poder conseguir un 30 por 100 (o 9 puntos) de una operación. Eso será más que suficiente para pagar las comisiones, cubrir el deslizamiento y dejarte con beneficios. Por otro lado, si te fijas en unas acciones baratas cuyo canal tenga una altura de sólo 5 puntos, entonces un trader excelente tendrá como objetivo una irrisoria ganancia de 1,5 puntos. Eso te dejaría con casi nada después de las comisiones y el deslizamiento: deja esas acciones tranquilas, independientemente del buen aspecto que tengan.

¿Qué sucede si tu rendimiento cae un poco o si el mercado te toma por sorpresa? ¿Qué sucede si sólo obtienes un aprobado y consigues sólo un 10 por 100 de un canal? Las primeras acciones, con su canal de 30 puntos, te proporcionarán unos beneficios de 3 puntos: suficiente para ganar algo de dinero tras los gastos. Las acciones con un canal de 5 puntos sólo te retornarán 0,5 puntos, y las comisiones y el deslizamiento puede que te lleven a un territorio de cifras negativas. Los principiantes suelen verse seducidos por las acciones con un precio bajo con unos patrones técnicos fuertes. No pueden comprender por qué siguen perdiendo dinero. Cuando a unas acciones no les queda espacio para las fluctuaciones, un trader no puede ganar.

Un buen analista técnico que estaba perdiendo dinero lentamente me llamó para hacerme una consulta. Cuando le pedí que me enviará sus gráficas por fax, me mostró acciones que valían 10 y 15 dólares cuyos canales sólo tenían una altura de 2 y de 4 dólares. Simplemente no había espacio para fluctuaciones de precios, mientras que las comisiones, los deslizamientos y los gastos seguían comiéndose su capital. Si vas a mantenerte a base de pescar, asegúrate de encontrar un canal en el que los peces sea lo suficientemente grandes.

Una vez que te intereses por unas nuevas acciones, traza un canal para ver si es lo suficientemente alto para operar con ellas. Nos gusta pensar que somos unos traders excelentes y personas fenomenales en general, pero ¿qué sucede si sólo haces una transacción digna de un simple aprobado? Si sólo consigues un 10 por 100 de este canal, ¿valdrá la pena la operación? Como norma, los traders deberían dejar tranquilo cualquier valor cuyo canal sea más estrecho de 10 puntos, lo que significa que un trader mediocre podrá sacarle un punto.

Algunos traders me dicen que está bien operar con acciones con canales estrechos, siempre que se incremente el tamaño del trading. Creen que operar con 10 000 acciones en un canal de 3 puntos es lo mismo que operar con 1000 acciones en un canal de 30 puntos, pero no es así, ya que la relación entre el deslizamiento y el canal es muy superior en el caso de los canales estrechos, elevando así el obstáculo externo hacia la victoria.

Las acciones con un precio bajo con unos canales ceñidos pueden suponer buenas inversiones. Piensa en Peter Lynch, un famoso gerente de cartera, buscando su huidizo «bombazo»: unas acciones que decupliquen su valor. Es mucho más probable que unas acciones que valgan 5 dólares suban hasta los 50 que unas valoradas en 80 dólares asciendan hasta los 800; pero eso son inversiones, y no transacciones bursátiles. Como trader, buscas aprovechar las fluctuaciones a corto plazo. Ésa es la razón por la cual no deberías gastar tus energías en cualquier acción cuyo canal sea estrecho.

Las recompensas del trading intradía

El trading intradía parece engañosamente fácil, y los principiantes se arraciman como las polillas a una luz. Los aficionados se fijan en las gráficas intradía y ven potentes subidas y escarpadas bajadas. Parece que el dinero está ahí para que lo coja cualquier individuo espabilado con un ordenador, un módem y un sistema de alimentación de datos en vivo. Las compañías que operan intradía ganan fortunas con las comisiones. Promueven el trading intradía porque necesitan reemplazar a la gran mayoría de los clientes que fracasan. Las empresas esconden sus estadísticas relativas a sus clientes al público, pero en el año 2000, los reguladores estatales de Massachusetts enviaron citaciones judiciales que mostraban que después de seis meses sólo el 16 por 100 de los traders intradía ganaban dinero.

Hay un viejo dicho ruso que dice que tu codo está cerca, pero que pese a ello no puedes mordértelo. Pruébalo ahora: estira tu cuello, flexiona tu brazo e inténtalo. ¡Está tan cerca y al mismo tiempo tan lejos! Lo mismo sucede con el trading intradía: el dinero está justo delante de tus narices, pero pese a ello lo sigues perdiendo por unos pocos *tick*s. ¿Por qué tanta gente pierde tanto dinero con el trading intradía? Simplemente no hay suficiente altura en los canales intradía para conseguir beneficios. Usar los canales para elegir transacciones que valgan la pena envía un mensaje potente a los traders intradía.

Fíjate en algunas acciones populares y con las que se negocia de forma activa: YHOO, AMZN y AOL se encuentran en la primera fila de la atención pública en el día en el que estoy escribiendo esto. Las cifras probablemente cambiarán cuando leas este libro, pero hoy consigo las siguientes cifras en cuanto a las alturas de los canales en sus gráficas diarias y de 5 minutos:

	Canal diario	Trader excelente (30 %)	Trader mediocre (10 %)	Canal de 5 minutos	Trader excelente (30 %)	Trader mediocre (10 %)
AOL	20	6	2	3	0,9	0,3
AMZN	21	6,3	2,1	3	0,9	0,3
YHOO	54	16,2	5,4	7	2,1	0,7

Un trader de fluctuaciones que use gráficas diarias para comprar y aguantar algunos días puede hacerlo muy bien con estas acciones activas. Puede hacer realmente su agosto si es un trader excelente, pero incluso aunque sea un trader mediocre, consiguiendo un 10 por 100 de un canal, podrá mantenerse a flote mientras aprende. Por otro lado, una persona que opere intradía con las mismas acciones deberá ser excelente para sobrevivir. Todo lo que no sea alcanzar la excelencia supondrá que el deslizamiento, las comisiones y los gastos se lo coman vivo.

Puedo oír los gritos de protesta de la multitud de vendedores que se ganan bien la vida con el trading intradía: los brókeres, los distribuidores de *software,* los vendedores de sistemas, etc. Pueden desplegar sus ejemplos de traders intradía exitosos, como si eso demostrase algo. Los traders intradía brillantes existen, y yo mismo soy amigo de un puñado de ellos. Lamentablemente, son un puñado muy pequeño.

Las probabilidades de convertirse en un trader intradía de éxito son muy bajas porque los canales de las gráficas intradía no son lo suficientemente altos. Debes ser un trader excelente para obtener dinero de esas pequeñas fluctuaciones. La más mínima distracción, un poco de ruido del mercado, una ligera caída del rendimiento y otro trader intradía muerde el polvo.

El trading intradía proporciona un valor de entretenimiento fantástico. Los atletas que practican deporte por diversión esperan pagar por su deporte en lugar de ganar dinero con él. Los traders intradía que practican esta actividad para entretenerse y que esperen ganar dinero se estarán engañando pensando que lograrán tocarse el codo con los dientes. Quizás mañana…

El histograma de la MACD

MACD significa, de acuerdo con sus siglas en inglés, convergencia-divergencia de medias móviles. Este indicador fue desarrollado por Gerald Appel, que combinó tres medias móviles en dos líneas MACD. Podemos realizar la MACD trazándola como un histograma, reflejando la distancia entre esas líneas. Ayuda a identificar tendencias y a valorar el poder de los toros y los osos. Es una de las mejores herramientas en el análisis técnico para captar las reversiones.

Antes de usar un indicador, debemos comprender cómo se ha obtenido y qué mide. Tal y como se ha apuntado anteriormente, cada precio representa un consenso momentáneo del valor por parte de los participantes en el mercado. Una media móvil nos muestra el consenso promedio del valor durante un período de tiempo seleccionado. Una media que se mueva rápidamente refleja el consenso promedio durante un corto período de tiempo, y una media con un movimiento lento durante un período de tiempo más largo. El histograma de la MACD mide los cambios de consenso monitorizando el diferencial entre las medias móviles de movimiento rápido y lento.

Appel usó tres medias móviles exponenciales para crear la MACD:

1. Calcula una MME de 12 días de los precios al cierre.
2. Calcula una MME de 26 días de los precios al cierre.
3. Resta de la MME de 26 días la MME de 12 días: ésta es la línea rápida de la MACD.
4. Calcula una MME de 9 día de la línea rápida: ésta es la línea lenta o señal.

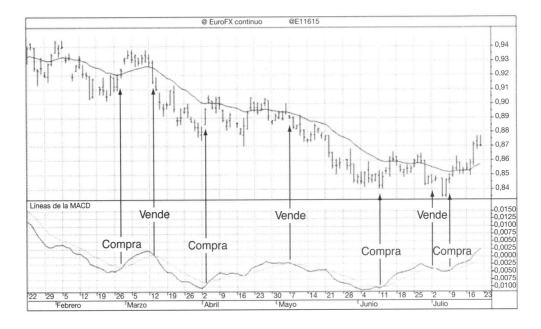

GRÁFICA 5.8   Líneas de la MACD

Las señales de entrada y de salida rara vez son simétricas. El indicador que te proporciona buenas señales de entrada no suele ser el mejor indicador para las salidas: alguna otra herramienta desempeñará un mejor trabajo. Las líneas de la MACD proporcionan señales de entrada cuando la línea rápida cruza la línea lenta. Si la línea rápida cruza por encima, proporciona una señal para operar a largo. Cuando la cruza por debajo proporciona una señal para vender a corto. Esperar un cruce en la dirección opuesta para cerrar una posición no es una buena idea, porque para cuando llegue ese momento una buena parte del beneficio se habrá evaporado.

¿Puedes detectar un sistema de trading en esta gráfica? Las líneas de la MACD te dicen que entres cuando se produzca el cruce, pero ¿cómo decidirás cuándo salir? ¿Qué herramientas puedes usar para averiguar cuándo una subida del mercado está empezando a desvanecerse y salirte con un beneficio?

En el borde derecho de la gráfica, las líneas de la MACD se encuentran en modo de compra, con una línea rápida por encima de la lenta y con ambas ascendiendo. Los precios planean por encima de la MME: un nivel sobrevalorado. Comprar en el borde derecho significaría tomar una transacción de la «teoría del mayor loco». Emitir una orden de compra cerca de la MME ascendente nos permitiría comprar valor.

Los valores de 12, 26 y 9 se han convertido en cifras estándar, usados por defecto en la mayoría de los paquetes de *software*. Mis pruebas muestran que modificar estos valores tiene poco impacto en las señales de la MACD, a no ser que te pases mucho y distorsiones gravemente sus relaciones si duplicas uno y no los otros. Si monitorizas varios mercados y no dispones del tiempo para personalizar tus indicadores, puedes aceptar los valores por defecto de la MACD. Si sólo sigues unos pocos mercados, tiene sentido experimentar con unos valores superiores e inferiores de la MACD para dar con aquellos que monitoricen mejor los puntos de inflexión de tu acciones o futuros. Si tu *software* no incluye la MACD, puedes usar dos MM (por ejemplo, de 12 y de 26 días) en lugar de las líneas rápida y lenta de la MACD. Luego aplica la formula del histograma de la MACD, que aparece más abajo, a esas dos medias.

La línea rápida de la MACD refleja un consenso del valor a corto plazo, mientras que la línea lenta (señal) refleja un consenso más a largo plazo. Cuando la línea rápida se eleva por encima de la lenta, esto muestra que los participantes en el mercado se están volviendo más optimistas. Cuando los toros se vuelven más fuertes, es un buen momento para operar a largo. Cuando la línea rápida de la MACD cae por debajo de la línea lenta, eso muestra que la multitud de los participantes en el mercado se está volviendo pesimista. Cuando los osos se vuelven más fuertes es un buen momento para operar a corto. Las líneas de la MACD siguen tendencias, y sus cruces marcan reversiones de tendencias. Al igual que todos los indicadores que siguen las tendencias, funcionan mejor cuando los mercados se están moviendo, pero conducen a fluctuaciones durante períodos agitados. Podemos hacer que la MACD sea más útil convirtiéndola en un histograma de la MACD.

Histograma de la MACD = Línea rápida de la MACD - Línea lenta (señal)

El histograma de la MACD mide el diferencial entre las medias móviles a corto y a largo plazo y traza esto en forma de un histograma. Refleja la diferencia entre el consenso de valor a corto y a largo plazo. Algunos paquetes de *software* incluyen líneas de la MACD, pero no un histograma de la MACD. En tal caso, calcula las líneas de la MACD, regresa al menú y ejecuta un indicador llamado *diferencial* (o similar), que debería medir el diferencial entre las dos líneas y trazarlo en forma de un histograma.

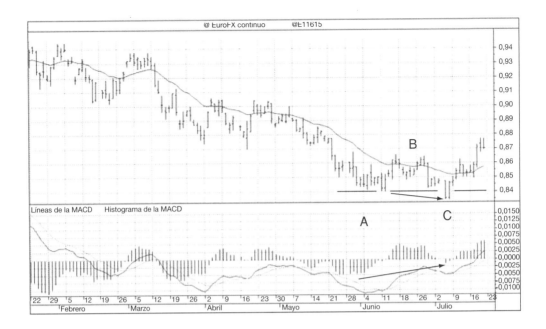

GRÁFICA 5.9 Histograma de la MACD

Una señal muy poderosa del histograma de la MACD, que se da sólo una o dos veces al año con las gráficas diarias, es una divergencia entre los picos o fondos del indicador y los extremos de los precios. En el área A el euro baja hasta un mínimo de 84 centavos de dólar y el histograma de la MACD confirma ese mínimo trazando su fondo: el punto A. Los precios ascienden hacia el área B, y una fuerte subida del histograma de la MACD confirma su fortaleza. Asciende a un nuevo máximo desde hace varios meses, mostrando que los toros se están volviendo más fuertes bajo la superficie del mercado pesimista. Los precios trazan un doble techo en el área B. La segunda cima del histograma de la MACD en esa área es algo inferior que la primera, advirtiendo de la inminente reanudación de la tendencia bajista. Hasta el momento, el indicador y los precios estaban en sintonía, pero a partir de este punto divergen.

En el área C los precios se desploman hasta un nuevo mínimo en el mercado pesimista, mientas que el histograma de la MACD se detiene justo por debajo de su línea central, generando un fondo más superficial que durante su anterior descenso. Cuando ascienda algunos *ticks* desde ese mínimo, completará la divergencia optimista y mostrará que los osos se han quedado sin aliento y que los toros están asumiendo el mando.

Cuando dos o tres herramientas técnicas distintas transmiten el mismo mensaje, se confirman las unas a las otras. Date cuenta de que los precios han trazado una falsa ruptura descendente en el área C. Esa ruptura ha barrido los *stops* puestos por los toros y ha absorbido a los osos más rabiosos que operaron a corto. Los toros prematuros han sido sacudidos, los osos tardíos han sido atrapados y la reversión ascendente es completa. Esos osos atrapados tendrán que cerrar cortos cuando ya no puedan soportar el dolor, añadiendo combustible para el ascenso.

En el borde derecho de la gráfica los precios se están disparando más hacia arriba desde una divergencia optimista. Este potente patrón suele impulsar los precios durante semanas, por no decir meses.

Cuando te fijas en las líneas de la MACD, su diferencial o envergadura puede parecer pequeño, pero el histograma de la MACD lo redimensiona para que encaje en la pantalla. La pendiente del histograma de la MACD muestra si los toros o los osos se están volviendo más fuertes. Esa pendiente viene definida por la relación entre las dos últimas barras. Cuando las barras del histograma de la MACD suben (como en el caso del patrón de las letras g y G), muestran que la multitud se está volviendo optimista: es un buen momento para operar a largo. Cuando la pendiente del histograma de la MACD desciende (como en el caso de las letras Q y q), esto muestra que la multitud se está volviendo pesimista: es un buen momento para operar a corto.

Los mercados discurren con un sistema bipartidista: los toros y los osos. Cuando el histograma de la MACD asciende, muestra que los toros se están volviendo más fuertes; y cuando desciende, muestra que los osos se están volviendo más fuertes. El histograma de la MACD te ayuda a apostar al partido ganador y a subestimar a la oposición.

La señal más fuerte

El histograma de la MACD proporciona dos tipos de señales. Una es ordinaria, y la vemos en cada barra: es la pendiente del histograma de la MACD. Un ligero ascenso del histograma de la MACD muestra que los toros están más fuertes que en la barra anterior, y un ligero descenso indica que los osos están ganando. Esos ligeros ascensos y descensos proporcionan pequeñas señales de compra y venta, pero no deberíamos inferir demasiado sobre ellos. Los mercados no se mueven en línea recta, y el normal que un histograma de la MACD siga subiendo y bajando ligeramente.

La otra señal se da raramente, sólo un par de veces al año en las gráficas diarias de la mayoría de los mercados, pero vale la pena esperarla porque es la señal más fuerte en el análisis técnico. Esa señal es una divergencia entre los picos y los fondos del precio y el histograma de la MACD. Una divergencia se da cuando la tendencia de los máximos y los mínimos en el histograma de la MACD va por caminos opuestos. A esos patrones les lleva varias semanas o incluso más de un mes desarrollarse en las gráficas diarias.

Una divergencia alcista se da cuando los precios trazan un mínimo, ascienden y luego bajan hasta un nuevo mínimo. Al mismo tiempo, el histograma de la MACD traza un patrón distinto. Cuando asciende desde su primer mínimo, ese ascenso le hace subir por encima de la línea del cero, «rompiendo la espalda del oso». Cuando los precios se hunden hasta un nuevo mínimo, el histograma de la MACD desciende hacia un fondo más superficial. En ese punto, los precios son menores, pero el fondo del histograma de la MACD es más alto, mostrando que los osos están más débiles y que la tendencia bajista está lista para una reversión. El histograma de la MACD proporciona una señal de compra cuando asciende ligeramente desde su segundo fondo.

En ocasiones, el segundo fondo se ve seguido de un tercero. Ésa es la razón por la cual los traders debe usar *stops* y una gestión adecuada del dinero. No hay certezas en los mercados, sólo probabilidades. Incluso un patrón fiable, como una divergencia del histograma de la MACD, falla de vez en cuando, razón por la cual debemos salir si los precios caen por debajo de su segundo fondo. Deberemos conservar nuestro capital para el trading y volver a entrar cuando el histograma de la MACD ascienda ligeramente desde su tercer fondo, siempre que sea más alto que el primero.

Una divergencia pesimista se da cuando los precios suben hasta un nuevo máximo, luego descienden y después ascienden hasta un pico más alto. El histograma de la MACD te proporciona la primera señal de problemas cuando rompe por debajo de su línea de cero durante el descenso desde su primer pico. Cuando los precios alcanzan un máximo más alto, el histograma de la MACD asciende hasta un máximo mucho más bajo. Esto muestra que los toros están más débiles, y que los precios están simplemente sin inercia y que están listos para revertir.

El sabueso de los Baskerville

El histograma de la MACD es para los traders lo que los rayos X para los médicos, muestra la fortaleza o la debilidad de los huesos por debajo de la superficie de la piel. Los toros o los osos pueden parecer poderosos cuando los precios alcanzan un nuevo valor extremo, pero una divergencia en el histograma de la MACD muestra que el partido dominante se está volviendo débil y que los precios están listos para revertir.

Opera a largo cuando el histograma de la MACD trace una divergencia optimista: es decir, cuando los precios caigan a un nuevo mínimo mientras el indicador asciende ligeramente desde un punto bajo más superficial. Opera a largo después de que el histograma de la MACD suba ligeramente desde su segundo fondo. Un fondo que sea más superficial que el precedente muestra que los osos se han vuelto más débiles, y que la ligera subida nos dice que los toros están tomando el mando. Pon un *stop* de protección por debajo del último fondo. Los ascensos desde las divergencias optimistas tienden a ser muy potentes, pero siempre debes emplear una protección en caso de que una señal no funcione.

Un trader agresivo puede hacer que ese *stop* sea un *stop-and-reverse (stop* y cambio de dirección), lo que significa que, si un *stop* nos echa de una posición larga, revertirá y operará a corto. Cuando una señal muy fuerte no da resultado, muestra que algo está cambiando de forma fundamental por debajo de la superficie del mercado. Si compras con la señal más fuerte en el análisis técnico y luego alcanzas tu *stop*, eso significará que los osos están especialmente fuertes, haciendo que valga la pena vender a corto. Revertir las posiciones de largas a cortas no suele ser la mejor idea, pero un fallo de una divergencia en el histograma de la MACD es una excepción.

Yo llamo a esto la señal del sabueso de los Baskerville (debido a un relato de *sir* Arthur Conan Doyle). Se llama a Sherlock Holmes para que investigue un asesinato en una finca campestre. Su pista procede del hecho de que el perro de la familia no ladró mientras se estaba cometiendo el crimen. Eso indicaba que el perro conocía al criminal y que el asesinato era un crimen interno. Sherlock Holmes recibió su señal no de la acción, sino de la falta de la acción esperada. Cuando una divergencia en el histograma de la MACD no logra provocar una reversión, proporciona una señal del sabueso de los Baskerville.

Opera a corto cuando el histograma de la MACD trace una divergencia pesimista; es decir, cuando los precios asciendan hasta un nuevo máximo, pero el indicador descienda ligeramente desde un pico inferior. Cuando la multitud se alza y ruge, resulta tentador lanzarse a la piscina, cerrar los ojos y comprar. Cuando la muchedumbre se vuelve maníaca, es difícil conservar la calma, pero un trader inteligente busca divergencias en el histograma de la MACD. Si los precios suben, bajan y luego vuelven a subir hasta un nivel superior, pero el histograma de la MACD asciende, cae por debajo de su línea del cero, rompiendo la espalda del toro, y vuelve a ascender, pero a un nivel inferior, genera una divergencia bajista. Esto muestra que los toros se han debilitado, que las acciones están subiendo debido a la inercia y que en cuanto esa inercia se agote, las acciones probablemente colapsarán.

El histograma de la MACD emite una señal para operar a corto cuando desciende ligeramente desde su segundo pico. Una vez que estés operando a corto, pon un *stop* por encima del pico de la última subida. Colocar *stops* al operar a corto cerca de los máximos es notoriamente difícil debido a la alta volatilidad. Operar con posiciones más pequeñas te permite colocar *stops* más amplios.

Casi siempre vale la pena operar con las divergencias entre el histograma de la MACD y los precios en las gráficas diarias. Las divergencias en las gráficas semanales suelen marcar transiciones entre los mercados optimistas (alcistas) y los pesimistas (bajistas).

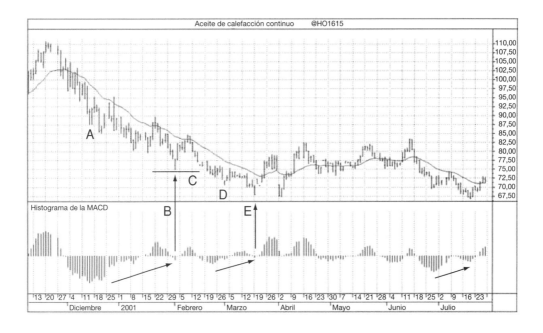

GRÁFICA 5.10 La señal del sabueso de los Baskerville

El combustible de calefacción, junto con el resto del sector del combustible, ascendió hasta alcanzar un máximo histórico en noviembre de 2000. Entonces la demanda se contrajo, entraron nuevos suministros en el mercado, la manía optimista se rompió y el combustible empezó a bajar de precio. En diciembre bajó hasta los 85 centavos (punto A), con el histograma de la MACD trazando un nuevo mínimo descomunal, lo que indicaba que los osos estaban extremadamente fuertes. Hubo un pequeño ascenso reflejo hasta la MME, mientras el indicador se volvió positivo (rompiendo la espalda del oso) y luego descendió hasta un mínimo más superficial (punto B). En ese momento, los precios trazaron una cola de canguro, bajando y alcanzando los 75 centavos, y volvieron a ascender. Esta divergencia optimista combinada con una cola proporcionó una señal de compra. Recuerda que, independientemente de lo intensa que sea una señal, un trader serio necesita usar *stops*.

El combustible de calefacción reanudó su descenso y proporcionó una señal del sabueso de los Baskerville cuando los precios quebrantaron fondo B en el área C. Valía la pena pasar entonces a operar a corto, ya que el combustible de calefacción acabó bajando hasta los 68 centavos. Un quebrantamiento de una divergencia optimista del histograma de la MACD es un ejemplo excelente de una señal del sabueso de los Baskerville. Los aspectos fundamentales subyacentes deben ser extremadamente potentes para quebrantar una divergencia, y es muy aconsejable operar en la dirección de la ruptura después de que se alcance el *stop*.

Si dispones de la disciplina para usar *stops* y cambiar de dirección después del quebrantamiento de una divergencia, no tendrás miedo la próxima vez que veas una divergencia. Después de ver una nueva divergencia D-E, volverás a hacer una transacción usando los mismos principios y normas.

En el borde derecho de la gráfica está tomando forma una pequeña divergencia optimista. Los precios han quebrantado brevemente sus mínimos de marzo-abril y han ascendido, completando una falsa ruptura descendente y proporcionado una señal optimista. La MME ha dejado de bajar y se ha puesto plana. Desde aquí, el combustible de calefacción debería negociarse a largo, con un *stop* por debajo del mínimo reciente.

Cuando el histograma de la MACD alcanza un nuevo pico de los últimos meses, eso indica que los toros están extremadamente fuertes y que el correspondiente pico en el precio probablemente se verá reevaluado o se superará. Cuando el histograma de la MACD cae hasta un nuevo mínimo en varios meses, eso muestra que los osos están extremadamente fuertes y que el correspondiente mínimo del precio es probable que se repita o se supere.

Cuando el histograma de la MACD asciende hasta un nuevo pico récord, muestra una enorme oleada de entusiasmo optimista. Incluso aunque los toros se detengan para recuperar el aliento, la inercia ascendente es tan fuerte que la subida es probable que se reanude después de una pausa. Cuando el histograma de la MACD desciende hasta un nuevo mínimo, muestra que los osos están extremadamente fuertes. Incluso aunque los toros consigan llevar a cabo un ascenso, la pura inercia bajista es probable que conduzca al mercado a repetir o superar su mínimo.

El histograma de la MACD funciona como los faros de un coche: ilumina un tramo de la carretera que se encuentra por delante. No te muestra todo el camino hasta casa, pero te permite ver lo suficiente para que, conduciendo a una velocidad normal, puedas prepararte para las vicisitudes que se encuentran por delante.

Force Index

El Force Index es un oscilador desarrollado por este autor y presentando por primera vez al mundo en el libro *Vivir del trading: Trading for a living*. La decisión de revelar el Force Index fue una de las más difíciles al escribir ese libro. Me sentía reticente a desvelar mi arma secreta, pero recordé lo resentido que solía sentirme mientras leía los libros de autores que escribían, usando demasiadas palabras: «Por supuesto, no esperaríais que os lo explicara todo». Decidí que iba a escribirlo o todo o nada, y describí el Force Index.

La revelación no me causó ningún daño. El Force Index sigue funcionándome en la actualidad como me funcionaba antes. Pocas compañías de *software* lo han incluido en sus sistemas, y su comportamiento en mis gráficas no ha cambiado. Esto me recuerda a un buen amigo con el que hice el servicio militar en un barco. Él era el mayor contrabandista que he conocido, pero nunca llegó muy lejos. A veces colocaba la mercancía de contrabando en su escritorio, justo delante de las narices de los agentes de aduanas. Dejar un secreto expuesto puede ser la mejor forma es esconderlo.

El Force Index ayuda a identificar puntos de inflexión en cualquier mercado enlazando tres informaciones esenciales: la dirección del movimiento del precio, su extensión y su volumen. El precio representa el consenso del valor entre los participantes en el mercado. El volumen refleja su nivel de compromiso económico, además de emocional. El precio refleja lo que la gente piensa, y el volumen lo que siente. El Force Index vincula las opiniones de la masa con las emociones de la masa formulando tres preguntas: ¿el precio está subiendo o bajando?, ¿cómo de grande es el cambio?, ¿cuánto volumen hizo falta para hacer cambiar el precio?

Es de mucha utilidad medir la fuerza de un movimiento, porque los movimientos fuertes es más probable que prosigan que los débiles. Las divergencias entre los máximos y los mínimos de los precios y el Force Index ayudan a detectar puntos de inflexión importantes. Los picos del Force Index identifican zonas de histeria de masas, en los que las tendencias se agotan. Aquí tenemos la fórmula del Force Index:

$$\text{Force Index} = (\text{Cierre}_{hoy} - \text{Cierre}_{ayer}) \times \text{Volumen}_{hoy}$$

Si el mercado cierra a un precio superior hoy que el de ayer, el Force Index es positivo, y si cierra a un precio inferior, el Force Index es negativo. Cuanto mayor el diferencial entre el precio al cierre de hoy y de ayer, mayor la fuerza. Cuanto mayor sea el volumen, más enérgico será el movimiento.

El Force Index es mayor cuando el mercado se mueve mucho con un volumen elevado y menor cuando el mercado sólo se mueve un poco con un volumen pequeño. Cuando el mercado cierra sin cambios, el Force Index equivale a cero.

Lo liso es mejor

Podemos trazar el Force Index en forma de un histograma, con unas lecturas positivas por encima de la línea del cero y unas lecturas negativas por debajo de ésta. El Force Index bruto parece muy escarpado: un día hacia arriba y el siguiente hacia abajo. Funciona mejor si lo alisamos con una media móvil exponencial y lo trazamos en forma de una línea.

Si alisamos el Force Index con una MME a largo plazo de trece días o mayor, medirá cambios a largo plazo en el equilibro de poder entre los toros y los osos. Para ayudar a ubicar las entradas y las salidas, deberíamos alisar el Force Index con una media móvil muy corta, como por ejemplo una MME de dos días.

Cuando la tendencia de nuestras acciones o futuros va hacia arriba y la MME de dos días del Force Index desciende por debajo de cero, eso te proporciona una señal de compra. Cuando la tendencia desciende y la MME de dos días del Force Index se eleva por encima de cero, eso da una señal de venta.

La clave para usar un Force Index a corto plazo consiste en combinarlo con un indicador de seguimiento de tendencias. Por ejemplo, cuando la MME de veintidós días del precio está arriba y la MME de dos días del Force Index se vuelve negativa, eso revela un chorro a corto plazo de pesimismo dentro de una tendencia alcista, una oportunidad para comprar. Una vez que operes a largo, dispones de varias estrategias de salida. Si estás muy enfocado hacia el corto plazo, vende el día después de que el Force Index se vuelva positivo, pero si tu horizonte de tiempo es mayor, aguanta hasta que los precios alcancen su línea del canal o la MME se vuelva plana.

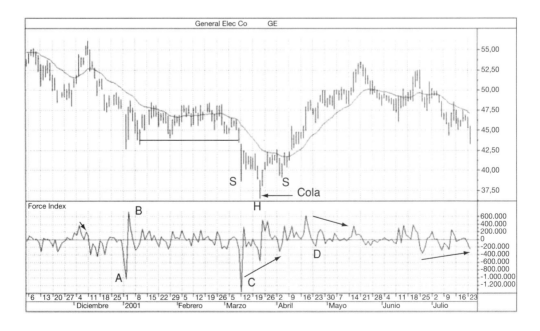

GRÁFICA 5.11   Force Index: MME de dos días

Los picos de un Force Index a corto plazo de dos barras marcan áreas en las que las tendencias se agotan. El pico descendente en el área A mostraba que ese movimiento de los 56 a los 43 dólares se encontraba en su final. Curiosamente, se vio seguido inmediatamente por un pico ascendente en el área B. Este patrón de dos picos adyacentes señalando en direcciones opuestas muestra un importante grado de confusión en los mercados, y suele verse seguido de un período de precios planos. GE permaneció plano durante casi dos meses después de estos picos opuestos.

Los patrones técnicos se confirman entre sí cuando proporcionan unos mensajes similares. El pico descendente en el área C muestra que la tendencia bajista se estaba agotando. Esta señal alcista se ve seguida de una divergencia optimista entre los precios y el Force Index, que trazó una serie de mínimos más elevados mientras los precios intentaban bajar más. Para los aficionados al trazado de gráficas clásicas, hay un patrón de «hombros y cabeza invertido». Por último, hay una cola de canguro en el nivel más bajo. Parece como si GE siguiera recordándonos algo y diciéndonos que el descenso ha acabado y está lista para subir. En el área D, a mitad de camino de la subida de 37 a 53 dólares, el Force Index empieza a trazar una divergencia bajista, advirtiendo de que los toros están perdiendo fuerza. Cuando la MME lo sigue hacia arriba volviéndose hacia abajo en mayo, el juego optimista ha acabado: es la última buena oportunidad para cosechar beneficios y adoptar una posición a corto.

En el borde derecho de la gráfica, la MME está abajo y los precios acaban de caer hasta un nuevo mínimo, pero el Force Index está empezando a trazar una divergencia optimista. Te dice que ajustes más los *stops* en posiciones cortas.

Cuando la MME de veintidós días o sesiones de los precios esté baja y la MME de dos días del Force Index ascienda por encima de cero, eso revelará un chorro a corto plazo de optimismo dentro de una tendencia bajista: una oportunidad para operar a corto. Si estás orientado hacia el muy corto plazo, cosecha un beneficio rápido y protégete el día después de que el Force Index se vuelva negativo. Si tu horizonte temporal es más amplio, emplea el muro del canal inferior como objetivo de beneficios.

Cuando la MME de dos sesiones del Force Index repunte hacia arriba o hacia abajo, superando sus picos o sus mínimos normales en varios múltiplos, eso indicará un movimiento de agotamiento: una señal para recoger beneficios de las posiciones existentes.

Cuando la tendencia es alcista y le MME de dos días del Force Index traza un pico alcista marcado de ocho o nueve veces por encima de su altura normal en los dos últimos meses, eso marca un pánico de compra. Los toros temen perder el tren y los osos se sienten atrapados y cierran cortos a cualquier precio. Estos picos tienden a darse durante las etapas finales de los movimientos alcistas. Te dicen que es un buen momento para recoger beneficios de posiciones largas. Los precios suelen subir para volver a poner a prueba el máximo del repunte del día. Para entonces la fuerza ha abandonado el ascenso y otros indicadores empiezan a desarrollar divergencias pesimistas, advirtiendo de una reversión de la tendencia.

Cuando la MME de dos días del Force Index traza un importante pico de descenso durante una tendencia bajista cuatro o más veces más profundo de lo normal en los dos últimos meses, esto marca una fase histérica del movimiento bajista. Identifica un pánico de venta entre los toros que están deshaciéndose de sus valores a cualquier precio por salirse. Estos picos suelen darse en las etapas finales de los movimientos bajistas. Te dicen que es un buen momento para recoger beneficios en posiciones cortas. Los precios a veces repiten el pico del mínimo diario, pero para entonces la mayoría de los indicadores están desarrollando divergencias optimistas y está llegando una reversión alcista.

Los picos son, de algún modo, similares a las colas de canguro de las que hemos hablado anteriormente *(véase* «La realidad de la gráfica», en el capítulo 5). La diferencia entre ellos es que las colas se basan puramente en los precios, mientras que el Force Index refleja el volumen además de los precios. Las colas y los picos identifican pánicos entre los participantes más débiles. Una vez que son eliminados, la tendencia está lista para revertir.

Está llegando un cambio

Las reversiones de tendencias no deben sorprendernos: las divergencias entre el Force Index y el precio suelen precederlas. Si el mercado está intentando subir, pero los picos del Force Index van volviéndose más bajos, esto es un signo de debilidad entre los toros. Si unas acciones o unos futuros están intentando bajar, pero los puntos bajos en el Force Index se están volviendo más superficiales, esto es un signo de debilidad entre los osos.

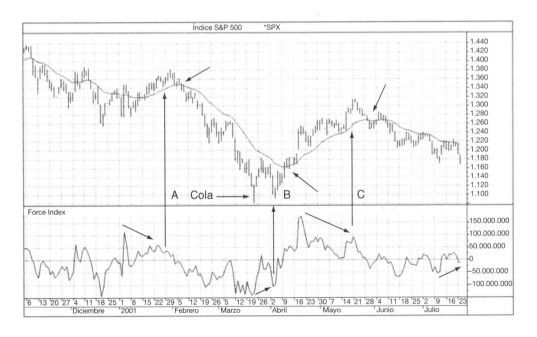

GRÁFICA 5.12   Force Index: MME de trece días

Un Force Index más a largo plazo alisado con una MME de trece días identifica cambios de poder a más largo plazo entre los toros y los osos. Cuando se encuentra por debajo de cero, los osos ostentan el control; y cuando se encuentra por encima de esa línea, los toros están al mando. Las divergencias entre los picos de este indicador y los picos de los precios preceden a máximos en el mercado, mientras que las divergencias entre sus mínimos preceden a puntos bajos importantes.

En el área A, el Force Index traza un pico más bajo durante el pico final del precio. Revela que los toros están débiles y que es probable que se dé un máximo. Algunos días después, la MME desciende ligeramente, confirmando que una tendencia bajista importante ha empezado. Se da una imagen especular de este patrón en el área B: vemos un precio al cierre más bajo, un punto bajo más elevado del Force Index, y algunos días más tarde, se da un ligero ascenso de la MME, lo que augura una subida importante. Date cuenta también del doble fondo en esa área: una cola de canguro seguida de una repetición de los mínimos. Éste es uno de los muchos ejemplos de patrones e indicadores que se refuerzan entre sí. En el área C, el Force Index traza una divergencia pesimista y te advierte de que el movimiento alcista ha acabado. Algunos días después, la MME desciende ligeramente, y todo va cuesta abajo a partir de ahí. El mercado sigue enviando mensajes: todo lo que tienes que hacer es escuchar.

En el borde derecho de la gráfica, el mercado está descendiendo, mientras que el Force Index está empezando a trazar una divergencia optimista: ha llegado el momento de ajustas los *stops* en las posiciones cortas.

Una divergencia entre una MME del Force Index y el precio muestra que la tendencia está lista para revertir. Las divergencias entre los patrones de los picos o de los fondos del Force Index y los precios muestran que la tendencia se está volviendo más débil. El poder de este mensaje depende de la longitud de la MME con la que alisemos nuestro Force Index. Si usamos una MME del Force Index muy corta, como por ejemplo de dos días, sus divergencias ayudarán a ubicar los extremos de las tendencias a corto plazo que duren una semana, más o menos. Si usamos una MME del Force Index de trece días o más larga, podemos identificar los extremos de movimientos más a largo plazo que duren meses.

Si la tendencia es alcista y operas a largo, recoge beneficios cuando la MME de dos días del Force Index trace una divergencia pesimista: un pico más bajo en el indicador durante un precio más elevado en el mercado. Si operas a corto, recoge beneficios cuando la MME de dos días del Force Index trace una divergencia optimista: un fondo más alto en el indicador durante un precio más bajo en el mercado. Toma tus beneficios y monitoriza el mercado desde fuera. Es más barato salirse y volver a entrar que aguantar durante un movimiento de contratendencia.

Es esencial combinar el Force Index con indicadores se seguimiento de las tendencias. Si usas sólo este oscilador, te conducirá al trading excesivo porque es muy sensible. En ese caso, sólo tu bróker ganará dinero. Las señales de un oscilador a corto plazo deben filtrarse usando un indicador de seguimiento de tendencias a largo plazo. Éste es el principio clave del sistema de trading de la triple pantalla.

La quinta bala

Un peine de un rifle antiguo del ejército sólo tenía capacidad para cinco balas. Entrar en acción con esa arma obligaba a apuntar bien en lugar de disparar a tontas y a locas. Ésta es una buena actitud para operar en los mercados.

Por ahora hemos escogido cuatro balas: las medias móviles exponenciales, los canales, el histograma de la MACD y el Force Index. Una media móvil y la MACD son indicadores de seguimiento de tendencias. Los canales, el Force Index y el histograma de la MACD son osciladores. ¿Qué quinta bala escogeremos?

Para ayudarte a elegir tu quinta bala, revisaremos varias herramientas más. Siéntete con la completa libertad de ir más allá de este menú, pero asegúrate de comprender cómo está diseñado cada indicador y qué mide. Analiza tus indicadores para ir ganando confianza en sus señales.

En *Vivir del trading: Trading for a living* describía más de una docena de indicadores técnicos. Hay docenas más en otros libros sobre el análisis técnico. La calidad y el grado de comprensión son más importantes que la cantidad. Un aficionado que se esté ahogando, que esté agarrándose a un clavo ardiendo, sigue añadiendo indicadores. Un trader maduro escoge unas pocas herramientas eficaces, aprende a usarlas bien y se centra en el desarrollo de sistemas y la gestión del dinero.

No hay balas mágicas en los mercados. No hay ningún indicador perfecto ni definitivo. Un trader que se desasosiega con los indicadores alcanza rápidamente el punto de unos rendimientos menguantes. Tu elección de las herramientas analíticas depende de tu estilo de trading. La idea es seleccionar tus herramientas y pasar rápidamente a donde está el dinero real: el desarrollo de sistemas y la gestión del dinero.

El indicador Elder-ray

El Elder-ray es un indicador desarrollado por este autor y que tiene este nombre por su similitud con los rayos X. Muestra la estructura del poder optimista o pesimista por debajo de la superficie de los mercados. El Elder-ray combina una media móvil de seguimiento de las tendencias con dos osciladores para mostrar cuándo entrar o salir de posiciones largas o cortas. La mayoría de los desarrolladores de software no incluyen el Elder-ray en sus paquetes, pero tú puedes hacerlo con una programación mínima.

Para trazar el Elder-ray, divide tu pantalla de ordenador en tres paneles horizontales. Traza una gráfica de las acciones que tienes planeado analizar en el panel superior y añade una media móvil exponencial. El segundo y el tercer panel contendrán los osciladores Bull Power y Bear Power trazados como histogramas. Aquí tenemos las fórmulas del Elder-ray:

$$\text{Bull Power} = \text{Máximo} - \text{MME}$$
$$\text{Bear Power} = \text{Mínimo} - \text{MME}$$

Una media móvil refleja el consenso medio del valor. El punto más elevado de cada barra refleja el poder máximo de los toros durante esa barra. El punto más bajo de cada barra marca el máximo poder de los osos durante esa barra.

El Elder-ray funciona comparando el poder de los toros y de los osos durante cada barra con el consenso medio del valor. El Bull Power refleja el poder máximo de los toros en relación con el consenso medio y el Bear Power refleja el poder máximo de los osos en relación con ese consenso.

Trazamos el Bull Power en el segundo panel como un histograma. Su altura refleja la distancia entre el punto superior de la barra de precios y la MME: el máximo poder de los toros. Trazamos el Bear Power en el tercer panel. Su profundidad refleja la distancia entre el punto inferior de la barra de precios y la MME: el máximo poder de los osos.

Cuando el máximo de una barra se encuentra por encima de la MME, el Bull Power es positivo. Cuando toda la barra se hunde por debajo de la MME, cosa que sucede durante los descensos fuertes, el Bull Power se vuelve negativo. Cuando el mínimo de una barra se encuentra por debajo de la MME, el Bear Power es negativo. Cuando toda la barra se eleva por encima de la MME, cosa que sucede durante los ascensos brutales, el Bear Power se vuelve positivo.

La pendiente de una media móvil identifica la tendencia actual del mercado. Cuando se eleva muestra que la multitud se está volviendo más optimista: es un buen momento para operar a largo. Cuando cae, muestra que la multitud se está volviendo más pesimista: es un buen momento para operar a corto. Los precios siguen alejándose de una media móvil, pero regresan a ella, como si se tirara de ellos con una goma elástica. El Bull Power y el Bear Power muestran la longitud de esa goma elástica. Conocer la altura normal del Bull Power o el Bear Power revela cuánto es probable que se alejen los precios de su media móvil antes de regresar a ella. El Elder-ray aporta una de las mejores pistas sobre dónde recoger beneficios: a una distancia de la media móvil que equivalga al Bull Power o el Bear Power medio.

El Elder-ray proporciona señales de compra en las tendencias alcistas cuando el Bear Power se vuelve negativo y luego repunta ligeramente. Un Bear Power negativo significa que la barra está montada a horcajadas sobre la MME, con su mínimo por debajo del consenso medio de valor. Esperar a que el Bear Power se vuelva negativo te fuerza a comprar valor en lugar de perseguir movimientos desbocados. La señal para comprar propiamente dicha es proporcionada por un mínimo repunte del Bear Power, lo que indica que los osos están empezando a perder el control y que la tendencia alcista está a punto de reanudarse. Recoge beneficios en la línea superior del canal o cuando un indicador de seguimiento de tendencias deje de subir. Los beneficios pueden ser mayores si aguantas en la tendencia alcista hasta que concluya, pero recoger beneficios en la línea superior del canal es más fiable.

El Elder-ray proporciona señales para operar a corto durante las tendencias bajistas cuando el Bull Power se vuelve positivo y luego desciende ligeramente. Podemos identificar la tendencia bajista mediante una MME diaria o semanal descendente. Un Bull Power positivo muestra que la barra está subida a horcajadas sobre la MME, con su máximo por encima del consenso medio del valor. Esperar a que el Bull Power se vuelva positivo antes de que adoptar una posición corta te fuerza a vender en o por encima del valor en lugar de ir tras declives importantes.

La señal para adoptar una posición a corto propiamente dicha es proporcionada por una bajada del Bull Power, que muestra que los toros están empezando a resbalar y que la tendencia bajista está a punto de reanudarse. Una vez que operes a corto, recoge beneficios en la línea inferior del canal o cuando el indicador de seguimiento de tendencias deje de caer, dependiendo de tu estilo. Puedes ganar más dinero aguantando durante la duración de la tendencia bajista, pero es más fácil obtener resultados constantes recogiendo beneficios en la línea inferior del canal. A un trader principiante le irá mejor aprendiendo a captar oscilaciones breves mientras deja el trading a largo plazo para una fase posterior de su desarrollo.

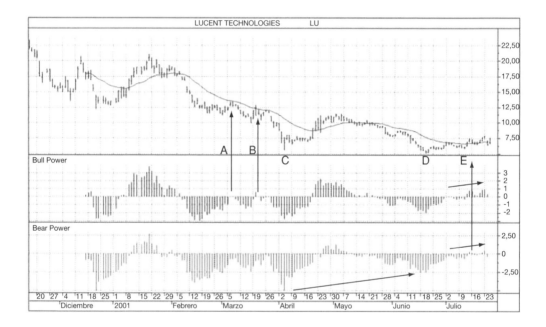

GRÁFICA 5.13   Elder-ray

«Comprar barato y vender caro» suena bien, pero parece que los traders y los inversores se han sentido más cómodos comprando acciones de Lucent por encima de los 70 dólares que por debajo de los 7. ¿Quizás no son tan racionales como a los teóricos del mercado eficiente nos gustaría que creyéramos? El Elder-ray proporciona a los traders racionales un vistazo de lo que está sucediendo por debajo de la superficie del mercado.

Cuando la tendencia, identificada por la MME de veintidós días, esta bajista y los toros están bajo el agua, los ascensos de vuelta a la superficie marcan oportunidades para operar a corto (flechas A y B). Los precios dibujan una cola de canguro en el área C y le sigue un ascenso marcado. Puede que no parezca gran cosa, pero una subida de 5,50 dólares a 11,50 no es desdeñable. Las acciones más baratas tienden a tener unas ganancias porcentuales más elevadas. En el área D, las acciones de Lucent descienden hasta un nuevo mínimo, pero el Bear Power dibuja un fondo más superficial, completando una divergencia optimista. Esa falsa ruptura bajista atrapa a los osos. A medida que el ascenso se acelera, el Bear Power se vuelve positivo y cada caída del Bear Power de vuelta a su línea de cero marca una oportunidad de compra (área E).

El oscilador estocástico

Este oscilador identifica las condiciones de sobrecompra y de sobreventa ayudándonos a comprar barato o vender caro. Lo que es igual de importante es que ayuda a evitar comprar con precios altos o a operar a corto con unos precios bajos. Este indicador fue popularizado por George Lane hace décadas y ahora está incluido en la mayoría de los paquetes de *software*.

El oscilador estocástico mide la capacidad de los toros para cerrar precios cerca del máximo de la banda de fluctuación reciente y la capacidad de los osos de cerrar precios cerca de su mínimo. Vincula el punto alto de la banda de fluctuación, que representa el máximo poder de los toros, con el punto bajo, que representa el máximo poder de los osos, y con los precios de cierre (el balance final en los mercados), que representa las actuaciones de los inversionistas expertos.

Los toros pueden empujar el precio hacia arriba durante el día, o los osos pueden empujarlo hacia abajo, pero el oscilador estocástico mide su actuación en el momento del cierre: el momento crucial para contar el dinero en los mercados. Si los toros elevan los precios durante el día, pero no pueden cerrarlo cerca del máximo del rango reciente, el oscilador estocástico desciende, identificando la debilidad y enviando una señal de venta. Si los osos empujan los precios hacia abajo durante el día, pero no pueden cerrarlo cerca del mínimo, el oscilador estocástico asciende, identificando fortaleza y enviando una señal de compra.

Hay dos tipos de oscilador estocástico: el rápido y el lento. Ambos consisten en dos líneas: la línea rápida, llamada %K y la línea lenta, llamada %D. Desarrollamos el oscilador estocástico rápido en dos pasos y el estocástico lento en tres pasos:

1. Obtén la línea rápida: % K

$$\% \, K = \frac{Cierre_{hoy} - Mínimo_n}{Máximo_n - Mínimo_n} \times 100$$

donde $Cierre_{hoy}$ = el cierre de hoy

$Mínimo_n$ = el mínimo más bajo para el número de barras escogido

$Máximo_n$ = el máximo más alto para el número de barras escogido

N = el número de barras del oscilador estocástico (elegido por el trader)

Debemos escoger el número de días o de barras con el que calcularemos el oscilador estocástico: el valor de n. Si usamos un número bajo, por debajo de diez, el oscilador estocástico se centrará en las barras recientes y señalará pequeños puntos de inflexión. Si escogemos una ventana más amplia, el oscilador estocástico se fijará en más datos y señalará puntos de inflexión importantes, pasando por alto los pequeños.

¿Cómo de amplia deberíamos hacer la ventana del oscilador estocástico? Como usamos osciladores para captar reversiones, las ventanas a corto plazo son mejores: deberíamos reservar las ventanas con un plazo más largo para los indicadores de seguimiento de tendencias. Cinco o seis días son un buen punto de partida, pero piensa en analizar parámetros más largos para dar con aquellos que funcione mejor en tu mercado.

2. Obtén la línea lenta: %D.
Obtenemos la %D aplanando la línea rápida (%K) a lo largo de un número de barras menor que en el caso de la %K. Por ejemplo, si decidimos trazar un oscilador estocástico de cinco días, usaremos el valor de cinco para la fórmula de la %K (que acabamos de ver) y de tres barras para la fórmula de la %D, que tenemos a continuación:

$$\% D = \frac{\text{Suma de 3 barras de (Cierre}_{hoy} - \text{Mínimo}_n)}{\text{Suma de 3 barras de (Máximo}_n - \text{Mínimo}_n)} \times 100$$

El oscilador estocástico rápido es muy sensible a los cambios de precio, haciendo que sus líneas aparezcan escarpadas. Vale la pena añadir un paso más y convertirla en un oscilador estocástico lento más liso. Por supuesto, un ordenador hace todo esto automáticamente.

3. Convierte el oscilador estocástico rápido en un oscilador estocástico lento.
La línea lenta del oscilador estocástico rápido se convierte en la línea rápida del oscilador estocástico lento. Repite el paso 2 explicado anteriormente para obtener la línea lenta (%D) del oscilador estocástico lento.

El oscilador estocástico está diseñado para oscilar ente el 0 y el 100. Unos niveles bajos marcan unos mercados con sobreventa y unos niveles altos unos mercados con sobrecompra. Sobrecomprado significa demasiado alto, listo para bajar. Sobrevendido significa demasiado bajo, preparado para subir. Traza líneas horizontales de referencia a niveles que hayan marcado máximos y mínimos anteriores, empezando con quince cerca de los valores bajos y ochenta y cinco cerca de los valores altos.

Busca oportunidades de compra cuando el oscilador estocástico se acerque a su línea de referencia inferior. Busca oportunidades de venta cuando el oscilador estocástico se aproxime a su línea de referencia superior. Comprar cuando el oscilador estocástico está bajo es emocionalmente difícil porque los mercados suelen tener un aspecto horrible cerca de los mínimos, que es precisamente el momento adecuado para comprar. Cuando el oscilador estocástico ascienda hasta su línea superior de referencia, eso te dice que debes empezar a buscar oportunidades de venta. Esto también va en contra de las emociones. Cuando el oscilador estocástico se eleva hasta un máximo, el mercado suele tener un aspecto fantástico, lo que supone un buen momento para vender.

No deberíamos usar el oscilador estocástico solo, de forma mecánica. Cuando una tendencia alcista fuerte despega, el oscilador estocástico se vuelve rápidamente sobrecomprado y empieza a emitir señales de venta. En un mercado pesimista poderoso, el oscilador estocástico se vuelve sobrevendido y emite señales prematuras de compra. Este indicador funciona bien sólo si lo usas con un indicador de seguimiento de tendencias y te quedas sólo con esas señales del oscilador estocástico que apuntan en la dirección de la principal tendencia.

¿Debería un trader esperar a que el oscilador estocástico suba para reconocer una señal de compra? ¿Debería esperar a que se dirija hacia abajo para reconocer una señal de venta? En realidad no, porque para cuando el oscilador estocástico cambia de dirección, un nuevo movimiento suele estar en marcha. Si estás buscando una oportunidad para entrar, el mero hecho de que el oscilador estocástico alcance un extremo te proporciona una señal.

Opera a largo cuando el oscilador estocástico trace una divergencia optimista: es decir, cuando los precios caigan hasta un nuevo mínimo, pero el indicador forme un mínimo más superficial. Opera a corto cuando el oscilador estocástico trace una divergencia pesimista: es decir, cuando los precios se eleven hasta un nuevo máximo, pero el indicador descienda ligeramente desde un pico más bajo que durante la subida anterior. En una situación ideal de compra, el primer mínimo del oscilador estocástico se encuentra por debajo y el segundo por encima de la línea de referencia inferior. Las mejores señales de venta se dan cuando el primer máximo del oscilador estocástico se encuentra por encima y el segundo por debajo de la línea de referencia superior.

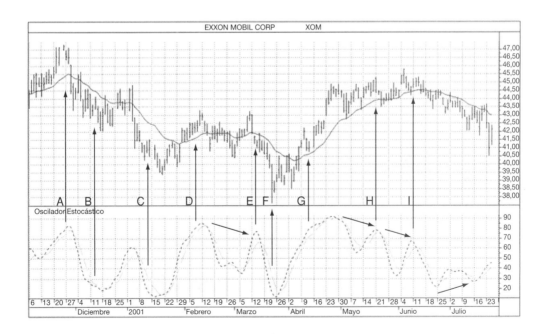

GRÁFICA 5.14   El oscilador estocástico

Parece bien comprar cuando los precios están altos y proporciona alivio vender en los puntos bajos, pero el oscilador estocástico te ayuda a hacer lo correcto: comprar barato y vender caro. Cuando el oscilador estocástico desciende hasta su línea de referencia inferior, te dice que el mercado está sobrevendido y te proporciona una señal para comprar (puntos B, C y F). Compres o no, el oscilador estocástico evita que operes a corto cuando cae a unos niveles bajos.

Cuando el oscilador estocástico asciende hasta su línea de referencia superior, te proporciona una señal de venta (puntos A, D, G y H). Una señal puede que sea un poco prematura en una tendencia alcista fuerte, pero tanto si la aprovechas como si no, una cosa está clara: es demasiado tarde para comprar. El oscilador estocástico te ayuda a evitar que persigas tendencias.

Las divergencias proporcionan las señales más fuertes. En el punto E, Exxon se eleva hasta un doble pico, mientras que el oscilador estocástico traza un máximo inferior: una divergencia pesimista, una fuerte señal de venta. Un potente ascenso empieza en marzo, pero para mayo hay una divergencia pesimista: una señal de que la fiesta está llegando a su fin. Hay una oportunidad más para vender y operar a corto cuando una triple divergencia pesimista aparece en el punto I, y entonces todo va cuesta abajo desde ahí.

En el borde derecho de la gráfica, XOM está descendiendo, estando esto confirmado por la MME descendente. El oscilador estocástico está intentando trazar una divergencia alcista, pero el segundo mínimo es casi tan bajo como el primero. Los osos están muy fuertes y el declive es probable que continúe.

No compres cuando el oscilador estocástico se encuentre por encima de su línea de referencia superior y no vendas a corto (al descubierto) cuando se encuentre por debajo de la línea de referencia inferior. Estas normas de «no lo hagas» son, probablemente, los mensajes más útiles del oscilador estocástico. Las medias móviles son mejores que el oscilador estocástico para identificar tendencias, el histograma de la MACD es mejor a la hora de identificar reversiones, los canales son mejores para la identificación de objetivos de beneficios y el Force Index es más agudo para captar puntos de entrada y de salida. El problema con ellos es que proporcionan señales para la acción la mayor parte del tiempo. El oscilador estocástico identifica zonas de peligro, del mismo modo en que una línea de banderas rojas en una pista de esquí marca zonas inseguras para los esquiadores. Dice «no lo hagas» justo cuando te sientes tentado a seguir una tendencia.

¿Estás listo para cazar?

Tu elección de indicadores depende de tus preferencias personales, igual que escoger un coche. Asegúrate de combinar indicadores de seguimiento de tendencias, que identifican las tendencias, con osciladores, que identifican reversiones.

Además de los indicadores descritos anteriormente, quizás quieras echarle un vistazo al indicador direccional, que hace un buen trabajo señalando tendencias. Está formado por varios componentes, uno de los cuales, el ADX (*average directional index* o índice direccional medio), ayuda a identificar nuevos mercados optimistas. El Williams %R es un oscilador similar al estocástico, especialmente útil para mostrar cuándo piramidar posiciones ganadoras. El índice de fuerza relativa (Relative Strength Indeox o RSI, por sus siglas en inglés) es un oscilador basado enteramente en los precios de cierre. Ayuda a monitorizar el comportamiento de los profesionales del mercado que tienden a dominar los mercados a la hora del cierre. Todo ellos se describen en *Vivir del trading: Trading for a living.*

Recuerda que ningún único indicador puede garantizarte una victoria en el juego del trading. Los indicadores de seguimiento de tendencias, como las medias móviles, captan tendencias, pero provocan vaivenes en las bandas de fluctuación. Los osciladores identifican los máximos y los mínimos durante las bandas de fluctuación, pero emiten señales de contratendencia prematuras cuando los mercados empiezan a correr. Las señales de trading son fáciles de reconocer en medio de la gráfica, pero difíciles de ver en el borde derecho.

No hay ningún indicador mágico. Todos los indicadores son como los ladrillos de los sistemas de trading. Un buen sistema emplea varias herramientas, combinándolas para que sus características negativas se eliminen entre sí mientras las positivas quedan inalteradas.

CAPÍTULO 6

Trading

Los principiantes usan sus emociones cuando operan en la bolsa, pero si quieres sobrevivir y triunfar, debes desarrollar disciplina. En el momento en el que percibas que estés sintiendo miedo o alegría, usa eso como señal para reforzar tu disciplina y sigue tu sistema. Desarrollaste ese sistema cuando los mercados estaban cerrados y te sentías tranquilo. Ahora te proporciona tu única oportunidad de supervivencia en los mercados.

La idea de un sistema de trading automático tiene, en esencia, defectos. Si esos sistemas funcionasen, entonces un tipo muy listo con el mejor ordenador habría acaparado el mercado hace mucho tiempo. Los sistemas automáticos no funcionan porque el mercado no es una entidad mecánica o electrónica que siga las leyes de la física. Consiste en una enorme multitud de personas que actúan de acuerdo con las leyes imperfectas de la psicología de masas. La física y las matemáticas pueden ayudar, pero las decisiones de trading deben tener la psicología en cuenta.

Cuando hables con un profesional, una de las primeras preguntas que te hará (o que incluso no te hará, ya que conocerá tu respuesta a partir de tus comentarios) es si eres un trader discrecional o un trader de sistemas.

Un trader discrecional toma información del mercado y la analiza usando varias herramientas técnicas. Probablemente cambie y aplique herramientas algo diferentes a distintos mercados en distintos momentos. Su árbol de toma de decisiones tiene muchas ramas, y las sigue en distintos momentos a medida que las condiciones del mercado cambian. Todas las ramas están conectadas al fuerte tronco de su árbol de toma de decisiones, un inmaculado conjunto de reglas para el control de riesgos.

Un trader de sistemas desarrolla un conjunto mecánico de normas para entrar en y salir de transacciones. Las prueba retrospectivamente y las pone en modo piloto automático. En ese aspecto, un aficionado y un profesional van en direcciones opuestas. Un aficionado, asustado por el mercado, se siente aliviado porque un sistema, ya sea suyo propio o comprado a otra persona, le libere de las preocupaciones. Las condiciones del mercado siempre cambian y todos los sistemas se autodestruyen, razón por la cual todo aficionado con un sistema automático acaba perdiendo dinero al final. Un profesional que ponga su sistema en modo piloto automático sigue monitorizando como un halcón. Conoce la diferencia entre un período normal de descenso y el momento en el que un sistema se deteriora y debe retirarse y ser reemplazado. Un trader de sistemas profesional puede permitirse usar un sistema mecánico precisamente porque es capaz de llevar a cabo un trading discrecional.

Por mi experiencia, los traders de sistemas tienden a alcanzar resultados más constantes, pero los mejores y más exitosos traders emplean el enfoque discrecional. La elección depende de tu temperamento más que de una fría decisión de negocios. Algunas personas se sienten atraídas por el trading de sistemas y otros por el trading discrecional. Buena parte de lo que leas en este libro tiene que ver con el trading discrecional. Todos estos componentes pueden usarse en el trading de sistemas. Este libro está escrito para ayudar a ambos tipos de traders.

Un sistema de trading es un plan de acción para el mercado, pero ningún plan puede preverlo todo. Siempre es necesario un cierto grado de decisión, incluso con los mejores planes y los más fiables.

Piensa en cualquier otro plan o sistema en tu vida. Puede que, por ejemplo, tengas de un sistema para sacar tu coche del garaje. Debes abrir la puerta del garaje, poner en marcha el coche, calentar el motor y sacar el coche hasta la calle sin golpearlo contra las paredes, llevarte triciclos por delante ni ser arrollado por los camiones que pasen.

Dispones de un sistema en el sentido que llevas a cabo las mismas acciones cada vez en la misma secuencia, sin pensar en la rutina, pero prestando atención a lo que es importante: vigilar los peligros, como los niños que van en bicicleta, o la nieve recién caída, o un vecino cruzando la acera. Cuando detectas un obstáculo te desvías de tu sistema y regresas a él una vez que la situación vuelve a la normalidad. Tú no intentarías diseñar un sistema completo que incluyera ocuparse de la nieve, los ciclistas y los vecinos, ya que ese sistema sería demasiado complejo y, pese a ello, nunca sería completo, ya que un vecino podría cruzarse en el camino de tu coche desde un ángulo distinto. Un sistema automatiza acciones rutinarias y te permite ejercer tu criterio cuando sea necesario.

Y eso es lo que necesitas en los mercados: un sistema para encontrar transacciones, poner *stops*, establecer objetivos de beneficios: todo ello mientras prestas atención a un camión grande que se dirige a ti en forma de un anuncio de la Reserva Federal, o a un niño en un triciclo en forma de un informe de beneficios decepcionante. Muchos principiantes se marcan la tarea imposible de diseñar o comprar un sistema de trading completo, que es igual de imposible que un sistema completo para sacar tu coche del garaje.

Tengo dos amigos que se ganan bien la vida probando sistemas para traders. Ambos son programadores expertos. Uno de ellos se reía mientras me explicaba cómo le llega por lo menos una llamada telefónica semanal de un aficionado que cree que ha descubierto el santo grial. Quiere que su conjunto de reglas automáticas se compruebe retrospectivamente para encontrar los mejores parámetros, y su única preocupación es que el programador no le robe su secreto. Le pregunté a mi amigo cuántos sistemas automáticos rentables se había encontrado durante sus muchos años realizando pruebas retrospectivas.

Ni uno.

¿Ni uno? ¿No le desanima hacer este tipo de trabajo?

Bueno, lo que le hace seguir adelante es que tiene un puñado de clientes estables que son traders profesionales de éxito. Le llevan fragmentos de métodos de trading para que los evalúe. Pueden estar valorando sus métodos para poner *stops*, o la longitud de la MACD, etc. Entonces usan su propio juicio para adjuntar esos fragmentos a un árbol de toma de decisiones.

Un sistema de trading inteligente incluye componentes que se han probado retrospectivamente, pero el trader conserva el control sobre sus actuaciones. Dispone de varias reglas intactas que tienen que ver, principalmente, con el control de riesgos y con la gestión del dinero, pero le proporciona libertad para combinar esos componentes para alcanzar decisiones de trading.

Un sistema de trading inteligente es un plan de acción para entrar y salir de los mercados que proporciona varias funciones concretas, como encontrar transacciones o proteger el capital. La mayoría de las actuaciones, como las entradas, las salidas y el ajustar los *stops,* pueden automatizarse parcial pero no completamente. Pensar es un trabajo difícil, y un sistema automático de trading te tienta prometiéndote que no tendrás que pensar nunca más, pero ésa es una promesa falsa. Para ser un trader de éxito debes usar tu juicio. Un sistema de trading es un estilo de trading, y no una operación automática integral.

La evaluación de un sistema

Debes valorar cada indicador, regla y método antes de incluirlos en tu sistema de trading. Muchos traders lo hacen volcando datos históricos a un *software* de análisis y obteniendo un listado de los parámetros de su sistema. La relación entre ganancias y pérdidas, la mayor y la menor ganancia y pérdida, la ganancia y la pérdida medias, las rachas de victorias y derrotas más largas, el beneficio medio y la media de las máximas declinaciones proporcionan una apariencia de objetividad y solidez.

Estos listados proporcionan una falsa sensación de seguridad.

Puede que dispongas de un listado muy bonito, pero ¿qué pasa si el sistema proporciona cinco pérdidas seguidas mientras operas con dinero real? Nada en tus pruebas te ha preparado para eso, pero sucede todo el tiempo. Aprietas los dientes y realizas otra transacción. Otra pérdida. Tu descenso es cada vez más profundo. ¿Llevarás a cabo la siguiente transacción? De repente, un impresionante listado parece como un fino junco sobre el que colgar tu futuro mientras tu cuenta se va reduciendo.

La atracción del análisis electrónico es tal que en la actualidad existe una pequeña comunidad de microempresas de programadores que analizan sistemas por una cuota. Algunos traders pasan meses, por no decir años, aprendiendo a usar un *software* de análisis. Un perdedor que no pueda admitir que tiene miedo de efectuar transacciones tiene la maravillosa excusa de que está aprendiendo a usar un *software* nuevo. Es como un nadador que tiene miedo del agua y se mantiene ocupado planchando su bañador.

Sólo un tipo de evaluación de un sistema tiene sentido. Es lento, consume mucho tiempo y no se presta a evaluar cien mercados de golpe, pero es el único método que te prepara para el trading. Consiste en analizar datos históricos día a día, anotando escrupulosamente tus señales de trading para el día que tienes por delante y luego avanzar en tu gráfica y registrar las transacciones y las señales para el día siguiente.

Empieza descargando los datos de un mínimo de dos años de tus acciones o futuros. Desplázate al lado izquierdo del archivo sin fijarte en lo que sucedió a continuación. Abre tu programa de análisis técnico y tu hoja de cálculo. Las dos teclas más importantes para los traders en un ordenador son Alt y Tab, porque te permiten pasar de un programa al otro. Abre dos ventanas en tu programa de análisis: una para tu gráfica a largo plazo con sus indicadores y la otra para la gráfica a corto plazo. Abre una hoja de cálculo, anota las reglas de tu sistema en la parte superior de la página y crea columnas para la fecha, la fecha de entrada y el precio, y la fecha de salida y el precio.

Regresa a la gráfica semanal y anota su señal, si la hay. Si te proporciona una señal de compra o de venta, ve a la gráfica diaria que acabe en la misma fecha para ver si también te proporciona una señal de compra o de venta. Si es así, registra la orden que tienes que emitir en tu hoja de cálculo. Ahora regresa a la gráfica diaria y clica para avanzar un día. Mira si tu señal de compra o de venta se activó. Si es así, regresa a la hoja de cálculo y registra el resultado. Monitoriza tu transacción día a día, calculando los *stops* y decidiendo dónde recoger beneficios.

Sigue este proceso por todo tu archivo de datos, avanzando una semana de cada vez en la gráfica semanal y un día de cada vez en la gráfica diaria. A cada clic, anota las señales de tu sistema y tus actuaciones.

Mientras clicas para avanzar, un día de cada vez, la historia del mercado se desplegará lentamente y te retará. Clicas y aparece ante tus ojos una señal de compra. ¿La aprovecharás? Registra tu decisión en una hoja de cálculo. ¿Recogerás beneficios al alcanzar un objetivo marcado, ante una señal de venta o basándote en la acción de los precios? Estás haciendo mucho más que evaluar un conjunto de normas rígidas. Avanzando día a día desarrollas tus habilidades de toma de decisiones. Este análisis hacia adelante de una barra de cada vez es enormemente superior a lo que obtendrás de un *software* de análisis retrospectivo.

¿Cómo te ocuparás de los precios de apertura con una brecha importante con respecto al precio de cierre anterior cuando los precios abran por encima de tu nivel de compra o por debajo de tu *stop*? ¿Qué hay de los movimientos límite en los futuros? ¿Debería ajustarse, modificarse o desecharse el sistema? Clicar para avanzar un día de cada vez te hace acercarte lo máximo posible a la verdadera experiencia del trading sin hacer ninguna transacción. Te pone en contacto con la crudeza del mercado, que nunca podrás experimentar mediante un listado ordenado de un probador de sistemas profesional.

El análisis manual mejorará tu capacidad para pensar, reconocer eventos y actuar en el entorno nublado del mercado. Nuestros planes para el trading deben incluir ciertas reglas absolutas, la mayoría de ellas relativas a la gestión de dinero. Mientras obedezcas esas normas, dispondrás de gran libertad para operar en los mercados. Tus niveles crecientes de conocimientos, madurez, buen juicio y habilidad son activos mucho más importantes que cualquier análisis computarizado.

Trading sobre el papel

El trading sobre el papel significa registrar tu decisión de operar y registrarlo como si se tratara de una transacción real, sólo que sin dinero. La mayoría de los que operan sobre el papel han perdido los estribos después de ser machacados por los mercados. Algunas personas alternan entre transacciones reales y operaciones sobre el papel y no pueden entender por qué parecen ganar dinero sobre el papel, pero lo pierden cada vez que llevan a cabo una transacción real.

Esto sucede por dos razones. La primera es que la gente suele ser menos emocional sobre el papel. Es mucho más fácil tomar buenas decisiones cuando tu dinero no está en juego. En segundo lugar, las buenas transacciones suelen parecer turbias en el momento de la entrada. Las que parecen más fáciles es más probable que conduzcan a problemas. Un principiante nervioso se zambulle en transacciones que tienen un aspecto obvio, pero gestiona sobre el papel las más prometedoras. Ni que decir tiene que saltar entre el trading real y el trading sobre el papel es un puro sinsentido. Dedícate al uno o al otro.

Sólo existe una buena razón para operar sobre el papel: poner a prueba tu disciplina.

Si puedes descargar tus datos al final de cada día, haz tus deberes, anota tus órdenes para el día siguiente, fíjate en la apertura y registra tus entradas, y luego monitoriza tu mercado cada día, adaptando tus objetivos de beneficios y tus *stops*. Si puedes hacer esto durante varios meses seguidos, registrando tus actuaciones y sin saltarte ni un día, entonces probablemente tengas la disciplina necesaria para operar en ese mercado. Alguien que esté en esto como entretenimiento no será capaz de operar sobre el papel de esta forma porque requiere de trabajo.

Para probar tu sistema sobre el papel, descarga todos tus datos al final de cada día. Aplica tus herramientas y técnicas, toma decisiones de trading, calcula tus *stops* y tus objetivos de beneficios, y anótalos para mañana. No emitas tus órdenes a través de un bróker, sino que comprueba si deberían haber saltado y anota esas órdenes de compra o venta. Introduce tus operaciones sobre el papel en tu hoja de cálculo y tu diario de trading (*véase* el capítulo 8, «El trader organizado»). Si tienes la fuerza de voluntad para repetir este proceso a diario durante varios meses, entonces dispones de la disciplina para el trading exitoso con dinero real.

Pese a ello, no existe un sustitutivo para el trading con dinero real, porque implica emociones más que ninguna operación sobre el papel. Es mejor aprender llevando a cabo transacciones reales muy pequeñas que operaciones sobre el papel.

Actualización de la triple pantalla

Una de las experiencias más agradables que me sucede varias veces cada año se da cuando un trader se me acerca en alguna conferencia y me dice cómo empezó a ganarse la vida operando en la bolsa después de leerse mi libro o participar en un campamento. En ese momento puede que viva y opere en la bolsa en la cima de una montaña, y la mitad de las veces es el propietario de la cima de esa montaña. Me di cuenta, hace mucho tiempo, de que, a medio camino de nuestra conversación, estas personas se muestran ligeramente arrepentidas. Me dicen que usan la triple pantalla, pero no exactamente de la forma que la enseñé. Puede que hayan modificado un indicador, que hayan añadido otra pantalla, que hayan reemplazado una herramienta, etc. Siempre que oigo eso, sé que estoy hablando con un ganador.

En primer lugar, les digo que le deben su éxito principalmente a sí mismos. Yo no les enseñé de forma diferente a las docenas de otras personas que asistieron a la misma clase. Los ganadores tenían la disciplina para tomar lo que se les ofrecía y usarlo para triunfar. En segundo lugar, considero sus disculpas por haber cambiado algunos aspectos de mi sistema como una indicación de su actitud ganadora. Para beneficiarte de un sistema debes probar sus parámetros y configurarlos hasta que ese sistema se convierta en el tuyo propio, pese a que originalmente fuera desarrollado por otra persona. Ganar conlleva disciplina, y la disciplina procede de la confianza, y el único sistema en el que puedes tener confianza es el que tú hayas probado con tus propios datos y hayas adaptado a tu propio estilo.

Desarrollé el sistema de trading de triple pantalla a mediados de la década de 1980 y lo presenté por primera vez al público en 1986 en un artículo en la revista *Futures*. Lo actualicé en *Vivir del trading: Trading for a living* y en varios vídeos. Aquí lo revisaré, centrándome en las mejoras recientes.

¿Qué es un sistema de trading? ¿Cuál es la diferencia entre un método, un sistema y una técnica?

Un método es una filosofía general de trading. Por ejemplo: operar con la tendencia, comprar cuando la tendencia es alcista y vender después de que toque techo; o comprar mercados infravalorados, operar a largo cerca de niveles de soporte históricos y vender después de haber alcanzado las zonas de resistencia.

Un sistema es un conjunto de normas para implementar un método. Por ejemplo, si nuestro método consiste en seguir tendencias, entonces el sistema puede consistir en comprar cuando una media móvil multisemanal ascienda, vender cuando una media móvil diaria descienda (entra lento, sal rápido); o comprar cuando el histograma de la MACD semanal suba ligeramente y vender después de que descienda ligeramente.

Una técnica es una regla específica para entrar en o salir de operaciones. Por ejemplo, cuando un sistema te da una señal de compra, la técnica sería comprar cuando los precios superen el máximo del día anterior, o si los precios alcanzan un nuevo mínimo durante el día pero cierran cerca del máximo.

El método de la triple pantalla consiste en analizar mercados en diversos períodos de tiempo y usar indicadores de seguimiento de tendencias y osciladores. Tomamos la decisión estratégica de operar a largo o a corto usando indicadores de seguimiento de tendencias sobre gráficas a largo plazo. Tomamos las decisiones tácticas de entrar o salir usando osciladores sobre gráficas a más corto plazo. El método original no ha cambiado, pero el sistema (la elección concreta de los indicadores) ha evolucionado a lo largo de los años, al igual que lo han hecho las técnicas.

La triple pantalla examina cada transacción potencial usando tres pantallas o pruebas. Cada pantalla usa un período de tiempo y unos indicadores distintos. Estas pantallas descartan muchas operaciones que parecen atractivas al principio. La triple pantalla promueve un enfoque cuidadoso y cauteloso con respecto al trading.

Indicadores discrepantes

Los indicadores técnicos ayudan a identificar tendencias o giros de forma más objetiva que los patrones en una gráfica. Simplemente ten presente que cuando modificas los parámetros de un indicador, influyes en sus señales. Ten cuidado de no manipular los indicadores hasta que te digan lo que quieres oír.

Podemos dividir todos los indicadores en tres grupos principales:

Los indicadores de seguimiento de tendencias ayudan a identificar tendencias. Las medias móviles, las líneas de la MACD, el sistema direccional y otros suben cuando los mercados están ascendiendo, bajan cuando los mercados están descendiendo y se vuelven planos cuando los mercados entran en bandas de fluctuación.

Los osciladores ayudan a captar puntos de inflexión mediante la identificación de condiciones de sobrecompra y sobreventa. Los envolturas o canales, el Force Index, el oscilador estocástico y el Elder-ray y otros muestran cuándo los ascensos o los descensos quedan atrás y están listos para revertir.

Los indicadores misceláneos ayudan a valorar el estado de ánimo de la multitud del mercado. El Bullish Consensus (consenso optimista), el Commitments of Traders (compromisos de los traders), el New High-New Low Index (índice nuevo máximo-nuevo mínimo) y otros reflejan los niveles generales de optimismo o pesimismo en el mercado.

Los distintos grupos de indicadores suelen proporcionar señales discrepantes. Los indicadores de seguimiento de tendencias puede que asciendan, diciéndonos que compremos, mientras que los osciladores se vuelven sobrecomprados, diciéndonos que vendamos. Los indicadores de seguimiento de tendencias puede que desciendan, proporcionando señales de venta, mientras que los osciladores se vuelven sobrevendidos, dando señales de compra. Es fácil caer en la trampa de hacer castillos en el aire y empezar a seguir a aquellos indicadores cuyo mensaje nos guste. Un trader debe implementar un sistema que tenga en cuenta todos los grupos de indicadores y gestione sus contradicciones.

Períodos de tiempo discrepantes

Un indicador puede avisar sobre una tendencia alcista y una tendencia bajista en las mismas acciones y el mismo día. ¿Cómo puede ser esto? Un media móvil puede subir en una gráfica semanal, dando una señal de compra, pero descender en una gráfica diaria, proporcionando una señal para vender. Puede subir en una gráfica horaria, diciéndonos que operemos a largo, pero hundirse en una gráfica de diez minutos, diciéndonos que operemos a corto. ¿A cuál de esas señales obedeceremos?

Los aficionados echan mano de lo obvio. Toman un único período de tiempo (muy frecuentemente diario), aplican sus indicadores e ignoran el resto de los períodos de tiempo. Esto funciona sólo hasta que un movimiento importante surge de las gráficas semanales o brota un pico marcado de las gráficas horarias y da completamente la vuelta a su transacción. Quienquiera que dijera que la ignorancia supone una bendición no era un trader.

La gente que ha perdido dinero con las gráficas diarias suele imaginar que podría hacerlo mejor acelerando las cosas y usando datos en vivo. Si no puedes ganar dinero con las gráficas diarias, una pantalla con información en vivo sólo te ayudará a perder más rápidamente. Las pantallas hipnotizan a los perdedores, pero uno de ellos muy determinado puede acercarse incluso más al mercado alquilando una plaza en el parqué y yendo a operar en la mismísima bolsa. Muy pronto, un administrativo de márgenes de la cámara de compensación se da cuenta de que el capital del nuevo trader ha caído por debajo de su límite. Envía a un mensajero al parqué que le da unos golpecitos a esa persona en el hombro. El perdedor sale de la bolsa para no ser visto nunca más. Se ha arruinado.

El problema con los perdedores no es que su información sea demasiado lenta, sino que su proceso de toma de decisiones es un desastre. Para resolver el problema de los períodos de tiempo discrepantes no deberías acercar más tu rostro al mercado, sino alejarte más de él para captar una imagen más general de lo que está pasando, tomar la decisión estratégica de ser un toro o un oso, y sólo entonces volver a acercarte al mercado y buscar puntos de entrada y de salida. Es en eso en lo que consiste la triple pantalla.

¿Qué es largo plazo y qué es corto plazo? La triple pantalla evita las definiciones rígidas centrándose, en lugar de ello, en las relaciones entre los períodos de tiempo. Requiere que empieces a escoger tu franja de tiempo favorita, que se denomina intermedio. Si te gusta trabajar con gráficas diarias, tu período de tiempo intermedio es el diario. Si eres un trader intradía y te gustan las gráficas de cinco minutos, entonces tu período de tiempo intermedio es la gráfica de cinco minutos, etc.

La triple pantalla define el largo plazo multiplicando el período de tiempo intermedio por cinco (*véase* «Tiempo: El factor de cinco», en el capítulo 5). Si tu período de tiempo intermedio es diario, entonces tu franja de tiempo a largo plazo es semanal. Si tu período de tiempo intermedio es de cinco minutos, entonces tu largo plazo es de media hora, etc. Escoge tu período de tiempo favorito y asciende inmediatamente un orden de magnitud hacia una gráfica a largo plazo. Toma tu decisión estratégica ahí y regresa a la gráfica intermedia para buscar puntos de entrada y de salida.

El principio clave de la triple pantalla consiste en iniciar tu análisis alejándote de los mercados y echando un vistazo al panorama general para la toma de decisiones estratégicas. Una gráfica a largo plazo para decidir si eres optimista o pesimista, luego vuelve a acercarte más al mercado y toma decisiones tácticas sobre las entradas y las salidas.

Los principios de la triple pantalla

La triple pantalla resuelve contradicciones entre indicadores y períodos de tiempo. Alcanza decisiones estratégicas en gráficas a largo plazo usando indicadores de seguimiento de tendencias: ésta es la primera pantalla. Procede a tomar decisiones tácticas sobre las entradas y las salidas en las gráficas intermedias usando osciladores: ésta es la segunda pantalla. Ofrece varios métodos para emitir órdenes de compra y venta: ésta es la tercera pantalla, que podemos implementar usando tablas intermedias o a corto plazo.

Empieza eligiendo tu período de tiempo favorito, el que contiene las gráficas con las que te gusta trabajar, y llámalo intermedio. Multiplica su duración por cinco para dar con tu período de tiempo a largo plazo. Aplica indicadores de seguimiento de tendencias a las gráficas a largo plazo para alcanzar una decisión estratégica de operar a largo, a corto o apartarte a un lado. Apartarte a un lado es una posición legítima. Si la tabla a largo plazo es optimista o pesimista, regresa a las gráficas intermedias y usa osciladores para buscar puntos de entrada y de salida en la dirección de la tendencia a largo plazo. Coloca *stops* y objetivos de beneficios antes de pasar a las gráficas a corto plazo (si dispones de ellas) para afinar las entradas y las salidas.

Pantalla número uno

Escoge tu período de tiempo favorito y llámalo intermedio. Multiplícalo por cinco para averiguar el período de tiempo a largo plazo. Digamos que prefieres trabajar con gráficas diarias. En ese caso, pasa de inmediato a un nivel superior, a la gráfica semanal. No te permitas echar ojeadas a las gráficas diarias, de modo que no influyan en tu análisis de las gráficas semanales. Si eres un trader intradía, puede que elijas una gráfica de diez minutos como tu favorita, la llamarás intermedia y entonces ascenderás a la gráfica horaria (con una duración aproximadamente cinco veces mayor). Redondear no supone un problema: el análisis técnico es un arte, y no una ciencia exacta. Si eres un inversor a largo plazo, quizás escojas una gráfica semanal como tu favorita y luego asciendas a la gráfica mensual.

Aplica indicadores de seguimiento de tendencias a la gráfica a largo plazo y toma la decisión estratégica de operar a largo, a corto o mantenerte a un lado. La versión original de la triple pantalla usaba la pendiente del histograma de la MACD semanal como su indicador se seguimiento de tendencias semanal. Era muy sensible y proporcionaba muchas señales de compra y venta. Ahora prefiero usar la pendiente de una media móvil exponencial semanal como mi principal indicador de seguimiento de tendencias en las gráficas a largo plazo. Cuando la MME semanal asciende, confirma un movimiento alcista y nos dice que operemos a largo o nos mantengamos al margen. Cuando cae, identifica un movimiento pesimista y nos dice que operemos a corto o nos apartemos a un lado. Yo uso una MME de veintiséis semanas, que representa medio año de trading. Puedes probar con distintos períodos de tiempo para ver cuál monitoriza mejor tu mercado, al igual que harías con cualquier indicador.

Sigo trazando el histograma de la MACD semanal. Cuando tanto la MME como el histograma de la MACD están en sintonía, confirman una tendencia dinámica y te animan a operar con posiciones más largas. Las divergencias entre el histograma de la MACD semanal y los precios son las señales más fuertes en el análisis técnico, que anulan el mensaje de la MME.

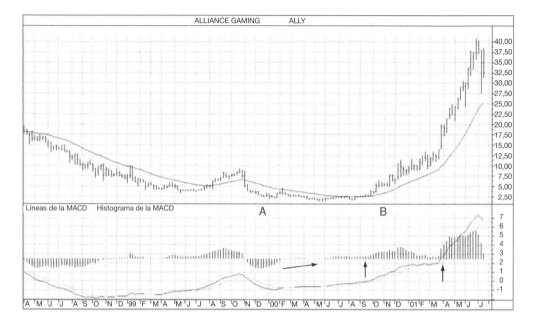

GRÁFICA 6.1   Triple pantalla: gráfica semanal

A las acciones de compañías de juegos de azar suele irles bien en una economía débil: las apuestas atraen a la gente desafortunada. En 2000 y 2001, mientras el mercado de valores en general estaba descendiendo, las acciones de empresas de juegos de azar tuvieron un rendimiento estelar. Alliance Gaming, por ejemplo, subió de los 2 dólares a los 40 en una línea bastante recta, con muy pocos retrocesos y nuevos ascensos durante una tendencia alcista en curso. ¿Cómo podría la triple pantalla habernos ayudado a beneficiarnos de este rendimiento?

El patrón entre los puntos A y B se llama *fondo de platillo:* un descenso lento, interminable y mínimo y un ascenso igual de mínimo con apenas volumen. Pese a ello, durante esa época, ALLY había se las había arreglado para conseguir una divergencia optimista en el histograma de la MACD: una señal inmensamente potente que rara vez se ve en las gráficas semanales. Trazó un mínimo en el área A, pero ni siquiera pudo alzarse por encima del cero en la parte inferior del platillo. La primera flecha vertical marca el punto en el que el histograma de la MACD empieza a mostrar una tendencia ascendente. Algunas semanas después, la MME semanal también sube, y en ese momento ALLY se convierte en una compra a gritos. Ha llegado el momento de cambiar a las gráficas diarias y buscar oportunidades de compra. La segunda flecha vertical marca otro período en el que tanto la MME como el histograma de la MACD están en sintonía con la subida, y entonces las acciones doblan su precio en unas pocas semanas. La tendencia alcista limpia y constante de la MME semanal nos sigue diciendo que operemos con ALLY sólo a largo.

En el borde derecho de la gráfica, la MME semanal sigue con su tendencia alcista, pero una acción de los precios salvajemente volátil muestra que la parte dulce de la tendencia alcista ha acabado. El histograma de la MACD se está moviendo en sentido opuesto a la MME, advirtiendo de la alta volatilidad que hay por delante. El dinero relativamente fácil ya no está en la mesa.

Pantalla número dos

Regresa a la gráfica intermedia y usa osciladores para buscar oportunidades de trading *en dirección de la tendencia a largo plazo.* Cuando la tendencia semanal sea alcista, espera a que los osciladores diarios caigan, proporcionando señales de compra. Comprar en los descensos es más seguro que comprar en las crestas de las olas. Si un oscilador proporciona una señal de venta mientras la tendencia semanal es alcista, puedes usarlo para recoger beneficios de posiciones largas, pero para vender a corto.

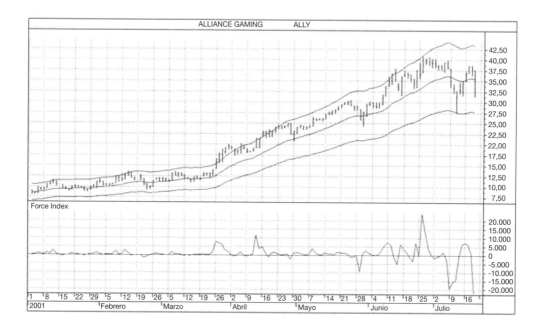

GRÁFICA 6.2   Triple pantalla: gráfica diaria

La tendencia alcista en la gráfica semanal sigue diciéndonos que operemos con ALLY a largo o que nos mantengamos a un lado. Con la MME diaria subiendo también, tenemos varias opciones. Podemos comprar cuando los precios retroceden a su MME diaria ascendente o cuando el Force Index a corto plazo caiga por debajo de cero. La línea superior del canal proporciona un objetivo lógico de recogida de beneficios. Un trader experimentado puede piramidar su posición, incrementándola siempre que aparezca una nueva señal de compra y sólo ciñendo los *stops* en lugar de salir en el canal superior. Ese canal sigue volviéndose más ancho a medida que los precios aumentan desde diez puntos de amplitud en abril hasta dieciséis en julio.

En el borde derecho de la gráfica, los picos alternos del Force Index advierten a los traders de que los días fáciles han pasado. El mercado se ha vuelto histérico, y la probabilidad de una continuación de la tendencia es baja. Será mejor que recojas tus ganancias y que te vayas a buscar otras acciones en otro grupo que esté ascendiendo o descendiendo tranquilamente que la multitud del mercado no haya descubierto todavía.

Cuando la tendencia semanal esté baja, busca osciladores diarios que suban, proporcionando señales de venta. Operar a corto durante las olas alcistas es más seguro que vender con nuevos mínimos. Cuando los osciladores diarios proporcionen señales de compra, puedes usarlos para recoger beneficios a corto, pero no para comprar. La elección de los osciladores depende de tu estilo de trading.

En el caso de los traders conservadores, escoge un oscilador relativamente lento, como el histograma de la MACD diario o el estocástico para la segunda pantalla. Cuando la tendencia semanal ascienda, busca que el histograma de la MACD diario caiga por debajo de cero y que suba ligeramente, o que el oscilador estocástico caiga hasta su línea de referencia inferior, proporcionando una señal de compra.

Revierte estas normas para operar a corto en mercados pesimistas. Cuando los indicadores de seguimiento de tendencias apuntan hacia abajo en las gráficas semanales, pero el histograma de la MACD diario desciende ligeramente desde encima de su línea de cero, o el oscilador estocástico asciende hasta su línea de referencia superior, proporcionan señales de venta.

Un enfoque conservador funciona mejor durante las etapas tempranas de movimientos importantes, cuando los mercados ganan velocidad lentamente. A medida que la tendencia se acelera, los retrocesos y nuevos ascensos desde picos recientes durante una tendencia alcista en curso se vuelen más superficiales. Para subirte a una tendencia de movimiento rápido necesitas osciladores más rápidos.

En el caso de los traders activos, usa la MME de dos días del Force Index (o más larga, si eso es lo que tus investigaciones recomiendan para tu mercado). Cuando la tendencia semanal esté subiendo y el Force Index diario caiga por debajo de cero, eso señala una oportunidad de compra.

Revierte estas reglas para operar a corto en mercados pesimistas. Cuando la tendencia semanal sea descendente y la MME de dos días del Force Index ascienda por encima de cero, apunta hacia oportunidades de operar a corto.

Muchos otros indicadores pueden funcionar con la triple pantalla. La primera pantalla también puede usar el sistema direccional o líneas de tendencias. La segunda pantalla puede usar la inercia, el índice de fuerza relativa (Relative Strength Index), el Elder-ray y otros.

La segunda pantalla es donde establecemos los objetivos de beneficios y los *stops* y tomamos la decisión de ir adelante o no con respecto a cada operación, después de valorar el nivel de riesgo frente al beneficio potencial.

Fija los stops. Un *stop* es una red de seguridad que limita los daños de cualquier mala transacción. Debes estructurar tu trading de tal forma que ninguna única mala pérdida o ninguna serie de pérdidas puedan dañar tu cuenta. Los *stops* son esenciales para el éxito, pero muchos traders los miran con desdén. Los principiantes se quejan de verse afectados por los vaivenes: de ver cómo los *stops* les hacen salirse de transacciones que al final les hubiesen hecho ganar dinero. Algunos dicen que poner un *stop* implica buscarse problemas porque independientemente de en qué punto lo sitúes, se alcanzará.

En primer lugar, debes poner *stops* en puntos en los que sea improbable que se alcancen, fuera del rango del ruido del mercado (*véase* «El *stop* SafeZone», más adelante en este capítulo). En segundo lugar, una pérdida ocasional por un vaivén es el precio por una seguridad a largo plazo. Independientemente de lo geniales que sean tus habilidades, los *stops* siempre son necesarios.

Deberías mover los *stops* sólo en una dirección: en la dirección de la transacción. Cuando una transacción empiece a moverse a tu favor, desplaza tu *stop* a un nivel de umbral de la rentabilidad. A medida que el movimiento persista, sigue desplazando tu *stop*, protegiendo parte de tus beneficios sobre el papel. Un trader profesional nunca permite que un beneficio se convierta en una pérdida.

Un *stop* nunca debe exponer más de un 2 por 100 de tu capital al riesgo de las pérdidas (*véase* el capítulo 7, «Fórmulas para la gestión del dinero»). Si la triple pantalla te avisa de una transacción, pero te das cuenta de que un *stop* lógico arriesgaría más del 2 por 100 de tu capital, sáltate esa transacción.

Marca unos objetivos de beneficios. Los objetivos de beneficios son flexibles y dependen de tus objetivos y de tu capital. Si eres un trader bien capitalizado y orientado hacia el largo plazo, puedes desarrollar una posición a largo en una fase temprana de un mercado alcista, tomando repetidamente las señales de compra de las gráficas diarias, siempre que la tendencia semanal sea alcista. Recoge tus beneficios después de que la MME semanal se vuelva plana. Lo contrario se aplica a las tendencias bajistas.

Otra opción consiste en recoger beneficios siempre que las gráficas diarias alcancen la línea de su canal. Si operas a largo, vende cuando los precios alcancen la línea superior del canal y busca reposicionarte en el siguiente retroceso y nuevo ascenso desde un pico reciente durante una tendencia alcista en curso hacia la media móvil diaria. Si operas a corto, cierra cortos cuando los precios caigan hasta su línea inferior del canal y busca reposicionarte a corto en la siguiente subida hacia la MME.

Un trader orientado al corto plazo puede usar las señales de una MME de dos días del Force Index para salir de transacciones. Si compras durante una tendencia alcista cuando la MME de dos días del Force Index se vuelve negativa, vende cuando se vuelva positiva. Si operas a corto durante una tendencia bajista después de que la MME de dos días del Force Index se vuelva positiva, cierra cortos cuando se vuelva negativa.

Los principiantes suelen enfocar los mercados como si se tratara de una lotería: compran un boleto y se sientan frente al televisor para averiguar si han ganado. Sabrás que te estás convirtiendo en un profesional cuando empieces a pasar tanto tiempo pensando en las salidas como buscando entradas.

Pantalla número tres

La tercera pantalla nos ayuda a detectar puntos de entrada. La información en vivo puede ayudar a los traders espabilados, pero puede que dañe a los principiantes que puedan entrar en el trading intradía.

Usa una ruptura intradía o un retroceso y nuevo ascenso desde un pico reciente durante una tendencia alcista en curso para entrar en transacciones sin información en tiempo real. Cuando las dos primeras pantallas te proporcionen una señal de compra (la semanal ascienda, pero la diaria descienda), emite una orden de compra en el máximo del día anterior o un *tick* más arriba. Un *tick* es la mínima fluctuación de precio permitida en cualquier mercado. Esperamos que la principal tendencia alcista se reafirme y capte una ruptura en su dirección. Emite una orden de compra que valga sólo para un día. Si el precio rompe por encima del máximo del día anterior, te verás detenido automáticamente. No tienes por qué fijarte en los precios intradía: simplemente trasmítele tu orden a un bróker.

Cuando las primeras dos pantallas te digan que vendas a corto (la semanal está bajando, pero la diaria está subiendo), emite una orden de venta en el mínimo del día anterior un *tick* más bajo. Esperamos que la tendencia bajista se reafirme, e intentaremos pillar la ruptura descendente. Si los precios rompen por debajo del mínimo del día anterior, desencadenarán tu entrada.

Los rangos diarios pueden ser muy amplios, y emitir una orden para comprar en la cima puede resultar caro. Otra opción consiste en comprar por debajo del mercado. Si intentas comprar un retroceso y nuevo ascenso desde un pico reciente durante una tendencia alcista en curso hacia la MME, calcula dónde es probable que se encuentre la MME mañana y emite tu orden a ese nivel. Como alternativa usa el indicador SafeZone (*véase* «El *stop* SafeZone», más adelante en este capítulo) para averiguar hasta qué punto puede descender el mercado por debajo de su mínimo del día anterior y emitir tu orden a ese nivel. Revierte esos enfoques para operar a corto durante las tendencias bajistas.

La ventaja de comprar rupturas ascendentes es que sigues un movimiento de impulso. La desventaja es que compras caro y que tu *stop* está lejos. La ventaja de invertir en activos que han experimentado un declive debido a factores intrínsecos o extrínsecos y que se considera que están infravalorados es que obtienes tus bienes de oferta y que tu *stop* está más cerca. La desventaja es el riesgo de quedar atrapado en una reversión descendente. Una «entrada en una ruptura» es más fiable, pero los beneficios son menores, mientras que una «entrada en activos que han experimentado un declive debido a factores intrínsecos o extrínsecos y que se considera que están infravalorados» es más arriesgado, pero los beneficios son mayores. Asegúrate de analizar ambos métodos en tus mercados.

Usa información en tiempo real (si dispones de ella) para entrar en transacciones. Cuando las primeras dos pantallas te proporcionen una señal de compra (la semanal está subiendo, pero la diaria está bajando), usa información en vivo para operar a largo. Podrías seguir una ruptura desde el rango de apertura, cuando los precios ascienden por encima del máximo de los primeros 15-30 minutos de trading, o aplica el análisis técnico a las gráficas intradía y afina tu entrada. Cuando intentes operar a corto, puedes entrar en una ruptura descendente desde el rango de apertura. También podrías monitorizar el mercado intradía y usar el análisis técnico para entrar en una transacción a corto usando gráficas en vivo.

Las técnicas para encontrar señales de compra y venta en gráficas en tiempo real son las mismas que para las gráficas diarias, sólo que su velocidad es muy superior. Si usas gráficas semanales y diarias para entrar, úsalas también para salir. Una vez que una gráfica en vivo te dé una señal para entrar, evita la tentación de salir usando datos intradía. No olvides que has entrado en esa transacción basándote en las gráficas semanales y diarias, esperando aguantar durante varios días. No te dejes distraer por los pequeños vaivenes intradía si estás operando con oscilaciones que duran varios días.

Trading intradía

El trading intradía significa entrar en y salir de operaciones en el mismo día. Ver el dinero fluir de la pantalla a tu cuenta es muy atrayente. Seguro que somos lo suficientemente inteligentes para usar la tecnología moderna para aventajar a tipos que se mueven más lentamente y que monitorizan sus acciones con los periódicos.

Cada verdad parcial contiene una mentira peligrosa. El trading intradía puede proporcionar beneficios a los profesionales, pero también es una última parada común para los perdedores que queman lo poco que les queda de sus cuentas. El trading intradía tiene ventajas y desventajas, al tiempo que impone unas exigencias extremas a sus practicantes.

El trading intradía supone uno de los mayores retos del mercado, pero es sorprendente la poca literatura que hay al respecto. Hay varios libros del tipo «trading intradía para *dummies*», algunos trabajos para hacerte rico rápidamente, pero no hay ni un volumen definitivo sobre el trading intradía. Los malos traders intradía escriben malos libros, y los buenos traders intradía están demasiado orientados hacia la acción como para sentarse a escribir.

Un buen trader intradía es una persona avispada con unos reflejos rápidos. Es veloz, tiene confianza en sí mismo y es flexible. Los traders intradia exitosos están tan centrados en los resultados inmediatos que no son unos buenos escritores. Espero que uno de ellos acepte el reto de escribir un libro, pero, mientras tanto, aquí tenemos algunas notas, pese a que cada una de ellas merece su propio capítulo en un grueso libro sobre el trading intradía.

El final de la década de 1990 fue testigo de una explosión del interés por el trading intradía. Incluso las amas de casa y los estudiantes se vieron atraídos por el mercado de valores alcista y por el fácil acceso a Internet. Los brókeres se anunciaban para que más gente entrase a operar intradía, sabiendo muy bien que la mayoría quebraría.

Entre las ventajas del trading intradía se incluyen:

- Las oportunidades para el trading son más frecuentes. Si puedes operar con gráficas diarias, verás transacciones similares más frecuentes en las gráficas intradía.
- Puedes reducir las pérdidas muy rápidamente.
- No existe un riesgo de la noche a la mañana si una noticia importante sacude tu mercado después del cierre.

Entre las desventajas del trading intradía tenemos:

- Te pierdes las fluctuaciones y las tendencias más a largo plazo.
- Los beneficios son menores porque las oscilaciones intradía son más cortas.
- Los gastos son mayores debido a unas comisiones más frecuentes y al deslizamiento. El trading intradía es un juego muy caro, razón por la cual a los vendedores les encanta.

El trading intradía somete a sus practicantes a varias exigencies duras:

- Debes actuar al instante: si te paras a pensar, estás muerto. Con las gráficas diarias dispones del lujo del tiempo, pero las gráficas intradía exigen de una acción inmediata.
- El trading intradía consume bastante tiempo. Debes preguntarte si tus ingresos horarios son mejores en el trading a más largo plazo.
- El trading intradía juega con las tendencias de la gente a apostar. Si tu disciplina tiene alguna grieta, el trading intradía la detectará rápidamente.

Hay tres grupos principales de traders intradía: los agentes bursátiles con cartera propia (traders que operan en el parqué), los traders que trabajan para empresas y los traders particulares. Tienen agendas distintas y usan herramientas distintas. Imagina a tres personas que van a pasar un día en la playa: uno se va a nadar, otro se estira al Sol y el tercero sale a correr y se la pega contra un árbol. Los agentes bursátiles con cartera propia y los traders que trabajan para empresas tienden a hacerlo mejor que los traders particulares. Veamos qué podemos aprender de ellos.

Lecciones de los agentes bursátiles con cartera propia

Los agentes bursátiles con cartera propia trabajan en el parqué, operando los unos con los otros, pero más frecuentemente contra el público. Practican un estilo de trading que se especializa en sacar provecho de pequeños cambios de precio y obtener un beneficio rápido revendiendo *(scalping),* en transacciones en las que se protegen con opciones simultáneas a largo y a corto con distintas acciones o distintas fechas de entrega de las mismas acciones *(spreading)* y aceptan operaciones direccionales.

El *scalping* se basa en el hecho de que hay dos precios para cualquier acción o futuro. Uno es la puja u oferta: lo que los profesionales están ofreciendo pagar. El otro es la demanda: el precio al que los profesionales están dispuestos a vender. Puedes pujar por debajo del precio de mercado, pero, tal y como decía un amigo mío: «No puedes emocionar al mercado con una oferta flácida». Si tienes prisa, compras al precio de demanda y pagas lo que los vendedores te piden. Si quieres vender, puedes emitir una orden limitada por encima del precio de mercado o «aceptar el precio más alto ofrecido por una acción»: aceptar lo que los compradores están dispuestos a pagar.

Por ejemplo, la última transacción en el mercado del oro fue a 308,30 dólares, pero ahora cotiza por una oferta de 308,20 y una demanda de 308,40. Esto significa que hay compradores dispuestos a pagar 308,20 dólares, mientras que los vendedores están pidiendo 308,40. Cuando llega al parqué una orden de mercado para comprar, un agente bursátil con cartera propia opera a corto vendiendo a pagar 308,40 dólares. El foráneo ha pagado la demanda o precio solicitado, y el agente bursátil con cartera propia opera a corto y necesita comprar. Cuando llega al parqué una orden de mercado para vender, compra a 308,20 y se embolsa su beneficio de 20 centavos. Los agentes bursátiles con cartera propia no pagan comisiones, sino sólo los impuestos, y pueden permitirse hacer transacciones incluso por un único *tick*. Están de pie todo el día, gritándole todo el que pasa por ahí que quieren comprar por un *tick* por debajo del precio de mercado y vender por un *tick* por encima. Es el tipo de trabajo manual mejor pagado.

Éste es un ejemplo simplificado: la realidad es menos pulcra, ya que los agentes bursátiles con cartera propia intentan ampliar el diferencial y ganar más de uno o dos *ticks*. Compiten entre sí gritando, saltando y poniéndose agresivos los unos con los otros. Es de ayuda ser alto y musculoso y tener una voz potente. Te clavan lápices y acabas salpicado de saliva. Existe un relato de un agente bursátil con cartera propia que falleció de un ataque al corazón en el parqué, pero permaneció erguido, comprimido por la multitud.

Un agente bursátil con cartera propia puede quedar atrapado si compra por un *tick* por debajo del precio de mercado, pero el mercado cae dos *ticks,* lo que le deja con el agua al cuello. La mitad de los agentes bursátiles con cartera propia desaparecen en su primer año de actividad. Uno de los mercados de Chicago pone chapas rojas circulares en el pecho de los nuevos traders, haciendo que parezcan dianas de tiro al blanco. Para que no empieces a sentir pena por los agentes bursátiles con cartera propia, ten presente que muchos de ellos se ganan muy bien la vida y algunos ganan muchísimo dinero despojándote de un *tick* o más por cada transacción. Antes de que el trading electrónico se convirtiera en una amenaza seria, las plazas presenciales en algunos mercados se vendían por un millón de dólares.

Los agentes bursátiles con cartera propia se implican en el *spreading:* comprar y vender mercados relacionados cuando sus relaciones divergen. Los traders que practican el *spreading* tienden a ser más precavidos y están mejor capitalizados que los que practican el *scalping*. Por últimos, algunos de los agentes bursátiles con cartera propia más ricos se implican en el trading direccional. Llevan a cabo transacciones que duran días o semanas, acercándose más al período de tiempo propio de los traders públicos.

¿Qué lecciones podemos aprender del parqué? Si eres un trader de posiciones, deberías usar órdenes limitadas siempre que sea posible. Compra y vende a precios especificados, no permitas que el parqué te esquilme: pon a esos tipos a dieta. Otra lección consiste en mantenerse lejos del *scalping*. Cuando una multitud de hombres jóvenes y atléticos empiezan a pelearse por *ticks,* saltando, salivando y gritando, no se te ha perdido nada para mezclarte entre ese gentío para pillar algunos *ticks* para ti, ya que te comerán vivo. Si operas intradía fuera del parqué, olvídate del *scalping*. Busca las operaciones intradía a más largo plazo, en los que la competencia se reduce un poco. Vete al terreno intermedio entre los *scalpers,* que persiguen *ticks,* y los traders de posiciones, con sus gráficas a largo plazo. Intenta encontrar una o dos operaciones diarias, a más largo plazo que con el *scalping* pero a más corto plazo que con el trading de posiciones.

Lecciones de los traders intradía que trabajan para empresas

Los traders que trabajan para empresas lo hacen para bancos, agencias de bolsa y compañías similares. Una empresa puede que tenga a más de cien traders sentados tras filas de herramientas caras. Mantener cada uno de estos puestos cuesta varios miles de dólares mensuales, por no contar los salarios y las primas. Cada trader que trabaja para una empresa se centra, restringidamente, en un único mercado. Uno puede que sólo trabaje con pagarés del Tesoro a dos años, otro con pagarés del Tesoro a cinco años, etc.

Los traders que trabajan para empresas generan unos beneficios mínimos para unos enormes volúmenes de capital. Un amigo mío que opera con bonos del Tesoro para un importante banco de inversión de Nueva York tiene acceso a, en esencia, un capital ilimitado durante el día, pero sus posiciones durante la noche están limitadas a 250 millones de dólares. Su desviación estándar, la cantidad que suele ganar o perder en un día de trading, es de 180 000 dólares. Esto supone un 0,072 por 100 de su límite nocturno y sólo alrededor de un 0,010 por 100 de su tamaño intradía.

Sus beneficios parecen grandes hasta que los expresas en forma del porcentaje de su cuenta y te preguntas qué ganarías tú si operases en la bolsa igual de bien que él. Supón que tu cuenta es de 250 000 dólares (una milésima parte de los 250 millones de mi amigo). Si igualases las ganancias porcentuales de mi amigo, ganarías 180 dólares con las operaciones nocturnas y 25 dólares al final de una atareada sesión de trading intradía. Eso difícilmente cubriría tus costes. ¿Por qué las empresas lo hacen?

Las grandes empresas se benefician de las economías de escala, pero la principal razón por la que permanecen en el juego es para mantenerse visibles para los clientes potenciales. Sus principales ingresos proceden de las comisiones y de los diferenciales con las órdenes de los clientes. Los traders que trabajan para empresas aceptan unos beneficios mínimos para mantener una presencia en el mercado, lo que les ayuda a ser los primeros en captar a clientes lucrativos. Trabajan para mantener la visibilidad, y mientras no pierdan dinero son felices.

Lo principal que podemos aprender de los traders que trabajan para empresas es su rígido sistema de disciplina, con sus directores forzándolos a reducir las pérdidas. Un trader particular no tiene un director, razón por la cual debe diseñar e implementar un sistema estricto de normas de gestión del dinero. Los traders que trabajan para empresas se benefician del centrarse en un único mercado, al contrario que los traders particulares, que pueden saltar del cacao hoy a IBM mañana. Vale la pena elegir sólo unos pocos vehículos de trading y aprenderlos bien.

Las empresas están ocupadas practicando el *scalping*, y a un trader particular le irá mejor manteniéndose alejado de esa área para evitar acabar pisoteado. Si ves una transacción que te ofrece sólo unos pocos *ticks,* es mejor pasar de ella, ya que las empresas pueden irrumpir en cualquier momento. Cuanto más largo sea tu período de tiempo, menos competencia tendrás de ellas.

Los traders particulares tienen una enorme ventaja con respecto a las empresas, pero la mayoría la desaprovechan. Los traders de corporaciones deben transmitir sus precios de compra y venta para mantener su presencia en los mercados. «¿Qué te parecen cinco dólares por mil yenes?», llama un cliente esperando cambiar cinco millones de dólares por yenes o viceversa. El trader del banco debe citar su precio de compra y venta, listo para tomar cualquiera de los dos lados de esa transacción. Debe operar en todo momento, mientras que un trader particular dispone del lujo de esperar al mejor momento.

No tienes ninguna obligación de comprar o vender. Dispones de la libertad para apartarte a un lado, pero la mayoría de los traders particulares desaprovechan esta maravillosa ventaja. La gente queda absorbida por la emoción del juego. Se lanzan de cabeza en lugar de esperar a las mejores transacciones. Recuerda: la idea es operar bien, no operar frecuentemente.

Obtener la información

Los datos en tiempo real tienden a ser caros, y debes cubrir su coste antes de poder ganar dinero. Muchos mercados ganan fortunas vendiendo información en tiempo real, forzando a los vendedores a retrasar las emisiones gratuitas al público. El retraso de veinte minutos hace que se mantenga el valor de entretenimiento, pero intentar usar esos datos para el trading intradía es como conducir un coche con un cartón a modo de parabrisas, teniendo que mirar por una ventanilla lateral. El trading intradía es muy juego muy rápido al que juegan algunas personas muy listas. Intentar competir contra ellos sobre la base de una información retrasada es un chiste.

La mayoría de los traders intradía usan *software* para mostrar, representar mediante gráficas y analizar sus datos. El *software* de análisis en tiempo real lleva años entre nosotros, pero el gran mercado alcista del NASDAQ llevó a un aumento significativo de la popularidad de las cotizaciones de nivel 2, que muestran quién está pujando y ofreciendo qué acciones. Esto se anuncia a bombo y platillo como el nuevo camino hacia la riqueza. La mayoría de estas riquezas acaban en las manos de los vendedores y los brókeres que se benefician de un trading hiperactivo. No he notado ninguna mejora en el rendimiento general de los traders particulares con las cotizaciones de nivel 2. Los primeros usuarios puede que hubieran tenido alguna ventaja hace algunos años, cuando la idea era nueva, pero una vez que se volvió popular, la ventaja desapareció. Es un relato común con las nuevas tecnologías: los primeros usuarios obtienen una ventaja, la herramienta se pone de moda y la ventaja se desvanece.

Un trader intradía necesita un ordenador exclusivo para el trading, un buen *software* de análisis y una conexión rápida a Internet. Esta configuración puede costar varios miles de dólares, además de una factura mensual de algunos cientos de dólares por la información en vivo y las tasas por comprar, vender o retener tus valores. Puedes reducir el coste de la información siguiendo sólo un mercado, cosa que no es mala idea porque te ayuda a mantenerte concentrado.

Algunos traders profesionales de futuros prescinden totalmente de los ordenadores. Abandonan su trabajo cotidiano y se van al parqué. Algunos se mudan a una ciudad que tenga un mercado, donde compran o alquilan una cartera o plaza. Los costes son mayores en las bolsas más importantes que trabajan con grandes volúmenes de mercados populares, y más baratos en las bolsas más pequeñas que trabajan con mercados menos importantes. La mejor forma de aprender es conseguir un trabajo como administrativo en la bolsa y trabajar para alguien, pero esta opción sólo está abierta a los jóvenes: el parqué no suele contratar a gente de más de veinticinco años. Quieren que sean jóvenes, moldeables y sin ideas preconcebidas.

Psicología

Una gran paradoja del trading intradía es que exige el máximo nivel de disciplina, al tiempo que atrae a las personalidades más impulsivas, adictivas y tendentes a las apuestas. Si el trading es emocionante, entonces el trading intradía proporciona las mejores descargas de adrenalina. Supone toda una alegría reconocer un patrón en tu pantalla, emitir una orden y ver que el mercado explota con una tremenda subida, metiéndote miles de dólares en los bolsillos. Un antiguo piloto militar dijo que el trading intradía era más excitante que el sexo o pilotar un avión a reacción.

Los traders que trabajan para empresas están en el mercado porque sus compañías les han dado un empleo. Los traders particulares entran por razones que son en parte racionales y en parte irracionales. La única razón racional es ganar dinero, pero una transacción intradía rentable proporciona un «subidón» tan grande que hace que la mayoría pierda la cabeza. Inundados de placer, buscan el siguiente «subidón» y pierden dinero rápidamente.

El objetivo de cualquier negocio es ganar dinero. Un negocio bien gestionado también satisface muchas necesidades psicológicas de sus propietarios y empleados, pero el dinero es el eje de la empresa. Los traders que quedan enganchados a las emociones apartan su mirada del dinero y se zambullen en transacciones impulsivas. Los vendedores animan a los traders intradía, porque los perdedores gastan a manos llenas en *software,* datos, sistemas e incluso *coaches,* la mayoría de los cuales nunca han operado en la bolsa o se han arruinado. Ve a cualquier área portuaria y verás muchos bares, prostíbulos y salones de tatuaje. Entra en el trading intradía y verás más vendedores de los que pudieras imaginar. Hay mucho dinero que ganar con los fracasados, cuya vida en el mercado se mide en meses o semanas.

Los traders intradía exitosos ponen a prueba patrones y sistemas, miden los riesgos y las recompensas y se centran en incrementar su capital. Los ganadores tienden a ser emocionalmente tranquilos. Si el trading intradía te atrae, debes responder varias preguntas:

- ¿Estás operando en la bolsa exitosamente con gráficas al cierre? Si la respuesta es que no, aléjate del trading intradía. Necesitarás un mínimo de un año de experiencia exitosa en el trading antes de intentarlo con el trading intradía.

- ¿Estás pasando por una racha adictiva? Si tienes un historial de problemas con la bebida, las drogas, los trastornos alimentarios o el juego, mantente alejado todo lo posible del trading intradía, porque desencadenará tu tendencia adictiva y destrozará tu cuenta.

- ¿Dispones de un plan de negocio por escrito? ¿Con cuánto dinero operarás? ¿En qué mercados? ¿Cómo escogerás las entradas y las salidas? ¿Cómo gestionarás los riegos, usarás *stops* y distribuirás tu capital? No te acerques al trading intradía sin un plan por escrito. Asegúrate de mantener unos registros distintos para el trading intradía y para el trading de posiciones. Averigua cuál de ellos es más rentable para ti.

Escoger el mercado

El trading intradía se parece al trading de posiciones como el pilotar un avión a conducir un coche. Sentado cómodamente al volante de un coche puedes reclinarte hacia atrás, escuchar música, usar un teléfono móvil e incluso echar una ojeada a una revista mientras estás parado frente a un semáforo en rojo, pero no intentes hacer eso en un avión a reacción.

El trading intradía exige una concentración total en un único mercado. Es como la monogamia en serie: puede que operes en varios mercados en tu trayectoria profesional, pero sólo lo harás en uno de cada vez. ¿Qué mercado elegirás? Las dos características esenciales de un buen trading intradía son una alta liquidez y volatilidad.

La liquidez hace referencia al volumen medio diario de tu instrumento de operaciones bursátiles: cuanto más alto, mejor. Es fácil unirse a una gran multitud y es igual de fácil retirarse sin llamar la atención ni distorsionar el mercado con tu orden. Cuando emites una orden en el mercado para comprar o vender unas acciones o una materia prima escasamente negociadas, le das a los profesionales una licencia para despellejarte vivo con el deslizamiento. Si usas una orden limitada, puede que nunca se satisfaga. Operar en un mercado grande y con liquidez, como IBM o la soja, te permite entrar y salir fácilmente con menos deslizamiento.

La volatilidad hace referencia al rango medio diario de tu instrumento de operaciones bursátiles. Cuanto mayor sea la distancia entre el máximo y el mínimo del día, mayor será tu objetivo. Dispararle a un objetivo grande es más fácil que dispararle uno pequeño. ¿Recuerdas nuestra discusión sobre los canales? Si sabes cómo operar en la bolsa, obtendrás más dinero de un canal ancho con cualquier nivel de habilidad. Alguien que opere a nivel de un aprobado y obtenga un 10 por 100 de un canal conseguirá un punto de un canal de diez puntos, pero dos puntos de un canal de veinte puntos. Un trader con un nivel de aprobado no tiene nada que hacer en el trading intradía, pero incluso un trader con un nivel excelente quiere tener un objetivo tan grande como sea posible.

Puedes encontrar una buena liquidez y volatilidad en las acciones, los futuros y las divisas. Otra característica importante de un mercado de trading intradía es su personalidad. Algunos mercados se mueven con fluidez, mientras que a otros les gusta dar saltos. Los bonos del Tesoro, por ejemplo, tienden a pasar un día o dos en un canal muy estrecho, luego explotan, moviéndose más en media hora que en varios de los días anteriores y luego vuelven a dormirse.

Operar con ellos es como los combates de infantería: un 90 por 100 de aburrimiento y un 10 por 100 de puro terror.

¿En qué mercados deberías practicar el trading intradía? En el caso de las acciones, fíjate en las que aparezcan en la lista de los veinte valores más activos del día. Ahí es donde está la acción. Su liquidez es muy alta y su volatilidad tiende a ser buena. Explora la lista de las mejores ganadoras y perdedoras del día. Cuando aparezca el mismo nombre en esa lista día tras día, se encontrará, claramente, entre los valores más volátiles, con un gran potencial para el trading intradía.

Cuando se trate de futuros, da tus primeros pasos en mercados relativamente tranquilos como el maíz, el azúcar o el cobre. Una vez que hayas aprendido los aspectos básicos, piensa en pasar a los futuros de índices de acciones o a los futuros de los bonos alemanes, que se encuentran entre los vehículos favoritos de los traders intradía profesionales.

Análisis y toma de decisiones

Si eliminas las marcas de los precios y del tiempo de una gráfica, serás incapaz de decir si se trata de una gráfica semanal, diaria o intradía. Los mercados son fractales, por tomar prestado un término de la teoría del caos. Por recordar nuestra exposición anterior, la orilla del mar es un fractal, ya que la línea de la costa tiene un aspecto igual de dentado desde cualquier altura. Como las gráficas en los distintos períodos de tiempo se parecen tanto, podemos analizarlas usando métodos similares.

Entrar en el trading intradía después de un año o más de un trading de posiciones exitoso te proporciona una gran ventaja. Puedes usar los mismos métodos y simplemente acelerarlos. Puedes usar los principios de la triple pantalla para tomar decisiones estratégicas sobre gráficas a más largo plazo y hacer elecciones tácticas sobre gráficas a más corto plazo.

Pantalla número uno

Analiza tu mercado sobre una gráfica a más largo plazo, usando indicadores de seguimiento de tendencias, y toma una decisión estratégica: operar a largo, a corto o mantenerte al margen.

Escoge el período de tiempo con el que prefieres operar, y llámalo intermedio. Escojamos una gráfica de cinco minutos para nuestro período de tiempo intermedio, con cada barra representando cinco minutos de trading. Puedes elegir una gráfica más larga si lo deseas, pero no mucho más corta, ya que eso podría dejarte a la merced de los traders que practican el *scalping* que trabajan para empresas. Es un truco inteligente elegir un período de tiempo poco ortodoxo, como siete o nueve minutos.

Algunos traders intradía, embriagados por las promesas de la tecnología, emplean gráficas de un minuto o incluso gráficas de *ticks*. Éstas proporcionan la fantasía de estar presente en el parqué, pese a que puede llevar fácilmente medio minuto o más que la información se introduzca, se cargue en el satélite y se transmita a tu pantalla. No te encuentras en el parqué, sino que vas por detrás de él. Cuando los mercados empiezan a funcionar, los desfases empeoran.

Multiplica tu período de tiempo intermedio por cinco para averiguar la franja de tiempo a largo plazo. Si tu período o franja de tiempo es de cinco minutos, usa una gráfica de veinticinco minutos. Si tu *software* no te permite trazar gráficas de veinticinco minutos, redondea a media hora. Un trader exitoso necesita destacar de la multitud. Ésa es la razón por la cual vale la pena usar unos parámetros infrecuentes para las gráficas y los indicadores. Probablemente haya miles de personas que usen gráficas de media hora, pero sólo una pequeña minoría usa gráficas de veinticinco minutos y obtiene sus señales un poco más rápido.

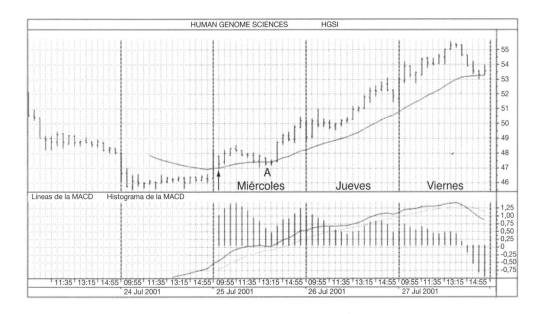

GRÁFICA 6.3   Trading intradía: gráfica de 25 minutos

Si queremos usar una gráfica de cinco minutos para el trading intradía deberíamos empezar nuestro análisis con un período de tiempo que sea cinco veces mayor: una gráfica de veinticinco minutos. Las distintas acciones cuentan con la preferencia de los traders intradía y dejan de contar con ella. Human Genome Sciences (HGSI) es popular en la actualidad, y tiene unas tendencias fuertes y sanas sin brechas. Hay una tendencia bajista el lunes que toca fondo el martes, remonta el miércoles y luego asciende hasta el viernes, excepto porque al final de ese día hay un retroceso y nuevo ascenso desde un pico reciente durante una tendencia alcista en curso, ya que los que operan a largo recogen beneficios antes del fin de semana.

Hay una fuerte señal de compra en la apertura del miércoles, a medida que la MME sube, confirmado esto por el ligero ascenso del histograma de la MACD. A medida que la MME sigue subiendo, eso señala que operemos a largo con HGSI: la primera pantalla de la triple pantalla es alcista. Esta señal es mucho más importante que cualquier ligero ascenso o descenso del histograma de la MACD. Cuando la MACD entra más en sintonía con la MME, eso sugiere que operemos con un mayor volumen, pero cuando la pierde, se trata de un comportamiento normal de «respiración», siempre que no haya una divergencia bajista.

En el borde derecho de la gráfica el mercado está cerrando, ya que llega el fin de semana. La MME está ascendiendo ligeramente, por lo que a los toros se les debe dar el beneficio de la duda. Además, el histograma de la MACD ha bajado hasta el nivel de la normalidad relacionado con los mínimos: está más cerca de un mínimo que de un máximo. Deberíamos esperar a la apertura el lunes, previendo una señal de compra, pero estando preparados para operar a corto si el MME desciende ligeramente.

Aplica un indicador de seguimiento de tendencias a la gráfica a largo plazo y usa su dirección para tomar una decisión estratégica para operar a largo, a corto o mantenerte al margen. Empieza con una MME de veinte o treinta barras y ajusta su longitud hasta que monitorice tu mercado con un mínimo de vaivenes. Cuando la MME de veinticinco minutos asciende, identifica una tendencia ascendente y te dice que operes a largo o que te hagas a un lado. Cuando la MME cae, identifica una tendencia bajista y te dice que operes sólo a corto o que te mantengas apartado. Toma una decisión estratégica con esta gráfica a largo plazo antes de volver a tus gráficas de plazo intermedio.

Los traders intradía exitosos tienden a confiar menos en los indicadores y más en los patrones de las gráficas. Los huecos entre sesiones de trading pueden sembrar el caos en los indicadores intradía. Pese a ello, algunos indicadores, como las medias móviles y las envolturas, son útiles incluso con las gráficas intradía.

Pantalla número dos

Regresa a las gráficas intermedias (de cinco minutos) para buscar puntos de entrada en la dirección de la tendencia.

Traza una MME de veintidós barras en la gráfica de cinco minutos y dibuja un canal que contenga alrededor del 95 por 100 de la acción de los precios. Las medias móviles reflejan el consenso medio sobre el valor, mientras que los canales muestran los límites normales de optimismo y pesimismo. Queremos operar a largo durante las tendencias alcistas, comprando por debajo de la MME en una gráfica de cinco minutos, y operar a corto durante las tendencias bajistas, por encima de la MME. No operes a largo por encima de la línea superior del canal, donde el mercado está sobrevalorado ni vendas a corto por debajo de la línea inferior del canal, donde el mercado está infravalorado.

Usa osciladores, como el histograma de la MACD y el Force Index, para identificar áreas sobrecompradas y sobrevendidas. Opera en la dirección de la marea, entrando cuando una ola vaya en contra de la marea. Cuando la tendencia de veinticinco minutos sube, los precios descendentes y los osciladores en una gráfica de cinco minutos reflejan un desequilibrio bajista temporal: una oportunidad de compra. Cuando la tendencia de veinticinco minutos baja, los precios ascendentes y los osciladores en una gráfica de cinco minutos reflejan un desequilibrio alcista temporal: una oportunidad para operar a corto.

Los traders intradía preguntan a veces si deberían analizar las gráficas semanales y diarias. La tendencia semanal carece, en esencia, de sentido para ellos, e incluso la diaria tiene un valor limitado. Fijarse en demasiados períodos de tiempo puede llevar a la «parálisis por el análisis».

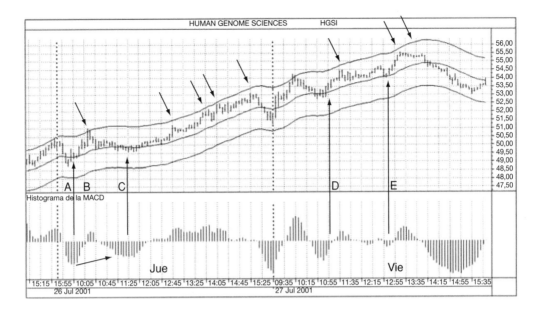

GRÁFICA 6.4 Trading intradía: gráfica de cinco minutos

La gráfica a largo plazo de veinticinco minutos nos ha dicho que operemos con HGSI a largo. Los descensos de la tendencia a plazo intermedio proporcionan oportunidades de compra. El jueves, la gráfica de cinco minutos se dirige hacia abajo desde el momento de la apertura, cayendo por debajo de su MME. Espera a que el histograma de la MACD suba ligeramente, confirmando una señal de compra (punto A). Muestra que el descenso está terminando, y al cabo de media hora sube hasta la línea superior de su canal (punto B), que es un buen lugar para recoger beneficios. Vuelve a descender de vuelta a la MME, proporcionando amplias oportunidades para posicionarse a largo, incluso aunque he hayas saltado la primera señal rápida. El mínimo de la MACD en el área C es más superficial, mostrando que los osos están más débiles y reforzando la señal de compra. Los precios llevan a cabo cuatro intentos más por alcanzar la línea superior del canal. Puedes vender en cualquiera de ellos, pero si no has vendido durante los tres primeros, el cuarto es obligatorio. Está acabando la jornada y ya sabes que los precios de hoy es improbable que sean capaces de alcanzar la línea superior de su canal, y como trader intradía no quieres aguantar tus valores por la noche. Ciertamente, durante la última media hora hay un descenso, ya que los traders intradía que han aguantado demasiado con la tendencia alcista empiezan a agolparse a la puerta, intentando salir.

El viernes hay una señal de compra justo en el momento de la apertura seguida de un ascenso rápido hasta la línea superior del canal para recoger beneficios, y luego otro descenso hasta la MME (punto D). Las subidas posteriores nunca acaban de alcanzar la línea superior del canal, pero hay otra oportunidad de compra en el punto E, durante un retroceso y nuevo ascenso desde un pico reciente durante una tendencia alcista en curso hacia la MME. Hay dos ascensos débiles más adelante durante la tarde, y si no los usas para recoger beneficios hay una última señal para los duros de oído cuando la MME desciende. Las gráficas intradía suelen tener movimientos contratendencia al final del día, ya que los traders que tienen beneficios sobre el papel empiezan a cerrar posiciones.

En el borde derecho de la gráfica, la jornada, además de la semana de trading han acabado. No corres ningún riesgo por la noche y puedes relajarte antes de la apertura el lunes, cuando el histograma de la MACD de veinticinco minutos te volverá a decir si operar con estas acciones a largo o a corto.

Pon stops *SafeZone*. Después de entrar en una operación, pon un *stop* de protección usando el método SafeZone *(véase* «El *stop* SafeZone», más adelante en este capítulo). Piensa en hacer que sea «sólo al cierre»; fíjate en la pantalla y emite una orden de salida sólo si la barra de cinco minutos cierra más allá del nivel de tu *stop*. De esta forma, una breve penetración debido al ruido del mercado no alcanzará y desencadenará un *stop*. Naturalmente, no cabe espacio para los chollos o para esperar a que se produzca otro *tick*. Para ser un trader intradía debes tener una disciplina de hierro.

Pantalla número tres

Esta pantalla gestiona las entradas y las salidas.

Entra en la cercanía de una media móvil en una gráfica de cinco minutos. Si la tendencia de veinticinco minutos sube, compra los retrocesos y nuevos ascensos desde picos recientes durante una tendencia alcista en curso hacia la MME en una gráfica de cinco minutos, especialmente cuando los osciladores estén sobrevendidos. Revierte el procedimiento en el caso de las tendencias bajistas. Esto es mejor que perseguir rupturas, comprando en los máximos u operando a corto en los mínimos.

Recoge beneficios en las cercanías de la línea del canal. Si compras cerca de la media móvil, aspira a vender cerca de la línea superior del canal. Si tus osciladores de cinco minutos, como el histograma de la MACD, están alcanzando nuevos máximos y los mercados relacionados están ascendiendo, puedes esperar para que el canal sea alcanzado o se penetre en él. Si los indicadores son débiles, toma tus beneficios rápido, sin esperar a que los precios alcancen el canal.

Mide tu rendimiento en forma del porcentaje de la amplitud del canal. Debes ser un trader excelente para hacer que el trading intradía valga la pena. Incluso entonces, deberás demostrarte que puedes ganar más dinero con el trading intradía que con el trading de posiciones. Intenta operar sólo algunas veces al día e intenta aprovechar por lo menos una tercera parte del rango de ese día. Entra con cautela, pero sal rápido. No operes durante las sesiones después del cierre, cuando los mercados tienden a tener muy poca actividad.

Hacer transacciones intradía por la noche

Si entras en una transacción al principio del día y el mercado se sigue moviendo a tu favor, ¿deberías aguantar esa operación por la noche? ¿Y qué hay de aguantarla un fin de semana? Por supuesto, esta pregunta se aplica sólo a las transacciones rentables. Incurrir en una pérdida por la noche es estrictamente para perdedores.

Un principiante debe cerrar sus operaciones intradía al final de la jornada, pero un profesional experimentado tiene la opción de aguantarlas por la noche. Cuando un mercado cierra a unos pocos *ticks* de su máximo, suele superar el precio a la mañana siguiente. Un mercado que cierra en sus valores mínimos suele flirtear con unos mínimos más bajos al día siguiente. Estas extensiones no están garantizadas, ya que puede que el mercado cierre en valores máximos y que se vea golpeado por malas noticias por la noche y abra con un valor muy inferior al día siguiente. Ésa es la razón por la cual sólo los traders intradía experimentados tiene la opción de aguantar sus transacciones por la noche.

La investigación, el conocimiento y la disciplina sitúan tus transacciones en una posición más sensata y racional. Debes estudiar el pasado, calcular las probabilidades y tomar decisiones informadas para el futuro. Cuando operas intradía, hay muchas horas en las que el mercado no va a ningún lugar, dejándote con la libertad de hacer cuentas. Si usas un ordenador con dedicación exclusiva para el trading intradía, usa otro para tus investigaciones.

Hazte con un año de la historia del mercado en el que estés operando intradía. Introduce esa información en una hoja de cálculo y empieza a hacerte preguntas. Cada vez que ese mercado cerró a cinco *ticks* de su máximo, ¿cuántas veces alcanzó un nuevo máximo al día siguiente? ¿Cómo de lejos llegó al día siguiente? ¿Qué hay de los días en los que ese mercado cerró a cinco *ticks* del mínimo? ¿Hasta dónde llego al día siguiente? Una vez que obtengas las respuestas, averigua qué pasó cuando el mercado cerró a diez *ticks* del máximo, etc.

Los profesionales suelen operar en el mismo mercado día tras día, a pesar de que hay una enorme rotación de aficionados. Los profesionales se han acabado acostumbrando a operar de cierta forma, y para operar como ellos debes encontrar esos patrones y expresarlos en forma de cifras. Debes basar tus transacciones en hechos y probabilidades, y no en corazonadas ni esperanzas. Debes llevar a cabo tu propia investigación. No puedes comprar las respuestas, porque sólo dar con ellas por tu cuenta te proporcionará la confianza para operar en la bolsa.

Rupturas en el rango de apertura

La gente suele obtener consejos en las fiestas, los periódicos y la televisión, esa caja tonta de la cultura de masas. Los directores de inversiones de empresas que se mueven lentamente pueden sentarse durante todo del día en una reunión antes de obtener permiso para comprar o vender. Tienden a emitir órdenes antes de la apertura. La mayoría de las órdenes que se emiten por la noche proceden de inversores informales, apostadores que van detrás de soplos y brókers que quieren retirarse pronto un día para irse a jugar al golf o hacer unas llamadas de *marketing*.

Los dos momentos más atareados para los traders profesionales son el principio y el final de cada sesión, especialmente los períodos de la primera y la última media hora. El flujo de entrada de las órdenes emitidas por la noche proporciona a los profesionales una oportunidad de dar un servicio público teniendo en cuenta a aquellos que están ansiosos por entrar en el momento de la apertura. Deshacen esas posiciones cerca del cierre, cuando un perdedor tras otro tira la toalla. Muchos profesionales salen a comer a mitad de la jornada, razón por la cual muchos mercados tienden a ir sin dirección y a agitarse entre las 12:00 h y las 13:30 h. La curva del volumen intradía tiende a tener la forma de una U, con picos en la apertura y el cierre, y la parte baja en medio.

Los traders serios se fijan en las aperturas porque establecen las pautas para el balance del día. Si el tamaño total de las órdenes de compra supera al de las órdenes de venta, el parqué abrirá ese mercado a un precio más alto, forzando a la multitud a pagar. Los profesionales asientan posiciones a corto a unos niveles tan altos que el primer descenso les hace ganar dinero. Si el volumen de las órdenes de venta es superior, los profesionales abren el mercado con un nivel inferior de precios, compran grandes cantidades a un precio barato y venden obteniendo un beneficio con el primer rebote.

Entre los primeros quince y treinta minutos muchas acciones y futuros oscilan hacia arriba y hacia abajo con grandes volúmenes. A medida que el grueso de las órdenes de la noche se satisface, el volumen empieza a agotarse y las fluctuaciones se ralentizan, retirándose desde el máximo y el mínimo del rango de apertura. Lo que suceda a continuación dependerá en gran medida de la amplitud del rango de apertura.

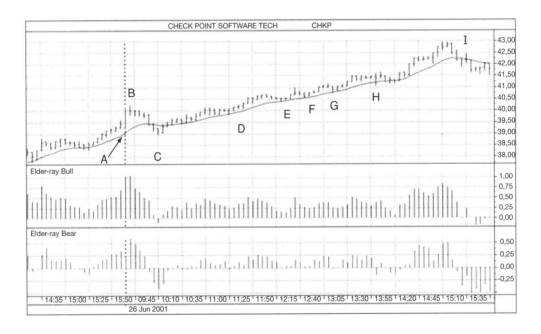

GRÁFICA 6.5   Trading intradía: ruptura del rango de apertura

Las acciones para el trading intradía deberían tener un gran volumen, ser volátiles y ser más bien caras que baratas, de modo que tengan unos rangos intradía decentes. En el momento de escribir este libro, Checkpoint está indudablemente en la lista junto con NVDA, TARO y algunas otras acciones de moda. Para cuando leas esto, habrá otras acciones a la vanguardia de la atención de los traders intradía.

CHKP ha estado ascendiendo, saliendo de los mínimos recientes del mercado y cerrando a 39,44 dólares. Hoy ha abierto a 39,26 a las 09:30 h (punto A) y al cabo de diez minutos sube hasta los 40,25 (punto B), estableciendo el máximo del rango de apertura. Luego se inclina hacia abajo, llegando al mínimo de 38,93 a las 10:10 h: el mínimo del rango de apertura (punto C). Durante la siguiente hora y media, CHKP oscila dentro de su rango de apertura bastante estrecho de sólo 1,32 puntos, pero a las 11:35 h asciende hasta su borde superior y lo supera por tres *ticks* (punto D). La siguiente barra es siete *ticks* más alta: ésta no es una falsa ruptura, es una ruptura real del rango de apertura. La tendencia es alcista y debemos operar a largo. La MME de trece barras está subiendo ininterrumpidamente. Siempre que el Bear Power del indicador Elder-ray regresa a la línea del cero y se vuelve negativa, muestra que los osos han recuperado su posición: es un buen momento para incrementar las operaciones a largo en una tendencia alcista (puntos E, F, G y H). A las 15:25 h (punto I), la MME desciende, dando una señal de venta: es el momento de recoger los beneficios de las posiciones a largo.

En el borde derecho de la gráfica la jornada ha acabado y contamos nuestros beneficios antes de volver a casa. Si compraste con la primera señal de compra tras la ruptura del rango de apertura y vendiste cuando la MME descendió, tus beneficios son 42,15 - 40,40 = 1,75. Multiplica eso por el número de acciones con las que hayas operado y añade otras posiciones si has piramidado.

Cuando el rango de apertura es muy amplio (digamos un 80 por 100 del rango diario medio del último mes), es probable que haya marcado el máximo y el mínimo para ese día. Al parqué le encantan los rangos de apertura amplios porque sus extremos proporcionan dos buenos niveles de soporte y resistencia. Los profesionales siguen comprando cerca de los mínimos, operando a corto cerca de los máximos y pasando el resto del día deshaciendo sus posiciones con un beneficio. Un rango de apertura estrecho hace que sea más probable que el mercado lo rompa y se salga de él e inicie una nueva tendencia para ese día.

El máximo y el mínimo de un rango de apertura son como los pies de un boxeador. Cuando están separados, el boxeador está estable y tiene el control, pero cuando están cerca el uno del otro es fácil hacerle perder el equilibrio y forzarle a moverse.

A los foráneos les gustan las tendencias y buscan rupturas, pero el parqué opera de forma reactiva, vendiendo los máximos y comprando los mínimos. Prefiere las bandas de fluctuación planas a las tendencias desbocadas. El parqué suele ganar, pero de vez en cuando, los foráneos superan a los profesionales y empujan al mercado hacia una tendencia. Cuando eso sucede, los agentes bursátiles con cartera propia reducen sus pérdidas y salen corriendo, mientras que los estúpidos y los tercos contribuyen a la tasa de mortalidad.

El rango de apertura tiene varias implicaciones para los traders intradía:

• Los precios de apertura y de cierre, al igual que los dos polos de un imán, tienden a encontrarse en los extremos opuestos de una barra diaria. Si el mercado abre cerca del mínimo de un rango de apertura amplio, espera que cierre cerca del borde superior y busca oportunidades de compra. Si abre cerca del máximo de un rango de apertura amplio, espera que cierre más abajo y busca oportunidades para operar a corto.

- Las rupturas de rangos de apertura amplios tienden a ser falsas. Cuando los precios se salgan del máximo o el mínimo de un rango de apertura amplio, estate atento a la posibilidad de que la ruptura se extinga y estate listo para operar con su regreso al rango.
- Cuando el rango de apertura sea estrecho, espera una ruptura y estate listo para operar en su dirección.

Los traders exitosos lo analizan todo. Hay horas la mayoría de los días en los que el mercado está indeciso y no hay compra ni venta. Usa ese tiempo para estudiar sus rangos de apertura: cuántos minutos les lleva formarse en tus acciones o futuros, lo amplios que tienden a ser, etc. Crea una gráfica que vincule la altura del rango de apertura con la probabilidad de una ruptura. Dispondrás de una herramienta privada, una verdadera ventaja en los mercados.

Divisas: Operando en los mercados de 24 horas

Estados Unidos es el único país del mundo en el que la gente no piensa mucho en las divisas. Vivimos en el universo del dólar, pero en cuanto un estadounidense pone un pie en el extranjero, se da cuenta de que todos, desde los ejecutivos a los taxistas, se fijan en las tasas de cambio. Cuando la gente de fuera de EE. UU., e incluso los inmigrantes que han llegado recientemente a EE. UU., consiguen un poco de capital para operar en la bolsa, su primera idea es hacer transacciones con divisas. El grueso de las operaciones con divisas se produce en el mercado interbancario, directamente entre comerciantes. Los principiantes recurren a negocios poco escrupulosos de compraventa de divisas que hacen ver que ejecutan sus órdenes (se quedan con su dinero sin ejecutar las transacciones) y los matan con las comisiones, los diferenciales y las cargos de intereses. Los supervivientes descubren los futuros de divisas en los que los diferenciales son menores, las comisiones más razonables y no se carga un interés por el privilegio de mantener una posición.

Aparte de los horrores de las tiendas de cambio de divisas, el mayor reto de las divisas es que se negocia con ellas las veinticuatro horas del día. Puede que entres en una transacción, la analices por la tarde y decidas recoger beneficios al día siguiente. Cuando te despiertas a la mañana siguiente, el beneficio ha desaparecido. El punto de inflexión que viste venir ya ha llegado y se ha ido, no en Estados Unidos, sino en Asia o Europa. Alguien te ha robado la cartera mientras dormías. Los mercados ya son lo suficientemente duros como para que tengas que exponerte a un riesgo las veinticuatro horas del día.

Las grandes empresas financieras se ocupan de este problema mediante la implementación de un sistema de «delegar las cuentas». Un banco puede abrir una posición en Tokio, gestionarla intradía, y luego transferirla a su sucursal de Londres antes de cerrar por la noche. Londres sigue operando con esa posición y por la tarde le delega la cuenta a Nueva York, que opera con ella hasta que se la devuelve a Tokio. Las divisas siguen al Sol, que se mueve sin parar, y los pequeños traders no pueden seguirle el ritmo. En una ocasión visité a un rico caballero tailandés que estaba planeando instalar a sus dos hijos y a sí mismo en tres ciudades diferentes del globo para operar con divisas, pero sus hijos se opusieron.

Si operas con divisas, deberías asumir una perspectiva a muy largo plazo e ignorar las fluctuaciones diarias o hacer operaciones intradía, evitando las posiciones por la noche. Si operas con futuros de divisas, usa dos conjuntos de datos. Usa metálico o información interbancaria para tus gráficas semanales y datos de los futuros para la gráfica diaria para así ubicar las entradas y las salidas. Las gráficas diarias de los futuros de divisas están llenos de grietas nocturnas porque esos mercados están abiertos sólo algunas horas cada día, pero las gráficas del metálico son lisas.

Índice S&P 500: Falsas rupturas

Es notoriamente difícil operar con los futuros del índice S&P, pero los recién llegados se ven atraídos por ellos como las polillas a la luz. «¿¡Eres lo suficientemente hombre para hacer transacciones con el índice S&P!?» es el grito de batalla de esos niños grandullones. La mayoría de los traders están, tristemente, descapitalizados para este caro contrato. Es duro ver cómo alguien con menos de un cuarto de millón de dólares en su cuenta podría negociar un único contrato en este mercado volátil, que suele saltar varios puntos de 250 dólares en minutos.

El parqué se aprovecha completamente del hecho de que la mayoría de los apostadores no disponen de suficiente dinero para mantener sus posicione por la noche, poner unos *stops* sensatos o soportar pequeños movimientos adversos. El parqué ha convertido el arte de sacudir a los traders intradía inexperimentados y librarse de ellos en una ciencia. Usan falsas rupturas para hacer que los perdedores salten como los perros de Pavlov, comprando caro y vendiendo barato.

El parqué intenta empujar a los precios a través de varios niveles conocidos la mayoría de los días, eliminando a los titulares débiles. Siempre hay una enormidad de *stops* de venta por debajo del mínimo del rango de apertura y el mínimo del día. Empujar al mercado por estos mínimos conduce a la venta por parte de los titulares débiles, y los profesionales compran su mercancía por un precio de ganga. Siempre hay montones de *stops* de compra en el máximo del rango de apertura, el máximo del día actual y el máximo del día anterior, puestos por operaciones a corto débiles. Empujar al índice S&P a través de estos niveles dispara las compras por pánico. Es entonces cuando el parqué vende a corto, posicionándose para la siguiente caída. No hay nada particularmente taimado sobre este juego, sólo que funciona especialmente bien en el índice S&P porque hay tantos aficionados y este mercado es tan caro que carecen de capacidad de aguante.

Un trader intradía que reconozca los retos especiales del índice S&P puede llegar a varias conclusiones:

* Éste no es un buen mercado para los principiantes: es demasiado caro y rápido. Aprende a conducir un coche viejo antes que un potente Ferrari.

- Ten una cuenta abultada si planeas operar en este mercado. Un cuarto de millón de dólares por cada contrato te proporciona capacidad de aguante y te permite ubicar *stops* sensatos.
- Atenúa las falsas rupturas en el índice S&P: opera contra ellas. Usa osciladores para detectar cuándo una falsa rotura empieza a quedarse sin fuelle y opera para el regreso hacia la parte media del rango del día.

El plan cotidiano

Un día frente a una pantalla en vivo incluye muchas horas muertas en las que parece que no pasa nada. La gente se aburre y está inquieta y, de repente, un trader intradía convierte su pantalla en un centro de ocio. Los profesionales tienden a seguir un horario para reforzar su disciplina.

Tu jornada de trading debería comenzar antes de la apertura. Date por lo menos media hora para reunir y analizar la información de la noche anterior. Observa la primera hora de trading sin interrupciones, ni siquiera respondas las llamadas telefónicas. Si realizas una transacción, gestiónala. En caso contrario, dedica dos horas a investigar, al mantenimiento de tu base de datos, a leer una revista o un libro de trading, o a surfear en Internet en busca de nuevas ideas, mientras pasas todo ese tiempo frente a la pantalla. Suspéndelo todo si el mercado parece estar cerca de dar una señal de compra o venta. Almuerza sentado frente a tu escritorio si estás gestionando una transacción. Revisa publicaciones relacionadas con el trading en Internet, y dedica más tiempo a investigar. Piensa en tener aparatos para hacer ejercicio (como una bicicleta estática o una máquina de remo) en la habitación en la que llevas a cabo tus operaciones de trading. Ten una mente sana en un cuerpo sano. A medida que el cierre se acerque, el mercado volverá a exigirte tu completa atención, especialmente si estás saliendo de una transacción.

Hay dos razones para tener un plan cotidiano. Necesitas asegurarte de que todo el trabajo necesario se lleve a cabo, de encontrar transacciones, entrar y salir de ellas y registrarlas, e investigar. La otra razón es la de recordarte de que estás operando intradía a modo de negocio, y no como diversión, y que te tomas en serio ganar.

Recuerda que tus sentimientos, deseos y ansiedades forman parte integral del juego. Cuando los sentimientos están agitados, el trading se convierte en un problema. Tuve un cliente que había alcanzado un éxito fenomenal con el trading intradía de sólo unas acciones: AOL. Se fijaba en el precio de cierre del día anterior, comprobaba los niveles a los que AOL operaba en Europa y revisaba cualquier noticia que llegara por la noche. Cuando AOL salía disparada tras la apertura, operaba con su primera fluctuación, y a veces con dos o tres más durante los primeros treinta minutos o la primera hora. Ganaba cinco mil dólares casi a diario en la primera hora de trading, comprando y vendiendo mil acciones en un santiamén. Luego se pasaba el resto del día derrochando ese dinero y perdiendo en conjunto.

Cuando acudió a mí para que le asesorara, resultó obvio que su sistema funcionaba bien sólo durante la primera hora. Valoraba una acumulación de presión por la noche, y una vez que esa presión se igualaba, no disponía de ninguna ventaja. Su sistema era fantásticamente eficaz siempre que dejara de operar en la bolsa una hora después de la apertura… Pero no podía parar.

Resultó que su autoestima se basaba en gran medida en intentar ganarse el respeto de su anciano padre. Su padre era un inmigrante que fundó un negocio exitoso a fuerza de trabajo duro, y sólo respetaba a los hombres que trabajaban duro y le echaban muchas horas. Mi cliente sentía que tenía que seguir «trabajando» en los mercados durante todo el día en lugar de apagar el ordenador e irse a jugar a golf, pilotar su barco o practicar su *putt* en el jardín. No quería ir a psicoterapia. Lo intenté llamándole a las 10:30 h para que dejara de operar en la bolsa, pero se hizo con un servicio de identificación de llamadas para evitarme. Un gran sistema supone sólo la mitad del juego, y la otra mitad es la psicología del trading. El único objetivo de los traders exitosos consiste en hacer crecer su capital. Todo lo demás, incluido el amor, el respeto, etc., uno debe ganárselo fuera de los mercados.

El sistema de impulso

La alta volatilidad durante el mercado alcista de la década de 1990 hizo que el trading de impulso fuera muy popular. La idea consiste en subirse a bordo de unas acciones con un movimiento rápido mientras empiezan a correr y luego salirse después de que se ralenticen. A los traders de impulso no les preocupa el valor intrínseco de una compañía, y puede que ni siquiera sepan qué hace esa empresa: todo lo que les preocupa es la dirección y la velocidad. Compran cuando unas acciones ascienden (rara vez operan a corto) y esperan liquidar sus transacciones antes de que el impulso se agote.

El juego del trading de impulso parece engañosamente fácil. Los propietarios de salas de operaciones financieras ganan fortunas en comisiones, mientras que legiones de traders pierden fortunas incluso mayores intentando ganar dinero con acciones de movimiento rápido. El trading de impulso tiende a degenerar en un trading impulsivo, y entonces se acaba el juego.

El trading de impulso tiene una contradicción psicológica incorporada que es mortal para la mayoría de la gente. Por un lado, este juego rápido, como las batallas de infantería o el jugar a videojuegos, se adapta mejor a la gente joven con unos fuertes instintos de caza, capaces de abandonarse al juego. Por otro lado, el trading de impulso requiere de la disciplina fría y objetiva de un contador de cartas profesional en un casino. El trading de impulso exitoso es, al igual que el apostar de forma profesional, una tarea aburrida. La capacidad de aceptar pequeñas ganancias constantes, que es esencial para el trading de impulso, es muy rara. Pocas personas son capaces de levantarse de la mesa e irse cuando la fiesta está en marcha.

Uno de mis clientes favoritos es un trader profesional en Londres que, a veces, por diversión, va a un casino por la noche. Juega al *blackjack* por una apuesta mínima de cinco libras esterlinas y abandona cuando ha ganado doscientas libras o perdido cuatrocientas. Ha dado con un método para contar cartas y un sistema de gestión del dinero que hacen que vuelva a casa con doscientas libras trece veces de catorce. Se ha demostrado a sí mismo que puede ganar constantemente en el casino, y ahora rara vez va allí porque debe pasar seis o siete horas contando y apostando antes de alcanzar su límite de ganancias o pérdidas. Es un trabajo duro, contando todo el tiempo. La multitud de aficionados a su alrededor se lo está pasando muy bien perdiendo. Mi cliente prefiere quedarse en casa y operar con acciones, ya que las probabilidades son mucho más de su gusto.

El trading de impulso exitoso requiere de una gran disciplina. Debes identificar un movimiento de precios, saltar a bordo sin esperar una mejor confirmación y salir en cuanto ese movimiento se ralentice. Cuanto más esperes a identificar la inercia, menos dinero quedará para ti. Recoger beneficios es estresante debido a la tendencia humana natural a aguantar un poco más y luego mortificarte por haber abandonado demasiado pronto. Un trader de impulso o inercia necesita un conjunto de normas técnicas, un sistema de gestión del dinero y una disciplina férrea para entrar cuando el momento sea el adecuado y salir sin remordimientos después de alcanzar su objetivo de beneficios o su límite de pérdidas.

Entradas

Diseñé este sistema para identificar los puntos de inflexión en los que una tendencia se acelera o se ralentiza. El Impulse System (sistema de impulso) funciona en cualquier período de tiempo, incluyendo el intradía. Proporciona señales de compra y venta, pero deja a tu criterio elegir buenos mercados, afinar los parámetros y aportar la disciplina.

Escoge un mercado activo cuyos precios fluctúen en un canal amplio. ¿Qué sucede si efectúas una transacción mediocre y sólo consigues el 10 por 100 de la amplitud de un canal? El resultado no está tan mal si el canal tiene una amplitud de veinte puntos, pero una transacción mediocre supone un ejercicio de futilidad si el canal sólo tiene cinco puntos de amplitud. Sal a cazar conejos gordos y no pierdas tu tiempo con los flacos.

El Impulse System combina dos indicadores sencillos pero potentes. Uno mide la inercia del mercado y el otro su impulso. Cuando ambos apuntan en la misma dirección, identifican un impulso que vale la pena seguir. Obtenemos una señal de entrada cuando ambos indicadores están en sintonía, pero en cuanto dejen de confirmarse entre sí, tómate eso como una señal de salida.

El Impulse System usa una media móvil exponencial para encontrar tendencias alcistas y bajistas. Cuando la MME sube, muestra que esa inercia favorece a los toros. Cuando la MME baja, la inercia funciona para los osos. El segundo componente es el histograma de la MACD: un oscilador cuya pendiente refleja cambio de poder entre los toros o los osos. Cuando el histograma de la MACD asciende, muestra que los toros se están volviendo más fuertes. Cuando desciende, muestra que los osos se están volviendo más fuertes.

El Impulse System marca aquellas barras en las que tanto la inercia como el impulso apuntan en la misma dirección. Cuando tanto la MME como el histograma de la MACD ascienden, muestran que los toros están bramando y que la tendencia alcista se está acelerando. Cuando ambos indicadores caen juntos, muestran que los osos están machacando el mercado. Estos indicadores pueden permanecer en sintonía entre sí durante sólo algunas barras, pero eso es cuando el mercado se mueve rápidamente: el impulso está en marcha.

Antes de salir corriendo a aplicar el Impulse System (sistema de impulso) a tu mercado favorito, recuerda cómo la triple pantalla analiza los mercados en más de un período de tiempo. Elige tu franja de tiempo favorita y llámala intermedia. Multiplícala por cinco para definir tu período de tiempo a largo plazo. Si tu gráfica favorita es la diaria, analiza la gráfica semanal para tomar la decisión estratégica sobre si ser toro u oso. Usa una MME de veintiséis semanas o la pendiente del histograma de la MACD semanal o ambos en la gráfica semanal.

Una vez que hayas definido la tendencia a largo plazo, regresa a tu gráfica diaria y busca transacciones sólo en la dirección de la semanal. El Impulse System usa una MME de trece días y un histograma de la MACD 12-26-9. La MME, que monitoriza la inercia del mercado, es un poco más corta que la usual de veintidós barras, lo que hace que el sistema sea más sensible.

Cuando la tendencia semanal sea alcista, ve a las gráficas diarias y espera a que tanto la MME de trece días como el histograma de la MACD asciendan. Cuando tanto la inercia como el impulso suben, tienes una fuerte señal de compra que te dice que operes a largo y permanezcas a largo hasta que la señal de compra desaparezca.

Cuando la tendencia semanal sea bajista, ve a las gráficas diarias y espera a que tanto la MME de trece días como el histograma de la MACD desciendan. Te proporciona una señal para operar a corto, pero debes estar listo para cerrar cortos cuando esa señal desaparezca.

Algunos programas técnicos te permiten marcar barras de precios con distintos colores. Hazlas verdes cuando tanto la MME como el histograma de la MACD asciendan y rojas cuando ambos indicadores desciendan. No marques las barras si los indicadores apuntan en dirección contraria. Esto te permitirá ver fácilmente las señales de un vistazo.

La programación difiere entre los distintos paquetes de *software,* pero aquí tenemos cómo programé señales de compra en el programa Internet Trader Pro:

AlertMarker (mov (c,13,e) > ref (mov (c,13,e), -1) and fml («MACD-Histogram») >
ref (fml («MACD-Histogram»), -1), Below)
Aquí tenemos el código para las señales de venta:
AlertMarker (mov (c,13,e) < ref (mov (c,13,e), -1) and fml («MACD-Histogram») <
ref (fml («MACD-Histogram»), -1) , Above)

Si sabes cómo programar, puedes añadir más características al sistema. Puedes hacer que la duración de esta MME sea variable y probar con distintas duraciones, buscando las que funcionen mejor en tu mercado. Puedes programar alarmas de sonido para las señales de compra y de venta y monitorizar un cierto número de mercados sin estar pegado a la pantalla. Hay un pescador en el paseo marítimo que está cerca de donde vivo que tiene varias cañas de pescar, cada una con una campanita. Siempre que pica un pez, una campana suena, el hombre deja su periódico y empieza a recoger sedal.

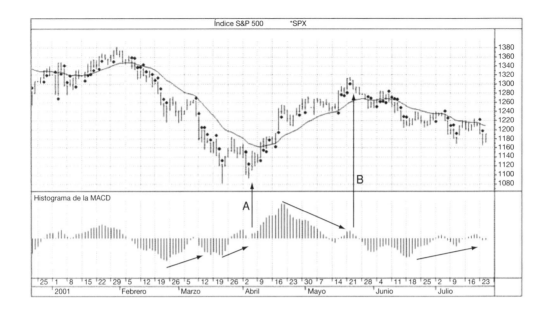

GRÁFICA 6.6 El Impulse System

Cuando las pendientes tanto de la MME como del histograma de la MACD apuntan en la misma dirección, identifican un movimiento del mercado que está acelerando. La mejor forma de ver señales de impulso consiste en programar las compras y las ventas en distintos colores. Opera en la dirección de un impulso para capturar los movimientos más intensos y dinámicos. Aparte de eso, nunca operes en contra del impulso. Por ejemplo, una divergencia alcista, un doble fondo y una cola de canguro en marzo y abril apuntan, todos ellos, a un mínimo importante, pero no debes comprar mientras el impulso sea bajo. La señal de venta desaparece en el punto A, y es ahí donde podrías operar a largo.

El Impulse System (sistema de impulso) monitoriza de maravilla el movimiento bajista en enero-marzo y el movimiento alcista en abril-mayo. En mayo, la divergencia bajista B se ve seguida de la desaparición de una señal de venta por parte del Impulse System, que permite operar a corto. La tendencia bajista resultante no es tan dinámica como los dos movimientos precedentes, con señales de de compra y venta que se alternan por parte del Impulse System. Esto es un signo de un mercado indeciso en el que es difícil operar. En caso de duda, mantente al margen.

En el borde derecho de la gráfica, una triple divergencia alcista del histograma de la MACD proporciona una señal de compra. El Impulse System acaba de perder su señal de venta. El mercado de valores parece preparado para un ascenso. Si compras, con un *stop* por debajo del último mínimo, asegúrate de que esa orden sea de «*stop* y cambio de dirección» *(stop-and-reverse)*. Si esta divergencia alcista queda abortada, el mercado proporcionará una señal del sabueso de los Baskerville y descenderá bruscamente.

Salidas

Cuando un *cowboy* en un rodeo salta sobre el lomo de un caballo salvaje, ¿durante cuánto tiempo aguanta encima de él?: veinte segundos, quizás treinta y cinco, o cincuenta si es bueno y tiene suerte. Esas transacciones con un impulso salvaje tampoco duran mucho. Intenta bajarte mientras estés ganando dinero y no te hayas hecho daño.

El momento de invertir en una transacción de impulso es cuando todo esté ordenado: es decir, cuando la tendencia semanal asciende, y la MME diaria y el histograma de la MACD están subiendo. Bájate en cuanto un solo indicador descienda. Generalmente, el histograma de la MACD diario es el que primero cambia, cuando el impulso ascendente empieza a debilitarse. Cuando la señal de compra desaparezca, vende sin esperar una señal de venta.

Revierte el procedimiento en el caso de las tendencias bajistas. Una transacción de impulso a corto empieza cuando la tendencia semanal desciende y la MME y el histograma de la MACD diarios también caen, mostrando que el impulso descendente se está acelerando. Cierra cortos en cuanto uno de estos indicadores deje de dar una señal de venta. La parte más dinámica del declive ha acabado, y tu operación de impulso ha satisfecho su objetivo.

El Impulse System te anima a entrar con cautela, pero a salir rápido. Éste es el enfoque profesional del trading, que es todo lo contrario al estilo de los aficionados. Los principiantes se meten en transacciones sin pensar demasiado y les cuesta una eternidad salir, deseando y esperando que el mercado tome el camino que quieren.

El Impulse System, al igual que la triple pantalla, es un método de trading más que un sistema mecánico. Identifica islas de orden en el océano de caos del mercado mostrando cuándo la multitud, normalmente tan errática y desorganizada, se vuelve emocional y empieza a correr. Entras cuando su patrón emerge y te bajas cuando empieza a hundirse de nuevo en el caos.

Comprueba el Impulse System con los datos tu propio mercado para responder a varias preguntas importantes. ¿Deberías entrar y salir en la apertura, después de ver la señal por la tarde o deberías intentar anticiparte a esas señales? ¿Qué sucede si haces los deberes quince minutos antes del cierre y compras o vendes sin esperar a mañana? Experimenta con distintos parámetros de la MME y el histograma de la MACD.

Debes ser muy disciplinado para operar con este sistema porque es difícil emitir una orden cuando el mercado ya está volando, pero es incluso más difícil abandonar cuando vas por delante, sin esperar a una reversión. No te está permitido mortificarte si la tendencia sigue después de que hayas salido. No toques este sistema si tienes el más mínimo problema con la disciplina.

El Impulse System puede ayudarte a operar con otros sistemas. Comprueba su mensaje cuando la triple pantalla te dé una señal de compra. Si el Impulse System emite una señal de venta, deja de comprar y no operes contra él. Quieres comprar una bajada, no un declive desbocado. Revierte el procedimiento en el caso de las tendencias bajistas. Demora el operar a corto si el Impulse System emite una señal de compra. Estas «normas negativas», diseñadas para mantenerte alejado de los problemas, se encuentran entre las más útiles para los traders serios.

El indicador Market Thermometer

Un principiante necesita aprender una batería de indicadores técnicos estándar y empezar a afinar sus parámetros. Algunos traders crean sus propios indicadores para valorar distintos aspectos del comportamiento de la multitud e identificar movimientos del mercado. Revisemos el proceso de creación de un nuevo indicador técnico y veamos cómo abordar el desarrollo de tus propios indicadores particulares.

Todos los buenos indicadores reflejan algún aspecto de la realidad del mercado. El indicador Market Thermometer (termómetro del mercado) ayuda a diferenciar entre los períodos adormecidos y tranquilos y los episodios candentes cuando la multitud del mercado se emociona. Puede ayudarte a adaptar tu trading al entorno vigente.

Los mercados tranquilos suelen tener unas barras estrechas que tienden a superponerse entre sí. Los mercados candentes, en ebullición, tienden a tener unas barras anchas cuyos máximos y mínimos se extienden bastante más allá del rango del día anterior. Los principiantes se zambullen en operaciones durante esas barras anchas, temerosos de perderse un movimiento desbocado. Si entras cuando los mercados están tranquilos, es probable que tu deslizamiento sea menor. Los mercados candentes son buenos para conseguir beneficios, porque entonces puede que el deslizamiento trabaje a tu favor.

Cuando el oro subió hace poco cuarenta dólares en una semana, un periodista le preguntó a un famoso inversor si era una buena compra. El oro estaba bien, dijo, pero el momento para subirse a ese autobús era cuando estaba frente a la estación, y no circulando por la carretera a sesenta kilómetros por hora. El Market Thermometer te ayuda a reconocer cuándo el autobús se frena delante de la estación, va acelerando o va a toda velocidad por la carretera.

El indicador Market Thermometer mide lo lejos que el punto más extremo del día, ya sea el máximo o el mínimo, sobresale del rango del día anterior. Cuanto mayor sea la extensión de la barra de hoy fuera del rango de ayer, mayor será la temperatura del mercado. Aquí tenemos la formula del indicador Market Thermometer:

Temperatura = el mayor de entre (Máximo$_{hoy}$ - Máximo$_{ayer}$) o (Mínimo$_{ayer}$ - Mínimo$_{hoy}$)

Para programar el indicador Market Thermometer en Windows en el *software* WallStreet, usa la siguiente formula:

```
if (hi<ref(hi,-1) and lo>ref(lo,-1), 0, if ((hi - ref(hi,-1)) >
     (ref(lo,-1) - lo), hi – ref(hi,-1), ref(lo,-1) - lo)).
```

Es fácil adaptar esta fórmula a otros paquetes de *software*.

La temperatura del mercado siempre es una cifra positiva que refleja el valor absoluto de la prolongación ascendente o descendente del rango del día anterior: aquélla de las dos que sea mayor. Traza la temperatura como un histograma por encima de cero. Calcula una media móvil de la temperatura del mercado y trázala como una línea en la misma gráfica. Yo uso una MME de veintidós días porque hay veintidós jornadas de trading en un mes, pero siéntete con la completa libertad de experimentar con unos valores más cortos de la MME si quieres hacer que este indicador sea más sensible a las oscilaciones a corto plazo.

Cuando los mercados están tranquilos, las barras adyacentes tienden a superponerse. El consenso sobre el valor está bien asentado y la multitud efectúa pocas compras o ventas fuera del rango del día anterior. Cuando los máximos y los mínimos superan sus valores del día anterior, lo hacen sólo por un pequeño margen. El indicador Market Thermometer cae y su MME se inclina hacia abajo, indicando un mercado adormecido.

Cuando un mercado empieza a moverse, ya sea hacia arriba o hacia abajo, sus barras diarias empiezan a empujar fuera de los rangos anteriores. El histograma del indicador Market Thermometer se hace más alto y atraviesa por encima su MME, que asciende al poco tiempo, confirmando la nueva tendencia.

El indicador Market Thermometer proporciona cuatro señales para el trading basadas en la relación entre su histograma y su media móvil:

El mejor momento para entrar en nuevas posiciones es cuando el indicador Market Thermometer cae por debajo de su media móvil. Cuando el indicador Market Thermometer cae por debajo de su MME, indica que el mercado está tranquilo. Si tu sistema emite una señal de entrada, intenta entrar cuando el mercado esté más tranquilo de lo normal. Cuando el indicador Market Thermometer ascienda por encima de su media móvil, eso te advierte de que el mercado está candente y que el deslizamiento es más probable.

Sal de tus posiciones cuando el indicador Market Thermometer ascienda al triple de la altura de su media móvil. Un pico del indicador Market Thermometer indica un movimiento desbocado. Cuando la multitud se siente agitada por una noticia repentina y por subidas, es un buen momento para recoger beneficios. Los pánicos tienden a breves, aportando una buena oportunidad para sacar partido. Si la MME del indicador Market Thermometer se mantiene a cinco centavos, pero el propio indicador Market Thermometer asciende hasta los quince centavos, recoge beneficios. Prueba estos valores para el mercado en el que estés operando.

Prepárate para un movimiento explosivo si el indicador Market Thermometer permanece por debajo de su media móvil durante entre cinco y siete jornadas de trading. Los mercados tranquilos ponen a dormir a los aficionados. Se vuelven despreocupados y dejan de mirar los precios. La volatilidad y el volumen caen, y los profesionales tienen la oportunidad de escapar con el mercado. Los movimientos explosivos suelen surgir de períodos de inactividad.

El indicador Market Thermometer puede ayudarte a marcarte un objetivo de beneficios para la siguiente jornada de trading. Si eres un trader a corto y operas a largo, suma el valor de la MME del indicador Market Thermometer de hoy al máximo de ayer y emite una orden de venta ahí. Si operas a corto, resta el valor de la MME del indicador Market Thermometer del mínimo de ayer y emite un orden para cerrar cortos a ese nivel.

Tenía dos objetivos al presentar el indicador Market Thermometer. Quería aportarte un nuevo indicador, pero lo que quería todavía más era mostrarte cómo usar tu conocimiento de los mercados para diseñar tus propias herramientas analíticas. Una vez que comprendas los principios del análisis de mercados, puedes crear tus propios indicadores. Usa tu conocimiento, tu entendimiento y tu disciplina para situarte en el lado correcto de los mercados.

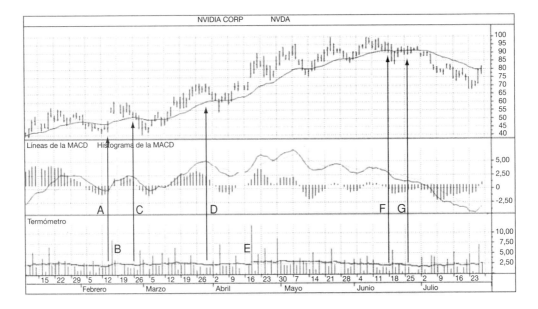

GRÁFICA 6.7   Market Thermometer

Nvidia Corp (NVDA) es una de las acciones favoritas actuales entre los traders activos. Simplemente fíjate en sus muchas características que hacen que se pueda operar con ella: una potente subida hasta los 100 dólares, su triple máximo, una divergencia de la MACD bajista y una subsiguiente tendencia bajista. Los mercados oscilan entre los períodos tranquilos y activos, y el indicador Market Thermometer te ayuda a identificarlos.

En el punto A, las acciones se encuentran en una tendencia alcista, mientras que el indicador Market Thermometer ha estado por debajo de su MME de veintidós días durante cinco jornadas. Éste es un período de calma antes de la tempestad. Un movimiento explosivo en la dirección de la tendencia (punto B) recompensa a los compradores. Al mismo tiempo, una lectura muy alta del indicador Market Thermometer, de tres veces por encima de la media advierte de que la diversión y los juegos han acabado, que el movimiento se ha agotado y que ha llegado el momento de recoger beneficios. En el punto C, el indicador Market Thermometer se vuelve a encoger, pasando cinco días por debajo de su MME y advirtiendo de que está llegado un movimiento marcado. Como los precios se encuentran por encima de su MME, espera un descenso. Surge un mensaje similar en el punto D, mientras los precios se quedan planos tras alcanzar un máximo. Fluctúa de nuevo por debajo de su MME. Después el siguiente ascenso (punto E), una lectura extremadamente alta del indicador Market Thermometer, de más de cuatro veces la media, advierte de que es un buen momento para recoger beneficios a corto plazo. Los precios logran un triple máximo cerca de los 100 dólares, el histograma de la MACD traza una fuerte divergencia bajista y en los puntos F y G los precios se quedan se quedan colgando planos. Ésta es otra calma previa a la tormenta, mientras los osos hacen fluctuar estas acciones hacia abajo.

La MME del indicador Market Thermometer te dice hasta qué punto puede moverse el máximo o el mínimo de hoy por encima o por debajo de los valores extremos de ayer. Ésta es una información útil para aquéllos a los que les gusta comprar barato o vender caro: puedes emitir tu orden del día cerca del valor extremo proyectado.

En el borde derecho de la gráfica los precios acaban de dispararse hacia arriba hasta su MME descendente. Merecían una subida después de caer desde los 100 dólares hasta estar por debajo de los 70, pero una lectura muy alta del indicador Market Thermometer, de 3 veces por encima de la media, indica que la emoción ha pasado, que está llegando una pausa y que la tendencia bajista está a punto de reanudarse.

Salir de las transacciones

Siempre que entres en una transacción, debe haber tres factores más claros que al agua en tu mente: en qué momento entrar, cuándo recoger beneficios y cuándo echarte atrás en caso de una emergencia. Hacer castillos en el aire sobre los beneficios no te hará llegar muy lejos. Debes decidir por adelantado cuándo recogerás tus ganancias de la mesa o cuándo cortarás y te irás cuando el mercado se vuelva en tu contra.

Los principiantes siguen buscando transacciones prometedoras y asumen que dar con ellas les hará ganar dinero. Buscan entradas, mientras que los profesionales dedican mucho tiempo y energía a planear sus salidas. Siempre se preguntan cuándo recoger beneficios o cortar pérdidas. Los supervivientes conocen la verdad esencial: no recibes tu paga por entrar en transacciones, sino que la recibes por salir de ellas.

¿Por qué pensar en una salida antes de entrar en una transacción? ¿No es mejor entrar, monitorizar la transacción y salir como respuesta a una acción de los precios? Hay dos argumentos principales para decidir sobre una salida antes de entrar en una transacción.

En primer lugar, conocer tus objetivos y tus *stops* te permite sopesar las recompensas y los riesgos. Si tienes una señal clara para comprar, con un objetivo de precio de dos dólares por encima y un *stop* cuatro dólares por debajo, ¿vale la pena tomar esa transacción? ¿Quieres arriesgar cuatro dólares para ganar dos? Los objetivos de precio y los *stops* te dan pie a centrarte sólo en transacciones cuyas recompensas potenciales superen a los riesgos. La capacidad de salir de una transacción potencial es tan importante como la capacidad de rechazar un trago cuando quieres.

Establecer objetivos de beneficios y *stops* antes de entrar en una transacción nos ayuda a esquivar el pernicioso «efecto de la propiedad». Nos aferramos a cosas que poseemos y perdemos la objetividad. Esa vieja chaqueta raída que cuelga en tu armario deberías haberla donado al Ejército de Salvación hace años. Esa transacción en la que entraste la semana pasada está empezando a caerse a pedazos por las costuras. ¿Por qué no la mandas a paseo? Tienes tanto la chaqueta como la transacción y las percibes como algo cómodo, familiar. Ésa es la razón por la cual necesitas decidir sobre las salidas antes de entrar, antes de que la transacción se convierta en algo tuyo.

Un amigo que es un analista técnico de primera aceptó temporalmente un empleo como bróker después de pasar por apuros económicos cuando su fondo de cobertura cerró. Naturalmente, le pasé una de mis cuentas. Siempre que llamaba para emitir una orden, no me dejaba colgar el teléfono hasta que le proporcionaba un *stop*. A veces le rogaba que me diera un poco más de tiempo, y aceptaba mi orden, pero con la condición de que volviera a llamarle al cabo de cinco minutos para proporcionarle un *stop,* o si no él me llamaría. Seis meses después, encontró un trabajo como analista técnico, y nunca he vuelto a conocer a otro bróker como él. Subrayaba de verdad la necesidad de conocer tus parámetros de seguridad antes de asumir un riesgo en el mercado.

Antes de entrar en una transacción, deberías establecer dos niveles concretos de precios: un objetivo y un *stop*: uno por encima y otro por debajo de los precios actuales. Esto es todo lo que necesitas para una transacción a corto plazo, en el que disparas a un objetivo claramente visible. Puedes encontrar a un bróker que acepte órdenes OCO *(«one cancels other»,* o «una cancela la otra»).* Entonces, si alcanzas tu objetivo de beneficios, el *stop* se cancela automáticamente y viceversa. Si tu bróker no acepta órdenes OCO, dale tu *stop* y vigila tu objetivo de beneficios.

¿Qué sucede si estás planeando una transacción a bastante largo plazo que puede que dure varios días o incluso semanas? Los objetivos de beneficios cambian con el paso del tiempo, y los *stops* de protección deben ajustarse a medida que la transacción se mueva a tu favor. Debes anotar tus normas para salir de las transacciones y seguirlas desde ese folio sin discutir, regatear ni esperando un mejor precio. Puedes, por ejemplo, decidir salir si se alcanza la línea superior del canal o si el mercado alcanza mínimos más bajos dos días seguidos. Independientemente de las normas que uses, anótalas y ejecútalas de inmediato una vez que el mercado alcance un objetivo de beneficios o un nivel de *stop* de protección de pérdidas de acuerdo con tus normas.

Los traders muy experimentados saben cómo reconocer tendencias inusualmente enérgicas, durante las cuales modifican las estrategias de salida, toman beneficios parciales y se llevan consigo el balance de sus posiciones con una estrategia de salida modificada para las tendencias desbocadas. A medida que tengas más experiencia, puedes relajarte un poco más con respecto a tus planes, pero un trader principiante o de nivel intermedio debe ser muy estricto. Las entradas son fáciles porque cualquier mamarracho puede comprar un boleto de lotería, pero las salidas diferencian a los ganadores de los perdedores.

Objetivos del canal

Los traders de todo el mundo entornan los ojos con sus gráficas, intentando reconocer patrones, y dejan que corra su imaginación. Sin embargo, los estudios estadísticos confirman constantemente sólo un patrón: la tendencia de los precios a fluctuar por encima y por debajo del valor. Los mercados puede que sean caóticos la mayor parte del tiempo, pero sus condiciones sobrecompradas y sobrevendidas generan islas de orden que proporcionan algunas de las mejores oportunidades para el trading. Los mercados fluctúan entre la euforia y la desesperación, y podemos ganar dinero con esos estados de ánimo.

Los canales son herramientas técnicas que nos ayudan a aprovecharnos de las fluctuaciones del mercado. Los trazamos paralelos a la media móvil en el período de tiempo intermedio (generalmente diario). Un canal bien trazado contiene aproximadamente el 95 por 100 de los precios recientes. Su línea superior representa el estado de ánimo maníaco del mercado y el inferior el depresivo.

Si compramos valor cerca de una media móvil ascendente, podemos vender manía cerca de la línea superior del canal. Si operamos a corto cerca de una media móvil descendente podemos cerrar cortos en el nivel deprimido cerca de la línea inferior del canal. Los canales proporcionan objetivos atractivos para recoger beneficios.

La gente dice que un neurótico es alguien que construye castillos en el aire, que un psicótico vive en ellos y que un psiquiatra es el tipo que cobra el alquiler. Los canales nos ayudan a cobrar el alquiler de aquello que vuelve locos a la mayoría de los inversores: las incesantes fluctuaciones de los mercados. La idea consiste en comprar normalidad y vender manía u operar a corto con la normalidad y cerrar cortos con la depresión.

Los canales rectos o envolturas funcionan mejor para recoger beneficios que los canales de la desviación estándar o bandas de Bollinger. Estas bandas se vuelven más amplias cuando la volatilidad aumenta y se estrechan cuando se reduce. Ayudan a los traders de opciones, que dependen enormemente de la volatilidad, pero a aquéllos de nosotros que operamos con acciones o futuros, nos va mejor con los canales rectos.

Los canales son para los traders, no para los inversores. Si quieres invertir diez dólares en unas acciones y aguantar con ellas hasta los cincuenta dólares, los canales no son para ti. Las salidas de las inversiones o de transacciones a muy largo plazo se basan en los aspectos fundamentales o en señales técnicas a largo plazo como las reversiones de una media móvil de veintiséis semanas. Las envolturas o canales funcionan mejor cuando operas con fluctuaciones a relativamente corto plazo entre niveles infravalorados y sobrevalorados.

Si compras cerca de una MME ascendente, sitúa una orden de venta allá donde esperes que la línea superior del canal se encuentre mañana. Si la línea superior del canal ha estado subiendo medio punto por día durante las últimas jornadas y ha cerrado hoy a 88 dólares, entonces puedes poner una orden de venta a 88,50 para mañana. Adapta esta cifra cada día a medida que el canal vaya ascendiendo o descendiendo.

Siempre que le enseño a un grupo cómo usar los canales para conseguir beneficios, alguien levanta la mano y señala a un área en la que los precios han superado su canal. Recoger beneficios en esa línea del canal habría provocado que nos hubiéramos perdido una gran parte de un ascenso. ¿Qué puedo decir? Este sistema es bueno, pero no perfecto. Ningún método, excepto el *a posteriori,* da en el clavo con todos los máximos y los mínimos. Robert Prechter lo expresó muy bien cuando dijo: «Los traders toman un buen sistema y lo destruyen intentando hacer que se convierta en un sistema perfecto».

Si una tendencia es muy potente, quizás quieras seguir las fluctuaciones un poco más. Vende la mitad de tu posición cuando los precios alcancen la línea superior del canal, pero usa tu buen juicio para salir de la segunda mitad. Puedes monitorizar los precios intradía y vender el primer día si no alcanzan un nuevo máximo. Usa tu buen juicio y tus habilidades, pero hazte un favor: abandona la idea de dar en el clavo con los máximos. La codicia es una emoción muy cara.

Si un ascenso es débil, los precios pueden empezar a hundirse sin alcanzar la línea superior de su canal. No hay ninguna ley que diga que el mercado deba volverse maníaco antes de regresar a su valor. El Force Index puede ayudar a medir la fortaleza de un ascenso. Cuando el Force Index de dos días sube hasta un nuevo máximo, confirma el poder de los toros y te anima a aguantar hasta que los precios alcancen la línea superior del canal. Si el Force Index de dos días traza una divergencia bajista, muestra que el ascenso es suave y que será mejor que recojas tus beneficios rápidamente.

Un trader excelente es alguien que consigue un 30 por 100 o más de un canal. Eso es un poco más de la mitad de la distancia desde la media móvil hasta la línea del canal. Incluso aunque compres ligeramente por encima de la media móvil y vendas por debajo de la línea superior de su canal, puedes ser un trader excelente y beneficiarte holgadamente. Los canales ayudan a pillar los máximos y los mínimos normales, y puedes hacerte muy rico amasando constantemente unos beneficios normales. Los canales te ayudan a establecer unos objetivos de beneficios realistas.

Stops de protección

Los aficionados oscilan entre la fantasía y la realidad, y toman la mayoría de sus decisiones en el reino de la fantasía. Sueñan con beneficios, evitando pensamientos desagradables sobre posibles pérdidas. Como los *stops* nos hacen centrarnos en las pérdidas, la mayoría de los traders se resisten a usarlos.

Una amiga me dijo que no necesitaba *stops* porque era una inversora.

—¿A qué precio compraste esas acciones? –le pregunté.

—Entré a 80 dólares y ahora están a 85.

—¿Las seguirías aguantando si volvieran a bajar a 80 dólares?

—Sí, por supuesto.

—¿Y si fueran 75 dólares?

—Probablemente compraría más.

—¿Y si fueran 70? –Entornó los ojos.

—¿Y qué hay de 55? ¿Querrías seguir teniéndolas?

—No, no. –Agitó vigorosamente la cabeza.

—Bueno, pues necesitas un *stop* en algún punto por encima de los 55 dólares.

Hace poco cené con un abogado que había conseguido información privilegiada de que las acciones de una cierta compañía, que eran muy baratas, estaban a punto de anunciar una asociación estratégica con un gigante de las telecomunicaciones. Dejando a un lado las cuestiones de la legalidad y la moralidad, invirtió la mayor cantidad de su dinero en esas acciones a un precio medio de 16,5 centavos por acción. Una vez que se produjo el anuncio, las acciones subieron hasta los 8 dólares, pero para cuando me contó su secreto mientras nos comíamos una bandeja de *sushi,* habían bajado a 1,50 dólares. No disponía de ningún *stop.* Le pregunté si seguiría conservando sus acciones si descendieran hasta los 8 centavos (la mitad de lo que había pagado por ellas). Se quedó impactado y prometió poner un *stop* a un dólar. ¿Lo hizo? Probablemente no. A la gente le gusta soñar y cerrar los ojos a la realidad.

Debes poner un *stop* de inmediato después de entrar en una transacción y empezar a moverte en la dirección de esa transacción tan pronto como empiece a desplazarse a tu favor. Los *stops* son una calle de un solo sentido. Si operas a largo puedes subirlos, pero nunca bajarlos. Cuando operes a corto, puedes bajarlos, pero nunca subirlos. Sólo los perdedores dicen: «Le daré a esta transacción un poco más de espacio». Ya le has dado todo el espacio que necesitaba cuando pusiste tu *stop.* Si unas acciones empiezan a moverse en tu contra, deja a tu *stop* tranquilo. Eras más racional cuando lo pusiste que hoy, con los precios rondando ese nivel y amenazando con alcanzarlo.

Los inversores deben reevaluar sus *stops* cada pocas semanas, pero los traders tienen una tarea más difícil. Debemos recalcular nuestros *stops* cada día y moverlos frecuentemente.

Un delirio mortal

Muchos traders piensan que pueden mantenerse alejados de los problemas sin *stops,* gracias a su análisis superior del mercado. El trading es un acto en la cuerda floja. Puedes caminar por esa cuerda cien veces sin una red de seguridad, pero la primera caída puede dejarte lisiado. No puedes permitirte correr ese riesgo. No hay inteligencia suficiente que te pueda ayudar si abandonas los *stops.*

Hace varios años me llegó una llamada de un desarrollador de *software* para el trading de fama mundial. Me invitó a ir de acampada y mencionó, de pasada, que había desarrollado un sistema fantástico para operar con futuros. Se basaba en un reconocimiento de patrones computarizado que se había probado retrospectivamente con veinte años de datos con unos resultados sorprendentes. No disponía de dinero para operar con ese sistema, ya que había perdido su capital en un negocio anterior, pero mostró su descubrimiento a un grupo de gerentes de cartera. Estaban tan impresionados que empezaron a crear un fondo de cobertura para él, y mientras tanto le dieron lo que llamaban una cuenta pequeña: cien mil dólares.

Volé de una punta a otra de EE.UU. y pasé la primera tarde admirando el sistema de mi amigo.

—¿Estás operando con algo ahora?

El sistema le había dado seis señales: soja, francos suizos, panceta de cerdo y otros tres mercados. Había entrado en transacciones con los seis.

—¿Cuánto has destinado a cada uno?

Había dividido su cuenta en seis partes, una para cada mercado. Sin reservas. Completamente al límite.

—¿Dónde has colocado los *stops?*

Me dijo, dando muchos rodeos, que los hombres de verdad no usan *stops*.

Disponía de una prueba matemática que decía que los *stops* reducen la rentabilidad. La seguridad radicaba en operar en mercados no relacionados entre sí. Si uno o dos funcionaban en su contra, los otros irían a su favor.

—¿Qué sucede si se da un suceso catastrófico y todos los mercados se mueven en tu contra?

Me aseguró que eso era imposible porque operaba con mercados no relacionados entre sí: no había ninguna correlación entre los francos suizos y la panceta de cerdo. Además, su sistema no había sufrido ni una única masacre en veinte años de pruebas retrospectivas.

Le sugerí que nos olvidáramos de la acampada y que permaneciéramos cerca de la pantalla, ya que todo su capital estaba en peligro. Mi amigo insistió en que tenía total confianza en su sistema, por lo que condujimos hasta Sierra Nevada, donde hay algunos de los paisajes más espectaculares de EE. UU. Lo pasamos en grande, y el ultimo día, mi hijo, que tenía unos ocho años en esa época, encontró todo un cubo lleno de pepitas de oro. En realidad se trataba de oro de los tontos (pirita), pero a fecha de hoy sigo conservando una de esas piezas en mi escritorio a modo de pisapapeles con un grabado: «Todo lo que brilla es oro».

Para cuando regresamos a la civilización, lo imposible había sucedido. Los seis mercados fueron en contra de mi amigo, prácticamente arrasando su capital. La mañana siguiente vimos, horrorizados, cómo los mercados abrían, uno tras otro, y seguían yendo en su contra a pasos agigantados. Le convencí para que cerrara dos de las seis posiciones, pero era la hora de conducir hacia el aeropuerto.

Algunos días después, llamé a mi amigo para darle las gracias por el viaje. Su cuenta había quedado arrasada y se quejó amargamente de que sus gerentes cartera no eran unos caballeros: no le estaban devolviendo sus llamadas telefónicas. Resistí la tentación de decirle que si me hubiera hecho perder cien mil dólares yo tampoco le hubiera devuelto sus llamadas.

Un trader que no use *stops* acabará por sufrir la madre de todas las pérdidas. Los desastres espectaculares golpean a personas brillantes que creen que su agudeza general y sus sistemas geniales anulan la necesidad de *stops*. Un trader negligente puede salirse con la suya sin *stops* por un tiempo, pero si opera en la bolsa el tiempo suficiente, el mercado le matará.

No habrá inteligencia suficiente que salve a un trader que no use *stops*. Un Premio Nobel de la investigación de los mercados financieros no le será de ayuda. Fíjate en Long-Term Capital Management, un fondo de cobertura que es propiedad de y es operado por un conjunto de verdaderos genios, entre los que se incluyen un antiguo director de Salomon, un antiguo gobernador de la Reserva Federal y dos ganadores del Premio Nobel. Estas personas eran demasiado brillantes como para usar *stops*. Estuvieron al borde de la bancarrota en 1998 y no acabaron arrasados porque la Reserva Federal de EE. UU. intervino para organizar un rescate financiero para evitar trastornar a los mercados mundiales.

No hay suficiente inteligencia, conocimientos o potencia computacional que te vaya a salvar de un desastre si operas sin *stops*. Los *stops* son esenciales para tu supervivencia y tu éxito.

¿Qué hay de los *stops* mentales (decidir sobre tu punto de salida y luego observar el mercado)? Si quebranta ese nivel, abandonarás tu posición, intentando conseguir el mejor precio.

Ésta es una estrategia común entre los profesionales que tienen mucha experiencia y una disciplina férrea. Un principiante, por otro lado, observa el mercado de la forma en la que un conejo mira a una serpiente: se queda paralizado por el miedo y es incapaz de moverse. Debe poner *stops* reales.

Los *stops* no proporcionan una protección total porque los precios no son continuos y pueden saltarse el *stop*. Puedes comprar una acción a 40 dólares y poner un *stop* de protección a 37 dólares, pero un informe de resultados o un anuncio negativo pueden hacer que esas acciones abran a 34 dólares mañana, emitiéndose tu orden a un nivel mucho peor que el esperado. Esto no supone un argumento contra los *stops*. Un paraguas con agujeros es mejor que no tener un paraguas. Además, las normas para la gestión del dinero proporcionan un nivel extra de protección.

Stops en dos dimensiones

Poner *stops* es uno de los retos más duros en el trading: más que encontrar buenas transacciones. Querrás colocarlos lo suficientemente cerca para proteger tu capital, pero lo suficientemente lejos para no verte expulsado por el ruido carente de importancia. Es un delicado acto de equilibrio.

La mayoría de los libros sobre el trading repiten el mismo consejo: pon un *stop* por debajo del último mínimo cuando operes a largo o por encima del último máximo cuando operes a corto. Este método es tan sencillo y común que toneladas de *stops* se arraciman a los mismos niveles obvios. Los profesionales no son ciegos: se fijan en las gráficas y saben dónde se encuentran estos *stops*. Apuntan hacia ellos e intentan desencadenar esos *stops* con roturas falsas.

Cuando unas acciones se encuentran justo por encima de su soporte, el flujo entrante de nuevas órdenes de compra se agota, y aquéllos con *stops* justo por debajo del soporte simplemente respiran hondo y esperan. Los profesionales venden a corto, dándoles a esas acciones un pequeño empujón. Caen por debajo del soporte, activando una oleada de órdenes de *stop* para vender. Los profesionales que han operado a corto a un nivel superior empiezan a cerrar cortos, comprando barato a aficionados cuyos *stops* alcanzan. En cuanto el descenso se ralentiza, redoblan sus compras y operan a largo. El mercado asciende, y los profesionales que compraron por debajo del soporte venden ahora con el ascenso. La mayoría de las rupturas de las bandas de fluctuación son falsas rupturas: expediciones de pesca de los profesionales que apuntan a *stops* a niveles comunes. Una vez que esos *stops* son limpiados, el mercado está listo para revertir. La mayoría de los traders quedan tan asqueados después de verse afectados por varias rupturas falsas que dejan de usar *stops*. Es entonces cuando una verdadera reversión los pilla desprevenidos. Acaban perdiendo dinero con *stops* y sin ellos y abandonan los mercados.

Poner *stops* en niveles obvios no es una buena idea. Te irá mejor poniéndolos un poco más cerca para proteger tu capital o un poco más lejos para reducir el riesgo de ser alcanzado. Trata de no hacer lo que hacen todos los demás. Asegúrate de poner tu *stop* donde no esperas que el mercado llegue. Si esperas que los precios caigan hasta un cierto nivel, ¿por qué poner un *stop* ahí? Te irá mejor cerrando tu transacción sin esperar.

Hay dos *inputs* en cuanto a poner *stops*: el análisis técnico y la gestión del dinero. Puedes combinarlos para averiguar el tamaño adecuado para tu operación además del lugar correcto en el que situar tu *stop*. El primer paso consiste en decidir cuántos dólares deberías arriesgar en la transacción que estás a punto de abordar. Más adelante, en la sección sobre la gestión del dinero, aprenderás a limitar tu riesgo con cualquier transacción a un pequeño porcentaje de tu cuenta. Si no sientes una confianza plena, arriesga un porcentaje incluso menor. Una vez que hayas obtenido la cifra en dólares de tu máximo riesgo, recurre al análisis técnico para averiguar dónde poner tu *stop*. Un *stop* basado en el análisis técnico es casi siempre más ceñido: es decir, está más cerca del mercado que el *stop* de la gestión del dinero. Tu cuenta está empezando ahora tener el aspecto de un submarino con un casco doble: más blando por fuera y más duro por dentro.

Tus *stops* de la gestión de dinero encajan en el mercado. Representan tu nivel máximo de riesgo permisible que no violarás bajo ninguna circunstancia. Si tus *stops* del análisis técnico están más cerca del mercado, puedes retenerlos en tu mente mientras monitorizas precios y estás preparado para salir si se alcanzan esos niveles.

Aquí quiero compartir contigo dos métodos avanzados para poner *stops*. Intenta programarlos en tu *software* y pruébalos con tus datos del mercado. Hasta ahora, nunca había revelado el SafeZone a los traders, excepto por los grupos pequeños que acudían a los campamentos para traders, donde me gusta compartir mis últimas investigaciones. Mi principio es el de no retener información en mis libros. Escribo mientras opero en los mercados y mantengo mi ventaja no gracias al secreto, sino desarrollando nuevos métodos.

El *stop* SafeZone

Una vez en una transacción, ¿dónde pones tu *stop*? Ésta es una de las preguntas más complicadas en el análisis técnico. Después de responderla, te enfrentarás a una todavía más dura: cuándo y dónde mover ese *stop* con el paso del tiempo. Si pones un *stop* demasiado cerca, será alcanzado por alguna fluctuación intradía sin importancia. Si lo colocas demasiado lejos, tendrás una protección demasiado raquítica.

El sistema parabólico, descrito en *Vivir del trading: Trading for a living*, intentaba abordar este problema moviendo los *stops* más cerca del mercado cada día, acelerando siempre que unas acciones o una materia prima alcanzaban un nuevo valor extremo. El problema del sistema parabólico es que seguía moviéndose aunque el mercado se mantuviera plano y frecuentemente era alcanzado por el ruido sin sentido.

La idea de la señal y el ruido afirma que la tendencia es la señal y que el movimiento que no responde a una tendencia es el ruido. Unas acciones o unos futuros pueden encontrarse en una tendencia alcista o bajista, pero el ruido de su vaivén aleatorio puede ocultar su señal. Operar en el borde derecho es difícil porque el nivel de ruido es elevado. Desarrollé el sistema SafeZone (zona segura) para seguir a los precios con *stops* lo suficientemente ceñidos como para proteger el capital, pero lo suficientemente apartados como para mantenerlos alejados de la mayoría de las fluctuaciones aleatorias.

Los ingenieros diseñan filtros para suprimir el ruido y permitir que la señal llegue. Si la tendencia es la señal, entonces el movimiento de contratendencia es el ruido. Cuando la tendencia es alcista podemos definir el ruido como esa parte del rango de cada día que sobresale por debajo el mínimo del día anterior. Cuando la tendencia es bajista, podemos definir el ruido como esa parte del rango de cada día que sobresale por encima del máximo del día anterior. El sistema SafeZone mide el ruido del mercado y coloca *stops* a un múltiplo del nivel de ruido fuera del mercado.

Podemos usar la pendiente de una MME de veintidós días para definir la tendencia. Debes escoger la duración del período retroactivo para medir el nivel de ruido. Tiene que ser lo suficientemente largo para monitorizar el comportamiento reciente, pero lo suficientemente corto para ser relevante para el trading actual. Un período de entre diez y veinte días funciona bien, o podemos hacer que nuestro período retroactivo sea de cien días, más o menos, si queremos calcular la media del comportamiento del mercado a largo plazo.

Si la tendencia es ascendente, marca todas las penetraciones descendentes durante el período retroactivo, añade sus profundidades y divídelas entre la suma del número de penetraciones. Esto te proporcionará la penetración descendente media para el período retroactivo seleccionado. Refleja el nivel medio de ruido en la tendencia alcista actual. Colocar tu *stop* más cerca sería contraproducente. Queremos poner nuestros *stops* más lejos del mercado que el nivel medio de ruido. Multiplica la penetración descendente media por un coeficiente, empezando con un 2, pero experimenta con cifras mayores. Resta el resultado del mínimo de ayer y coloca tu *stop* ahí. Si el mínimo de hoy es inferior al de ayer, no desplaces tu *stop* más abajo, ya que sólo se nos permite elevar los *stops* en posiciones largas, pero no bajarlos.

Revierte esas normas en las tendencias bajistas. Cuando una MME de veintidós días identifique una tendencia bajista, cuenta todas las penetraciones ascendentes durante el período retroactivo y averigua la penetración ascendente media. Multiplícala por un coeficiente, empezando por un 2. Cuando operes a corto, coloca un *stop* de dos veces la penetración ascendente media por encima del máximo del día anterior. Baja tu *stop* siempre que el mercado marque un máximo inferior, pero nunca lo subas.

Preveo que el sistema SafeZone será programado en muchos paquetes de *software,* permitiendo a los traders controlar tanto el período retroactivo como el factor de multiplicación. Hasta entonces, tendrás que llevar a cabo tu propia programación o monitorizar el sistema SafeZone manualmente *(véase* la tabla 6.1). Asegúrate de calcularlo de forma separada para las tendencias alcistas y las bajistas.

Aquí tenemos las reglas para calcular el SafeZone (zona segura) usando una hoja de cálculo de Excel. Una vez que comprendas cómo funciona, intenta programar el sistema SafeZone en tu *software* de análisis técnico y superpón sus señales sobre la gráfica. Compara las cifras de la hoja de cálculo y del *software* para el trading. Deberían ser idénticas. Si no, busca un error de programación. Comparar los resultados de dos paquetes de *software* puede ayudarte a superar problemas inoportunos de programación.

	A	B	C	D	E	F	G	H	I	J	K	L	M	N	O	P	Q	R
1		IBM			Para tendencias alcistas							Para tendencias bajistas						
2	Fecha	Máximo	Mínimo	Cierre	Penetración descendente	Suma	Penetración Sí/No	Número de descensos	Media descendente	Stop a corto	Protegido	Penetración descendente	Suma	Penetración Sí/No	Número de descensos	Media descendente	Stop a corto	Protegido
3	19 Abr	115,90	110,30	114,47														
4	20 Abr	116,40	113,75	114,83	0		0					0,5		1				
5	23 Abr	114,05	111,68	112,00	2,07		1					0		0				
6	24 Abr	114,75	112,28	112,67	0		0					0,7		1				
7	25 Abr	114,85	111,99	114,85	0,29		1					0,1		1				
8	26 Abr	116,70	113,68	113,74	0		0					1,85		1				
9	27 Abr	116,90	114,55	116,20	0		0					0,2		1				
10	30 Abr	118,05	114,72	115,14	0		0					1,15		1				
11	1 May	118,65	114,90	118,51	0		0					0,6		1				
12	2 May	118,95	113,74	115,40	1,16		1					0,3		1				
13	3 May	115,10	112,35	113,70	1,39	4,91	1	4	1,23			0	5,4	0	8	0,68		
14	4 May	115,86	111,20	115,86	1,15	6,06	1	5	1,21	109,90		0,76	5,66	1	8	0,71	116,45	
15	7 May	117,25	115,00	115,90	0	3,99	0	4	1,00	108,78		1,39	7,05	1	9	0,78	117,28	
16	8 May	117,75	115,50	117,70	0	3,99	0	4	1,00	113,01	113,01	0,5	6,85	1	9	0,76	118,82	116,45
17	9 May	118,18	115,30	116,98	0,2	3,9	1	4	0,98	113,51	113,51	0,43	7,18	1	9	0,80	119,27	117,28
18	10 May	118,90	115,20	115,20	0,1	4	1	5	0,80	113,35	113,51	0,72	6,05	1	9	0,67	119,78	118,82
19	11 May	114,15	110,96	111,81	4,24	8,24	1	6	1,37	113,60	113,60	0	5,85	0	8	0,73	120,24	119,27
20	14 May	113,18	111,00	112,56	0	8,24	0	6	1,37	108,21	113,60	0	4,7	0	7	0,67	115,61	115,61
21	15 May	114,15	112,50	113,58	0	8,24	0	6	1,37	108,25	113,60	0,97	5,07	1	7	0,72	114,52	114,52
22	16 May	115,80	112,20	115,80	0,3	7,38	1	6	1,23	109,75	109,75	1,65	6,42	1	7	0,92	115,60	114,52
23	17 May	117,09	113,36	115,07	0	5,99	0	5	1,20	109,74	109,75	1,29	7,71	1	8	',96	117,63	114,52
24	18 May	117,68	114,90	117,44	0	4,84	0	4	1,21	110,96	110,96	0,59	7,54	1	8	0,94	119,02	115,60
25	21 May	119,90	117,55	119,04	0	4,84	0	4	1,21	112,48	112,48	2,22	8,37	1	8	1,05	119,57	117,63
26	22 May	119,70	117,05	118,01	0,5	5,34	1	5	1,07	115,13	**115,13**	0	7,87	0	7	1,12	121,99	**119,02**
27	23 May	118,95	117,10	117,40	0	5,14	0	4	1,29	114,91	**115,13**	0	7,44	0	6	1,24	121,95	**119,57**

TABLA 6.1   *Stops* SafeZone: hoja de cálculo

Normas para operar a largo en las tendencias alcistas

Cuando la tendencia sea alcista calcularemos el SafeZone en base a los mínimos, ya que su patrón determina la ubicación del *stop*.

1. Obtén por lo menos un mes de datos de tus acciones o tus futuros en formato máximo-mínimo-cierre, tal y como se muestra en la tabla 6.1 (los mínimos se encuentran en la columna C, con el primer registro en la fila 3).

2. Comprueba si el mínimo de hoy es inferior al de ayer. Ve a la celda E4, introduce la fórmula =IF(C3>C4,C3-C4,0) y cópiala a lo largo de toda esa columna. Mide la profundidad de la penetración descendente por debajo del rango del día anterior, y si no la hay el resultado es cero.

3. Escoge el período retroactivo y suma todas las penetraciones descendentes durante ese período. Empieza con diez días y más adelante experimenta con otros valores. Ve a la celda F13, introduce la fórmula =SUM(E4:E13) y cópiala a lo largo de toda esa columna. Resumirá el alcance de todas las penetraciones descendentes durante los últimos diez días.

4. Marca cada barra que penetre por debajo de la barra anterior. Ve a la celda G4 e introduce la fórmula =IF(C4<C3,1,0) y cópiala a lo largo de toda esa columna. Marcará cada penetración descendente con un 1 y la no existencia de penetración con un 0.

5. Cuenta el número de penetraciones descendentes durante ese período retrospectivo: en este caso diez días. Ve a la celda H13 e introduce la siguiente formula =SUM(G4:G13) y cópiala a lo largo de toda esa columna. Te mostrará cuántas veces en los últimos diez días se han quebrantado los mínimos.

6. Averigua la penetración descendente media dividiendo la suma de todas las penetraciones descendentes durante el período retroactivo entre su número. Ve a la celda I13, introduce la formula =F13/H13 y cópiala a lo largo de toda esa columna. Te mostrará la penetración descendente media de cada día: es decir, el nivel normal de ruido descendente en ese mercado.

7. Coloca tu *stop* para hoy a un múltiplo de la penetración descendente media de ayer por debajo del mínimo de ayer. Multiplica la penetración descendente media de ayer por un coeficiente elegido, empezando por 2, pero probando hasta el 3, y resta el resultado del mínimo de ayer para obtener el *stop* para hoy. Ve a la celda J14, introduce la fórmula =C13-2*I13 y cópiala a lo largo de toda esa columna. Pondrá un *stop* dos penetraciones descendentes medias por debajo del último mínimo. Si el mínimo de hoy atraviesa el mínimo de ayer por dos veces el rango normal de ruido, nos retiraremos.

8. Refina la fórmula para evitar que haga descender los *stops* durante las tendencias alcistas. Si la fórmula anterior nos dice que bajemos nuestro *stop*, simplemente lo dejaremos al nivel del día anterior. Ve a la celda K16, introduce la fórmula =MAX(J14:J16) y cópiala a lo largo de la longitud de esa columna. Evitará que el *stop* baje durante tres días: período de tiempo en el que la tendencia alcista se reanudará o se alcanzará el *stop*.

Normas para operar a corto en las tendencias bajistas

Cuando la tendencia es alcista, calculamos el SafeZone basándonos en los máximos, porque su patrón determina la ubicación del *stop*.

1. Obtén por lo menos un mes de datos para tus acciones o futuros en un formato máximo-mínimo-cierre tal y como se muestra en la tabla 6.1 (los máximos se encuentran en la columna B, con el primer registro en la fila 3).

2. Comprueba si el máximo de hoy es superior al de ayer. Ve a la celda L4, introduce la fórmula =IF(B4>B3,B4-B3,0) y cópiala a lo largo de esa columna. Mide la altura de la penetración ascendente por encima del rango del día anterior, y si no la hay el resultado es cero.

3. Escoge el período retroactivo para resumir las penetraciones ascendentes. Empieza con diez días y experimenta con valores superiores. Ve a la celda M13, introduce la fórmula =SUM(L4:L13) y cópiala a lo largo de toda esa columna. Resumirá el alcance de todas las penetraciones ascendentes durante los últimos diez días.

4. Marca cada barra que penetre por encima de la barra anterior. Ve a la celda N4, introduce la fórmula =IF(B4>B3,1,0) y cópiala a lo largo de toda esa columna. Marcará cada penetración ascendente con un 1 y la no penetración con un 0.

5. Cuenta el número de penetraciones ascendentes durante el período retrospectivo (en este caso diez días). Ve a la celda O13, introduce la fórmula =SUM(N4:N13) y cópiala a lo largo de esa columna. Mostrará cuántas veces en los últimos diez días se han quebrantado los máximos.

6. Averigua la penetración ascendente media dividiendo la suma de todas las penetraciones ascendentes durante el período retrospectivo entre su número. Ve a la celda P13, introduce la fórmula =M13/O13 y cópiala a lo largo de la longitud de esa columna. Te mostrará la penetración ascendente media: el nivel normal de ruido ascendente en ese mercado.

7. Ubica el *stop* para tu posición corta hoy a un múltiplo de la penetración ascendente media por encima del máximo de ayer. Multiplica la penetración ascendente media de ayer por un coeficiente elegido, empezando por 2, pero probando hasta el 3, y añade el resultado al máximo de ayer para obtener el *stop* de hoy. Ve a la celda Q14, introduce la fórmula =B13+2*P13 y cópiala a lo largo de toda esa columna. Situará un *stop* dos penetraciones ascendentes medias por encima del máximo de ayer. Si el máximo de hoy se dispara por encima del máximo de ayer en dos veces la cantidad normal, eso alcanzará nuestro *stop* y nos retiraremos.

8. Refina la fórmula para evitar que eleve el *stop* durante una tendencia bajista. Si la fórmula anterior nos dice que elevemos nuestro *stop*, simplemente lo dejaremos al nivel del día anterior. Ve a la celda R16, introduce la fórmula =MIN(Q14:Q16) y cópiala a lo largo de toda esa columna. Eso evitará que el *stop* suba durante tres días: período de tiempo en el que la tendencia bajista se reanudará o se alcanzará el *stop*.

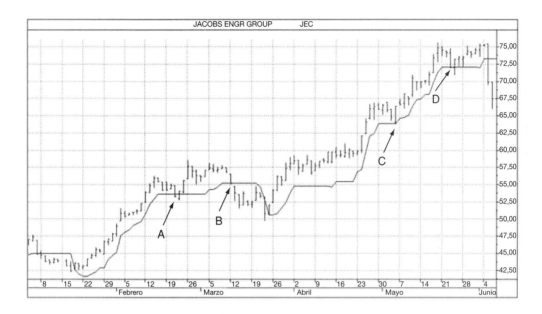

GRÁFICA 6.8   *Stops* SafeZone: tendencia alcista

Para usar el SafeZone con tus acciones o futuros favoritos durante una tendencia alcista, empieza multiplicando la penetración descendente media por un factor de tres y réstalo del mínimo de la última barra. Colocar tu *stop* más cerca del nivel medio de ruido equivale a buscarse problemas, e incluso dos veces el nivel medio está demasiado cerca. En cuanto tu sistema identifique una tendencia alcista, el sistema SafeZone empezará a seguir a los precios, haciéndote salir antes de que la tendencia se invierta. Puedes ver que el sistema SafeZone ha sido alcanzado en los puntos A, B, C y D, capturando el grueso de la tendencia alcista y evitando la corriente descendente.

El borde derecho de la gráfica ilustra por qué es buena idea no conservar nunca unas acciones por debajo de su nivel SafeZone. JEC se encuentra en caída libre, aniquilando los beneficios de un mes en sólo dos días. Un trader que usase el sistema SafeZone cobró su dinero al principio del declive.

El sistema SafeZone proporciona un enfoque original para poner *stops*. Monitoriza los cambios en los precios y adapta los *stops* a los niveles actuales de actividad. Ubica los *stops* a distancias personalizadas en lugar de a los niveles obvios del soporte y la resistencia.

El sistema SafeZone funciona tanto en el camino ascendente como en el camino descendente. Aquí contamos cada penetración ascendente del rango del día anterior durante una ventana de tiempo escogida y promediamos esos datos para encontrar la penetración ascendente media. La multiplicamos por un coeficiente, empezando con el tres, y añadimos esa cifra al máximo de cada barra.

Al igual que todos los sistemas e indicadores que aparecen en este libro, el sistema SafeZone no es un artilugio mecánico para reemplazar al pensamiento independiente. Debes establecer el período retrospectivo, la ventana de tiempo durante la cual se calcula el SafeZone. No retrocedas más allá del último punto de inflexión importante. Si el mercado revirtió desde abajo hasta arriba hace dos semanas, entonces el SafeZone para las operaciones a largo actuales no debería mirar retrospectivamente más de diez jornadas de trading.

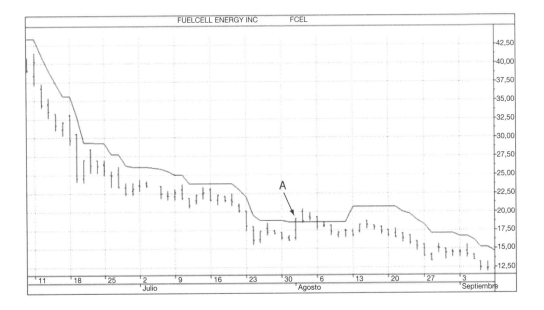

GRÁFICA 6.9   *Stops* SafeZone: tendencia bajista

Una vez que tu sistema identifique una tendencia bajista, el SafeZone te ayudará a seguir tu tendencia bajista durante todo su camino descendente, cerrando cortos antes de que un ascenso empiece a comerse tus beneficios. Date cuenta de cómo el SafeZone ha seguido el descenso de FCEL, bajando constantemente su *stop* hasta que te hace salir por un ascenso en el punto A.

En el borde derecho de la gráfica, la tendencia bajista continúa, con el sistema SafeZone protegiendo una posición a corto. Es seguro conservar los cortos con un *stop* cercano.

Otra decisión importante consiste en escoger el coeficiente para el *stop* del sistema SafeZone. Generalmente, un coeficiente de entre dos y tres proporciona un margen de seguridad, pero debes estudiarlo con los datos de tu propio mercado. Una vez que hayas hecho tus deberes y hayas afinado este indicador, se convertirá en tu propia herramienta particular en la batalla para la supervivencia y el éxito en los mercados. Puedes añadirlo a casi cualquier sistema de trading, incluyendo la triple pantalla.

La salida de candelabro de techo

Cuando una tendencia se acelere, quizás quieras cambiar de marcha y subirte a ella en lugar de operar con las oscilaciones. Aprovechar las fluctuaciones requiere de *stops* ceñidos, pero una posición más a largo requiere de más espacio para respirar. Los *stops* candelabro de techo *(Chandelier)* están diseñados para proteger estas posiciones.

Cuando los compradores colocan *stops,* suelen contar hacia atrás desde los mínimos y poner *stops* por debajo de puntos bajos recientes importantes. Cuando los traders operan a corto, suelen contar hacia atrás desde los máximos y colocan *stops* por encima de los picos recientes. La salida candelabro de techo adopta un enfoque distinto. Cuando los traders operan a largo, cuelga sus *stops* en el pico más alto alcanzado por esa tendencia, igual que un candelabro de techo o araña cuelga del punto más alto de una habitación. A medida que los precios ascienden, la salida candelabro de techo, que está suspendida del punto más elevado de esa tendencia, también sube. Monitoriza la volatilidad además de los precios, ya que su distancia desde el pico crece con el aumento de la volatilidad. Revisaremos las salidas candelabro de techo para las tendencias alcistas, pero puedes revertir estas reglas y aplicarlas a las tendencias bajistas.

No podemos decir cuánto puede ascender una tendencia alcista, y el candelabro de techo subirá hasta que los precios abandonen del techo y alcancen ese *stop.* Este método, junto con varios otros, fue presentado por Chuck LeBeau en nuestros campamentos para traders de enero de 2000 en el Caribe y de marzo de 2001 en el Pacífico.

La salida candelabro de techo recurre al concepto del rango medio verdadero *(Average True Range,* o ATR) descrito por Welles Wilder en 1966. El rango verdadero es la mayor de las tres cifras: la distancia entre el máximo y el mínimo de hoy, o entre el máximo de hoy y el cierre de ayer, o entre el mínimo de hoy y el cierre de ayer. El rango verdadero refleja la volatilidad de la noche comparando los precios de hoy y de ayer.

El rango verdadero está incluido en muchos paquetes de *software.* El rango medio verdadero (ATR) se obtiene promediándolo a lo largo de un período de tiempo. ¿Cómo de largo debe ser ese período? Puedes empezar retrocediendo un mes, pero un trader computarizado actual puede analizar fácilmente distintos períodos retrospectivos para averiguar el rango medio verdadero.

La salida candelabro de techo resta el rango medio verdadero, multiplicado por un coeficiente, del punto más elevado alcanzado por la tendencia. La fórmula es:

$$\text{Candelabro} = \text{PE} - \text{coef} \times \text{ATR,}$$

donde:

Candelabro: La salida candelabro de techo

PE: El punto más elevado durante un número elegido de días

Coef: El coeficiente, escogido por el trader

ATR: Rango medio verdadero de un número elegido de días

Si una tendencia alcista está candente y los rangos diarios son amplios, entonces los *stops* se encuentran un poco más alejados. Si la tendencia alcista es tranquila y calmada, con unos rangos más estrechos, los *stops* se acercan un poco más.

En Windows, en el *software* Wallstreet, la formula para la salida candelabro de techo es la siguiente:

$$Hhv(hi, 22) - 3 \times ATR(22)$$

donde Hhv(hi, 22) es el pico máximo alcanzado en los últimos veintidós días y ATR(22) es el rango medio verdadero de los últimos veintidós días. Intenta probar otros parámetros en los mercados en los que te gustaría operar.

Esta fórmula multiplica el rango medio verdadero por tres antes de restar ese valor del máximo de las últimas veintidós jornadas de trading. Un trader serio se muestra apasionado por sus investigaciones. Una persona así pronto se dará cuenta de que esta fórmula contiene tres variables: la longitud o duración del período retrospectivo para dar con el pico máximo, la duración del período retrospectivo para calcular el rango verdadero, y el coeficiente para multiplicar el rango medio verdadero. Probablemente no valga la pena juguetear con la primera variable, ya que el pico máximo en una tendencia alcista desbocada es probable que se encuentre cerca del borde derecho y la mayoría de los períodos retrospectivos lo captan. El rango medio verdadero es sólo ligeramente más sensible a la duración de su período retrospectivo. Un terreno más fértil para la experimentación es el coeficiente del ATR. Si todos ubican sus *stops* a 3 ATR por debajo del pico, ¿no te gustaría ver qué sucede si colocas tu *stop* a 3,5 o 2,5 ATR?

La salida candelabro de techo puede usarse para monitorizar beneficios en posiciones cortas en tendencias bajistas desbocadas. En ese caso la fórmula se convierte en:

$$Llv(lo, 22) + 3 \times ATR (22)$$

donde Llv(lo, 22) es el pico mínimo al que se ha llegado en los últimos veintidós días y ATR(22) es el rango verdadero de los últimos veintidós días.

Los traders experimentados a veces bromean diciendo que los mercados bajistas no tienen un soporte y los mercados alcista, no tienen una resistencia. Una tendencia desbocada puede superar todas las expectativas racionales. El candelabro de techo se ocupa de eso ligando sus *stops* al extremo del precio además de a la volatilidad.

La parte negativa de las salidas candelabro de techo es que renuncian a una buena porción de beneficios. Tres rangos verdaderos medios pueden suponer mucho dinero en un mercado volátil. A un trader principiante le irá mejor tomando sus beneficios en el muro del canal. Un trader más avanzado cuyo mercado esté tocando el muro de su canal pero que muestre una gran fortaleza es más probable que cambie a una salida candelabro de techo. Si tiene una posición larga, puede recoger beneficios parciales en el muro del canal y continuar con el resto usando el candelabro de techo. Se trata de una estrategia de salida de apoyo para traders experimentados.

Los apostadores pierden fortunas intentando dar en el clavo con los máximos y los mínimos. Un buen trader es un realista que quiere tomar un pedazo del cuerpo de una tendencia,
dejando la pesca de máximos y mínimos para la gente que busca un regodeo ególatra. Las salidas candelabro de techo nos ayudan a cuidar de ese pedazo.

GRÁFICA 6.10   La salida candelabro de techo

En una tendencia alcista, la salida candelabro de techo cuelga de su punto más elevado a 3 rangos
medios verdaderos por debajo del extremo. Desempeña un buen trabajo ayudando a captar el grueso de la tendencia alcista, echando a los traders al alcanzarse el *stop* y protegiendo los beneficios
en los puntos A, B y C. Fíjate en que a medida que la volatilidad aumenta, el candelabro de techo
proporciona a las acciones un *stop* un poco más amplio, retrocediendo desde los precios.

En el borde derecho de la gráfica, la salida candelabro de techo ha recogido beneficios justo
cuando el descenso se ponía en marcha. Espera hasta que tu sistema te proporcione una nueva
señal de compra, y cuando la haga, cuelga un nuevo candelabro de techo en esa tendencia.

Escoger con qué operar

Abre un periódico y verás cómo miles de listados aparecen ante tus ojos desde sus páginas:
acciones, fondos mutuos, futuros, opciones, bonos, divisas. Tu suministrador de información
puede ofrecerte un menú de veinte mil o más ítems. Si tuvieras que descargarlos y revisarlos
todos, dedicando tan sólo dos segundos a cada uno de ellos, ese proceso te llevaría once horas.

Los principiantes se preocupan por perderse oportunidades e intentan fijarse en tantos mercados como sea posible. Suelen pedir consejo sobre *software* de monitorización. Quieren escudriñar miles de acciones en busca de algo como una divergencia alcista en el histograma de la MACD. En primer lugar, las divergencias, tan visibles a simple vista, son notoriamente difíciles de programar. El mejor programador que conozco me dice que lo ha hecho (es la cima de su éxito) usando el *software* más caro. Incluso aunque un principiante pudiera hacerse con su programa, ese gasto estaría desaprovechado porque no sabría qué hacer con las acciones que habría encontrado durante su búsqueda. No sabría cómo operar correctamente con ellas. A un principiante le iría mejor centrándose en un puñado de mercados, aprendiéndolo todo sobre ellos y operando en ellos con cuidado y atención.

Te irá mejor limitándote a tantos mercados como puedas seguir realistamente cada día. Los profesionales estudian sus mercados a diario para detectar transiciones desde unas bandas de fluctuación adormecidas hacia nuevas tendencias. El mejor momento para sacar provecho de una tendencia es antes de que acabe con sobreprecio y volátil.

Los mercados que ocupan los titulares tienden a tener sobreprecio y ser volátiles. Si lees un artículo en la portada de un periódico financiero sobre un mercado alcista de las acciones biotecnológicas o ves un reportaje en las noticias de la tarde sobre el elevado precio del café, esas tendencias probablemente estén más cerca de su final que de su principio, y comprar acciones de empresas biotecnológicas o futuros de café probablemente sea muy peligroso.

Para comprender a una persona o a un grupo vale la pena saber qué quieren y qué temen. El mayor miedo de los periodistas y los editores es cometer un error que les haga parecer estúpidos. Informan sobre tendencias sólo después de que cualquiera pueda verlas, ya que entonces no cometerán ningún error. Incluso aunque supieran cómo detectar las tendencias pronto, no se atreverían a publicar sus hallazgos por miedo a equivocarse y parecer ignorantes. Los traders no temen los errores mientras usen la gestión del dinero, pero los periodistas no pueden permitirse esos riesgos. Para cuando escriben sobre una tendencia, ésta ya lleva produciéndose un tiempo, la volatilidad es alta, la gestión de riesgos difícil y probablemente esté escrita una reversión importante.

¿Deberías operar con acciones o futuros, divisas u opciones? Las opciones son duras para los principiantes, que deberían aprender a operar con los activos (ya se trate de acciones o de futuros) subyacentes antes. La gente de fuera de EE. UU. suele verse atraída por las divisas, olvidándose de que se trata de mercados verdaderamente globales, y que cuando operas en ellos, vas contra los bancos, que disponen de traders en todas las franjas horarias. La elección entre acciones o futuros rara vez se toma de forma racional. Operar con acciones parece más respetable, mientras que los futuros tienen una reputación más temeraria. Los futuros tienen una imagen salvaje debido a sus enormes beneficios. Si sigues escrupulosamente las normas de gestión del dinero, se convierten en mucho más seguros y menos estresantes.

Acciones

Las acciones tienden a moverse más lentamente que los futuros, reduciendo el riesgo para los principiantes, especialmente aquellos que evitan los márgenes. Es uno de los misterios de los mercados que los traders que operan con metálico es más probable que ganen y que los que operan con márgenes pierdan. ¿Por qué? Las tasas de interés de los préstamos de margen suponen un gasto serio, elevando una barrera para la victoria, pero todavía hay más. La gente que compra acciones en metálico tiende a sentirse más relajada, comprando tanto o tan poco como desee. Los traders que operan con márgenes es más probable que se sientan estresados. Un trader ansioso es un trader en problemas. Será mejor que compres lo que puedas permitirte y pulas tus habilidades, y el dinero llegará.

El apabullante número de acciones hace que la gente se distraiga. Los principiantes se desesperan y se rinden y ruegan que aparezca una lista de acciones. Un trader disciplinado toma varias decisiones que le ayudan a concentrarse. Empieza por seleccionar un grupo o varios de industrias y luego se centra en acciones concretas.

Un principiante debería empezar con uno o dos grupos, un trader intermedio puede subir a cuatro o cinco, y un experto sabe cuántos puede gestionar. Hay probabilidades de que se centre en los pocos grupos que conoce bien. Empieza eligiendo un grupo que creas que tenga un gran futuro o uno por el que tengas un interés personal. Puedes, por ejemplo, decidir concentrarte en la biotecnología debido a que promete, o en el sector de la hostelería, porque ése es el sector en el que trabajas.

Escoge un grupo amplio en lugar de uno reducido. Por ejemplo, si decides monitorizar automóviles, no te fijes sólo en los constructores de coches, sino también en las compañías que fabrican piezas, neumáticos, etc. La desventaja de centrarte en un único grupo es que te perderás movimientos espectaculares en otros, pero hay varias ventajas. Aprendes qué acciones tienden a liderar o seguir. Cuando los líderes empiezan a moverse, eso te proporciona una señal de avance para operar con los rezagados. Puedes usar la fuerza relativa: compra las acciones más fuertes cuando el grupo suba y opera a corto con las más débiles cuando baje. Puedes crear un índice que incluya todas las acciones que sigas en tu sector y analizar ese índice. Esa herramienta analítica no está disponible para ningún otro trader. Si usas el análisis fundamental, entonces tomarle el pulso a un único sector, como el del *software,* te situará muy por delante de tus competidores que operan con Microsoft hoy y con McDonald's mañana.

Un grupo o sector industrial amplio puede incluir más de cien acciones, pero un principiante inteligente no debería seguir más de una docena. Podemos dividir todas las acciones en *blue chips* y chicharros especulativos. Las *blue chips* son las acciones de empresas grandes y sólidamente establecidas, poseídas por muchas compañías y seguidas por muchos investigadores. Tienen un consenso de valor bastante bien asentado alrededor del cual oscilan más o menos suavemente. Si diseñas un sistema para captar sus fluctuaciones varias veces al año, las ganancias potenciales pueden ser muy atractivas. No ignores las grandes acciones como las de índices como el Dow Jones. Sus oscilaciones ordenadas desde la media móvil hasta el muro del canal generan buenas oportunidades para el trading.

Los llamados chicharros (valores que son muy baratos y con escasa liquidez en la bolsa), pueden pasar meses, por no decir años, planos en el fondo, en un pozo de desgracia especulativo, hasta que un cambio esencial, o incluso un rumor de un cambio, los impulsa hacia una ruptura y una nueva tendencia alcista. Otros chicharros puede que no vayan a ningún sitio o que mueran. Esas acciones ofrecen unos beneficios porcentuales muy superiores a las *blue chips,* pero los riesgos son mayores y debes esperar mucho tiempo esperando a que se muevan. Tiene sentido operar con una porción importante de tu cuenta en forma de *blue chips* mientras mantienes una menor porción en forma de posiciones especulativas a más largo plazo.

¿Qué sucede si has hecho lo correcto, has aprendido a operar con unas pocas acciones en unos pocos sectores y ahora quieres operar en campos más amplios? Después de todo, los patrones técnicos y las señales no son tan diferentes en los distintos mercados. ¿Qué pasa si quieres monitorizar un mayor número de acciones en busca de divergencias de la MACD, las rupturas por impulso u otros patrones que hayas aprendido a reconocer y en los que confíes y efectúes operaciones?

Ve a Internet y encuentra una página web que te proporcione las cien acciones más activas en el índice NASDAQ (si no sabes cómo encontrar una página web así, no dispondrás de lo que necesitas para operar con ellas). Vigila cualquier acción que se cruce en tu camino. Un artículo del periódico menciona varias compañías: echa un vistazo sus acciones. La gente en una fiesta habla sobre acciones: anótalas, introdúcelas en tu sistema y mira el aspecto que tienen en tu pantalla. Muchas recomendaciones exigen un ejercicio de pensamiento contrario. En el verano de 2001, Lucent (LU) salió en las noticias con otra decepción en cuanto a las ganancias, habiendo bajado desde los 80 hasta los 6 dólares. Los periodistas estaban horrorizados, pero esas acciones habían completado su mercado bajista, habían trazado una divergencia alcista atractiva y estaban preparadas para una subida. Un ascenso desde 6 dólares hasta 9 es un incremento del 50 por 100. Las acciones de las que la gente suele hablar en fiestas suelen ser buenas candidatas para operar a corto. Para cuando los foráneos se interesan, el ascenso suele haber pasado. La idea consiste en conservar la curiosidad y tomarnos las recomendaciones no al pie de la letra, sino sólo como invitaciones para que nos fijemos en estas o aquellas acciones. Me encuentro con que mi rendimiento (el porcentaje de recomendaciones con las que acabo operando en una dirección u otra) es de alrededor del 5 por 100: acabo operando con una de cada veinte. Tengo una amiga, que es una trader brillante, que suele llamarme para pedirme que le eche una ojeada a estas o aquellas acciones. Mi rendimiento con respecto a sus recomendaciones es del 10 por 100: es la mejor.

El índice de rotación

El índice de rotación *(turnover ratio,* o TRO) predice la volatilidad esperada de cualquier valor comparando su volumen diario medio con el volumen disponible. Fue Roger Perry, de *The RightLine Report* (www.rightline.net), el que me hizo fijarme en ella:

TRO = volumen mensual dividido entre el volumen de acciones disponible

El volumen del último mes es fácil de calcular. El volumen de acciones disponible hace referencia al volumen total o número de acciones emitidas menos las participaciones propiedad de compañías y de personas con información privilegiada. Estos grupos tienden a mantener sus posiciones más firmemente que los traders particulares, que es más probable que vendan sus acciones de inmediato si el precio es adecuado. Todas las cifras anteriores son fáciles de obtener en bases de datos financieras.

Puedes calcular el volumen mensual medio multiplicando el volumen diario medio por veintidós, que es el número de jornadas de trading en un mes. Usar el volumen diario hace que el TRO sea más sensible a los cambios en el volumen a medida que unas acciones cuentan o no con el favor de los traders.

El TRO muestra cuántas veces el volumen disponible se negocia en un mes. Si, por ejemplo, el volumen mensual de un valor es de doscientos millones de acciones y su volumen disponible es de cien millones, su TRO es de 2. Si el volumen mensual de otro valor es de doscientos millones pero su volumen disponible es de cincuenta millones, su TRO es de 4.

Si el volumen medio es muy inferior al del volumen disponible, las acciones tienen un índice de rotación bajo y es improbable que una embestida de compradores haga que el precio cambie mucho. Sin embargo, si el volumen es elevado en relación con el volumen disponible, entonces mucha gente competirá por unas pocas acciones disponibles, y una avalancha repentina de compradores puede hacer que los precios se muevan espectacularmente.

Las acciones con un TRO alto tienden a ser más volátiles. Quienquiera que desee comprarlas deberá pagar un extra para arrancárselas de las manos a sus relativamente pocos propietarios. Cuando una ola de ventas sacude el mercado, las acciones con un TRO alto tienden a caer más fuerte, porque no disponen de un grupo grande de empresas propietarias que busquen conseguir unas acciones extra por un precio rebajado. Si el resto de los factores son iguales, las acciones con el mayor TRO conseguirán un mayor movimiento porcentual.

Por ejemplo, en el momento de la redacción de este libro, el volumen mensual de GE era de 355,9 millones de dólares, siendo su volumen disponible de 9809 millones de dólares, lo que da como resultado un índice de rotación del 4 por 100. Las cifras en el caso de JNPR son de 387,2 millones, 155,6 millones y un 249 por 100, respectivamente. No es de extrañar que GE sea una *blue chip* de movimiento lento, mientras que JNPR es un valor de altos vuelos. Comprueba estas cifras una vez al mes, ya que van cambiando. Los *splits* (fraccionamientos) de las acciones reducen los TRO al incrementar el volumen disponible. Un *split* de más en DELL sobresaturó el mercado hasta tal punto que estas acciones han perdido su atractivo para los traders intradía.

Las *blue chips,* como General Electric e IBM, las poseen, en gran medida, empresas y personas. Su volumen diario, independientemente de lo elevado que sea, no es más que un minúsculo porcentaje de su volumen disponible. Las nuevas acciones verdes suelen tener un volumen disponible muy pequeño, pero cuando llaman la atención del público, sus volúmenes diarios se disparan por las nubes, elevando su TRO.

Puedes poner unas etiquetas bien aferradas a los TRO de las acciones que monitorices. Siempre que el mercado esté activo y en funcionamiento, cambia a acciones con un TRO alto. Siempre que el mercado entre en una fase agitada, cambia a acciones con un TRO bajo y opera con sus fluctuaciones. El TRO puede ayudar a cambiar entre acciones agresivas y defensivas.

El trading de fluctuaciones o de tendencias

Siempre que echas un vistazo a una gráfica, los ojos se te van inmediatamente a los mayores ascensos y descensos. Los grandes movimientos nos atraen con su promesa de que nos cobraremos una buena pieza. Quién o qué va a ser exactamente la pieza cobrada es algo que pocas veces se les pasa por la mente a los principiantes. El problema con los grandes ascensos y descensos es que son claramente visibles en medio de la gráfica, pero cuanto más te aproximas al borde derecho de la gráfica, más turbios se vuelven.

Las grandes tendencias alcistas se ven interrumpidas por caídas, mientras que las tendencias bajistas se ven interrumpidas por ascensos. Emocionalmente hablando, es extremadamente difícil mantener una posición a lo largo de un movimiento contratendencia. A medida que los beneficios se desvanecen, empezamos a preguntarnos si ésta es una interrupción personal o una reversión en todo su esplendor. Hay una fuerte tentación de tomar el poco dinero que pueda quedar y salir corriendo. Las fluctuaciones más cortas son más fáciles de captar porque los objetivos de precios están más cerca y los *stops* son más ceñidos.

¿Deberías operar con tendencias a largo plazo o con fluctuaciones a corto plazo? Asegúrate de decidirte antes de hacer una operación, ya que es más fácil ser objetivo cuando no hay dinero en riesgo. Las distintas acciones tienen distintas personalidades, razón por la cual los traders de tendencias y los de fluctuaciones tienden a seguir acciones distintas.

Los traders tienen tres opciones. Los traders de tendencias identifican tendencias importantes que discurren durante meses. Los traders de fluctuaciones captan oscilaciones a corto plazo entre el optimismo y el pesimismo, que duran desde algunos días hasta algunas semanas. Los traders intradía entran y salen durante la misma sesión de trading, con transacciones que duran sólo minutos u horas.

Las transacciones de tendencias exitosas que captan movimientos largos aportan más dinero por operación. Otras ventajas incluyen disponer de más tiempo para decidir cuándo entrar o salir, no estar pegado a la pantalla y disponer de la satisfacción emocional de comprar movimientos importantes. Sin embargo, el trading de tendencias tiene sus inconvenientes. Los *stops* están más alejados del mercado, y cuando se alcanzan, pierdes más dinero. Además, tienes que pasar por períodos largos de inactividad, cosa que mucha gente encuentra difícil de soportar. Te pierdes muchas oportunidades de trading a corto plazo.

Los traders de fluctuaciones tienen más oportunidades que los traders de tendencias, y adquieren más experiencia con las operaciones frecuentes. El riesgo monetario es menor gracias a unos *stops* más ceñidos, y las recompensas rápidas proporcionan satisfacción emocional. El trading de fluctuaciones también tiene sus inconvenientes. Tus gastos por las comisiones y el deslizamiento son mayores, debido al trading más frecuente. Debes trabajar cada día, gestionando las operaciones activamente. Además, es probable que te pierdas movimientos importantes: no puedes pescar un pez grande con un anzuelo pequeño.

El trading de tendencias (comprar y retener en un mercado alcista importante) funciona mejor con las acciones del tipo que Peter Lynch llama «de diez», que son las que multiplican su valor por diez. Normalmente son valores más nuevos, baratos y menos veteranos. Una compañía de Internet o de biotecnología con un invento nuevo candente, una nueva patente o una nueva idea es más probable que ascienda un enorme porcentaje que las acciones de una empresa antigua y bien asentada. Una empresa pequeña puede que apueste su futuro a un única idea o producto, y sus acciones se dispararán si el público compra esa apuesta o se quedarán en la miseria si no es así. Si una gran compañía multinacional hubiera ideado el mismo invento, sus acciones apenas se hubieran movido porque un producto más no supone una gran diferencia para una empresa enorme.

El cebo de las grandes tendencias hace que las acciones de compañías pequeñas en sectores nuevos y prometedores sean atractivas para los traders de tendencias. Los traders de fluctuaciones deberían elegir a sus candidatos de entre las acciones negociadas más activamente en los principales mercados. Busca acciones de alta capitalización que oscilen dentro de canales amplios bien definidos.

Una vez que escojas unas acciones, no asumas que se comportarán de esa forma para siempre. Las compañías cambian, y debes estar encima de los valores que hayas elegido. Por ejemplo, Dell, fundada por Michael Dell en la habitación de su residencia de estudiantes universitarios, era una compañía pequeña que cotizaba en la bolsa, pero creció para convertirse en una de las mayores empresas de ordenadores del mundo. Un amigo mío compró 50 000 dólares de acciones de Dell a principios de la década de 1990 y tres años después las vendió por 2,3 millones de dólares, pero la época en la que DELL subía como la espuma y doblaba su valor dos veces por año desapareció. En lugar de ello, estas acciones pertenecientes a muchos accionistas se han convertido en un vehículo para los traders de fluctuaciones, y no son muy activas a este respecto.

A un trader principiante le irá mejor aprendiendo a captar fluctuaciones, porque los objetivos de beneficios y los *stops* son más claros, al tiempo que el *feedback* llega más rápidamente y la gestión del dinero es más fácil. La elección entre el trading de tendencias y el trading de fluctuaciones es en parte objetiva y en parte subjetiva. ¿Deberías operar con tendencias o con fluctuaciones? Mi impresión, después de conocer a miles de traders e inversores, es que la élite tiende a operar con los grandes movimientos y se sube a tendencias importantes, pero la gente que puede hacerlo exitosamente es contada. Hay muchos más traders que ganan dinero (a veces cantidades impresionantes de dinero) negociando con las fluctuaciones. Los principios de la triple pantalla funcionan bien en ambos casos, pese a que las entradas y especialmente las salidas son diferentes.

El trading de tendencias

El trading de tendencias significa mantener tus posiciones durante un tiempo bastante largo, a veces de meses. Requiere que conserves tus acciones mientras éstas reaccionan contra la tendencia principal. Los mercados alcistas y bajistas se ven impulsados por cambios en los aspectos intrínsecos, como las nuevas tecnologías y los descubrimientos en el caso de las acciones, los patrones meteorológicos en el caso de los mercados agrícolas, los cambios políticos en el caso de las divisas, etc. Los factores intrínsecos se encuentran detrás de los mercados alcistas y bajistas, pero los precios se mueven sólo como respuesta a las acciones de los traders y los inversores. Cuando tu información intrínseca o fundamental prevea un movimiento importante, deberás analizar las gráficas para ver que los aspectos técnicos confirman los intrínsecos.

Un mercado no te envía una carta antes de despegar. Cuando una tendencia empieza a salir de un sótano, pocas personas prestan atención. Los aficionados están dormidos como un tronco, mientras que los profesionales monitorizan sus mercados y escudriñan en busca de rupturas y divergencias. Los mercados activos llegan a las noticias porque los mínimos y especialmente los máximos atraen a los periodistas. Una de las diferencias clave entre los profesionales y los foráneos es que los profesionales siempre monitorizan sus mercados, mientras que los aficionados se despiertan y miran gráficas sólo después de que un mercado llegue a las noticias. Para entonces, el tren ya ha salido de la estación. El sistema de *rating* (calificación) ABC, descrito en «La gestión del tiempo con el sistema ABC» en el capítulo 9, puede ayudarte a gestionar el reto de monitorizar acciones a lo largo de períodos inactivos.

Una nueva ruptura es fácil de reconocer pero difícil de negociar, e incluso más difícil de retener. A medida que una tendencia se acelera, más y más gente reza por un retroceso y un nuevo ascenso desde un pico reciente durante una tendencia alcista en curso. Cuanto más fuerte sea la tendencia menos probable será que se adapte a la gente que busque chollos. Se necesita mucha paciencia y confianza para conservar una posición en una tendencia. Los traders tienden a ser hombres activos con una actitud de «no te quedes ahí sentado, haz algo». Aprender a ser pasivo les cuesta. Una razón por la cual las mujeres tienden a operar mejor en la bolsa es que es más probable que tengan paciencia.

¿Cómo puedes enseñarte a ti mismo a operar con las tendencias? Puedes empezar por estudiar gráficas históricas, pero recuerda que no existe un sustitutivo de la experiencia. La idea consiste en aprender mediante la práctica. Empieza adoptando posiciones tan pequeñas que puedas estar relajado y no hecho un lío. Opera con sólo unos pocos cientos de acciones o con un único contrato de futuros mientras estés aprendiendo.

Para aplicar la triple pantalla al trading de tendencias, monitoriza gráficas a largo plazo en busca de rupturas o busca movimientos bien asentados, identificados mediante una MME semanal. Cuando las semanales te digan que seas optimista o pesimista, regresa a las diarias y usa osciladores para encontrar puntos de entrada. Adopta posiciones largas en las tendencias alcistas cuando los precios alcancen su MME diaria ascendente y sigue incrementando tu posición con los retrocesos y nuevos ascensos desde picos recientes durante una tendencia alcista en curso. También puedes aumentar tu posición cuando los osciladores diarios, como el histograma de la MACD o el Force Index, te den señales de compra, especialmente cuando coincidan con retrocesos y nuevos ascensos desde picos recientes durante una tendencia alcista en curso. Invierte el procedimiento en el caso de las tendencias bajistas. Cuando la tendencia semanal descienda y los osciladores diarios asciendan y alcancen niveles de sobrecompra, eso nos señalará que vendamos a corto, especialmente cuando coincidan con subidas hasta la MME.

La idea consiste en posicionarte en la dirección de la marea del mercado y usar las olas que van en contra de esa marea para desarrollar tu posición inicial. Como principiante, aprende a operar con una única posición pequeña, pero una vez que empieces a ganar dinero, el tamaño de tus posiciones y el número de adiciones será función de la gestión del dinero.

Una vez que reconozcas una nueva tendencia, entra. Las nuevas tendencias, que surgen de las bandas de fluctuación, son notoriamente rápidas, con pocos o ningún retroceso y nuevo ascenso desde un pico reciente durante una tendencia alcista en curso. Si crees que has identificado una nueva tendencia, súbete a bordo. Puedes reducir tu riesgo operando a un menor tamaño, pero no esperes a un retroceso profundo y nuevo ascenso desde un pico reciente durante una tendencia alcista en curso. Puede que lleguen más adelante, y podrás incrementar tu posición. Subirte a bordo de una nueva tendencia te hace sentir como si fueras en contra del sentido común, pero estar en el mercado te hace estar más atento a su comportamiento. El gran George Soros sólo estaba bromeando a medias cuando dijo: «Compra primero e investiga después».

Pon tu *stop* inicial al nivel de la ruptura, donde la nueva tendencia ha surgido desde la banda de fluctuación. Un cohete que despegue de su plataforma de lanzamiento no pinta nada descendiendo de nuevo hacia la Tierra. No tengas prisa por mover tu *stop* inicial. Espera a una reacción, seguida de un movimiento nuevo, antes de mover tu *stop* hasta el fondo de esa reacción. Los *stops* SafeZone, que funcionan tan bien para las oscilaciones, son demasiado ceñidos para las grandes tendencias. Al subirte a una marea debes esperar que las olas oscilen contra ti y que, pese a ello, aguantes tu posición.

El trading de tendencias significa conservar tu posición inicial a las duras y a las maduras. Estás yendo a pescar peces muy grandes y debes proporcionarles suficiente espacio. Una de las razones de que tan poca gente gane mucho dinero de las grandes tendencias es que se pone ansiosa, hiperactiva y se olvida de aguantar. Las tendencias son distintas a las fluctuaciones, en las que debes recoger beneficios y salir rápido. Permanece con la tendencia a no ser que los indicadores semanales de seguimiento de tendencias se vuelvan planos o reviertan.

A los aficionados suele salirles el tiro por la culata al intentar tomar el final de una tendencia, que es una tarea notoriamente difícil. Tal y como lo expresó acertadamente Peter Lynch, intentar pillar un mínimo es como intentar agarrar un cuchillo que está cayendo: invariablemente lo atraparás por el lugar incorrecto. Las tendencias tienden a superar las expectativas racionales. Las noticias, los patrones de las gráficas diarias y otras distracciones intentan tirarte de la silla de montar. ¡Agárrate! Piensa en operar con una posición central y con posiciones suplementarias. Puedes operar con una posición central con un *stop* amplio y sin un objetivo de beneficios definido mientras entras y sales de posiciones adicionales: comprando en los descensos hasta la MME y vendiendo con los ascensos al nivel de la línea superior del canal. Piensa en usar dos cuentas distintas para poder llevar los registros más fácilmente.

El trading de fluctuaciones

Los mercados pasan la mayor parte de su tiempo sin ir a ningún lado. Suben durante algunos días, se detienen, descienden durante algunos días y vuelven a ascender. Las pequeñas fluctuaciones (semanales, diarias u horarias) son más comunes que las grandes tendencias. A finales del mes, el mercado puede estar más alto o más bajo, pero ha viajado hacia arriba y hacia abajo varias veces. Los principiantes acaban sacudidos y expulsados, mientras que los profesionales disfrutan de sus cortos viajes.

La tendencia de los mercados a fluctuar por encima y por debajo de su valor ha sido confirmada estadísticamente por varios investigadores. El trading de fluctuaciones significa comprar normalidad y vender manía (comprar cerca de la media móvil ascendente y vender cerca de la línea superior del canal) u operar a corto con la normalidad y cerrar cortos con la depresión (vender a corto cerca de la media móvil descendente y cerrar cortos en la línea inferior del canal). Los mejores candidatos para el trading de fluctuaciones se encuentran entre las acciones más activas y las *blue chips* que tienden a oscilar, más o menos tranquilamente, dentro de sus canales. Los chicharros es mejor dejarlos para el trading de tendencias. Para crear una lista de candidatos, empieza con las veinte acciones más activas y un puñado de *blue chips* famosas, y escoge las que tengan los canales más amplios y las fluctuaciones más regulares.

Asegúrate de seleccionar sólo esos candidatos cuyos canales diarios sean lo suficientemente anchos para que un trader mediocre obtenga por lo menos un punto de una transacción. Un trader mediocre suele conseguir un 10 por 100 o más de un canal. La única forma en la que puedes demostrar que eres un trader decente o incluso excelente es operando a ese nivel durante por lo menos seis meses. Incluso a los traders excelentes les va mejor con los canales amplios, ya que los beneficios son más abundantes. Los principiantes no tienen más remedio que usar la norma «un punto para un trader mediocre». Esto se traduce en canales de diez puntos. Las señales técnicas pueden tener un aspecto fantástico, pero si un canal es más estrecho de diez puntos, pasa a las siguientes acciones.

Algunas acciones proporcionan mejores señales técnicas que otras. Busca un puñado de acciones con un rendimiento regular: necesitarás cinco o seis, y ciertamente no más de diez. Monitorizar sólo un puñado de valores te permite continuar con tus deberes diarios sin acabar muerto o quedarte rezagado. Aprende las personalidades de tus acciones, valórate con cada transacción y una vez que te conviertas en un trader decente constante incrementa el tamaño de tus operaciones.

Cuando la tendencia semanal sea ascendente, espera a que los osciladores diarios se vuelvan sobrevendidos, mientas los precios descienden hacia la MME. Cuando la tendencia semanal sea descendente, busca señales de venta de los osciladores diarios mientras los precios suben hacia la MME. Si un oscilador cae hasta un nuevo mínimo desde hace muchos meses mientras los precios se están desplazando hacia la MME, eso muestra que los osos están extrafuertes y que es mejor dejar de comprar hasta el próximo mínimo. Lo contrario se aplica en el caso de operar a corto.

En una tendencia alcista semanal, los mínimos de las gráficas diarias tienden a ser asuntos muy bruscos. El mejor momento para comprar es cuando el mercado cae por debajo de su MME. El mejor momento para operar a corto es cuando el mercado sube por encima de ésta. Para emitir una orden cerca de la MME, estima su nivel para mañana. Los cálculos matemáticos son sencillos. Sabes dónde se encontraba la MME ayer y en qué nivel ha cerrado hoy. Si ha subido digamos medio punto, espera que el ascenso de mañana sea también de medio punto y súmale eso a la MME de hoy.

Echa un vistazo a cómo se han comportado tus acciones desde el inicio de la última tendencia. Si la tendencia es alcista, fíjate en los descensos anteriores. Si las acciones han regresado a la MME tres veces y la han atravesado en una media de un punto y medio, emite una orden de compra aproximadamente un punto por debajo de la media móvil, un poco más superficial que las bajadas anteriores. Estima la MME para mañana y ajusta tus órdenes de compra a diario. Los brókeres electrónicos no se irritarán si cambias tus órdenes cada día.

El trading de fluctuaciones, al igual que la pesca, exige de mucha atención y paciencia. Debes hacer tus deberes a diario, calcular la MME estimada para mañana y emitir órdenes. También debes calcular tus objetivos de beneficios y tus *stops*.

Tras entrar en una transacción con una fluctuación, pon un *stop* de protección usando el método SafeZone. El trading de fluctuaciones es como un acto en la cuerda floja, que requiere de una red de protección. Los *stops* y la gestión del dinero son esenciales para tu supervivencia y tu éxito.

Recoge beneficios cerca de la línea del canal. El nivel exacto depende de la fuerza de la fluctuación. Si el histograma de la MACD y el Force Index están alcanzando nuevos máximos, el mercado está fuerte y puedes esperar a que se alcance la línea del canal. Si actúan de forma débil, recoge tus primeros beneficios mientras sigan ahí. ¿Qué pasa si una fluctuación fuerte supera la línea del canal? Un trader experimentado puede cambiar sus tácticas y aguantar un poco más, quizás hasta el día en el que el mercado no logre alcanzar un nuevo valor extremo. Un principiante debe formarse para recoger beneficios cerca del muro del canal, ya que carece de las habilidades para hacer cambios al vuelo. Ser capaz de llevarte un beneficio limitado sin mortificarte por perderte una buena parte de un movimiento es señal de madurez emocional. Es liberador aceptar lo que has pedido y no preocuparte por el resto. Los objetivos de beneficios te ayudan a crear una estructura en un entorno desestructurado. Mide tu rendimiento como el porcentaje de la anchura del canal. Debes valorarte para ver en qué punto te encuentras.

Al principio de tu trayectoria en el trading, es más seguro concentrarse en las fluctuaciones. A medida que tu nivel de experiencia aumente, destina una porción de tu capital a operar con tendencias. Las tendencias importantes ofrecen oportunidades para conseguir unos beneficios espectaculares: las grandes cantidades de dinero se encuentran en los grandes movimientos. Te debes a ti mismo aprender a operar con ellos. Concéntrate en la calidad y el dinero vendrá a continuación.

Opciones

El número de acciones de cualquier compañía es fijo, pero los vendedores crean las opciones de la nada como respuesta a la demanda de los compradores. Un comprador de opciones espera que el precio alcance su objetivo lo suficientemente rápido, y el vendedor le vende esa esperanza. La mayoría de las esperanzas nunca se ven satisfechas, pero la gente sigue teniendo esperanza y comprando opciones. Los gestores de fondos, los agentes bursátiles con cartera propia y los miembros de los mercados venden esperanza a carretadas a los aficionados que compran opciones de venta en mercados alcistas y opciones de compra en mercados bajistas.

Una opción de compra proporciona a su poseedor el derecho, pero no la obligación, de comprar una cierta cantidad de unos valores concretos a un precio concreto en un momento concreto. Se trata de una apuesta a que el precio subirá. Una opción de venta es un derecho, pero no una obligación, de vender una cierta cantidad de un valor concreto a un precio concreto en un momento concreto. Supone una apuesta a que el precio bajará.

Cada opción tiene un precio de ejercicio (también llamado *precio de ejecución)*. Si unas acciones no logran alcanzarlo antes de la fecha de ejecución, esa opción expira sin valor y el comprador pierde lo que pagó, mientras que el escritor conserva su botín, cuyo nombre correcto es *prima de opción*. Para sacar provecho de la compra o del trading a corto de acciones, debes escoger las acciones y la dirección correctas. La tarea de un comprador de opciones es mucho más dura porque además de eso debe apostar sobre con qué rapidez las acciones llegarán al nivel que ha determinado.

- Una opción está «en el dinero» cuando el precio actual del valor subyacente iguala al precio de ejercicio.
- Una opción de compra está «fuera del dinero» cuando el precio actual del valor subyacente se encuentra por debajo del precio de ejercicio. Una opción de venta está «fuera del dinero» cuando el precio actual del valor subyacente se encuentra por encima del precio de ejercicio. Cuanto más «fuera del dinero» más barata es la opción.
- Una opción está «dentro del dinero» cuando el precio actual del valor subyacente se encuentra por encima del precio de ejercicio. Una opción de venta está «dentro del dinero» cuando el precio actual del valor subyacente se encuentra por debajo del precio de ejercicio.

Una opción puede estar «en el dinero», «fuera del dinero» o «dentro del dinero» en distintos momentos a lo largo de su vida, a medida que el precio del valor subyacente cambia. El precio de cada opción tiene dos componentes: el valor intrínseco y el valor del tiempo.

El valor intrínseco de una opción se encuentra por encima de cero sólo cuando está «en el dinero». Si el precio de ejercicio de una opción de compra es de 80 dólares y el valor subyacente sube a 83 dólares, el valor intrínseco es de 3 dólares. Si el valor se encuentra en los 80 dólares o menos, el valor intrínseco de esa opción de compra de cero.

El otro componente del precio de cada opción es el valor del tiempo. Si unas acciones se negocian por 74 dólares y la gente paga 2 dólares por una opción de compra de 80 dólares, esos 2 dólares enteros representan el valor del tiempo. Si las acciones suben hasta los 83 dólares y el precio de la opción de compra asciende hasta los 4 dólares, 3 dólares de esos 4 son el valor intrínseco (83 dólares-80 dólares), mientras que el valor del tiempo (la esperanza de que estas acciones asciendan incluso más durante la vida de esa opción) es de 1 dólar.

El precio de la opción depende de varios factores:

- Cuando más «fuera del dinero», más barata será la opción: el valor subyacente debe desplazarse a una distancia más larga para hacer que valga la pena antes de expirar.
- Cuanto más cerca se encuentre la fecha de vencimiento, más barata será la opción: dispone de menos tiempo para satisfacer la esperanza. La velocidad a la que una opción pierde valor se llama *«pérdida de valor monetario debido al paso del tiempo»*, y se vuelve más inclinada a medida que la fecha de vencimiento se acerca.
- Cuanto menos volátil sea el valor subyacente, más barata será la opción, ya que la probabilidad de que ese valor tenga un gran movimiento es menor.
- Otros factores que influyen en el precio de una opción incluyen el nivel actual de las tasas de interés y la tasa de dividendos de las acciones subyacentes.

Cuando unas acciones se negocian a 100 dólares, una opción de compra de 110 dólares vale más que una de 120 dólares, porque es más probable que esas acciones asciendan hasta los 110 que hasta los 120 dólares. Unas acciones es más probable que suban hasta los 110 dólares en 5 meses que en 2, haciendo que una opción de compra más larga sea más valiosa. Por último, si dos acciones se venden por 100 dólares, pero unas se han movido 50 dólares en lo que llevamos de año mientras que las otras sólo se han movido 30 dólares, entonces una opción de compra de 110 dólares por las acciones más volátiles probablemente tendrá un precio más elevado.

Los diferentes factores del establecimiento de los precios de las opciones pueden chocar y cancelarse parcialmente entre sí. Por ejemplo, si un mercado cae marcadamente, reduciendo el valor de las opciones de compra, el aumento de la volatilidad elevará el valor de las opciones de compra y puede que éstas pierdan menos valor del esperado. Hay varios modelos matemáticos, como el Black-Scholes, ampliamente descrito en la literatura sobre las opciones, para determinar lo que se llama un *valor justo* de una opción.

La estrategia más simple con las opciones consiste en comprarlas. Eso es lo que hacen los principiantes, especialmente comprando opciones de compra cuando no pueden permitirse comprar acciones. Pasan por alto el hecho de que las opciones son más complejas que las acciones y que alguien que no pueda ganar dinero con las acciones está condenado con las opciones. Una estrategia más sofisticada implica escribir (o vender) opciones. Un escritor de opciones puede estar cubierto o desnudo (descubierto).

Los escritores cubiertos poseen los valores subyacentes. Por ejemplo, un fondo puede contener acciones de IBM y vender opciones de compra en su contra, imaginando que si esas acciones no alcanzan su precio de ejercicio y las opciones expiran sin valor, se embolsarán los ingresos extra. Si IBM asciende hasta el precio de ejercicio y se exige el pago de las opciones, venderán sus acciones sacando un beneficio, usarán el dinero para comprar otras y venderán opciones de compra en su contra. La escritura cubierta fue muy rentable en los primeros años de las opciones negociadas en la bolsa. Ahora este campo está abarrotado y los rendimientos se han reducido. La escritura desnuda, que revisaremos más adelante, implica vender opciones sin poseer los valores subyacentes, y los escritores respaldan lo que venden sólo con dinero en sus cuentas.

Lo que acabamos de describir es un breve resumen de los términos relacionados con las opciones. Para saber más, recurre a los libros sobre opciones, que se listan al final de este capítulo. Simplemente ten cuidado con las obras que te prometan «una estrategia sencilla para triplicar tu dinero en un año, trabajando quince minutos diarios y sin matemáticas». La gente que gana dinero con las opciones tiende a ser diestra con las matemáticas y está muy capitalizada, que es justo lo contrario a un apostador medio con los ojos como platos que espera ganar dinero fácil con su apuesta de cinco mil dólares. Revisemos estrategias con las opciones para comprar y escribir.

Comprar opciones: La táctica de la reversión importante

Es más difícil ganar dinero comprando opciones que acciones. Te enfrentas a todos los problemas usuales, como escoger las acciones correctas, identificar su tendencia y elegir los puntos de entrada y de salida. Además, debes preocuparte de lo rápido que llegarán tus acciones allá donde esperas que lleguen. Si compras unas acciones ascendentes y les lleva cinco meses en lugar de tres alcanzar su objetivo, seguirás teniendo una operación ganadora. Haz lo mismo con las opciones y expirarán sin valor. Si decides comprar más tiempo obteniendo opciones a más largo plazo, perderás dinero de otra forma, porque esas opciones son más caras y se mueven más lentamente. Todas las opciones siguen perdiendo el valor del dinero. Los principiantes pobres que las compran como sustitutivo de las acciones entran en tromba allí donde los profesionales temen entrar.

Los profesionales tienden a comprar opciones sólo en ocasiones especiales, cuando esperan una reversión importante, especialmente hacia abajo. Si no esperas una pequeña tendencia bajista sino un enorme desmoronamiento, comprar una opción de venta puede ser una buena idea. Cuando una tendencia a largo plazo empieza a revertir, especialmente cerca del máximo, genera una turbulencia enorme, como un transatlántico que cambia de rumbo. Unas acciones pueden colapsar hoy y dispararse al día siguiente, y luego volver a colapsar. Cuando la volatilidad sube como la espuma, incluso los traders adinerados tienen problemas para poner *stops*. Un *stop* debe encontrarse fuera de la zona del ruido del mercado, pero ¿dónde ubicas un *stop* cuando el nivel de ruido sube hasta ser un rugido? Las opciones te permiten esquivar este problema, a un precio que sólo puede ser cubierto por un movimiento importante.

Los precios tienden a caer con el doble de rapidez con la que suben. La avaricia, que es la emoción dominante en las tendencias alcistas, es un sentimiento alegre y duradero. El miedo, que es la emoción dominante en las tendencias bajistas, es más agudo y violento. Los profesionales es más probable que compren opciones de venta debido a la exposición más corta a la «pérdida de valor monetario debido al paso del tiempo». Cuando esperas una reversión descendente importante, comprar una opción de venta puede ser una transacción sensata. Los mismos principios se aplican a las opciones de compra, pero las tendencias alcistas se negocian mejor con acciones.

Un trader que espere una fluctuación descendente debe decidir que opción de venta comprar. La mejor elección es la contraria al sentido común, y es diferente a la que adquiere la mayoría de la gente.

Estima hasta qué nivel crees que colapsarán unas acciones. Vale la pena comprar una opción de venta si esperas un descenso desbocado.

Evita las opciones de venta con más de dos meses de vida. Comprar opciones de venta tiene sentido sólo cuando esperas un descenso brusco. Si prevés una tendencia bajista interminable, mejor vende a corto el valor subyacente.

Busca opciones de venta baratas cuyo precio no refleje ninguna esperanza. Ve bajando tu dedo por la columna de ejercicios de opciones de venta. Cuanto más desciendas, más baratas serán las opciones de venta. Al principio, cada vez que bajas al siguiente nivel de precios de ejercicio, una opción de venta es un 25 por 100 o incluso un 35 por 100 más barata que en el anterior nivel. Al final llegarás al punto en el que el nivel de ejecución caiga por debajo de lo que sólo salvaría una diminuta fracción del precio. Esto muestra que se ha exprimido toda la esperanza de esa opción de venta y que tiene el precio de un billete barato de lotería. ¡Ése es el que quieres!

Comprar una opción muy barata y «muy fuera del dinero» es contrario al sentido común. Está «tan fuera del dinero» y le queda tan poca sustancia que parece probable que expire sin valor. No puedes ponerle un *stop*, por lo que, si te equivocas, toda la prima se quedará en nada. ¿Por qué no comprar una opción de venta que esté «más cerca del dinero»?

La única ocasión en la que comprar una opción de venta es cuando estés aspirando a una ganancia excepcional procedente de una reversión importante. En una tendencia bajista corriente es mejor operar a corto con acciones. Las opciones de venta baratas y «muy lejos del dinero» proporcionan el máximo partido a tu capital. Aspira a unas ganancias de diez veces tu inversión o superiores, en lugar de la relación de dos a uno o de tres a uno habitual. Los beneficios como éstos te permiten equivocarte con una serie de transacciones, pero al final saldrás adelante. Pillar una reversión importante compensará una racha de pérdidas y te dejará con muchos beneficios.

La mejor transacción con opciones que he hecho nunca fue durante el pequeño crac de octubre de 1989 en el mercado de valores. El jueves el mercado cerró débil, con los nuevos mínimos superando a los nuevos máximos por primera vez en más de un año, lo que me proporcionó una señal para vender que llevaba esperando mucho tiempo. El viernes por la mañana, mientras me encontraba en feria comercial en Chicago, compré opciones de venta de OEX a ⅜ de punto. El viernes por la tarde, la gente dejó de comprarlas. El lunes, el mercado abrió muy por debajo, y mis opciones de compra, adquiridas tan sólo unas horas de trading antes por menos de medio punto se licitaban por 17 dólares.

¿Por qué no hay más gente que use esta táctica? En primer lugar, requiere de una gran dosis de paciencia, ya que las oportunidades son muy infrecuentes. Aporta muy poco valor de entretenimiento. La mayoría de la gente no puede soportar la idea de equivocarse tres, cuatro o cinco veces seguidas, incluso aunque sea probable que al final gane dinero. Ésa es la razón por la cual tan pocos traders juegan a uno de los juegos más geniales en el mercado de opciones.

Escribir opciones

Los principiantes, los apostadores y la gente descapitalizada supone el grueso de los compradores de opciones. Simplemente piensa en todo el dinero perdido por estos desafortunados tipos en su afán por hacerse ricos rápidamente. ¿Has perdido algunos dólares con las opciones? ¿Quién ha ganado todo ese dinero?: los brókeres, por supuesto, pero principalmente los escritores de opciones. Los profesionales bien capitalizados tienden a escribir opciones más que comprarlas. Los escritores cubiertos venden opciones contra las acciones que poseen. Los escritores desnudos venden opciones sin poseer las acciones subyacentes.

Unas acciones o unos futuros pueden hacer una de tres cosas: subir, bajar o permanecer planos. Cuando compras una opción de compra, puedes beneficiarte sólo si el mercado sube, pero perderás si el mercado baja o se queda plano, y a veces incluso también si el mercado asciende, pero no lo hace con la suficiente rapidez. Cuando compras una opción de venta, sólo ganas si el mercado baja con la suficiente rapidez. Un comprador de opciones gana dinero sólo si el mercado va como él quiere, pero pierde si va en su contra o permanece plano. Un comprador tiene una oportunidad de ganar de cada tres, pero las probabilidades son de dos a tres para un escritor de opciones. No es de extrañar que los profesionales prefieran escribir opciones.

Los grandes fondos tienden a usar modelos computarizados para comprar acciones y escribir opciones de compra cubiertas contra ellas. Si unas acciones permanecen por debajo del precio de ejecución, se embolsan la prima y escriben una nueva opción de compra con una nueva fecha de vencimiento. Si unas acciones suben lo suficiente como para que se exija su pago, las entregan, cobran el dinero, invierten en otras acciones y escriben opciones de compra en su contra. La escritura cubierta es un negocio exigente desde el punto de vista matemático y que requiere de mucho capital. La mayoría de los participantes serios distribuyen sus gastos, incluyendo los de personal y equipamiento, a lo largo de una gran base de capital. Un trader pequeño no dispone de mucha ventaja en este negocio caro.

Los escritores desnudos (descubiertos) venden opciones sin poseer los valores subyacentes, de forma similar a lo que sucede al operar a corto. Un escritor desnudo recolecta su prima al principio de la transacción, pero su riesgo es ilimitado si la posición va en su contra y no logra salir. Si posees unas acciones, vendes una opción de compra y se te reclaman esas acciones, tienes algo que entregar. Si vendes una opción de compra desnuda y las acciones suben hasta su precio de ejercicio, el comprador de las opciones puede reclamar su entrega, tanto si posees esas acciones como si no. Imagina vender opciones de compra de unas acciones que se convierten en objeto de una absorción y que abren cincuenta dólares más caras a la mañana siguiente: seguirás teniendo que cumplir. Eso puede doler.

Una recompensa limitada con un riesgo ilimitado es algo que ahuyenta a la mayoría de los traders de la escritura desnuda, pero la realidad y la percepción suelen ser bastante diferentes en los mercados. Escribir opciones desnudas parece muy peligroso, pero una opción «muy lejos del dinero» con un plazo corto hasta su vencimiento es muy probable que venza sin valor, para beneficio del escritor. La probabilidad de que alcance el precio de ejercicio y que provoque una pérdida al escritor es muy baja. La relación riesgo/recompensa en la escritura desnuda es mucho mejor de lo que parece, y existen técnicas para reducir el impacto de un movimiento adverso raro.

Los escritores desnudos avispados tienden a vender opciones de compra y de venta «fuera del dinero» a unos niveles que unas acciones o una materia prima es improbable que alcancen durante la vida de esa opción. Venden esperanzas lejanas. Los buenos escritores monitorizan la volatilidad del mercado para averiguar hasta qué punto es probable que un mercado se mueva, basándose en su comportamiento reciente, y venden opciones fuera de ese rango. Si a unas acciones les llevó un año subir de 60 dólares a 130, los profesionales van a desvivirse intentando atender a algún novato que quiera adquirir opciones de compra a 170 dólares que venzan en algunas semanas. La probabilidad de que esas acciones suban cuarenta puntos antes del vencimiento de la opción es extremadamente baja. Un aficionado crédulo quiere comprar esperanza, y los profesionales están encantados de vendérsela. Este juego entra en pleno apogeo durante la semana o las dos semanas antes del vencimiento de la opción, cuando el parqué saca dinero de debajo de las piedras, vendiendo opciones de venta y de compra que apenas tiene probabilidades de alcanzar su precio de ejercicio.

Los escritores precavidos pueden cerrar sus posiciones sin esperar a la fecha de vencimiento. Si escribes una opción de compra a 90 centavos y baja a 10 centavos, puede que tenga sentido volver a comprarla y deshacer tu posición. Ya has ganado el grueso del beneficio, ¿así que para qué exponerte a un riesgo continuo? Es más barato pagar otra comisión, contabilizar tus beneficios y buscar otra oportunidad de escritura.

Convertirte en un escritor desnudo requiere de una disciplina férrea absoluta. El tamaño de tus escritos y el número de posiciones debe estar estrictamente determinado por las normas de gestión del dinero. Si vendes una opción de compra desnuda y las acciones suben por encima de su precio de ejercicio, eso te expone al riesgo de la ruina. Debes decidir por adelantado a qué nivel saldrás corriendo, encajando una pérdida relativamente pequeña. Un vendedor desnudo no puede permitirse quedarse sentado cuando unas acciones se mueven en su contra. Los aficionados aguardan y esperan que el valor subyacente dé un giro. Esperan que el valor del tiempo de procrastinación les permita zafarse. Cuanto más tiempo esperes a que se produzca un milagro, más profunda será la herida que te infligirá el mercado. Aléjate de la escritura desnuda si tienes el más ligero problema con la disciplina.

La elección del escritor

Todos los compradores de opciones conocen esta triste secuencia: vas en la misma dirección que el mercado, has acertado con las acciones, pero pese a ello pierdes dinero con las opciones. El tiempo es el enemigo de los compradores de opciones. Los compradores pierden cuando al valor subyacente le lleva más tiempo del esperado alcanzar el nivel al que puede cosechar los beneficios de su apuesta. A medida que se acerca la fecha de vencimiento, una opción va valiendo cada vez menos, menos y menos la pena.

¿Qué tal si revertimos este proceso y escribimos opciones en lugar de comprarlas? Ahora el tiempo trabajará a nuestro favor porque cada día que pase reducirá la probabilidad de que esa opción tenga algún valor antes de que venza.

La primera vez que escribas una opción y lo hagas bien, experimentarás una encantadora sensación de que el tiempo trabaja a tu favor. La opción pierde algo de su valor del tiempo cada día, haciendo que la prima que has cobrado sea cada vez más segura. Cuando el mercado no va a ningún sitio, puedes seguir ganando dinero, ya que el valor del tiempo se esfuma a cada día que pasa.

Si vivir bien es la mejor venganza, entonces tomar un factor (el tiempo) que mata a la mayoría de los compradores de opciones y hacer que trabaje para ti es una experiencia gratificante.

No debemos olvidar que una opción es una esperanza, y que es mejor vender esperanzas vacías que es improbable que se vean satisfechas. Da tres pasos antes de escribir una opción de compra o de venta. En primer lugar, analiza el valor subyacente, decide en qué dirección se está moviendo y estima su precio proyectado. En segundo lugar, decide si escribir una opción de venta o de compra. En tercer lugar, escoge el precio de ejecución y la fecha de vencimiento para la opción que escribirás. Si cualquiera de estos pasos no parece claro, hazte a un lado, no fuerces la toma de una decisión y busca otra oportunidad.

Uno de los factores clave para poner precio a las opciones es la volatilidad del valor subyacente. Una herramienta incluida en la mayoría de los *softwares* para el trading y que se llama bandas de Bollinger puede ayudarte a valorar la volatilidad. Estas bandas de la desviación estándar están centradas alrededor de una media móvil, pero al contrario que las envolturas, esos muros son paralelos, y se expanden y contraen a medida que la volatilidad cambia. Las bandas de Bollinger se estrechan cuando los mercados están adormecidos y se ensanchan cuando se vuelven salvajes. Unas bandas planas y estrechas indican un mercado adormecido en el que las opciones son baratas y es mejor comprarlas que venderlas. Cuando las bandas de Bollinger se vuelven muy amplias, marcan un mercado sobreexcitado en el que las opciones tienden a ser más caras, generando una oportunidad para los escritores. Aquí tenemos los pasos a seguir:

Analiza un valor contra el que quieras escribir opciones. Usa la triple pantalla para decidir si unas acciones, un futuro o un índice tiene una tendencia o no. Usa gráficas semanales y diarias, indicadores de seguimiento de tendencias y osciladores para identificar tendencias, detectar reversiones y establecer objetivos de precios.

Elige el tipo de opción que escribir. Si tu análisis es bajista, piensa en escribir opciones de compra. Si es alcista, piensa en escribir opciones de venta. Cuando la tendencia ascienda, vende la esperanza de que descienda, y cuando baje, vende la esperanza de que suba. No escribas opciones cuando los mercados estén planos y las bandas de Bollinger sean estrechas, ya que las primas serán bajas y una ruptura de una banda de fluctuación puede hacerte daño.

Estima cuán lejos (con un margen de seguridad generosa) que debería moverse el mercado para cambiar su tendencia y escribe una opción más allá de esa zona. Escribe una opción con un precio de ejecución que es improbable que alcance el mercado antes de su vencimiento. Supón que unas acciones están a 80 dólares, habiendo subido desde los 50 en el último año y que ahora esté ascendiendo medio punto por semana, y que queden ocho semanas para el vencimiento de la opción. La tendencia es alcista, y al vender una opción de venta a 70 dólares en estas circunstancias es probable que venza sin valor.

La tentación de vender opciones desnudas «cerca del dinero» y de obtener unas primas más jugosas es peligrosa, ya que una ligera contratendencia puede hundir tu posición. Fíjate en el número de semanas restantes para el vencimiento, calcula la distancia que el mercado es probable que recorra, basándote en su comportamiento reciente, y escribe una opción fuera de ese rango.

Escribe opciones que venzan antes de dos meses. Cuanto menor sea el tiempo, menos sorpresas habrá. La erosión del valor del tiempo acelera en las últimas semanas de la vida de la opción. Cuando escribes opciones cercanas a su fecha de vencimiento, te beneficias de una pérdida de valor monetario debido al paso del tiempo más rápido. Puedes conseguir más dinero por opciones con una vida más larga, pero no te vuelvas codicioso. El objetivo de un escritor no es conseguir un triunfo espectacular con una única transacción, sino ir obteniendo unos ingresos constantes.

Limitar el riesgo

Un trader puede seguir escribiendo opciones de compra o de venta desnudas, pero si lo haces durante el tiempo suficiente, algún día quedarás atrapado en el lado incorrecto de un movimiento potente. Los beneficios de muchos años pueden perderse en un único día.

Por ejemplo, siempre que haya un gran mercado alcista, los profesionales consideran que vender opciones de venta es como tener una licencia para imprimir dinero. Los opositores, los alarmistas y la multitud que dice que «el final está cerca» sigue comprando opciones de venta durante años y perdiendo dinero, pero de repente hay un crac y los compradores alcanzan su momento de gloria. Los profesionales que se han estado alimentando de ellos durante años se enfrentan a su día de ajuste de cuentas: los rápidos sobreviven, mientras que a los lentos se los llevan con los pies por delante.

Un trader puede engordar y volverse codicioso escribiendo opciones desnudas, vendiendo contratos inútiles creados de la nada y embolsándose los beneficios. Un sentimiento engreído de autosatisfacción hace que la gente sea ciega a la realidad. Las posiciones desnudas de las opciones deben protegerse con *stops* y las normas de gestión del dinero.

Usa un stop *de protección de pérdidas mental del valor subyacente.* Coloca un *stop* en las acciones, futuros o índices subyacentes y no en el precio de tu opción. Recompra esa opción si el valor subyacente alcanza el nivel de tu *stop*. Por ejemplo, si vendes una opción de venta desnuda a 80 dólares de unas acciones que se negocian a 70 dólares en la bolsa, sitúa tu *stop* en los 77 dólares. Sal de la posición de tu opción de venta desnuda antes de que «entre en el dinero» al cruzar su precio de ejercicio.

Tu *stop* es como un asiento eyectable en una aeronave. Si escribes una opción «fuera del dinero» y el mercado empieza a moverse «hacia dentro del dinero», no vale la pena quedarse, esperando a ver qué sucede a continuación. Estás equivocado, estás perdiendo: pulsa el botón de eyección del asiento antes de que los daños se vuelven mortales. Si has vendido una opción por 1,50 dólares, para cuando alcance su nivel «dentro del dinero» puede que doble su precio hasta los 3 dólares. Si usas *stops*, no quedarás cerca de la «pérdida ilimitada» que hace que la gente tema escribir opciones.

Marca tu zona de recogida de beneficios: piensa en recomprar tu opción desnuda. Cuando escribes una opción de compra o de venta, vendes un bien agotable. Cuando el valor subyacente se aleja del precio de ejercicio, pero sigue quedando tiempo para el vencimiento, el precio de esa opción puede que toque fondo. Pierde valor, pero a cuentagotas. El perdedor que compró esa opción sigue teniendo una pequeña oportunidad de que el mercado pueda revertir en su favor. Sigue aferrándose a esa opción de compra o de venta como si fuera un boleto de lotería, y muy de vez en cuando este boleto puede ganar.

¿Por qué mantener una posición abierta con una opción que ya te ha proporcionado la mayor parte de su valor? Tienes poco que ganar, mientras permaneces expuesto al riesgo de un movimiento adverso. Piensa en recomprar esa opción para finalizar tu transacción rentable.

Abre una cuenta de cobertura. Un vendedor desnudo necesita un seguro contra una reversión catastrófica. Puedes escribir una opción de venta y que el mercado se desplome al día siguiente, o que escribas una opción de compra y que de repente haya una absorción. Esperas que esto nunca suceda, pero si operas en la bolsa durante el tiempo suficiente, al final sucederá de todo. Ésa es la razón por la que necesitas un seguro. Nadie lo redactará para ti, por lo que deberás autoasegurarte.

Abre una cuenta de mercado monetario, y cada vez que cierres una posición de una escritura de una opción, ingresa un porcentaje de tu beneficio (un 10 por 100) en esa cuenta. No la uses para el trading: déjala quieta, en un fondo del mercado monetario, durante tanto tiempo como escribas opciones. Tu cuenta de seguro crece con cada nuevo beneficio, preparada para cubrir una pérdida catastrófica, o para sacar el dinero cuando dejes de escribir opciones.

Los escritores de opciones se hacen daño de una de tres maneras. Los principiantes operan excesivamente en la bolsa y escriben demasiadas opciones, rompiendo las reglas de la gestión del dinero. Los traders de nivel intermedio se hacen daño cuando no corren lo suficientemente rápido cuando sus opciones se mueven en su contra. Los traders experimentados pueden quedar noqueados si no disponen de una reserva de dinero contra un movimiento adverso importante. Cuanto más tiempo operes en la bolsa, mayor será el riesgo de que sufras un evento catastrófico. Disponer de una cuenta de seguro confirma tu posición como escritor profesional de opciones.

¿**Hacia dónde me dirijo desde aquí?** Todo trader de opciones debería tener un ejemplar de *Options as a strategic investment*, de Lawrence McMillan, y usarlo como manual. La mayoría de los traders profesionales leen *Option volatility and pricing strategies*, de Sheldon Natenberg. *Options: Investing without fear*, de Harvey Friedentag, ofrece un buen punto de vista sobre la escritura de opciones cubiertas.

Futuros

Los futuros solían tener tan mala reputación que varios estados de EE. UU. intentaron prohibirlos por ley hace un siglo. Solía haber sermones dominicales contra los futuros en las regiones del cinturón agrícola de EE. UU. Nada de ello evitó que los futuros evolucionaran para convertirse en una potente fuerza económica.

Los mercados de futuros han prosperado porque sirven a dos grupos que tienen mucho dinero. Por un lado, los futuros permiten que los principales productores y consumidores comerciales aseguren los riesgos de precios, proporcionándoles una fantástica ventaja competitiva. Por el otro lado, los futuros ofrecen a los especuladores un palacio de las apuestas con más opciones que todos los casinos del estado de Nevada. Entre los inversores de riesgo controlado y los especuladores, en un terreno abundantemente regado de sangre y dinero, están los traders profesionales de futuros. Ayudan a mover los engranajes del comercio y cobran unos honorarios por sus servicios. Un signo de su rentabilidad es el hecho de que muchos de esos empleados del gobierno pasan su oficio a sus hijos y ahora, en ocasiones, incluso a sus hijas.

La inversión de riesgo controlado significa abrir una posición con los futuros que es la contraria a la posición con la materia prima propiamente dicha. Elimina el riesgo del precio del hecho de poseer un bien tangible o de planear comprar ese bien o materia prima en el futuro. Los inversores de riesgo controlado transfieren los riesgos de precios a los que especulan con materias primas. Esto les permite concentrarse en sus negocios principales, ofrecer unos mejores precios a los consumidores y conseguir una ventaja competitiva a largo plazo sobre sus competidores sin cobertura.

Por ejemplo, tengo dos amigos, que son brókeres en Moscú, que enseñan a los importadores de azúcar cómo asegurarse (Rusia se ha convertido en el mayor importador de azúcar tras la disolución de la Unión Soviética). Sus clientes son grandes piezas clave en la industria alimentaria que saben, con un año de antelación, cuánto azúcar van a necesitar. Ahora pueden comprar futuros de azúcar en Londres o Nueva York cuando los precios son los suficientemente bajos. Van a necesitar sus cargamentos de azúcar dentro de varios meses, pero mientras tanto, tienen futuros de azúcar, que planean vender cuando compren su posición de caja. En efecto, el inversor de riesgo controlado recibe efectivo y queda a deber la entrega de la materia prima en una fecha posterior, y van a largo con los futuros. Si los precios del azúcar suben y tienen que pagar más de lo esperado, compensarán esa pérdida con más o menos el mismo beneficio con sus posiciones con los futuros. Sus competidores no cubiertos están, de hecho, lanzando una moneda al aire. Si los precios del azúcar caen, comprarán barato y cosecharán un dinero caído del cielo, pero si suben, se quedarán tiritando. Los importadores cubiertos pueden concentrarse en dirigir su negocio fundamental en lugar de fijarse en el indicador del precio.

Los productores de materias primas también se benefician de las coberturas. Una agroindustria puede vender su trigo, café o algodón por adelantado cuando los precios son lo suficientemente altos para garantizar beneficios. Venden a corto tantos contratos de futuros como sea necesario para cubrir su futuro cultivo. A partir de ese momento, no corren ningún riesgo de precio. Si los precios bajan, compensarán sus pérdidas en bienes tangibles con beneficios con los futuros. Si los precios suben, perderán dinero con sus posiciones a corto, pero lo recuperarán vendiendo la materia prima propiamente dicha. Los productores renuncian a una posibilidad de que les llueva dinero del cielo, pero se protegen del riesgo de unos precios más bajos. Los supervivientes medran con la estabilidad. Ésa es la razón por la cual empresas como Exxon, Nabisco o Coca-Cola se encuentran entre las piezas clave en los mercados de materias primas. Los inversores de riesgo controlado son las principales personas con información privilegiada, y un buen departamento de cobertura no sólo compra seguros de precio, sino que sirve como centro de beneficios.

Los especuladores intervienen para asumir los riesgos del mercado, atraídos por el brillo de los beneficios. Los inversores de riesgo controlado, con su información privilegiada, no tiene una plena confianza en los precios futuros, mientras que las multitudes de alegres foráneos pagan una cierta cantidad para apostar sobre la dirección del dinero. Esto me recuerda a cómo, hace años, entré en una licorería con un amigo mío, que era científico, para comprar algo de vino para la cena. Esto fue poco después de que el estado de Nueva Jersey introdujese una lotería para pagar la educación. Había una larga cola frente al cajero, ya que, en esos tiempos, los boletos de lotería sólo se vendían en las licorerías. Cuando mi amigo, que tenía una casa en Nueva Jersey, vio lo que estaba sucediendo, se dobló de la risa: «¿Me estás diciendo que estas personas están haciendo cola para mantener mis impuestos bajos?». Eso es, en gran medida, lo que la mayoría de los especuladores hacen con los futuros.

Los dos mayores grupos de especuladores son los agricultores y los ingenieros. Los agricultores producen materias primas, mientras que a los ingenieros les encanta aplicar métodos científicos al juego del mercado. Muchos pequeños agricultores entran en el mercado de futuros como inversores de riesgo controlado, pero les entra la fiebre y empiezan a especular. Eso no tiene nada de malo, siempre que sepan lo que están haciendo. Nunca deja de sorprenderme cuántos agricultores acaban operando con futuros de índices de valores. Siempre que negocien con maíz, ganado vacuno o soja, su talento con respecto a los aspectos fundamentales les proporciona una ventaja sobre los urbanitas estafadores. Pero ¿cuál es su ventaja en el índice S&P 500? ¿Unos reflejos más rápidos que el resto de nosotros? Hazme el favor, hombre.

Hay una profunda diferencia ente los futuros y las acciones que hace que el juego con los futuros sea extremadamente rápido, frenético, emocionante y mortal. Los mercados de futuros están turboalimentados por una sencilla pero potente estrategia de unos requisitos de unos márgenes bajos.

La ley bursátil de EE. UU. exige que en el mercado de valores pagues por lo menos la mitad del valor en metálico de tu posición. Tu bróker puede darte un préstamo sobre el margen por la otra mitad. Si tienes 30 000 dólares en tu cuenta, puedes comprar 60 000 dólares de acciones, y ya está. Esta ley se aprobó después del crac de 1929, cuando la gente se dio cuenta de que los márgenes bajos daban lugar a una especulación excesiva, lo que contribuía a la ferocidad de los descensos. Antes de 1929, los especuladores podían comprar acciones con un margen del 10 por 100, lo que funcionaba de maravilla en los mercados alcistas, pero que los barría del mapa en los mercados bajistas.

Unos márgenes de sólo entre el 3 y el 5 por 100 son comunes en los mercados de futuros. Aquí puedes hacer grandes apuestas con poco dinero. Si tienes 30 000 dólares, puedes controlar un millón de dólares de mercancía, ya se trate de panceta de cerdo o de oro. Si pillas un movimiento del 1 por 100 en tu mercado, ganarás 10 000 dólares, o más de un 30 por 100 de beneficio en tu cuenta. Algunas transacciones así y has triunfado. Un trader pequeño mira estas cifras y cree que ha descubierto el secreto para hacerse rico rápidamente. Sólo hay un problema. Antes de que ese mercado suba un 1 por 100, puede que baje un 2 por 100. Puede que sea un incidente breve sin importancia, pero en su punto más bajo el capital del aficionado se verá prácticamente barrido, y su bróker le dejará vendido con una demanda de margen adicional. Quebrará pese a que su previsión de precios era correcta.

La tasa de mortalidad entre los traders de futuros es de más del 90 por 100, pese a que las agencias de valores intentan ocultar estas estadísticas. Los márgenes fáciles atraen a los apostadores y a los adictos a la adrenalina, que se esfuman rápidamente. No hay nada de malo en el trading con futuros que la gestión del dinero no pueda curar. Los futuros son muy mercadeables, siempre que obedezcas las normas de gestión del dinero y no te vuelvas loco con los márgenes fáciles. Debes ser más que disciplinado: para operar con materias primas debes ser más frío que un congelador. Si no puedes obedecer las normas de la gestión del dinero, será mejor que te vayas a Las Vegas. El valor de entretenimiento es igual de elevado y el resultado es el mismo, pero las bebidas son gratis y el espectáculo es más ostentoso.

Precisamente porque requieren de un mayor grado de disciplina y de unas excelentes habilidades de gestión del dinero, los mercados de futuros son duros para los principiantes. A un trader nuevo le irá mejor aprendiendo a operar con acciones de movimiento más lento. Más adelante, sí que valdrá la pena echar un vistazo a los futuros.

Si sabes cómo operar en la bolsa y quieres ganar una fortuna rápidamente, los futuros es el lugar al que acudir. Puedes trabajar con unas posiciones pequeñas al principio, protegido por unas normas estrictas de gestión del dinero, pero luego podrás piramidarlas al máximo a medida que una transacción se mueva a tu favor y sigas desplazando tus *stops* más allá del umbral de rentabilidad y añadiendo nuevos contratos.

Sólo hay unas pocas docenas de futuros, lo que hace que la elección sea mucho más fácil que en el caso de tener que escoger entre los miles de las acciones existentes. Asegúrate de centrarte en los mercados de tu propia zona horaria. Es impactante ver cómo muchos principiantes, especialmente de fuera de EE. UU., quieren operar con divisas. Pocos de ellos se paran a pensar que éste es un mercado que funciona durante las veinticuatro horas del día, que opera día y noche, en el que un trader individual tiene muchas desventajas. Puedes analizar brillantemente una divisa y predecir un movimiento, pero ese movimiento es igual de probable que se produzca en otra zona horaria, mientras tú estás durmiendo. Intenta escoger mercados que operen en tu zona horaria y que estén abiertos cuando estés despierto y cerrados cuando estés durmiendo.

Es buena idea dar tus primeros pasos en esos mercados en los que sepas algo de sus aspectos fundamentales. Si eres un ganadero de vacuno, un constructor de casas o un agente de préstamos, entonces los futuros del ganado vacuno, la madera o las tasas de interés son puntos lógicos por los que empezar si puedes permitirte operar con ellos. Si no tienes ningún interés especial, tu elección se verá limitada sólo por el tamaño de tu cuenta. Es importante que des tus primeros pasos en mercados relativamente baratos. Todos los mercados tienen una cierta cantidad de ruido aleatorio, o de movimientos contratendencia rápidos. El elevado valor monetario de los movimientos aleatorios en los mercados caros puede ser mortal.

Sométete a un ejercicio sencillo. Crea una hoja de cálculo en tu ordenador y anota los nombres de varios mercados de futuros que te interesen en la columna A. Anota el valor de sus unidades de precio en la columna B. El maíz se negocia en centavos, y el valor de un centavo es de 50 dólares. El índice S&P se negocia en dólares, y el valor de un punto es de 250 dólares, por lo que estos valores van en la columna B. Apunta el último precio de cierre en la columna C. Ahora completa el ejercicio creando la columna D, que multiplica la B por la C y te muestra cuánto vale cada contrato. ¿Cuánto más caro es el contrato más costoso en comparación con el más barato: cinco, diez, veinte, treinta veces? Haz este ejercicio y averígualo.

Los principiantes se sienten atraídos por los futuros del índice S&P 500, pero pocos disponen de unas cuentas lo suficientemente grandes como para tener una gestión adecuada del dinero en este mercado caro. En Norteamérica, el maíz, el azúcar y, en un año lento, el cobre, son buenos mercados para los principiantes, lo que te permite aprender en tu propia zona horaria. Son líquidos y razonablemente volátiles, pero no demasiado caros.

Se han escrito algunos libros muy buenos (aparecen listados al final de este capítulo) sobre futuros. La mayoría de las herramientas del análisis técnico se desarrollaron originalmente para los futuros, y más tarde se llevaron al mercado de valores. Revisemos algunos aspectos de los futuros que son distintos de los de las acciones.

Contango y reversión

Todos los mercados de futuros ofrecen contratos para varios meses de entrega al mismo tiempo. Por ejemplo, puedes comprar o vender trigo para su entrega en septiembre o diciembre de este año, marzo del año que viene, etc. Normalmente, los meses cercanos son menos caros que los meses lejanos, y a esa relación se la llama *mercado contango*.

Los precios más elevados para los contratos a más largo plazo reflejan el llamado *coste de mantener la posición:* es decir, el coste de financiar, almacenar y asegurar una materia prima. Un comprador de futuros paga su margen del 3 por 100 y controla un contrato sin tener que aportar el resto del dinero hasta la fecha de vencimiento. Mientras tanto, el vendedor tiene que almacenar, financiar y asegurar la mercancía.

Las diferencias entre los meses de entrega se llaman *primas*. Los inversores de riesgo programado y los agentes bursátiles con cartera propia los vigilan de cerca porque reflejan el grado de lo ajustado del mercado. Cuando la oferta se reduce o la demanda sube, la gente empieza a pagar por los meses cercanos. A medida que la demanda crece, los meses cercanos se vuelven más caros que los meses lejanos: el mercado se invierte. Ésta es una de las señales fundamentales más potentes de un mercado alcista. Hay verdadera escasez ahí fuera y la gente está pagando más por conseguir su mercancía más pronto que tarde.

Siempre que mires una página de materias primas de un periódico financiero ve desplazando tu dedo hacia abajo por la columna de los precios de cierre y busca las reversiones. Señalan mercados alcistas, y es ahí donde querrás usar el análisis técnico para buscar oportunidades de compra.

Los inversores de riesgo controlado serios no esperan a las reversiones. Monitorizan las primas y obtienen sus señales de su ensanchamiento o estrechamiento. Un buen especulador puede recitar de un tirón los últimos precios, pero un buen inversor de riesgo controlado te citará las últimas primas de los contratos lejanos en el tiempo con respecto a los cercanos en el tiempo.

A medida que vayas monitorizando mercados de futuros en busca de reversiones, recuerda que hay un área en la que la reversión es la norma. Los futuros de las tasas de interés siempre están invertidos, porque los que tienen posiciones en metálico siguen recaudando interés en lugar de pagar gastos financieros y de almacenamiento.

Diferenciales

Los inversores de riesgo controlado tienden a dominar las operaciones a corto de los mercados, y la mayoría de los especuladores son toros perpetuos, pero a los agentes bursátiles con cartera propia les encanta operar con los diferenciales. Jugar con los diferenciales significa comprar un mes de entrega y vender otro en el mismo mercado, o ir a largo en un mercado y a corto en otro mercado relacionado.

Los futuros son los ladrillos básicos de la economía, y son esenciales para el funcionamiento cotidiano de la sociedad. Las necesidades económicas vinculan estrechamente los mercados de materias primas y los meses de entrega. Si el precio del maíz, un importante alimento para el ganado, empieza a subir de precio más rápidamente que el precio del trigo, en algún momento los ganaderos empezarán a reemplazar el maíz por el trigo. Reducirán sus compras de maíz mientras compran más trigo, empujando su diferencial de vuelta a la normalidad. Un trader de materias primas avispado conoce sus diferenciales de memoria y apuesta contra las desviaciones y por una vuelta a la normalidad. Los traders de diferenciales apuestan contra las desviaciones y por un retorno a la normalidad. En esta situación, un trader de diferenciales operará a corto con el maíz y comprará trigo en lugar de tomar una transacción direccional en cualquiera de los dos mercados.

Las transacciones de diferencial son mucho más seguras que las transacciones direccionales, con unos requisitos de margen incluso inferiores. Los aficionados no comprenden los diferenciales y tienen poco interés por estas transacciones fiables pero de movimiento lento. Hay varios libros sobre los diferenciales, pero ninguno de ellos es bueno en el momento de la redacción de este libro, lo que supone una señal de lo bien que los profesionales han conseguido su uso y control exclusivo y han mantenido a los aficionados fuera. Hay un puñado de nichos en el mercado en los que los profesionales están ganando fortunas sin el beneficio de contar con un libro sobre cómo hacerlo. Prácticamente parece como si los que poseen información privilegiada hubiesen puesto una señal para que los foráneos se mantengan fuera.

Compromisos de los traders

La Comisión de Trading de Futuros de Materias Primas recopila informes de los brókeres sobre las posiciones de los traders y revela sus resúmenes al público. Estos informes de los COT (Commitments of Traders, o compromisos de los traders) se encuentran entre las mejores fuentes de información sobre lo que los inversionistas expertos están haciendo en los mercados de futuros. Los informes de los COT revelan posiciones de tres grupos: los inversores de riesgo controlado, los grandes traders y los pequeños traders. ¿Cómo saben quién es quién? Los inversores de riesgo controlado se identifican como tales ante los brókeres, ya que eso les da derecho a varias ventajas, como unas menores tasas de margen. Los grandes traders se identifican porque tienen un número de contratos por encima de los «requisitos de notificación» marcados por el gobierno. Quienquiera que no sea un inversor de riesgo controlado o un gran trader es un pequeño trader.

Antiguamente, los grandes traders solían ser los inversionistas expertos. En la actualidad los mercados son mayores, los requisitos de notificación muy superiores y los grandes traders es probable que sean fondos de materias primas, y muchos de ellos no son mucho más listos que el trader corriente. Los inversionistas expertos actuales son inversores de riesgo controlado, pero comprender sus posiciones no es tan fácil como parece.

Por ejemplo, un informe de los COT puede que muestre que, en un cierto mercado, los inversores de riesgo limitado poseen el 70 por 100 de las operaciones a corto. Un principiante que crea que esto es bajista puede que esté completamente equivocado por no saber que normalmente, los inversores de riesgo limitado poseen el 90 por 100 de las operaciones a corto en ese mercado, lo que hace que la posición del 70 por 100 sea enormemente alcista. Los analistas de los COT avispados comparan las posiciones actuales con las normas históricas y buscan situaciones en las que los inversores de riesgo limitado, o los inversores inteligentes, y los pequeños traders, muchos de los cuales son apostadores y perdedores, están totalmente en contra los unos de los otros. Si un grupo va fuertemente a corto mientras el otro va igual de intensamente a largo, ¿a cuál de los dos te gustaría unirte? Si te encuentras con que en un cierto mercado los inversores inteligentes se encuentran abrumadoramente en un lado mientras que los pequeños especialistas están atestando el otro, ha llegado el momento de usar el análisis técnico para buscar entradas en el lado de los inversores de riesgo limitado.

Mercados de oferta y demanda

En los futuros, hay dos tipos de mercados alcistas y bajistas: los impulsados por la oferta y los impulsados por la demanda. Los mercados impulsados por la oferta tienden a ser rápidos y frenéticos, mientras que los mercados impulsados por la demanda tienden a ser tranquilos y lentos. ¿Por qué? Piensa en cualquier materia prima, digamos el café, que crece en África y Sudamérica.

Los cambios en la demanda llegan lentamente, gracias al conservadurismo de la naturaleza humana. La demanda de café puede subir sólo si su consumo se vuelve más popular, con una segunda máquina de expreso en cada pequeño bar. La demanda sólo puede caer si el consumo de café se vuelve menos popular, lo que puede suceder en una economía en deterioro o como respuesta a una moda relacionada con la salud. Los mercados impulsados por la demanda se mueven a un ritmo pausado.

Ahora imagina que una importante región cultivadora de café queda afectada por un huracán o una helada. De repente, se rumorea que la oferta de café a nivel mundial se va a reducir en un 10 por 100 y los precios se disparan, cerrando el paso a los consumidores marginales y subiendo el precio hasta el punto en el que la oferta y la demanda quedan en equilibrio. Los mercados impulsados por la oferta son muy volátiles. Imagina unas lluvias torrenciales en las regiones productoras de cacao de África, o una nueva política de la OPEP que reduzca abruptamente la oferta de petróleo, o una huelga general en un país líder en la minería de cobre. Cuando la oferta de una materia prima se reduce y hay rumores de más daños, la tendencia se dispara, redistribuyendo una oferta ajustada a aquéllos más capaces de permitírsela.

Todo trader de futuros debe ser consciente de factores clave para la oferta en su mercado y vigilarlos, como la climatología durante los meses críticos del crecimiento y la cosecha en el caso de las materias primas agrícolas. Los traders de tendencias en los mercados de futuros tienden a buscar mercados impulsados por la oferta, mientras que a los traders de fluctuaciones les va mejor en los mercados impulsados por la demanda.

Los mercados estadounidenses de cereales suelen tener picos de precios durante la primavera y el verano, que son las estaciones de la siembra y el crecimiento, ya que la sequía, las inundaciones y las plagas amenazan a la oferta. Los traders dicen que un agricultor pierde su cultivo tres veces antes de cosecharlo. Una vez que la cosecha ha concluido y se conoce la oferta, la demanda impulsa los mercados. Los mercados impulsados por la demanda tienen unos canales más estrechos, lo que hace que los objetivos de beneficios sean menores. Los canales tienen que volver a trazarse y las tácticas de trading deben reajustarse a medida que las estaciones cambian. Un trader perezoso se pregunta por qué sus herramientas han dejado de funcionar. Un trader listo saca un nuevo conjunto de herramientas para la estación y guarda las viejas en un cajón hasta el año que viene.

Suelo y techo

El análisis fundamental de los futuros es más sencillo que el de las acciones. La mayoría de los analistas monitorizan la oferta, ya que la demanda cambia muy lentamente. ¿Cuál es la extensión del cultivo plantado? ¿Qué *stock* hay en los almacenes? ¿Cuáles son las predicciones meteorológicas para las regiones de cultivo? Los aspectos fundamentales colocan un suelo debajo de la mayoría de las materias primas, aunque no de todas. También tienen un techo natural por encima del cual no suben casi nunca.

El suelo depende del coste de producción. Cuando el precio de mercado de una materia prima, ya sea oro o azúcar, cae por debajo de ese nivel, los mineros dejan de cavar y los agricultores de plantar. Algunos gobiernos de países del tercer mundo, desesperados por conseguir dólares y que intentan evitar la alarma social, pueden subvencionar la producción, pagando a los lugareños con una divisa sin valor y poniendo el producto en los mercados mundiales. Pese a ello, si suficientes productores se arruinan y abandonan, la oferta se reducirá y los precios aumentarán para atraer a nuevos suministradores. Si tomas las gráficas de veinte años de la mayoría de las materias primas, verás que las mismas áreas de precios han servido a modo de suelo año tras año. Lo que resulta muy curioso es que esos niveles han aguantado sin ajustarse en cuanto a la inflación.

El techo depende del coste de sustitución. Si el precio de una materia prima sube, los principales consumidores industriales empezarán a abandonarla. Si la harina de soja, que es un importante alimento para el ganado, se vuelve demasiado cara, la demanda cambiará hacia la harina de pescado, y si el azúcar se vuelve demasiado caro, la demanda cambiará hacia otros edulcorantes.

¿Por qué no hay más gente que opere contra esos niveles? ¿Por qué no compran cerca del suelo y operan a corto cerca del techo, aprovechándose de lo que supondría algo facilísimo? En primer lugar, el suelo y el techo no son inamovibles, y los mercados pueden transgredirlos brevemente. Lo que es incluso más importante es que la psicología humana trabaja contra estas transacciones. La mayoría de los especuladores encuentra imposible vender a corto un mercado que está hirviendo cerca del máximo u operar a largo con un mercado después de que se haya hundido.

Estacionales

La mayoría de las materias primas fluctúan entre estaciones. Por ejemplo, los cereales tienden a ser más baratos poco después de la cosecha, cuando la oferta es abundante y la demanda se conoce bastante bien. La estación de la plantación (primavera), cuando la climatología que está por venir es incierta, es la época más probable para los picos de precios. Las heladas en las regiones del norte de EE. UU. son alcistas para los futuros del combustible de calefacción. Los futuros del zumo de naranja solían experimentar ascensos desbocados durante las heladas en Florida, pero se han vuelto más calmados con el crecimiento de la producción de naranjas en Brasil, en el hemisferio sur.

Para algunos, el trading estacional degenera en forma de un trading según el calendario. Escudriñar datos pasados para averiguar que un cierto mercado debería comprarse durante la primera semana de marzo y venderse la última semana de agosto supone un mal uso de la tecnología. Es fácil encontrar lo que funcionó en el pasado, pero cualquier patrón que no tenga una justificación con los aspectos fundamentales o la psicología de masas probablemente se deba al ruido del mercado. Las transacciones estacionales aprovechan las fluctuaciones anuales, pero debes tener cuidado. Cambian de un año a otro, y las transacciones estacionales deben pasarse por el filtro del análisis técnico.

Interés abierto

Todas las bolsas informan de los volúmenes de las transacciones, pero los mercados de futuros también informan sobre el interés abierto: el número de contratos en circulación en cualquier día dado. En el mercado de valores, el número de acciones en circulación no cambia, a no ser que la compañía emita más o recompre las existentes. En los mercados de futuros, se crea un nuevo contrato cada vez que un comprador y un nuevo vendedor se ponen de acuerdo. Si ambos se salen de sus posiciones, desaparece un contrato. El interés abierto sube y baja cada día, y sus cambios proporcionan pistas importantes sobre los compromisos de los toros y los osos.

Cada contrato de futuros tiene un comprador y un vendedor, un ganador y un perdedor. Un interés abierto ascendente muestra que están entrando más ganadores en ese mercado. Lo que es igual de importante es que muestra que están entrando más perdedores, porque sin su dinero no habría nada para que los ganadores ganaran. Una tendencia alcista del interés abierto refleja un nivel creciente de compromiso por parte de todas las partes e indica que la tendencia es probable que continúe. Una tendencia bajista del interés abierto muestra que los ganadores están recogiendo sus ganancias, mientras que los perdedores están aceptando sus pérdidas y abandonando el juego. Un interés abierto descendente muestra que la tendencia se está volviendo más débil, lo que supone una información valiosa cuando necesitas decidir si quedarte o recoger beneficios.

Operar a corto

Pocos traders activos en la actualidad estaban en el mercado de valores en 1929, pero las repercusiones del crac de ese año nos siguen impactando. El gobierno respondió al alboroto del público herido y airado. Entre sus muchas actuaciones estuvo un intento por erradicar a los malvados vendedores a corto, acusados de hacer que las acciones bajaran. Promulgó la «*norma del* tick *ascendente*», que permitía el operar a corto con unas acciones sólo después de que su precio hubiera ascendido ligeramente. Los osos malos ya no pueden derrumbar a inocentes acciones con sus órdenes de venta. Pueden vender a corto sólo acciones que estén subiendo. ¿Qué hay de una ley paralela para prohibir comprar acciones que hayan subido ligeramente y permitir que la gente compre sólo después de una ligera bajada, para así evitar un alcismo excesivo?

La norma del *tick* ascendente es un ejemplo de una mala ley aprobada como respuesta a la histeria colectiva. Es corta de miras porque durante los movimientos bajistas, son los vendedores a corto los que rompen los declives con su recogida de beneficios. No existe ninguna norma del *tick* ascendente en los mercados de futuros. Un trader de futuros es mucho más probable que se sienta cómodo operando a corto que un trader de acciones.

En el caso de las acciones, la mayoría de la gente opera a largo y muy pocos a corto. Los mercados informan del porcentaje del volumen de ventas a corto cada mes, y casi nunca alcanza los dos dígitos. En el caso de los futuros, el porcentaje del volumen de ventas a corto siempre es del 100 por 100: hay un contrato a corto por cada contrato a largo, ya que, si alguien está comprando un contrato para un suministro futuro, alguien distinto tiene que venderle un contrato para un suministro futuro: es decir, ir a corto. Tienes que sentirte cómodo operando a corto si quieres negociar con futuros.

Movimientos límite

Ahora que el mercado de valores tiene sus propios «disyuntores», menos neófitos en los futuros quedan sorprendidos al descubrir que la mayoría tiene límites diarios por debajo de los cuales no se permite que bajen los precios. Los límites están diseñados para evitar movimientos histéricos y proporciona tiempo a la gente para que repiense sus posiciones, pero los límites tienen un inconveniente. Al igual que un peatón puede acabar aplastado contra una barrera de tráfico colocada para protegerle, un trader puede acabar aplastado por un movimiento límite. Una sucesión de días límite es especialmente aterradora, ya que un perdedor está atrapado, incapaz de salir, mientas su cuenta está siendo arrasada.

Los miedos a los movimientos límite son enormemente exagerados. Su apogeo se dio durante la inflacionaria década de 1970, y los mercados se han vuelto mucho más tranquilos desde entonces. Si operas con la tendencia, es mucho más probable que un movimiento límite vaya a tu favor, y no en tu contra. Con la globalización de los mercados de futuros, aparecieron muchas más salidas de emergencia, lo que te permitía deshacer una transacción en otro punto. Un buen trader aprende a encontrar esas salidas antes de necesitarlas. Por último, pero no por ello menos importante, un trader de futuros puede pensar en abrir una «cuenta de seguro», tal y como se ha recomendado anteriormente en el caso de los escritores de opciones desnudas, aunque a una escala mucho menor.

Minicontratos

Los traders de futuros con cuentas diminutas a veces preguntan si deberían negociar contratos regulares o minicontratos. Por ejemplo, un contrato regular del índice S&P representa 250 veces el índice en dólares (250 dólares por punto), pero un minicontrato tiene sólo una quinta parte de su tamaño, lo que representa 50 veces el índice en dólares 50 dólares por punto). En libras esterlinas, un contrato regular representa 62 500 libras, pero un minicontrato de sólo una quinta parte de su tamaño representa sólo 12 500 libras. Los minicontratos se negocian durante las mismas horas que los contratos regulares y les siguen el rastro muy de cerca en cuando al precio.

La única ventaja de los minicontratos es la reducción del riesgo, pero sus comisiones se llevan un mayor porcentaje de cada transacción. Los principiantes pueden usarlos para practicar, pero los contratos de tamaño estándar son vehículos mucho mejores para el trading.

¿HACIA DÓNDE ME DIRIJO DESDE AQUÍ? *The futures game,* de Teweles y Jones, ha formado a varias generaciones de futuros traders. Asegúrate de hacerte con la última edición: el libro se actualiza cada doce años, más o menos. *Economics of futures trading,* de Thomas A. Hieronymus, es, probablemente, el libro más sensato sobre los futuros. Lleva muchos años descatalogado. Intenta encontrar un ejemplar en tu biblioteca. *Charting commodity market price behavior,* de L. Dee Belveal, contiene algunos de los análisis más agudos sobre el volumen y los intereses abiertos. *The inside track to winning,* de Steve Briese, es un vídeo producido por mi empresa sobre los compromisos de los traders.

CAPÍTULO 7

Fórmulas para la gestión del dinero

¿Operas en la bolsa por el dinero o por las emociones? No me lo digas: simplemente echa un vistazo a tus registros de trading. ¿No tienes unos buenos registros? Bueno, eso ya es una respuesta en sí misma. Si llevas registros, entonces la curva de tu capital te mostrará lo serio que eres con respecto al trading.

La mayoría de la gente entra en los mercados por el dinero, pero pronto pierden de vista ese objetivo y empiezan a perseguir una versión particular de la diversión. El juego del trading es mucho más interesante que solitario, y alimenta los sueños de riqueza y poder. La gente opera en la bolsa para huir del aburrimiento o presumir de su inteligencia. Hay tantas razones neuróticas para operar en la bolsa como traders, pero sólo hay una razón realista: ganar más dinero que el que se ganaría con inversiones sin riesgo, como los bonos del Tesoro.

El trading exitoso se basa en las siglas MMD: mente, método y dinero. La mente es la psicología del trading, el método es el análisis de mercados, y el dinero significa la gestión del riesgo. Esta última sigla es la clave definitiva para el éxito. La pendiente de tu curva de capital, que debes trazar como parte de tu proceso de gestión del dinero, refleja el estado de tu mente además de la calidad de tu método.

Cualquiera puede ganar dinero con una única transacción o incluso con varias transacciones. Incluso en los casinos de Las Vegas sigues oyendo la música de los premios gordos. Las monedas salen de las máquinas tragaperras, emitiendo un sonido alegre, pero ¿cuántos jugadores vuelven a su habitación con más dinero del que habían traído? En los mercados casi cualquiera puede llevar a cabo una buena transacción, pero pocos pueden hacer crecer su capital.

La gestión del dinero es el oficio de gestionar tu capital para el trading. Algunos lo llaman arte, y otros ciencia, pero en realidad es una combinación de ambos, aunque predomina la ciencia. El objetivo de la gestión del dinero consiste en acumular capital reduciendo las pérdidas en las transacciones perdedoras y maximizar las ganancias en las transacciones ganadoras. Cuando cruzas la calle después de que el semáforo de peatones se haya puesto verde, sigues mirando a derecha e izquierda, ya que puede que algún conductor trastornado esté avanzando a toda velocidad hacia el paso de peatones, haya o no una señal. Siempre que tu sistema de trading te lanza una señal, la gestión del dinero se convierte en el equivalente de mirar a derecha e izquierda. Incluso el mejor sistema de trading necesita de la gestión del dinero para conseguir unos beneficios constantes.

En una ocasión conocí a un exitoso equipo de gerentes de cartera formado por un padre y su hijo. El padre empezó a preparar a su hijo para los negocios cuando era un adolescente. Los fines de semana solía llevarle al hipódromo y le daba a su hijo diez dólares para pasar el día. Esa cantidad representaba su dinero para comer y para apostar. El padre pasaba el día con sus amigotes, mientras el chico se acercaba y le hacía preguntas, pero nunca conseguía ni un dólar más. Tenía que ganar su dinero apostando a los caballos y gestionar sus recursos si quería almorzar ese día. Aprender a calcular las posibilidades de victoria de los caballos (análisis técnico), gestionar su apuesta (gestión del dinero) y esperar a las mejores cifras con respecto a cuánto se pagaban las apuestas (psicología) acabó compensándole estratosféricamente cuando el hijo se unió al padre en la gestión de un fondo de cobertura.

Un buen sistema de trading te proporciona una ventaja en el mercado. Por usar un término técnico, proporciona una expectativa positiva a lo largo de una larga serie de ensayos. Un buen sistema asegura que ganar es más probable que perder a lo largo de una larga serie de transacciones. Si tu sistema puede hacer eso, necesitas la gestión del dinero, pero si no tienes ninguna expectativa positiva, no habrá gestión del dinero que te salve de perder.

Por ejemplo, alguien que juegue a la ruleta tiene una expectativa negativa. Una ruleta tiene 38 casillas en EE. UU. o 37 en Europa, pero sólo entran en juego 36, ya que la casa «posee» una o las dos restantes. Como una casilla representa, más o menos, un 2,7 por 100 de una ruleta, a lo largo de un cierto período de tiempo la casa gana esa cantidad en cada partida, desangrando lentamente a los jugadores. Existe un sistema de gestión del dinero antiguo llamado *martingala,* que hace que los jugadores empiecen con una apuesta mínima, generalmente un dólar, y que doblen la apuesta después de cada derrota, por lo que, en teoría, cuando acaban por ganar, recuperarán todo lo perdido más un dólar. Entonces volverán a empezar apostando un dólar. La martingala no funciona en la vida real, ya que los casinos limitan las apuestas máximas. Una vez que tus pérdidas lleguen a ese límite, la martingala se golpea la cabeza contra el techo y se muere. En el *blackjack,* por otro lado, un trader muy disciplinado que siga una estrategia probada y que cuente las cartas tiene una ligera ventaja sobre el casino, del orden de un 1 o un 2 por 100, y a veces mayor. Aquí, un buen contador de cartas necesita de la gestión del dinero para mantener las apuestas pequeñas en las manos malas y apostar más fuerte en las manos buenas.

Una vez que dispongas de un sistema de trading con una expectativa positiva, debes establecer normas de gestión del dinero. Síguelas como si tu vida dependiera de ello, porque es así. Cuando perdemos dinero, morimos como traders.

Independientemente del porcentaje de capital que pierdas, debes ganar un porcentaje mayor para recuperarte. Yo solía llevar conmigo un recibo de una agencia de alquiler de coches para ilustrar esta idea. El recibo mostraba un cargo de 70 dólares, seguido de un 10 por 100 de descuento y un 10 por 100 de impuestos. ¿Cuál es el balance? Si has contestado 70, vuelve a estudiar. 70 dólares - 10 % = 63 dólares. 63 dólares + 10 % = 69,30 dólares. Si se resta un 10 % y luego se suma un 10 %, acabas por debajo del punto de partida. Perder capital es como caer dentro de una cueva de hielo: es fácil resbalar y entrar, pero es difícil salir porque los bordes son resbaladizos. ¿Qué sucede cuando un trader hace caer su cuenta de los 10 000 dólares a los 6600? Ha perdido un 34 por 100 y debe ganar un 50 por 100 para volver al punto de partida. ¿Cómo de probable es que un trader que acaba de perder una tercera parte de su capital gane un 50 por 100 de ésta? Se encuentra en el fondo de un hoyo de hielo. Morirá o conseguirá una nueva oportunidad en la vida gracias a una fuente externa. La cuestión clave es si aprenderá de esta experiencia.

Los mercados son tan sangrientos como una pelea de gladiadores. La vida en el campo de batalla se mide en dinero. Todos están peleándose para quitártelo: competidores, vendedores y brókeres. Perder dinero es fácil, y ganarlo es difícil.

La gestión del dinero tiene dos objetivos: la supervivencia y la prosperidad. La primera prioridad es sobrevivir y luego conseguir unas ganancias constantes y, por último, conseguir unas ganancias espectaculares. Los principiantes tienden a tener esas prioridades invertidas. Aspiran a unas ganancias espectaculares, pero nunca piensan en la supervivencia a largo plazo. Poner la supervivencia en primer lugar te hace concentrarte en la gestión del dinero. Los traders serios siempre están centrados en minimizar las pérdidas y hacer crecer su capital.

El gerente de cartera más exitoso que conozco sigue diciendo que teme acabar trabajando de taxista. Su grado en ingeniería ha quedado obsoleto y no tiene experiencia laboral fuera de los mercados, así que, si fracasa como trader, todo lo que podrá hacer será conducir un taxi. Ha ganado millones, pero sigue haciendo todo lo que está en su mano para evitar perder dinero. Es una de las personas más disciplinadas que conozco.

Nada de analfabetos en matemáticas

La sociedad actual hace que sea fácil vivir sin contar. La mayoría de nosotros rara vez contamos, ya que nos hemos acostumbrado a las calculadoras y las pantallas digitales en los dispositivos. Si puedes sumar el número de invitados a una velada o averiguar cuántas cervezas quedan en un paquete de seis tras haberte tomado dos, estás en buena forma. Es fácil pasar por la vida sin prácticamente nada de aritmética. Eso no es así en absoluto en los mercados.

El trading es un juego de números. Si no sabes contar, no puedes operar en los mercados. No necesitas saber cálculo o algebra, pero debes dominar las matemáticas básicas (las sumas, las restas, las multiplicaciones y las divisiones). Además, necesitas calcular porcentajes, fracciones y redondear números para contar rápido. Además, debes estar familiarizado con el concepto de la probabilidad. Esto puede sonar fácil, pero nunca deja de sorprenderme lo mal y lentamente que cuentan la mayoría de los principiantes. Todos los buenos traders dominan las matemáticas. Son gente práctica y aguda que calcula rápidamente riesgos, resultados y probabilidades.

¿Qué sucede si eres un producto de la educación moderna y necesitas que una calculadora te reste 26,75 de 183,5 o si tienes que averiguar el 15 por 100 de 320? Debes formarte. Debes practicar la aritmética. Una de las formas más fáciles de hacerlo es contando el cambio cuando salgas de compras. Estima el precio total. Una vez que le des dinero a un cajero, calcula cuánto cambio te devolverá. Averigua el montante de los impuestos por una compra en tu cabeza. Sigue practicando, sigue saliendo de tu zona de confort de la sociedad de consumo actual en la que contar no es necesario. Lee un par de libros populares sobre la teoría de probabilidades.

¿Fastidioso? Sí. ¿Que requiere de tiempo? Ciertamente. Aprender a contar rápidamente no es entretenido, pero te ayudará a triunfar en el trading.

¿Cómo de ancho es el canal? ¿Cuál es la relación de las distancias hasta tu *stop* de protección de pérdidas y el objetivo de beneficios? Si no quieres arriesgar más de un 1 por 100 de tu cuenta y tu stop se encuentra a 1,25 puntos, ¿cuántas acciones puedes comprar? Estas preguntas y otras similares constituyen el núcleo del trading exitoso. Poder responderlas al vuelo te proporciona una verdadera ventaja con respecto a la multitud de los innumerables aficionados.

El riesgo versus las pérdidas de un empresario

¿Recuerdas nuestro ejemplo del pequeño empresario que tenía una tienda de frutas y verduras y que vendía varias cajas de producto al día? ¿Qué pasaba si su mayorista le ofrecía una caja de alguna fruta exótica nueva? Podía ganar dinero con ella, pero si a los habitantes de su localidad no les gustaba y esa fruta se echaba a perder, una única caja no habría dañado a su negocio. Era el riesgo normal para un empresario.

Ahora imagina que hubiese comprador un tráiler de esa fruta a un precio superbajo. Si se vendía, podía ganar una fortuna rápidamente, pero si se echaba a perder, hubiera dañado su negocio y habría puesto en peligro su supervivencia. Una caja suponía un riesgo aceptable, pero un tráiler un riesgo desmesurado. La diferencia entre el riesgo de un empresario y una pérdida es su tamaño en relación con el tamaño de tu cuenta.

El riesgo del empresario te expone a una fluctuación normal del capital, pero una pérdida amenaza tu prosperidad y tu supervivencia. Debes trazar una línea entre ellos y no cruzarla nunca. Trazar esa línea es una tarea clave de la gestión del dinero.

Siempre que compres unas acciones y coloques un *stop* debajo de ellas, limitarás el riesgo en cuanto a dinero por acción. Las reglas de la gestión del dinero limitan tu riesgo total en cualquier transacción en su conjunto, permitiéndote arriesgar sólo un pequeño porcentaje de tu cuenta.

Si conoces tu riesgo máximo permitido por transacción además de tu riesgo por acción o contrato, es un asunto de aritmética simple calcular con cuántas acciones o contratos puedes operar.

Las reglas de gestión del dinero son esenciales para tu supervivencia y éxito. Pocos traders poseen la disciplina para seguirlas. Es fácil hacer promesas mientras se lee un libro, pero espera a estar frente a la pantalla. «Esta vez es distinto, es dinero gratis. Le daré a esta transacción un poco más de espacio». El mercado seduce a los traders para que rompan sus reglas. ¿Seguirás tú las tuyas?

Hace poco me invitaron a presidir un comité de psicología de mercado en una reunión de gestores de cartera. Uno de mis panelistas tenía casi 1000 millones de dólares bajo su gestión. Era un hombre de mediana edad que empezó en el mundo de los negocios en su veintena, mientras trabajaba para una empresa consultora naval tras finalizar su posgrado. Aburrido de su trabajo, diseñó un sistema de trading, pero no disponía de suficiente dinero para operar con él porque necesitaba un mínimo de 200 000 dólares. «Tuve que recurrir a otras personas –dijo– y pedirles dinero. Una vez que les expliqué qué iba a hacer y me dieron el dinero, tuve que ceñirme a mi sistema. Hubiera sido inadmisible desviarse de él. Mi pobreza me funcionó». Pobreza e integridad.

Si quieres operar en la bolsa, debes aceptar los riesgos. Un criticón, obsesionado por las pequeñas cantidades, es demasiado rígido para emitir órdenes. Aunque aceptes los riesgos, puede que no aceptes las pérdidas. ¿Cuál es la definición de una pérdida?

UNA PÉRDIDA ES UNA VIOLACIÓN DE LAS NORMAS: DE LAS NORMAS DE 2 POR 100 Y DEL 6 POR 100. Los mercados matan a los traders de una de dos formas. Si tu capital es tu vida, un mercado puede llevárselo con un único mordisco de un tiburón, una pérdida desastrosa que te eche del juego. También puede matar como un banco de pirañas, con una serie de mordiscos, ningunos de los cuales es letal, pero que sumados dejan una cuenta en los huesos. Estas dos normas de gestión del dinero están diseñadas para protegerte de los tiburones y de las pirañas.

La solución del 2 por 100: Protección contra los tiburones

Las malas pérdidas llaman la atención en la mayoría de las cuentas. Los traders que revisan sus registros suelen encontrarse con que una única pérdida terrible o una pequeña racha de malas pérdidas fue la que provocó los mayores daños. Si hubieran cortado sus pérdidas antes, su balance hubiera sido mucho mejor. Los traders sueñan con beneficios, pero frecuentemente se quedan congelados como un ciervo frente a los faros de un coche cuando una transacción perdedora los afecta. Necesitan normas que les digan cuándo alejarse del peligro en lugar de esperar y rezar para que el mercado revierta.

Un buen análisis de mercado sin nada más no te convertirá en un ganador. La capacidad de encontrar buenas transacciones no te garantizará el éxito. Da igual cuánto investigues: no te hará ningún bien a no ser que te protejas de los tiburones. He visto a traders llevar a cabo veinte, treinta, y en una ocasión hasta cincuenta transacciones rentables seguidas, y que pese a ello acabaron perdiendo dinero. Cuando tienes una racha ganadora, es fácil pensar que has comprendido cómo funciona el juego. Entonces, una pérdida desastrosa barre todos los beneficios y despedaza tu capital. Necesitas el repelente de tiburones de la buena gestión del dinero.

Un buen sistema te proporciona una ventaja a largo plazo, pero hay mucha aleatoriedad en los mercados, y cualquier única transacción queda cerca de ser una jugada a cara o cruz. Un buen trader espera ser rentable a final de año, pero pregúntale si ganará dinero con su siguiente transacción y te dirá, honestamente, que no lo sabe. Usa *stops* para evitar que las transacciones perdedoras dañen su cuenta.

El análisis técnico te ayuda a decidir dónde colocar un *stop*, limitando tu pérdida por acción. Las normas de gestión del dinero te ayudan a proteger tu cuenta en su conjunto. La norma más importante consiste en limitar tus pérdidas en cualquier transacción a sólo una pequeña fracción de tu cuenta.

LIMITA TU PÉRDIDA CON CUALQUIER TRANSACCIÓN A UN 2 POR 100 DEL CAPITAL DE TU CUENTA DE TRADING. La norma del 2 por 100 hace referencia sólo a tu cuenta de trading. No incluye tus ahorros, tu patrimonio inmobiliario o el dinero que tienes reservado para las compras y regalos navideños. Tu capital para el trading es el dinero que has dedicado al trading. Éste es tu verdadero capital de riesgo: tu patrimonio neto en el proyecto de trading. Incluye el metálico y los fondos líquidos en tu cuenta, además del valor de mercado actual de todas tus posiciones abiertas. Tu sistema debería hacerte ganar dinero, mientras que la norma del 2 por 100 te permite sobrevivir a las inevitables pérdidas.

Supón que estás operando con una cuenta de 50 000 dólares. Quieres comprar acciones de XYZ, que actualmente se negocian a 20 dólares. Tu objetivo de beneficio es de 26 dólares, con un *stop* a 18 dólares. ¿Cuántas acciones de XYZ te está permitido comprar? El 2 por 100 de 50 000 dólares son 1000 dólares: Ése es el riego máximo que aceptarás. Comprar a 20 dólares y poner un stop a 18 dólares significa que arriesgarás 2 dólares por acción. Divide el riesgo máximo aceptable entre el riesgo por acción para averiguar cuántas acciones puedes comprar. Dividir 1000 dólares entre 2 dólares te da un resultado de 500 acciones. Ésta es la cifra máxima, en teoría. En la práctica debe ser menor porque debes pagar comisiones y estar preparado para verte afectado por el deslizamiento, todo lo cual debe encajar en el límite de 2 por 100. Por lo tanto, el límite superior para esta transacción es más bien de 400 que de 500 acciones.

He notado una curiosa diferencia en cómo la gente reacciona a la norma del 2 por 100. Los pobres principiantes creen que esta cifra es demasiado baja. Alguien me preguntó en una conferencia reciente si la norma del 2 por 100 podía incrementarse en el caso de las cuentas pequeñas. Le respondí que cuando uno hace *puenting*, no es buena idea usar una cuerda más larga.

Los profesionales, por otro lado, dicen que el 2 por 100 es demasiado alto, e intentan arriesgar menos. Un gestor muy exitoso de un fondo de cobertura me dijo hace poco que su proyecto para los siguientes seis meses era incrementar su volumen para el trading. Nunca arriesgaba más del 0,5 por 100 de su capital en una transacción, e iba a enseñarse a sí mismo a arriesgar un 1 por 100. Los buenos traders tienden a trabajar bastante por debajo del límite del 2 por 100. Siempre que los aficionados y los profesionales se encuentren en los lados opuestos de una discusión, ya sabes qué lado escoger. Intenta arriesgar menos de un 2 por 100: éste es, sencillamente, el nivel máximo.

Siempre que te fijes en una transacción potencial, comprueba si un *stop* lógico en un lote completo o en un único contrato te mantendrá en el lado correcto de la norma del 2 por 100. Si puede poner una cantidad mayor en riesgo, pasa de esa transacción.

Calcula el capital de tu cuenta el primer día de cada mes. Si empiezas el mes con 100 000 dólares en tu cuenta, la norma del 2 por 100 te permite arriesgar un máximo de 2000 dólares por transacción. Si tienes un buen mes y tu capital sube hasta los 105 000 dólares, entonces, ¿cuál será tu límite para el siguiente mes? ¡Rápido! Recuerda que un buen trader sabe contar. Si tienes 105 000 dólares en tu cuenta, la norma del 2 por 100 te permite arriesgar 2100 dólares y operar con un tamaño ligeramente mayor. Si, por otro lado, has tenido un mal mes y tu capital baja hasta los 95 000 dólares, la norma del 2 por 100 marca que tu riesgo máximo permitido por transacción será de 1900 dólares por transacción el mes siguiente. La norma del 2 por 100 te permite la expansión cuando mejoras y te fuerza a recoger velas cuando te está yendo mal: vincula el volumen de tu trading a tu rendimiento. ¿Qué sucede si tienes varias cuentas de trading: por ejemplo una para acciones y otra para futuros? En ese caso, aplica la norma del 2 por 100 a cada cuenta por separado.

Futuros: OK a una hoja de cálculo de las transacciones

Imagina a dos traders: el Sr. Liebre y el Sr. Tortuga, ambos con unas cuentas con 50 000 dólares, que se están fijando en dos mercados de futuros: el índice S&P 500 y el maíz. El ágil Sr. Liebre se da cuenta de que el rango u oscilación diario del índice S&P es de unos cinco puntos, con un valor de 250 dólares por punto. El rango diario del maíz es de unos cinco centavos, que valen unos 50 dólares por centavo. Averigua rápidamente que, si aprovecha sólo la mitad del rango de un día, gana más de 500 dólares con el contrato con el índice S&P, mientras que el mismo nivel de habilidad le hará ganar sólo algo más de 100 dólares con el maíz. El Sr. Liebre llama a su bróker y compra dos contratos del índice S&P.

El precavido Sr. Tortuga trabaja con una aritmética distinta. Empieza situando el riesgo máximo para su cuenta en un 2 por 100, o 1000 dólares. Operar con el índice S&P, que se mueve más de 1.000 dólares al día, con una cuenta tan pequeña, es como agarrar a un tigre muy grande por una cola muy corta. Por otro lado, si opera con el maíz, tendrá mucha más capacidad de aguante. Ese tigre es más pequeño y tiene una cola más larga que puede enrollarse alrededor de la muñeca. El Sr. Tortuga compra un contrato de maíz. ¿Quién es más probable que gane a largo plazo: el Sr. Liebre o el Sr. Tortuga?

La mejor forma de averiguar con qué mercados de futuros puedes o no puedes operar consiste en comparar tu capital con el nivel reciente de ruido en el mercado. Empieza por calcular cuál es el 2 por 100 de tu cuenta. Mide el nivel de ruido con el indicador SafeZone, calcula su MME de veintidós días y traduce eso en dólares. No operes con ningún mercado cuyo nivel de ruido medio sea de más del 1 por 100 de tu capital. Si sigues esta regla, operarás en mercados relativamente tranquilos en los que podrás colocar tus *stops* de forma segura. ¿Por qué un 1 y no un 2 por 100? Porque tu *stop* en el 2 por 100 deberá ser superior al nivel de ruido medio de distancia del mercado.

La primera columna de la hoja de cálculo de la tabla 7.1 registra el mercado, la segunda el valor de un contrato, la tercera el indicador SafeZone actual, y la cuarta multiplica el SafeZone por 2. La quinta columna muestra el 2 por 100 del valor de la cuenta: en este caso 30 000 dólares. La última columna compara el valor del SafeZone multiplicado por 2 del 2 por 100 de la cuenta. Si el último valor es mayor que el anterior, está bien operar en ese mercado.

Los valores que aparecen en la tabla 7.1 son actuales mientras se está escribiendo este libro, pero deberán actualizarse mensualmente, porque la volatilidad cambia, y el SafeZone con ella. Los mercados modifican ocasionalmente los contratos y modifican las unidades de valor. Usa esta tabla sólo como ejemplo y punto de partida. Haz tus deberes, introduce los números actuales y averigua con qué contratos puedes operar y con cuáles no.

Futuro	Valor de la unidad (dólares)	SafeZone	SafeZone x 2 valores de la unidad (dólares)	2 % de 30 000 dólares (dólares)	¿OK operar?
Bonos	1000	0,33	660	600	No
Euro$	2500	0,09	450	600	Sí
S&P	250	10,00	3670	600	No
SF	1250	0,40	1000	600	No
JY	1250	0,38	950	600	No
DM	1250	0,26	650	600	No
C$	1000	0,21	420	600	Sí
Azúcar	1120	0,11	246	600	Sí
Algodón	500	0,63	630	60	No
Café	375	1,70	1275	600	No
Cacao	10	24,00	480	600	Sí
Sin plomo	420	1,84	1546	600	No
Combustible calefacción	420	2,11	1772	600	No
Crudo	420	0,76	638	600	No
Plata	5000	0,09	900	600	No
Oro	100	1,80	360	600	Sí
Cobre	250	1,05	525	600	Sí
Trigo	50	2,60	260	600	Sí
Maíz	50	2,50	250	600	Sí
Soja	50	6,50	650	600	No
Aceite de soja	600	0,30	360	600	Sí
Harina de soja	100	2,60	520	600	Sí

TABLA 7.1   OK a una hoja de cálculo de las transacciones

Si no puedes permitirte operar con un cierto mercado, puedes, no obstante, descargártelo, hacer tus deberes y operar sobre el papel como si lo estuvieras haciendo con dinero de verdad. Esto te preparará para el día en el que tu cuenta sea lo suficientemente grande o el mercado se vuelva lo suficientemente tranquilo para que entres en él.

La norma del 6 por 100: Protección contra las pirañas

Solía desconcertarme por qué los traders que trabajan para empresas como grupo tenían un mejor rendimiento que los traders particulares. Un trader particular promedio es un hombre de cincuenta años, casado, con estudios universitarios y frecuentemente es propietario de un negocio o es un profesional. Cabría pensar que esta persona reflexiva, con conocimientos de computación y que lee libros superaría con creces a un ruidoso joven de veinticinco años con una formación mínima que solía jugar la pelota en la universidad y que no se había leído ni un libro desde su primer año de estudios superiores. De hecho, la vida de la mayoría de los traders particulares se mide en meses, mientas que los traders que trabajan para empresas siguen ganando dinero para sus compañías año tras año. ¿Se debe a sus reflejos rápidos? En realidad no, porque los traders particulares jóvenes fracasan tan rápidamente como los mayores. Los traders que trabajan para empresas tampoco ganan debido a su formación, que es raquítica en la mayoría de las compañías.

Los traders que trabajan para empresas que ganan mucho dinero deciden a veces independizarse. Abandonan su compañía, alquilan el mismo equipo, operan con el mismo sistema, permanecen en contacto con sus contactos y fracasan. Algunos meses después, la mayoría de estos autónomos regresan a las oficinas de los cazatalentos, buscando un empleo como traders. ¿Cómo puede ser que ganen dinero para las empresas pero no para sí mismos?

Cuando un trader que trabaja para una empresa abandona su compañía, deja atrás a su gerente, que es la persona al cargo de la disciplina y el control de riesgos. Ese gerente marca el riesgo máximo por transacción a cada trader. Esto es similar a lo que un trader particular puede hacer con la norma del 2 por 100. Las empresas operan desde unas enormes bases de capital y el límite del riesgo es mucho mayor en términos de dólares, pero es pequeño en términos de los porcentajes. Un trader que viole ese límite es despedido. Un trader particular puede romper la norma del 2 por 100 y ocultarlo, pero un gerente vigila a sus traders como un halcón. Un trader particular puede meter recibos de confirmación en una caja de zapatos, pero un gerente de cartera se deshace rápidamente de la gente impulsiva. Salva a los traders que trabajan para empresas de pérdidas desastrosas, que destruyen muchas cuentas de particulares.

Además, un gerente de una empresa de trading marca la reducción de capital mensual máxima para cada trader. Cuando un empleado se hunde hasta ese nivel, es suspendido de sus privilegios de trading durante el resto del mes. Todos pasamos por ciclos. A veces estamos en sintonía con los mercados y todo lo que tocamos se convierte en oro. En otras ocasiones estamos desincronizados y todo lo que tocamos se convierte en otra sustancia completamente distinta.

Puede que creas que eres la bomba, pero cuando no dejas de perder, ésa es la forma que tiene el mercado de decirte que no lo eres.

La mayoría de los traders particulares con una racha perdedora siguen intentando operar en la bolsa para salir del agujero. Un perdedor cree que una transacción exitosa le está esperando a la vuelta de la esquina y que su suerte está a punto de cambiar. Sigue emitiendo más transacciones, aumenta su tamaño, todo ello mientras está excavando un hoyo todavía más profundo en el hielo. Lo sensato sería reducir tu volumen de trading y luego pararte y revisar tu sistema. Un gerente de una empresa de trading desbarata las rachas perdedoras de sus traders forzándoles a parar después de que hayan alcanzado su límite mensual de pérdidas. Imagina estar en una habitación con colegas que están operando activamente mientras tú le sacas punta a los lápices y sales corriendo a comprar bocadillos. Los traders hacen todo lo que pueden para evitar encontrarse en esa situación. Esta presión social genera un incentivo serio para no perder.

Un amigo que gestionaba un departamento de trading en Londres tenía a una mujer en su equipo que era muy buena trader. En una ocasión tuvo una racha perdedora y a mediados de mes se encontraba cerca de su límite de pérdidas. Mi amigo sabía que tendría que suspender sus privilegios de trading, pero ella era una persona muy nerviosa y no quería herir sus sentimientos. Él encontró un curso de gestión de tesorería en Washington D. C. y la envió ahí durante el resto del mes. La mayoría de los gerentes no son tan amables. Amables o bruscos, el límite mensual de pérdidas salva a los traders de la muerte por mordiscos de pirañas: una serie de pequeñas pérdidas que pueden acabar sumándose para provocar un desastre.

La piraña es un pez tropical de río no mucho mayor que la mano de un hombre, pero con unos dientes tremendos. No parece muy peligrosa, pero si un perro, una persona o un burro tropieza y cae a un río tropical, un banco de pirañas puede atacarle con una cantidad tal de mordiscos que la víctima colapsa. Un toro puede entrar caminando en un río, ser atacado por pirañas, y al cabo de unos minutos sólo quedará su esqueleto en el agua. Un trader mantiene a los tiburones a raya con la norma del 2 por 100, pero sigue necesitando de protección contra las pirañas. La norma del 6 por 100 te salvará de que te den pequeños mordiscos hasta matarte.

SIEMPRE QUE EL VALOR DE TU CUENTA DESCIENDA UN 6 POR 100 POR DEBAJO DE SU VALOR AL FINAL DEL MES ANTERIOR, DEJA DE OPERAR DURANTE EL RESTO DE ESE MES. Calcula tu capital cada día, incluyendo el efectivo, los equivalentes de efectivo y el valor actual en el mercado de todas las posiciones abiertas en tu cuenta. Deja de operar tan pronto como tu capital caiga un 6 por 100 por debajo de donde se encontraba el último día del mes anterior. Cierra todas las posiciones que puedan seguir abiertas y pasa el resto del mes en el banquillo. Sigue monitorizando los mercados, síguele el rastro a tus acciones e indicadores favoritos, y opera sobre el papel si lo deseas. Revisa tu sistema de trading. ¿Ha sido esta racha perdedora una simple cuestión de mala suerte o ha expuesto un fallo en tu sistema?

La gente que abandona las empresas de trading sabe cómo operar en la bolsa, pero su disciplina es externa, y no interna. Sin sus gerentes pierden dinero rápidamente. Los traders particulares no tienen gerentes. Ésa es la razón por la cual necesitas tu propio sistema de disciplina. La norma del 2 por 100 te salvará de una pérdida desastrosa, mientras que la norma del 6 por 100 te salvará de una serie de pérdidas. La regla del 6 por 100 te obliga a hacer algo que la mayoría de la gente no puede hacer por su cuenta: parar las rachas perdedoras.

Usar la norma del 6 por 100 junto con la del 2 por 100 es como disponer de tu propio gerente de una empresa de trading. Revisemos un ejemplo de trading usando estas reglas. En aras de la sencillez, asumamos que arriesgaremos un 2 por 100 del capital en cualquier transacción dada, pese a que en realidad intentaremos arriesgar menos.

- Al final del mes, un trader calcula su capital y averigua que tiene 100 000 dólares y ninguna posición abierta. Anota sus niveles máximos de riesgo para el mes que tiene por delante: un 2 por 100, o 2000 dólares por operación, y un 6 por 100, o 6000 dólares de su cuenta en su conjunto.
- Varios días después, el trader ve unas acciones A muy atractivas, determina dónde colocar su *stop* y compra una posición que pone en riesgo 2000 dólares o el 2 por 100 de su capital.
- Algunos días después ve las acciones B y realiza una operación similar, arriesgando otros 2000 dólares.
- A finales de la semana ve las acciones C y las compra, arriesgando otros 2000 dólares.
- La semana siguiente ve las acciones D, que son más atractiva que cualquiera de todas las anteriores. ¿Debería comprarlas? No, porque su cuenta ya está expuesta a un riesgo del 6 por 100. Tiene 3 operaciones abiertas, arriesgando un 2 por 100 en cada una de ellas, y podría perder un 6 por 100 si el mercado va en su contra. La norma del 6 por 100 le prohíbe arriesgar más dinero en este momento.
- Algunos días después, las acciones A suben y el trader mueve su *stop* por encima del umbral de rentabilidad. Las acciones D, que no le estaba permitido comprar hace algunos días, siguen pareciendo muy atractivas. ¿Podría comprarlas ahora? Sí, puede, porque su riesgo actual es de sólo el 4 por 100 de su cuenta. Está arriesgando un 2 por 100 con las acciones B y otro 2 por 100 con las acciones C, pero nada con las acciones A, porque su *stop* está situado por encima del umbral de rentabilidad. El trader compra las acciones D, arriesgando otro 2 por 100.
- Más adelante esa semana, el trader ve las acciones E, y parecen muy alcistas. ¿Puede comprarlas? No, de acuerdo con la norma del 6 por 100, porque su cuenta ya está expuesta a un riesgo del 6 por 10 con las acciones B, C y D (ya no está arriesgando capital con las acciones A). Debe pasar de las acciones E.
- Algunos días después, las acciones B caen y alcanzan su *stop*. Las acciones E siguen pareciendo atractivas. ¿Puede comprarlas? No, ya que ya ha perdido un 2 por 100 con las acciones B y tiene una exposición al riesgo del 4 por 100 con las acciones C y D. Añadir otra posición en este momento le expondría a más del 6 por 100 del riesgo por mes.

La regla del 6 por 100 te protege de las pirañas. Cuando empiecen a morderte, sal del agua y no permitas que esos desagradables peces te mordisqueen hasta matarte. Puedes tener más de 3 posiciones a la vez si arriesgas menos del 2 por 100 por operación. Si sólo arriesgas un 1 por 100 del capital de tu cuenta, puedes abrir 6 posiciones antes de alcanzar el límite del 6 por 100. La norma del 6 por 100 protege tu capital, basándose en el valor del cierre del último mes y no teniendo en cuenta cualquier beneficio adicional que puedas haber obtenido este mes.

Si entras en un nuevo mes con un gran beneficio con los precios de mercado actuales, debes recalibrar tus *stops* y tamaños para que no más del 2 por 100 de tu nuevo nivel de capital esté expuesto al riesgo en ninguna operación dada y no más del 6 por 100 lo esté con todas las operaciones abiertas combinadas. Siempre que lo hagas bien, y el valor de tu cuenta aumente al llegar a final de mes, la regla del 6 por 100 te permitirá operar con un mayor tamaño al mes siguiente. Si lo haces mal y el tamaño de tu cuenta mengua, eso reducirá el tamaño de tus operaciones el mes siguiente.

La regla del 6 por 100 te anima a incrementar el tamaño de tus operaciones cuando te encuentras en una racha ganadora y a dejar de operar pronto si pasas por una racha perdedora. Si los mercados se mueven a tu favor, desplazarás tus *stops* por encima del umbral de rentabilidad y entrarás en más posiciones. Si tus acciones o futuros empiezan a ir en tu contra y alcanzan los *stops,* perderás tu cantidad máxima permitida para ese mes y te detendrás, salvando así el grueso de tu cuenta para operar el mes siguiente.

La norma del 2 por 10 y la del 6 por 100 proporcionan directrices para la piramidación: incrementar las posiciones ganadoras. Si compras unas acciones, suben de precio y mueves el *stop* por encima del umbral de rentabilidad, puedes comprar más de las mismas acciones, siempre que el riesgo de la nueva posición no supere el 2 por 100 del capital de tu cuenta y que el riesgo total para tu cuenta sea inferior al 6 por 100. Gestiona cada adición como una operación distinta.

La mayoría de los traders pasan por vaivenes emocionales, sintiéndose eufóricos con los máximos y sombríos con los mínimos. Si quieres ser un trader disciplinado, las normas del 2 por 100 y del 6 por 100 convertirán tus buenas intenciones en la realidad de un trading más seguro.

El cálculo del tamaño de la posición

Hace algunos años, el dueño de una empresa de trading de Nueva York me pidió que dirigiera un seminario de formación psicológica para sus traders. Quedaron sorprendidos al oír que iba acudir un psiquiatra, e insistieron en voz alta en que «no estaban locos». El grupo empezó sólo después de que el gerente de la empresa de trading le dijera a sus empleados con peor rendimiento que debían unirse o iban a saber lo que era bueno. Una vez que empezamos a reunirnos y a centrarnos en la psicología y la gestión del dinero, los resultados fueron tales que, al cabo de seis semanas, teníamos una lista de espera para el segundo grupo.

La empresa usaba un sistema de trading intradía registrado. Funcionaba tan bien que sus dos mejores traders hacían ganar a la compañía más de un millón de dólares al mes. Otros, usando el mismo sistema, conseguían menos, y unos pocos perdían dinero.

En una de nuestras últimas reuniones, un trader se quejó de que había perdido dinero cada día durante los últimos trece días. Su gerente, que estaba presente en la reunión, confirmó que el tipo estaba siguiendo el sistema de la empresa, pero que era incapaz de ganar dinero. Empecé diciendo que me quitaría el sombrero ante cualquiera que pudiera perder durante trece días seguidos y tuviera las agallas para ir a la oficina y operar a la mañana siguiente. Entonces le pregunté con cuántas acciones operaba, ya que la compañía marcaba un máximo para cada trader. Se le permitía comprar o vender 700 acciones en cada operación, pero él reducía voluntariamente esa cifra a las 500 mientras se encontraba en su racha perdedora.

Le dije que bajara a 100 acciones hasta que tuviera dos semanas en las que hubiera más días ganadores que perdedores y fuera, en general, rentable. Una vez que superara ese obstáculo, podría subir hasta las 200 acciones. Entonces, después de otro período de 2 semanas rentable podría subir hasta las 300 acciones, etc. Se le permitiría un incremento de 100 acciones después de 2 semanas de trading rentable. Si pasaba por una semana de trading perdedor, tendría que retroceder hasta el nivel inmediatamente inferior hasta que pasara por un nuevo período de 2 semanas rentable. En otras palabras, debía empezar por poco, incrementar el tamaño lentamente y retroceder rápidamente en caso de problemas.

El trader objetó enérgicamente que 100 acciones no eran una cantidad suficiente, que no podría ganar dinero. Le dije que dejara de engañarse, ya que operar con un mayor tamaño tampoco le haría ganar dinero, y aceptó mi plan a regañadientes. Cuando nos volvimos a ver al cabo de una semana me informó de que había tenido cuatro días rentables de cinco y que en conjunto había sido rentable. Ganaba muy poco dinero porque su volumen de trading era pequeño, pero ya iba ganando. Siguió ganando dinero durante la semana siguiente y pasó a 200 acciones. En nuestra siguiente reunión, pregunto: «¿Cree que podría tratarse de algo psicológico?». El grupo se rugió. ¿Por qué un hombre perdía mientras operaba con 500 acciones, pero ganaba dinero operando con 100 o 200?

Saqué un billete de diez dólares de mi bolsillo y pregunté si a alguien de ese grupo le gustaría ganárselo subiéndose encima de nuestra larga y estrecha mesa de juntas y caminando de un extremo al otro. Muchos levantaron la mano. Les dije que esperaran, que tenía una mejor oferta. Le daría mil dólares en metálico a cualquiera que subiera conmigo al tejado de nuestro edificio de oficinas de diez pisos y usara una tabla tan ancha como la mesa para llegar caminando hasta el tejado de otro edificio de diez pisos al otro lado de la calle. No hubo ningún voluntario.

Seguí acicateando al grupo: la tabla sería tan ancha y resistente como nuestra mesa de juntas y lo haríamos en un día sin viento, y pagaría mil dólares de inmediato. El reto técnico no es más difícil que caminar sobre la mesa de juntas, pero la recompensa es mucho mayor. Pese a ello no hubo temerarios. ¿Por qué? Porque si pierdes el equilibrio sobre la mesa de juntas, caes poco más de medio metro y aterrizas sobre una alfombra. Si pierdes el equilibrio entre dos tejados, acabarías estampado contra el asfalto.

Cuando el nivel de riesgo aumenta, nuestra capacidad para rendir disminuye.

Los principiantes suelen ganar dinero con pequeñas transacciones. Adquieren algo de experiencia y confianza, aumentan el tamaño de sus transacciones y empiezan a perder. Su sistema no ha cambiado, pero el mayor tamaño los vuelve más agarrotados y menos ágiles. La mayoría de los principiantes tiene prisa por hacer una transacción fabulosa, y adivina quién acaba destrozado.

El trading excesivo significa, entre otras cosas, un tamaño de las operaciones demasiado grande para ti. Los traders de futuros pobres buscan brókeres con los requisitos de márgenes más bajos. Si el margen mínimo para el oro es de 2000 dólares, un entusiasta con 10 000 dólares puede comprar 5 contratos. Cada uno de ellos incluye 100 onzas de oro, lo que hace que esta cuenta oscile 500 dólares por cada movimiento de 1 dólar en el precio por onza de oro. Si el oro se mueve en su contra, acabará frito. Si se mueve a su favor, ese principiante estará convencido de que ha descubierto una nueva manera genial de ganar dinero, seguirá operando en la bolsa temerariamente y acabará arruinado con la siguiente transacción.

Los brókeres poco escrupulosos promueven el trading excesivo porque eso genera grandes comisiones. Algunos corredores de bolsa de fuera de EE. UU. ofrecen un «respaldo» de diez a uno, lo que te permite comprar diez dólares de acciones por cada dólar que deposites en la empresa. Algunas empresas que operan con divisas ofrecen un «respaldo» de cien a uno.

Cuando un submarinista salta de un barco, tiene un dispositivo llamado *pulpo* unido a su bombona de oxígeno. Está formado por varios tubos: uno que va a su boquilla, otro a su chaleco de flotación y otro a un instrumento que muestra cuánto oxígeno le queda en su bombona. Si este nivel baja demasiado, quizás no le quede suficiente oxígeno para regresar a la superficie, y por eso el submarinismo es un deporte tan mortal para los iletrados y la gente impulsiva.

Llevar a cabo una transacción es como sumergirse para buscar un tesoro. Hay oro bajo las rocas del fondo del océano. Mientras lo desentierras, recuerda fijarte en tu indicador del nivel de oxígeno. ¿Cuánto oro puedes sacar sin poner en peligro tu supervivencia? El fondo del océano está lleno de los restos de submarinistas que vieron grandes oportunidades.

Un submarinista profesional piensa primero en su suministro de oxígeno, Si no consigue oro hoy, volverá a por él mañana. Todo lo que necesita es sobrevivir y volver a sumergirse. Los principiantes mueren por quedarse sin aire. El cebo del oro gratis es demasiado tentador. ¡Oro gratis! Esto me recuerda a un dicho ruso que dice que lo único gratis es el queso en una trampa para ratones.

Hay tribus en África que cazan monos introduciendo pedazos de alimento en frascos con el cuello estrecho atados a estacas en el suelo. El mono mete su mano en el frasco, toma un pedazo, pero no puede sacarlo porque sólo una mano abierta puede atravesar el estrecho cuello. El mono sigue tirando del cebo cuando los cazadores llegan para capturarlo. Los monos pierden debido a su codicia, ya que agarran su botín y se niegan a soltarlo. Piensa en ello cuando te sientas tentado a llevar a cabo una gran transacción sin un *stop*.

Un trader profesional necesita unas buenas habilidades de gestión del dinero. Todos los traders exitosos sobreviven y prosperan gracias a su disciplina. La norma del 2 por 100 te mantendrá a salvo de los tiburones, y la regla del 6 por 100 de las pirañas. Entonces, si tienes un sistema de trading medianamente decente, jugarás con bastante ventaja.

Pasos para la gestión del dinero

El trading excesivo (llevar a cabo operaciones demasiado grandes para tu cuenta) supone un error mortal. Los principiantes tienen prisa por ganar dinero, mientras que los traders serios empiezan por medir los riesgos. Si empiezas por poco y te centras en la calidad, te convertirás en un mejor trader. Una vez que hayas aprendido a operar en la bolsa (encontrar transacciones, entrar, poner *stops* y objetivos de beneficios, y salir), podrás empezar a aumentar el tamaño de tus operaciones hasta el punto en el que tu cuenta empiece a generar unos ingresos importantes.

Hace poco, un trader novato vino a verme. Era un empresario de 42 años cansado de la carrera de locos. Su mujer seguía dirigiendo su empresa, mientras que él dedicaba todo su tiempo y energía al mercado de valores. Seguía oscilando alrededor del umbral de rentabilidad, operando con entre cien y mil acciones por transacción. Frecuentemente ganaba dinero con varias transacciones seguidas operando con pequeños lotes y luego lo perdía todo en una única transacción.

Le dije que jugaba con ventaja porque, al contrario que la mayoría de los principiantes, no había perdido dinero. Le di la receta estándar: que empezara operando con 100 acciones (la unidad o lote de inversión mínima), hasta que tuviera un período rentable en el que hubiera más días ganadores que perdedores y que fuera rentable en general. Ese período debería ser de dos semanas para un trader intradía o de dos meses para un trader de fluctuaciones que opere a más largo plazo. Una vez que hubiera tenido un período rentable, podría aumentar su tamaño en 100 acciones, empezando a operar con 200. Tras otro período rentable aumentaría en otras 100 acciones, empezando a operar con 300. Si se pasara por un medio período (una semana para un trader intradía o un mes para un trader de fluctuaciones) perdedor, se bajaría al tamaño de trading inmediatamente anterior y se empezaría a contar de nuevo. Si operas con futuros, remplaza un contrato por 100 acciones. Avanza lentamente y retírate rápido.

Ralph Vince, en su revolucionario libro *Portfolio management formulas,* introdujo el concepto de la f óptima: la fracción óptima de tu cuenta que arriesgar en cualquier transacción dada para obtener unas ganancias máximas a largo plazo. Su libro es exigente desde el punto de vista matemático, pero se reduce a unos pocos conceptos clave: hay una f óptima para cada transacción: si apuestas menos, tu riesgo decrece aritméticamente, mientras que tu beneficio se reduce geométricamente; si sigues apostando más que la f óptima, está garantizado que te arruinarás.

La f óptima sigue cambiando con cada transacción y es difícil de calcular. Proporciona los mayores beneficios a largo plazo, pero también conduce a descensos despiadados que pueden superar el 90 por 100 de la cuenta. ¿Quién dispone de la fortaleza para seguir operando con un sistema que ha llevado a su cuenta de 100 000 dólares a 9000? El principal valor de la f óptima es, simplemente, recordarnos que, si operamos con un tamaño demasiado grande, destrozaremos nuestra cuenta. La *f* óptima marca la zona más allá de la cual entras en un campo de minas. Aléjate de ella y opera por debajo de la *f* óptima.

Los principiantes que cuentan beneficios ponen el carro por delante de los bueyes. Invierte ese enfoque y empieza contando los riesgos. Pregúntate cuál es tu riesgo máximo permitido si sigues las normas del 2 por 100 y del 6 por 100.

Éstos son los pasos para la correcta gestión del dinero:

1. Calcula el valor de tu cuenta el primer día del mes: el efectivo total, los equivalentes de efectivo y las posiciones abiertas.
2. Calcula el 2 por 100 de tu capital. Ésta es la cantidad máxima que puedes arriesgar en cualquier transacción dada.
3. Calcula el 6 por 100 de tu capital. Ésta es la cantidad máxima que se te permite perder en cualquier mes dado, tras lo cual deberás cerrar todas las transacciones y dejar de operar en la bolsa durante el resto de ese mes.
4. Decide, en el caso de cada transacción, tu punto de entrada y un *stop,* y expresa tu riesgo por acción o contrato en dólares.
5. Divide el 2 por 100 de tu capital entre tu riesgo por acción para averiguar con cuántas acciones o contratos puedes operar. Para obtener una cifra redonda, redondea por abajo.
6. Calcula tu riesgo en todas tus posiciones abiertas: la distancia entre el punto de entrada y el *stop* actual multiplicado por el número de acciones o contratos. Si el riesgo total es del 4 por 100 de tu cuenta o menos, puedes añadir otra posición, ya que añadirás un 2 por 100 a tu operación actual, llevando el total al 6 por 100. No tienes por qué arriesgar un 2 por 100 por transacción: puedes arriesgar menos si lo deseas.
7. Lleva a cabo una transacción sólo tras cumplir todas las condiciones anteriores.

Establece el tamaño de tus transacciones basándote en cuánto dinero puedas permitirte arriesgar, y no en la cantidad de dinero que quieras ganar. Sigue las normas del 2 por 100 y del 6 por 100. Si estás teniendo un buen mes, con la mayoría de las transacciones yendo a tu favor, desplazarás tus *stops* más allá del umbral de rentabilidad y se te permitirá entrar en más posiciones. Puedes incluso operar con margen. La belleza de este sistema de gestión del dinero consiste en que corta tus pérdidas cuando te va mal y te permite avanzar a toda marcha cuando te ve bien.

El primer día del mes, si no tienes posiciones abiertas, los niveles del 2 por 100 y del 6 por 100 son fáciles de calcular. Si te acercas al primer día del mes con algunas posiciones abiertas, calcula el capital en tu cuenta: el valor de todas las posiciones abiertas con el último valor de mercado más todo el efectivo o los fondos del mercado monetario. Calcula los niveles del 2 por 100 y del 6 por 100 basándote en esa cifra. Si has movido los *stops* más allá del umbral de rentabilidad en tus posiciones abiertas, no tienes capital en riesgo y puedes buscar nuevas transacciones. Si tus *stops* todavía no se encuentran en el umbral de rentabilidad, averigua el porcentaje de tu capital que está expuesto a riesgo y compútalo a efectos del 6 por 100. Una vez que restes esa cifra del 6 por 100, el resultado te mostrará si se te permite llevar a cabo otras operaciones.

¿Cómo aplicar las normas del 2 por 100 y del 6 por 100 si operas con futuros, acciones y opciones al mismo tiempo? En primer lugar, un principiante debería concentrarse en un único mercado. Puedes diversificar sólo después de triunfar. Si estás operando en más de un mercado, abre unas cuentas distintas y trata cada una como un proyecto de trading distinto. Si, por ejemplo, tienes 60.000 dólares en acciones y 40 000 en futuros, calcula las normas del 2 por 100 y del 6 por 100 para los 60 000 dólares y aplícalos a las acciones, y luego calcula las reglas del 2 por 100 y del 6 por 100 para los 40 000 dólares y aplícalos a los futuros. Si tienes más de una cuenta, distribuye los gastos relacionados con el trading en proporción a su tamaño.

Recuerda que tanto tu sistema de trading como tu gestión del dinero deben funcionar para ganar en los mercados.

TERCERA PARTE

ENTRA EN MI HABITACIÓN DEL TRADING

Los traders pasan por varias etapas de desarrollo. Muchos principiantes consideran que el trading es una búsqueda mecánica. Piensan que, si pudieran dar con los parámetros adecuados del oscilador estocástico o con la duración adecuada para una media móvil, alcanzarían el éxito. Se convierten en presas fáciles para los gurús que venden sistemas mecánicos.

Los supervivientes se dan cuenta de que los factores psicológicos, como el optimismo o la duda, la codicia o el miedo a «apretar el gatillo», son mucho más importantes que cualquier indicador técnico. Empiezan a desarrollar una sensación de la importancia del control de riesgos. Sigo encontrándome con tipos en conferencias que comprenden bien el análisis técnico y tienen algunos conocimientos de psicología, pero que saben que falta algo porque no ganan constantemente y deben conservar su empleo cotidiano. ¿Qué deberían hacer a continuación?

Una vez que tengas unos conocimientos decentes sobre el análisis técnico, sigas las normas de la gestión del dinero y conozcas el valor de la psicología en el trading, necesitarás desarrollar nuevas habilidades organizativas. Ya posees los ladrillos del éxito: ahora ha llegado el momento de erigir la estructura del trading exitoso.

No hay ningún truco mágico para convertir a un aficionado serio en un trader profesional. Lo que te ofrezco aquí es una receta para un trabajo intenso y concentrado que te permitirá ascender hasta la etapa definitiva del trading profesional.

CAPÍTULO 8

El trader organizado

¿Cuál es la característica más importante de un trader exitoso? ¿Una gran inteligencia? En realidad no, pese a que es necesario un cierto nivel básico de competencia. ¿Una buena formación? No es de utilidad, ya que algunos de los mejores traders no pasaron de la educación secundaria. La característica que todos los ganadores tienen en común es un elevado nivel de disciplina. ¿Cómo puedes medir tu nivel e incrementarlo? Puedes hacerlo manteniendo y aprendiendo de varios conjuntos de registros de trading.

Mantener unos buenos registros es la contribución más importante para tu éxito. Si mantienes unos registros escrupulosos, los revisas y aprendes de ellos, tu rendimiento mejorará. Si tu gestión del dinero está implementada para asegurar tu supervivencia durante el proceso de aprendizaje, dispondrás de la garantía de tener éxito.

Éstas son palabras mayores, pero mi experiencia las confirma. En los años de enseñanza en los campamentos para traders, siempre que veía a una persona con unos buenos registros, o era un trader exitoso o estaba a punto de serlo. He visto que las mujeres encuentran más fácil llevar registros que los hombres, y ésta es una de las razones por la cual el porcentaje de ganadores entre ellas es superior.

Los registros son más importantes para tu éxito que cualquier indicador, cualquier sistema o cualquier herramienta técnica. Incluso el mejor sistema tendrá algunas grietas, pero los buenos registros te permitirán detectarlas y repararlas. Una persona que lleve unos buenos registros dará un gran salto en su desarrollo como trader.

Muéstrame a un trader con buenos registros y te mostraré a un buen trader.

Los malos traders llevan unos malos registros. La gente que no aprende del pasado está condenada a repetirlo. «Me han pegado, insultado, escupido y maltratado. La única razón por la cual permanezco cerca es para ver qué sucede a continuación». Los buenos registros te permiten aprender del pasado en lugar de forcejear día tras día. Cuando el mercado te golpea, unos buenos registros te muestran de dónde llegó ese golpe. La próxima vez tomarás otro camino y evitarás problemas. Puede que te metas en otro problema distinto la próxima vez, pero si te mantienes en él el tiempo suficiente, pronto te quedarás sin problemas. Simplemente asegúrate de que tu gestión del dinero esté implementada, de modo que no te quedes sin dinero mientras estés aprendiendo. Cuando empieces a conseguir beneficios, tus registros te mostrarán cómo llegaron, ayudándote a repetir la experiencia. Los buenos registros reducen las conjeturas y hacen que el trading sea un ejercicio mucho más profesional.

¿Recuerdas los exhaustivos apuntes que tomabas en la universidad? Los educadores coinciden en que tomar notas forma parte esencial del proceso de aprendizaje. Si tienes dificultades debes empezar a tomar notas. Una vez que te conviertas en un ganador, seguirás tomándolas y conservándolas, ya que se habrán convertido en una parte importante de tus procesos de trading. El mantenimiento de registros consume tiempo. Si te cansas o aburres y dejas de tomarlas, tómate eso como una señal segura de que estarás apostando más que practicando el trading. Tus registros son la prueba definitiva de tu seriedad como trader.

Un trader necesita cuatro tipos de registros. Tres de ellos miran al pasado y uno al futuro. La hoja de cálculo del trader, su curva de capital y su diario de trading ayudan a revisar el rendimiento pasado. La hoja de cálculo valora cada operación concreta, la curva de capital monitoriza tu cuenta en su conjunto y el diario refleja tu proceso de toma de decisiones. El cuarto registro es un plan de trading para el día que tienes por delante. Mantener estos cuatro registros te sitúa en el camino hacia un trading responsable, profesional y exitoso.

La hoja de cálculo del trader

El primer paso de un mantenimiento adecuado de registros consiste en organizar una hoja de cálculo que muestre todas tus transacciones. Cada línea horizontal describe una nueva operación. Cada columna vertical contiene un cierto nivel de detalles de cada transacción o valora un aspecto de tu rendimiento. Las siguientes columnas deben estar incluidas en cualquier hoja de cálculo funcional de un trader:

1. El número de operación (lista todas las transacciones por su orden de entrada)
2. Fecha de entrada
3. A largo o a corto
4. *Ticker* (símbolo o abreviatura de las acciones)
5. Tamaño (cuántas acciones)
6. Precio de entrada
7. Comisión
8. Tasa
9. Total (Precio de entrada x Tamaño + Comisión + Tasa)

10. Canal (registra la altura de la banda de fluctuación en la gráfica diaria o en la gráfica que sea que uses para tu período de tiempo intermedio; la usarás para valorar tu transacción después de salir)

11. Fecha de salida

12. Precio de salida

13. Comisión

14. Tasa

15. Total (Precio de salida x Tamaño - Comisión - Tasa)

16. B/P (beneficio o pérdida: la columna 15 menos la 9 para las operaciones a largo o lo contrario para las operaciones a corto)

17. Puntuación de la entrada (véase más abajo)

18. Puntuación de la salida (véase más abajo)

19. Puntuación de la operación (véase más abajo)

Puedes incluir varias columnas adicionales. Puede que, por ejemplo, quieras registra el nombre del sistema que ha provocado esa entrada, el *stop* inicial y el deslizamiento, si lo hay. Puedes hacer que tu hoja de cálculo refleje múltiples salidas además de registrar las razones de las salidas, como alcanzar los precios objetivo, los *stops* o la impaciencia. Puedes hacer que tu hoja de cálculo te proporcione breves resúmenes de beneficios y pérdidas o el número de operaciones ganadoras y perdedoras por mercado y sistema. Puedes hacer que muestre el beneficio o pérdida medios, y el mayor beneficio o pérdida por operación en cada mercado o con cada sistema.

La puntuación de entrada (17) valora la calidad de tu entrada expresándola en forma de un porcentaje del rango de ese día. Por ejemplo, si el máximo del día ha sido de 80 dólares y el mínimo de 76, y tú has comprador por 77, entonces tu puntuación de entrada es de 25, lo que significa que has comprado dentro del 25 por 100 inferior del rango de ese día. Si hubieses comprado a 78 dólares, tu puntuación hubiese sido de 50. Cuanto menor sea ese porcentaje al comprar, mejor. Comprar constantemente a unas cifras altas puede ser ruinoso. Intenta mantener tu puntuación de entrada por debajo de 50. Puede que esto no parezca gran cosa, pero puede ser realmente difícil de conseguir.

La puntuación de salida (18) valora la calidad de tu salida expresándola en forma de un porcentaje del rango de ese día. Si, por ejemplo, el máximo del día ha sido de 88 dólares y el mínimo de 84 y has vendido a 87, tu puntuación de salida es de 75. Significa que has aprovechado el 75 por 100 del rango de ese día. Si hubieses vendido por 86 dólares, tu puntuación habría sido de 50. Cuanto mayor sea ese porcentaje, mejor para el vendedor. Vender por unas cifras elevadas es bueno, mientras que hacerlo por unas cifras bajas equivale a practicar la caridad. Trabaja para hacer que tu puntuación de salida sea superior a 50.

Estas valoraciones son importantes para los traders de posiciones, pero lo son incluso más para los traders intradía. Simplemente recuerda que cuando operas a corto abres una transacción vendiendo y la cierras comprando. Aplican unas valoraciones similares, siempre que tengas presente que la secuencia de la compra y la venta están invertidas.

La puntuación de la operación (19) expresa tu beneficio en forma del porcentaje del canal que has obtenido. Es la valoración más importante de una transacción completada, y es mucho más importante que la cantidad de beneficio. Resta de la columna 6 (precio de entrada) la columna 12 (el precio de salida) y divide el resultado entre la columna 10 (anchura del canal), mostrando el resultado en forma de un porcentaje. Invierte la formula cuando operes a corto: la columna 6 menos la columna 12 y el resultado dividido entre la columna 10.

Valorar tu beneficio en forma de un porcentaje del canal te proporciona una referencia objetiva de tu rendimiento. Puedes ganar mucho dinero con una gran operación chapucera o sólo un poco de dinero con una transacción finamente ejecutada en un mercado difícil. Valorar cada operación basándote en su canal refleja tu habilidad como trader. Si puedes captar entre el 10 y el 20 por 100 del canal, serás un trader del montón. Si tus beneficios superan el 20 por 100 de la anchura del canal, serás un buen trader, y si obtienes el 30 por 100 o más de un canal, eso te convertirá en un trader excelente.

Añade una columna extra tras cada valoración para calcular tus puntuaciones medias para tus salidas, entradas y operaciones completadas. Traza esas cifras en forma de una gráfica y haz todo lo que puedas para que su tendencia sea para mejorar. Una hoja de cálculo de un trader bien mantenida no es una herramienta de aprendizaje activo. Te pone en contacto con tus éxitos y fracasos, creando una isla de estabilidad y responsabilidad en el océano del caos de mercado.

La curva de capital

¿Eres lo suficientemente disciplinado como para tener éxito con el trading? Pocas personas pueden responder afirmativa o negativamente a esa pregunta de forma categórica. Muchos traders se encuentran en un punto intermedio de la escala. Hay una estimación, una medida, que muestra si estás ascendiendo o descendiendo como trader. Esa medida es el capital en tu cuenta. Cuando actúes responsablemente crecerá, pero disminuirá con prácticamente cada error de juicio.

La mayoría de los traders se fijan en las gráficas, pero muy pocos se fijan en sí mismos. Eso es un error, ya que tu personalidad forma una parte importantísima del trading. Una curva de capital pone un espejo frente a tu desempeño. Los profesionales mantienen curvas de su capital para sí mismos y para sus clientes. Cuando empieces a monitorizar tu curva de capital, darás un gran paso para unirte a los profesionales.

Usa una hoja de cálculo para monitorizar tu curva de capital. Cada línea horizontal refleja una unidad de tiempo: en este caso un mes. La hoja de cálculo debe incluir las siguientes columnas:

1. Fecha
2. Capital en la cuenta
3. 2 por 100
4. 6 por 100

Averigua el capital en tu cuenta el último día de cada mes e introduce esa cifra. El capital en tu cuenta equivale a todo el efectivo y los equivalentes de efectivo en la cuenta más el valor de todas las posiciones abiertas. Califica tu cuenta a valor de mercado: el capital en tu cuenta es el valor de liquidación de tu cuenta. Repite este procedimiento cada mes. Después de acumular estos datos durante varios meses, empieza a trazar tu capital en forma de una gráfica. El objetivo de todo trader profesional es una curva de capital que aumente suavemente, fluyendo desde la parte inferior izquierda hacia la superior derecha con sólo disminuciones ocasionales poco profundas.

Una vez que hayas acumulado un año de datos de tu capital, añade una media móvil a tu curva. Una media móvil simple de seis meses. Una MM simple de seis meses identificará la tendencia de tu capital. También responderá a una importante pregunta: cuándo añadir dinero en tu cuenta.

La mayoría de la gente añade capital después de unas pérdidas dañinas o cuando se siente con mucha confianza después de una racha de éxitos. Añadir dinero después de que tu capital alcance un nuevo máximo es comprensible desde el punto de vista emocional, pero resulta que es un mal momento para añadir dinero. Todos pasamos por ciclos, y un trader que acabe de alcanzar un nuevo máximo en su capital debe prepararse para una pausa o un retroceso. Si la media móvil (MM) de tu capital está subiendo, el mejor momento para añadir dinero es en un retroceso y nuevo ascenso desde un pico reciente durante una tendencia alcista en curso hacia la MM ascendente. La tendencia alcista de la media móvil de tu capital confirma que eres un buen trader, y un retroceso y nuevo ascenso desde un pico reciente durante una tendencia alcista en curso muestra un retorno al valor. Compras acciones y futuros en los retrocesos y nuevos ascensos desde picos recientes durante una tendencia alcista en curso hacia sus MME, así que ¡¿por qué no usar la misma táctica cuando quieras proporcionarte más dinero para operar?!

Programa tu hoja de cálculo para que te proporcione dos cifras importantes después de teclear el capital de ese mes: los valores el 2 por 100 y el 6 por 100. Marca dos redes de seguridad para tu cuenta para el mes venidero. La norma del 2 por 100 limita tu riesgo en una operación. Una vez que encuentres una transacción y decidas dónde colocar un *stop*, la regla del 2 por 100 te proporcionará el número máximo de acciones con las que puedes operar (intenta arriesgar menos, si puedes). La norma del 6 por 100 elimina tus privilegios de trading durante lo que quede de mes si el valor de tu cuenta cae al 94 por 100 de su nivel al final del mes anterior.

Puedes potenciar esta hoja de cálculo, dependiendo de lo que quieras saber y lo bueno que seas programando. Puedes usarla para calcular la curva mensual con y sin interés. Puedes calcular tu curva tanto antes como después de los gastos de trading. Debes recalcular tu curva siempre que añadas o restes capital para el trading sin confundirte con porcentajes anteriores. El mensaje clave es que empieces a trazar tu curva de capital hoy mismo.

Tu curva de capital es la referencia de tu rendimiento. Una tendencia alcista disciplinada es mejor que una tendencia alcista empinada con unas caídas profundas. La curva de tu capital debería seguir subiendo, y si desciende, deberás volverte mucho más defensivo con tu trading.

El diario de trading

Una persona civilizada está en contacto con su pasado. Comprender lo que ha pasado antes te ayuda a abordar el presente y a enfrentarte al futuro. Un trader que lleve un diario puede aprender del pasado en lugar de repetir errores inconscientemente. Un diario de trading proporciona un espejo particular, un valioso bucle de *feedback*. Probablemente sea la mejor herramienta de aprendizaje a disposición de los traders.

Un diario de trading es un registro tanto visual como escrito de tus operaciones. Puedes llevarlo en papel o de forma electrónica. Yo empecé a llevar el mío hace tanto tiempo que lo sigo haciendo en papel, usando tijeras y cinta adhesiva de doble cara para pegar las gráficas. Puedes seguir estas instrucciones o adaptarlas para pasar tu diario a un formato electrónico.

Un diario de trading es un álbum de 28 x 36 cm o mayor. Asigna dos páginas a cada operación. Siempre que entres en una operación, imprime las gráficas que te llevaron a ella y pégalas en la página izquierda. Cada gráfica mide unos 8 x 13 cm, con la semanal arriba, seguida de una o dos diarias y a veces una gráfica intradía. Anota el nombre de las acciones, la fecha y el número de acciones compradas o con las que operas a corto. Añade una nota sobre los aspectos fundamentales o intrínsecos, si han tenido que ver algo con esa transacción. Comenta cómo fuiste consciente por primera vez de esas acciones: un vistazo a una base de datos, un consejo de un amigo, o un artículo de una revista o un boletín informativo. Esto te permitirá monitorizar tus fuentes de información. Usa un bolígrafo para marcar las señales de los indicadores y los patrones de la gráfica que te llevaron hacia esa operación. Anota algunas palabras sobre tus sentimientos al entrar en esa transacción (ansioso, feliz, confiado, inseguro) y apunta cualquier factor y circunstancia inusuales.

Tengo mi diario en casa, y si opero en la oficina, me llevo las gráficas impresas y las pego en el diario por la tarde. Lleva tiempo recortar las gráficas, pegarlas al álbum, dibujar las marcas y escribir los comentarios. Esta disciplina me recuerda que me dedico al trading, y que éste adquiere prioridad sobre prácticamente todo el resto de las actividades.

Repite este proceso tras salir de una operación: imprime las gráficas y pégalas en la página derecha del álbum. Suele haber menos gráficas en la derecha, ya que la gráfica semanal no siempre figura en la salida. Marca las señales de trading y anota tus comentarios sobre las circunstancias de la salida, incluyendo tus sentimientos al respecto.

A medida que tu diario se vaya volviendo más grueso, este registro visual de tus operaciones se volverá cada vez más valioso. Sigue retrocediendo, hojeando tu diario. ¿Qué aspecto tienen ahora esas señales? ¿Con qué estás contento, qué hubieras hecho de forma distinta y qué lecciones has aprendido? La mayoría de los traders nunca se hacen estas preguntas. Cuando ganan dinero, se hinchan orgullosos, y cuando pierden se sienten enfadados o avergonzados. Regodearse en los sentimientos no te convertirá en un mejor trader. Nuestras pérdidas pueden enseñarnos más que nuestras ganancias. Un diario de trading te ayuda a dejar a un lado el que te castigues o te felicites a ti mismo y a prestar atención a los hechos. Te ayuda a aprender y triunfar, te ayuda a volverte libre.

Nadie puede darte un diario de trading. Debes crearlo tú mismo, y tu capacidad para mantenerlo te proporcionará una verificación en curso de tu disciplina. Siempre que ganes algo de dinero, hojea tu diario y pregúntate si podrías haber efectuado alguna operación pasada de forma distinta a la luz de lo que acabas de aprender. Cuando pierdas, no te autoflageles, escribe un buen apunte sobre esa transacción y ve a revisar operaciones pasadas y piensa en cómo evitar pérdidas así en el futuro. Aprende de tus beneficios y tus pérdidas.

Para aprender todavía más, regresa a cada operación completada unos tres meses después de la salida e imprime las gráficas actuales. Pégalas a un folio, dibuja tus marcas y une esa hoja suelta a tu página de la salida. Ahora puedes revisitar tus transacciones con el beneficio de verlas en retrospectiva para obtener una dosis extra de formación de trading.

¿Qué sucede si eres un trader muy activo o un trader intradía que lleva a cabo tantas operaciones que una entrada en un diario para cada transacción es simplemente algo poco práctico? En tal caso, ten una entrada en el diario para una de cada cinco o diez operaciones listadas en tu hoja de cálculo de trading. Puedes añadir otras transacciones a tu diario si son especialmente importantes, pero asegúrate de mantener la disciplina de una de cada cinco o diez operaciones.

Llevar un diario y aprender de tus operaciones es lo más cerca que puedes estar de una garantía de éxito en el trading. Asegúrate de obedecer estrictamente las normas de la gestión del dinero, de forma que una racha de pérdidas inusuales no te expulse del juego mientras todavía estés aprendiendo. Sigue las normas, mantén una hoja de cálculo, la gráfica de tu capital y un diario de trading, revísalos, aprende de ellos y dispondrás de todo lo que hace falta para convertirte en un trader exitoso.

Plan de acción

Es importante que te enfrentes a cada día sabiendo con qué y cómo operarás. Eso es especialmente cierto para los traders de posiciones, ya que los traders intradía deben reaccionar al instante a las cotizaciones en su pantalla.

Un profesional no mira sus gráficas de reojo. Las buenas operaciones saltan desde la pantalla y te gritan: «¡Aquí estoy, tómame!». Si tienes que entrecerrar los ojos, no hay transacción, así que pasa a las siguientes acciones. Un buen trader de posiciones, o cualquier trader maduro, si vamos al caso, no busca retos, sino el dinero.

El mejor momento para mirar es por las tardes, cuando los mercados están cerrados. Puedes revisar tus mercados con tranquilidad, pensar, comprobar otras acciones e indicadores y luego tomar tu decisión: operar a largo, a corto, o mantenerte al margen. Anota tu decisión y revísala por la mañana, antes de que los mercados abran.

Siempre que emitas una orden, especialmente cuando se la transmitas a tu bróker por teléfono, vale la pena leer lo que tienes anotado en una página en lugar de hablar de memoria. ¿Por qué? Porque prácticamente todos los traders que conozco tuvieron una experiencia embarazosa, generalmente más de una vez, revirtiendo accidentalmente una orden. Puede que quieras vender a corto, pero que tengas un lapsus y le digas a tu bróker que compre, y que segundos más tarde te encuentres con que eres el propietario de unas acciones que se están hundiendo. Lo que es incluso peor es que existe la tentación de cambiar tu orden en el último momento: comprar más o menos de lo planeado, o cambiar el límite de una orden de inversión. Tener un folio entre tú y tu bróker te proporciona una útil capa de protección.

Es buena idea anotar algo de contexto para cada orden. Mi formato favorito para anotar órdenes incluye tres líneas: semanal, diaria y cosas que hacer. Por ejemplo:

- Semanal: MME subiendo, el histograma de la MACD ha bajado ligeramente, deteriorándose.
- Diario: Divergencia bajista del histograma de la MACD-H, el retroceso y nuevo ascenso desde un pico reciente durante una tendencia alcista hacia la MME en progreso.
- Cosas que hacer: Vender a corto a 71,30 dólares con un stop en 73 dólares, objetivo a mitad de la sesentena de dólares.

O:

- Semanal: La MME semanal se está volviendo plana, el histograma de la MACD ha ascendido ligeramente desde una divergencia alcista.
- Diario: La MME sube, el histograma de la MACD está ascendiendo, todo en sintonía para el alza.
- Cosas que hacer: Comprar en un retroceso y nuevo ascenso desde un pico reciente durante una tendencia alcista hacia la MME a 23,25 dólares, stop: 22 dólares, objetivo: veintimuchos dólares.

Conservo estas notas en una hoja de cálculo de Excel. Dispone de una línea para cada valor que monitorizo, con las fechas en las columnas verticales. Siempre que veo una operación, clico en la celda de esa fecha y para esas acciones, voy al menú Insertar y selecciono Comentario. Una vez que he escrito mi nota de tres líneas, aparece un triangulito rojo en la esquina superior derecha de esa celda. Cuando muevas tu cursor sobre él, el comentario aparece en la pantalla. Ese sistema para llevar registros facilita que hagas un barrido horizontal y revises toda tu historia analítica de un valor, o que hagas un barrido vertical y revises todos tus comentarios de ese día. Conservo mis registros para el sistema de valoración ABC, que se describe más adelante, en la misma hoja de cálculo.

Recuerda que tus notas deben ser descriptivas. Si escribes algo como «las gráficas semanales arrojan una señal de compra», eso no te dirá nada concreto sobre unas acciones y será inútil cuando vuelvas a mirarlo de nuevo al cabo de unos días. Empieza describiendo lo que ves en las gráficas semanales, pasa a las gráficas diarias y guárdate tus ideas para el trading para la línea sobre las actuaciones.

Mantener un plan de acción incrementa tu carga de papeleo. Hace que el trading sea más formal y menos como un paseo por el casino. Esto me recuerda a una época en la que llevé a un grupo de traders principalmente estadounidenses a un simulacro de una sesión de trading en el parqué de la bolsa rusa en Moscú. A cada persona se le asignó un intérprete y se le dieron unos fondos en papel. Todos se lo pasaron en grande, llevando a cabo operaciones y haciendo fotografías, excepto un holandés solitario, un creador de mercados de Ámsterdam, que garabateaba frenéticamente en la parte posterior de un sobre mientras se fijaba en los precios que aparecían en las pantallas. Cuando la sesión acabó y fuimos al comedor para ejecutivos, nos trajeron las hojas impresas con nuestros resultados. Resulto que el grupo en su conjunto perdió un millón de rublos. El holandés ganó algo más de 900 000, mientas que el resto se fue en deslizamientos y comisiones: un resultado bastante común. Los buenos registros dan como resultado unos buenos traders, razón por la cual te animo a dedicar tiempo y energía al mantenimiento y el seguimiento de tu plan de acción.

CAPÍTULO 9

Vivir del trading

El trading nos atrae con su promesa de libertad. Si puedes operar en la bolsa, puedes vivir y trabajar en cualquier parte del mundo, ser independiente de la rutina, y no tener que rendir cuentas a nadie. Puedes operar desde un *bungalow* en la playa o desde un chalet en la cima de una montaña, siempre que dispongas de una buena conexión a Internet. No tienes ni jefe, ni clientes, ni ningún reloj de alarma. Eres dueño de ti mismo.

La gente habla de boquilla sobre sus sueños de libertad, pero mucha gente se siente atemorizada por ello. Si dejo de ganar dinero por la razón que sea, ninguna figura paterna en forma de una empresa cuidará de mí. Éste es un pensamiento amedrentador para la mayoría de la gente. No es sorprendente que tantos de nosotros nos hayamos acostumbrado a la seguridad de las jaulas de nuestras empresas.

Los animales enjaulados desarrollan todo tipo de comportamientos neuróticos. Una neurosis común es una adicción al ciclo de ganar dinero y gastarlo. Se nos enseña, desde nuestra niñez, que nuestro lugar en la sociedad viene definido por lo que consumimos. Si conduces un coche de 50 000 dólares eres una persona mejor y más exitosa que alguien que conduzca un automóvil de 15 000 dólares, mientras que un vecino que conduzca un coche de 120 000 dólares es un ganador muy especial en general. Un hombre que compra su ropa en una *boutique* de Armani es una persona más refinada que alguien que se compra sus pantalones y camisas en una tienda pequeña de barrio. La sociedad agita innumerables zanahorias frente a nuestras narices. Los anuncios no venden comida, una vivienda ni un medio de transporte, sino un aumento de autoestima. Un adicto se siente reanimado por un chute sólo durante un breve espacio de tiempo. La gente pasa toda su vida esforzándose por estar a la altura de sus vecinos, los Martínez. Esos viles Martínez no tienen la decencia de quedarse en su sitio, y a medida que ascienden por la escalera, nosotros también debemos ascender.

La libertad empieza en nuestra mente, y no en nuestra cuenta bancaria. Para liberarte, empieza a ser consciente de tus gastos. Es posible que veas que necesitas mucho menos de los que pensabas, haciendo así que la libertad esté más cerca.

Había un analista de Wall Street llamado Joe Dominguez que ahorró lo suficiente para jubilarse a los treinta y un años. Pasó el resto de su vida disfrutando, llevando a cabo tareas de voluntariado y escribiendo un libro titulado *La bolsa o la vida: Los 9 pasos para transformar tu relación con el dinero y alcanzar la libertad financiera.*

No nos estamos ganando la vida, sino que nos estamos ganando la muerte. Piensa en el trabajador estadounidense medio. La alarma suena a las 06:45 h, y nuestro hombre o mujer trabajador se levanta y se pone en marcha. Se ducha. Se pone su ropa de trabajo: trajes o vestidos para algunos, un mono en el caso de otros, colores blancos para los profesionales sanitarios, vaqueros y franela en el caso de los trabajadores de la construcción. Desayuna, si tiene tiempo. Toma su termo y su maleta (o su fiambrera) y se mete en el coche para pasar por el castigo cotidiano llamado hora punta. Está en el trabajo de nueve a cinco. Lidia con su jefe. Lidia con el colega enviado por el diablo para hacerle enojar. Lidia con los proveedores. Lidia con los clientes/compradores/pacientes. Hace ver que está ocupado. Oculta sus errores. Sonríe cuando le exigen unos plazos imposibles. Suspira aliviado cuando el hacha llamada «reestructuración» o «recortes de personal» (o, en lenguaje llano, ser despedido) cae sobre otras cabezas. Asume la carga de trabajo añadida. Mira el reloj. Discute con su consciencia, pero está de acuerdo con el jefe. Vuelve a sonreír. Son las cinco. De vuelta al coche y hacia la autopista para su viaje vespertino de regreso a casa desde el trabajo. Llega a casa. Actúa como un humano con su pareja, sus hijos o sus compañeros de piso. Cena. Mira la televisión. Se va a la cama. Ocho horas de bendito olvido.

¿Y le llaman a esto ganarse la vida? Piensa en ello. ¿Cuánta gente has visto que esté más viva al final de su jornada laboral que al principio? […] ¿Acaso no nos estamos matando (acabando con nuestra salud, nuestras relaciones y nuestra sensación de alegría y asombro) por nuestros empleos? Estamos sacrificando nuestra vida por dinero, pero es algo que sucede tan lentamente que apenas nos damos cuenta.

Saca tus viejas declaraciones de la renta o tus libros de ingresos en efectivo y suma todas tus ganancias desde tu primer empleo. Es probable que te encuentres con que incluso una persona moderadamente exitosa ha ganado un millón de dólares o más… ¡y se lo ha gastado! ¿Has visto alguna vez a un hámster corriendo en una rueda? ¿No sería bonito poder salir de ella de un brinco, irse a dar un paseo, pararse frente a unas flores y olerlas? La mayoría de la gente es incapaz de relajarse porque está enganchada a gastar. Cuando empiezan a operar se marcan unos objetivos imposibles. El 50 por 100 en el primer año no es suficiente cuando anhelas pagar el anticipo de un Ferrari.

Ser el propietario de un Ferrari o de cualquier otro objeto de lujo no tiene nada de malo, siempre que te lo hayas pensado muy bien y te lo estés comprando por una verdadera necesidad personal en lugar de estar respondiendo a la propaganda publicitaria. La gente sigue comprándose cosas para bloquear sus sentimientos de vacío interior e insatisfacción. Una persona que usa el dinero para acallar su sentimiento de vacío apenas puede concentrarse en encontrar las transacciones de la mejor calidad.

Encuentra el nivel mínimo de gastos que te haga sentir cómodo. Por volver a citar a Dominguez:

> Tienes suficiente para sobrevivir, suficiente para tus comodidades e incluso para algunos lujos especiales, sin ningún exceso que te agobie innecesariamente. Suficiente es un lugar poderoso y libre. Es un lugar lleno de confianza y flexible.

Sé consciente de tus gastos. Usa metálico en lugar de tarjetas de débito/crédito siempre que sea posible. Deja de intentar impresionar a la gente con tus posesiones. No te están prestando atención porque están demasiado ocupados intentando impresionarte. Amortiza todas tus deudas, incluida tu hipoteca. Eso no es algo demasiado difícil una vez que reduzcas tus gastos. Reserva dinero suficiente para vivir entre seis y doce meses y afloja el vínculo entre el trabajo y los ingresos. El trading debería ser un trabajo por cuenta propia bien pagado y muy honrado. Una vez que tus gastos básicos estén cubiertos, empieza a destinar tus beneficios extra a bonos libres de impuestos, de modo que al final dispongas de suficientes ingresos para cuidar de tus necesidades normales a perpetuidad. Si los bonos municipales rinden un 5 por 100, entonces un millón de dólares invertido en bonos deberían rendirte 50 000 dólares anuales libres de gravámenes. ¿Será eso suficiente? ¿Necesitarás el doble de esa cantidad? ¿El triple? ¿El quíntuple? Cuanto antes reduzcas tus gastos, antes alcanzarás el momento de la liberación. La gestión racional de tus finanzas personales te prepara para gestionar racionalmente tu cuenta de trading.

Probablemente no te esperabas un capítulo sobre gastos personales en un libro sobre el trading. Si te ha llamado la atención, sigue estudiándolo leyendo el libro de Dominguez. La idea clave para los traders consiste en acercarse a los mercados de forma sobria y racional, maximizando las ganancias y minimizando las pérdidas, y siendo responsable de cada paso que den.

Disciplina y humildad

Un amigo empezó como administrativo en la bolsa y luchó durante ocho años hasta que su trading despegó. Ahora es un gerente de cartera de fama mundial, y a muchos de los que le conocieron como principiante les gusta recordar cómo trabajaba como administrativo en uno de los mercados más pequeños de Nueva York, daba clases y luchaba para llegar a fin de mes. Un viejo trader me dijo: «Le conocía entonces, y pensé que tendría éxito. Poseía la combinación adecuada entre ser muy cauto y tener el optimismo que se necesita para levantarte por la mañana y creer que vas a ganar dinero operando en los mercados».

Para triunfar en el trading, necesitas tanto confianza como precaución. Poseer sólo una de estas cualidades es peligroso. Si tienes confianza en ti mismo, pero no eres cauto, serás arrogante, y ésa es una característica mortal para los traders. Si, por otro lado, eres precavido, pero no tienes confianza en ti mismo, serás incapaz de apretar el gatillo.

Necesitas tener confianza para decir: «Estas acciones están subiendo, mis indicadores dicen que seguirán ascendiendo. Voy a operar a largo y subirme a esta tendencia». Por otro lado, debes ser lo suficientemente humilde para hacer transacciones cuyo tamaño no ponga en peligro tu cuenta. Debes aceptar la incertidumbre de los mercados y estar listo para sufrir una pequeña pérdida sin discutir por nimiedades.

Cuando sientas un aluvión de confianza con una nueva operación, será difícil que pienses en el riesgo de una caída, pero si no puedes hacerlo, no podrás protegerte. Cuando el mercado vaya en tu contra y alcance tu nivel predefinido de salida, deberás retirarte humildemente, independientemente de lo confiado que te sientas con respecto a esa transacción. Necesitas tanto confianza en ti mismo como humildad. La capacidad de ser consciente de dos sentimientos enfrentados al mismo tiempo es uno de los rasgos distintivos de la madurez emocional.

Tengo un cliente aquí, en Nueva York, que vino a varios seminarios y compró libros y vídeos de mi empresa, pero que siguió batallando durante años como trader. Salía adelante, se quedaba atrás, volvía a salir adelante, luego perdía dinero y conseguía un empleo para llegar a fin de mes. Frecuentemente parecía encontrarse al borde del éxito, pero seguía dando tumbos alrededor del umbral de rentabilidad. Entonces, un día, me encontré con él en una conferencia y vi a un hombre cambiado. Le estaba yendo extremadamente bien, gestionando unos 80 millones de dólares, con unas calificaciones formidables por parte de las agencias de *rating*. Unas semanas después me pase por su oficina.

Él seguía usando el mismo sistema de trading, desarrollado hacía años y derivado de la triple pantalla. Sólo había hecho un cambio. En lugar de cuestionar el sistema, llegó a verse a sí mismo como un administrativo. Imaginó que tenía un jefe que se iba a Tahití y le dejaba operar con el sistema. El jefe regresaría y le daría una prima que no dependería de los beneficios, sino de cuán fielmente siguiera el sistema. Mi cliente dejó de intentar ser un trader de primera y pasó a una posición de humildad y disciplina. Fue entonces cuando logró un éxito generalizado.

Cuestionar un sistema es un terrible error que genera un enorme nivel de incertidumbre. Tom Basso, un destacado gerente de cartera, dice que es difícil saber qué va a hacer el mercado: si no sabes lo que tú vas a hacer, has perdido el juego.

Escoge tu sistema, determina tus normas de gestión del dinero, analízalo todo. Ejecuta el sistema cada noche, anota sus señales y léele esos mensajes a tu bróker por la mañana. No improvises cuando las cotizaciones parpadeen frente a tus ojos porque te hipnoticen y te inciten a ejecutar operaciones impulsivas.

¿Qué sucede si los mercados cambian y tus sistemas empiezan a perderse buenos movimientos o empiezan a comerse tu capital? Bueno, deberías haberlo evaluado con una cantidad lo suficientemente amplia de datos como para sentirte confiado con su rendimiento a largo plazo. Tus normas de gestión del dinero te ayudarán a soportar una mala racha. Sé muy conservador con un sistema existente. Si te sientes preocupado, diseña un sistema nuevo y opera con él con una cuenta distinta. No toques lo que funcione.

El trading exige disciplina, pero, paradójicamente, atrae a gente impulsiva. El trading requiere de práctica, humildad y perseverancia. Los traders exitosos son gente fuerte pero humilde, abierta a nuevas ideas. A los principiantes les gusta fanfarronear, y a los expertos les gusta escuchar.

Diez cuestiones

Cuando un principiante ejecuta una operación demasiado grande para su cuenta y empieza a oscilar, eso le inunda de adrenalina. Un alza le proporciona dinero suficiente para soñar con pasar a tener una vida fácil. En medio de su felicidad olvida las señales de un máximo y queda atrapado por una reversión bajista. Un descenso le deja en tal estado de miedo que pasa por alto todas las señales de un mínimo y vende de inmediato cerca de las cotizaciones bajas. Los principiantes prestan más atención a sus emociones que a la realidad externa de los mercados.

Una vez que empieces a desarrollar disciplina, empezarás a ver mucho más claramente lo que sucede fuera de tu pequeña cuenta y en el gran mercado que hay ahí fuera. Cuando veas que el mercado se congela en una banda de fluctuación plana o que explota con un ascenso vertical, sabrás lo que sienten las masas de traders, porque tú ya has estado ahí. Cuando un mercado se aplana y los aficionados pierden el interés, sabes que va a llegar una ruptura. Tú has sido ese aficionado, tú has pasado por alto las rupturas porque te aburriste y dejaste de fijarte en los mercados. Ahora, cuando el mercado se vuelve plano, reconoces la forma en la que te comportabas y estás listo para actuar.

El mercado sube hasta alcanzar un nuevo máximo, se detiene durante un día y se vuelve vertical. Los periódicos, la radio y la televisión gritan acerca del nuevo mercado alcista. Si eres un trader disciplinado, recordarás cómo, hace años, compraste a unos pocos *ticks* del máximo. Esta vez es distinto. Echas mano del teléfono y empiezas a recoger los beneficios de las posiciones que adoptaste cuando el mercado era plano y aburrido. Comprenderte a ti mismo y el camino que has recorrido te permite interpretar el mercado y vencer a tus competidores.

¿Cómo sabes que te estás convirtiendo en un trader disciplinado?

Llevas unos registros rigurosos. Llevas un mínimo de cuatro registros: una hoja de cálculo de trader, una curva de capital, un diario de trader y un plan de acción. Llevas tus registros escrupulosamente al día y los estudias para aprender de tus experiencias.

Tu curva de capital muestra una tendencia alcista constante con descensos poco profundos. El rendimiento estándar de los gerentes de cartera profesionales es de unos beneficios anuales del 25 por 100 sobre la cuenta, sin descensos de más del 10 por 100 sobre el pico del capital. Si puedes igualar o superar eso, vas muy por delante en el juego.

Haces tus propios planes para el trading. Incluso aunque un amigo te dé un consejo que parezca fabuloso, no te dejas llevar por la emoción. Lo ignoras o lo sometes a tus propios filtros de toma de decisiones.

No charlas sobre tu trading. Puedes hablar sobre un aspecto técnico o una operación cerrada con un amigo de confianza, pero nunca pidas consejo sobre una posición abierta. No reveles tus posiciones para no exponerte a consejos no deseados o vincular tu ego al proceso.

Aprendes todo lo que puedes sobre el mercado en el que estás operando. Tienes un buen conocimiento de los principales factores técnicos, fundamentales, intermercado y políticos que puedan tener un impacto sobre tus acciones o futuros.

Te valoras de acuerdo con tu fidelidad a tu plan escrito. Imagina que eres un empleado y que tu jefe se ha ido a pasar unas largas vacaciones, dejándote a ti para gestionar su dinero siguiendo su plan: al regresar te recompensará o castigará basándose en lo fielmente que hayas seguido su plan.

Dedicas una cierta cantidad de tiempo a los mercados cada día. Descargas datos cada día, los sometes a tu batería de pruebas y filtros, y anotas los resultados y tus planes para mañana. Asignas tiempo, en tu rutina diaria, para hacer que el trading sea una actividad regular, y no algo que haces a salto de mata.

Monitorizas mercados seleccionados a diario, independientemente de su actividad. Evitas el típico error de principiante de monitorizar los mercados sólo cuando están activos y son «interesantes». Sabes que los movimientos fuertes surgen de períodos de relativa inactividad.

Aprendes y estás abierto a ideas nuevas, te muestras escéptico con las reivindicaciones. Lees libros y revistas sobre los mercados, asistes a conferencias y participas en foros en Internet, pero no aceptas ninguna idea sin someterla a prueba con tus propios datos.

Sigues tus normas de gestión del dinero como si tu vida dependiera de ellas, ya que tu vida financiera sí que depende de ellas. Si tienes una buena gestión del dinero, la mayoría de los sistemas decentes de trading te harán ganar dinero a la larga.

¿Dispones del tiempo necesario?

Todos los traders prestan atención al dinero, pero pocos son conscientes de la importancia del tiempo. El tiempo es tan crucial como el dinero: cuanto más tengas, más probable será que ganes.

La mayoría de la gente empieza con demasiado poco dinero, y la mayor parte de los traders no se dan tiempo suficiente para aprender. El trading es muy distinto de la física o las matemáticas, donde un genio se pone de manifiesto pronto. En el campo de la ciencia, si no eres una estrella a los veinticinco años, nunca serás una estrella. El trading, por el contrario, es un juego de hombres mayores, y ahora es, cada vez más, un juego de mujeres. La paciencia es una virtud, la memoria un gran activo, y si mejoras ligeramente cada año, puedes convertirte en un trader brillante.

Mi mejor amigo, Lou Taylor, al que dediqué *Vivir del trading: Trading for a living,* solía decir: «Si me volviera medio punto porcentual más hábil cada año, sería un genio para cuando llegara el momento de mi muerte». Al igual que siempre sucedía en su caso, había una buena cantidad de sabiduría en su broma.

Eleva tu mirada del teclado y piensa en dos objetivos: aprender a operar en la bolsa y ganar dinero. ¿Cuál va primero y cuál segundo? Deja de matarte intentando ganar mucho dinero deprisa. Aprende a operar en la bolsa y el dinero llegará. Un entrenador de caballos inteligente no sobrecarga a un caballo joven: el entrenamiento va primero y el tirar de cargas pesadas viene después.

Aprenderás mejor ejecutando muchas pequeñas operaciones y analizando tu rendimiento. Cuanto más operes, más aprenderás. Juega con pequeñas apuestas para reducir la presión y concéntrate en la calidad. Siempre podrás aumentar el tamaño más adelante. El objetivo consiste en adquirir experiencia suficiente, de modo que la mayoría de las actuaciones se vuelvan prácticamente automáticas. Un trader cuya experiencia le haya enseñado muchas habilidades prácticas puede centrarse en la estrategia (lo que quiere hacer) en lugar de preocuparse de su siguiente paso.

Si te tomas el trading en serio, debes dedicarle tiempo. Se deben estudiar los mercados, se deben diseccionar y valorar los métodos de trading, diseñar y aplicar los sistemas, y tomar decisiones y registrarlas. Todo esto conlleva una buena cantidad de trabajo. ¿Qué constituye una buena cantidad? Me vienen a la mente dos ejemplos que se encuentran en los extremos opuestos del espectro.

En el extremo laborioso, pienso en un gerente de cartera de futuros estadounidense de primer orden en cuyo apartamento me quedé en una ocasión. Vivíamos bajo el mismo techo, pero apenas le veía. Se iba a la oficina antes de las 07:00 h, regresaba después de las 22:00 h y se quedaba dormido vestido en la sala de estar. Trabajaba así seis días por semana, pero los domingos se relajaba. Por la mañana se iba a jugar un partido de *squash* en un club antes de regresar corriendo a la oficina para prepararse para la apertura del mercado el lunes. No tenía mujer, ni novia, ni aficiones, ni amigos, pero amasaba millones de dólares.

En el extremo relajado pero muy disciplinado, pienso en un trader chino de mediana edad al que visité en su mansión cuando los mercados de valores estaban tambaleándose por toda Asia. Había ganado una fortuna en los dos mercados alcistas de los diez años anteriores y me dijo que sólo necesitaba un mercado asiático alcista más para ganar todo el dinero que quería. Estaba preparado para esperar varios años para el siguiente, pero mientras tanto cuidaba de su familia, coleccionaba arte y jugaba mucho al golf. Pasaba unas pocas horas a la semana descargando los datos y fijándose en sus indicadores.

¿Cuánto tiempo deberías dedicar a analizar los mercados y hacer tus deberes? Un principiante debe dedicar cada minuto de sus horas de vigilia a aprender los aspectos básicos. ¿Cuánto tiempo necesitarás en la siguiente etapa una vez que te hayas convertido en un trader semiprofesional competente? Estamos hablando del trading de posiciones, y no del trading intradía, que nos fuerza a estar frente a la pantalla todo el día. La respuesta depende de lo rápidamente que trabajes y con cuántos mercados operes.

Debes dedicar un cierto tiempo a los mercados cada día. Los aficionados y los apostadores cometen un error típico. Cuando los mercados están inactivos, dejan de fijarse y pierden el contacto con ellos. Se despiertan después de oír las noticias de un movimiento desbocado. Para entonces, los mercados ya están en marcha: han perdido el tren y tienen que correr detrás de él, esperando subirse a bordo de una tendencia desenfrenada.

Un trader organizado monitoriza sus mercados, ya opere en ellos en ese momento o no. Percibe cuándo un rango apático empieza a rozar una resistencia y compra pronto, y cuando los aficionados empiezan a agolparse ante esa subida, recoge beneficios vendiendo a los tardones perezosos. Un trader serio juega con ventaja porque hace sus deberes día sí y día también.

¿Cuánto tiempo necesitarás? En el caso de cada valor deberás comprender sus aspectos intrínsecos clave, incluyendo su sector industrial. En el caso de los futuros, hay factores adicionales de oferta y demanda, estacionales y diferenciales entre los meses de entrega. Debes crear un calendario de eventos que puedan tener un impacto en tu mercado, como los anuncios de la Reserva Federal o los informes de beneficios. Debes estudiar las gráficas semanales de los últimos (bastantes) años y las gráficas diarias de por lo menos un año. Deberás aplicar los indicadores, aprender cuál de ellos funciona mejor para ese mercado y comprobar sus parámetros.

A no ser que seas un genio o un loco de la velocidad, es difícil conseguir esto en menos de dos horas, y eso no es más que el precio de entrada en cualquier instrumento de operación bursátil. Después llega el trajín diario. Un trader serio revisa las gráficas semanales y diarias cada día. Debes comparar tu mercado con otros relacionados con él. Debes tomar notas diarias y apuntar tus planes para el día que tienes por delante. Para hacer esto correctamente, necesitarás por lo menos quince minutos por acción o por futuro.

Y esto es en el caso de un día bastante rutinario. ¿Qué hay del día en el que tu mercado alcance su soporte o su resistencia o se salga de su banda de fluctuación y una operación parezca inminente? Entonces puede que pases cerca de una hora analizándolo, calculando los riesgos y las recompensas, y decidiendo sobre tus puntos de entrada y tus objetivos de beneficios.

Así pues, démosle la vuelta a la cuestión y preguntémonos: si dispones de una hora al día para el análisis, ¿cuántos mercados deberías seguir? Tres, quizás cuatro. Si dispones de dos horas, quizás podrías seguir seis, ocho o incluso diez. El sistema ABC para organizar tus deberes puede que te permita doblar el número de mercados. Independientemente de lo que hagas, recuerda que la calidad es más importante que la cantidad.

Antes de añadir unas acciones a tu lista, decide sobre si dispones de tiempo suficiente para monitorizarlas un día tras otro. Puedes saltarte un día de vez en cuando, pero incluso entonces deberías, por lo menos, echar un vistazo a tus mercados. Los deberes diarios son esenciales, y el número de mercados que sigas dependerá del tiempo del que dispongas cada día. Cuando perdemos el contacto con la realidad nos volvemos fríos. Incluso los profesionales se toman unos días para volver a ponerse en contacto con sus mercados después de unas vacaciones. Éstas son las etapas del desarrollo:

Principiante: Al principio, monitoriza aproximadamente seis, pero no más de diez instrumentos de operaciones bursátiles. Siempre podrás añadir más después. Es mejor empezar con menos mercados y monitorizarlos bien que empezar con muchos y quedar rezagado.

Los deberes diarios son esenciales para desarrollar un instinto con respecto a los mercados. Dedica tiempo a estudiar tus mercados cada día. Incluso aunque llegues tarde a casa cada día de tu trabajo o de una fiesta, puedes seguir encontrando diez minutos para descargar los datos y echar una ojeada a tus cinco a seis acciones. Puedes actualizar tu imagen mental de ellas incluso aunque no planees operar con ellas mañana. Un principiante que monitorice demasiados valores abarcará mucho pero apretará poco, quedará rezagado y se desmoralizará. Es mejor monitorizar una pequeña cantidad, llegar a conocerlos bien y añadir más después.

Intermedio: En esta etapa puedes monitorizar varias docenas de acciones o futuros. Analizar cada uno de ellos te llevará tanto tiempo como cuando eras un principiante, pero los analizarás más profundamente. Un trader aficionado serio o semiprofesional puede emplear su tiempo de forma más eficiente con ayuda del sistema de calificación ABC (véase más abajo).

Algunos buenos traders escogen no incrementar el número de acciones o de futuros con los que operan: alguien puede centrarse sólo en la soja y sus productos, o sólo en las divisas, o en sólo cinco o seis acciones del sector tecnológico. Además de analizar tus mercados, espera dedicar un mínimo de cinco o seis horas semanales a leer libros y artículos y a interactuar con otros traders en Internet.

Después de alrededor de un año o más en esta fase, te enfrentarás a una decisión importante: considerar el trading como una afición ligeramente rentable o intentar ascender al nivel profesional. En ese caso, deberás dedicar más tiempo al trading. Tendrás que llevar a cabo sacrificios en otras áreas de tu vida y dedicar por lo menos cinco o seis horas a trabajar en los mercados.

Profesional: La gente que se gana la vida con el trading *tiende a dejar de lado otros intereses profesionales. Los mercados exigen tiempo y atención, y la gestión del dinero es más desafiante porque la cuenta es mucho mayor.*

Un trader profesional casi siempre usa alguna versión del sistema de *rating* ABC, a no ser que decida operar sólo con un puñado de mercados. Pasa más tiempo estudiando los mercados. Al mismo tiempo, los revisa más rápidamente, gracias a su mayor nivel de experiencia. Dedica varias horas a la semana a leer, a profundizar su análisis y a mejorar la gestión del dinero, monitorizando también los nuevos avances en Internet.

Las recompensas son muy buenas en esta fase, pero un profesional que haya dedicado años a llegar hasta aquí no se embriaga con los resultados. Vive muy bien, pero sigue trabajando más duro que la mayoría de los principiantes. A los traders que se encuentran en este nivel les encantan los mercados y obtienen mucha satisfacción de ellos, igual que a los esquiadores les encantan las montañas altas.

La gestión del tiempo con el sistema ABC

Los mercados generan volúmenes colosales de información. Ningún humano podría procesar todos los datos de los que disponemos. Nadie puede almacenar en su mente todos los valores intrínsecos, las tendencias económicas, los indicadores técnicos, la acción intradía y la compra y la venta por parte de la gente con información privilegiada y los creadores de mercados mientras toma decisiones relativas al trading. Queremos ser exhaustivos, pero nuestra investigación nunca podrá ser completa. Necesitamos elegir un número relativamente bajo de mercados y diseñar un plan de trading para canalizar la información entrante en forma de un flujo más manejable.

El trading no tiene que ver con ser brillante, no consiste en hacer predicciones, no va de monitorizar un enorme universo de instrumentos de operaciones bursátiles. El trading tiene que ver con la gestión: nuestro capital, nuestro tiempo, nuestro análisis y nuestra naturaleza. Si lo gestionamos bien, obtendremos beneficios.

La gestión del tiempo es una parte importante de tu éxito. Averigua cuánto tiempo necesitas, dependiendo de tu estilo personal, para estudiar un nuevo mercado y monitorizarlo a diario. El sistema de valoración ABC te permite conseguir grandes ahorros de tiempo para monitorizar y operar en más mercados con el mismo tiempo. Este sistema no es para principiantes, pero los traders intermedios y profesionales pueden, ciertamente, beneficiarse de él.

El sistema de valoración ABC, que me enseñó D. Guppy, es un sistema para gestionar el tiempo. Nos permite concentrarnos en los mercados en los que una operación parezca inminente y reduce el tiempo empleado en mercados menos prometedores. El sistema ABC requiere de una revisión semanal de todas las acciones o los futuros que estés monitorizando y clasificarlos en tres grupos: A para aquéllos con los que creas que puedes operar mañana, B para aquéllos con los que creas que operarás más adelante durante la semana y C si no esperas operar con ellos en la semana venidera.

El mejor momento para ejecutar el sistema ABC es durante los fines de semana, después de haber descargado todos tus datos. Prepara una hoja de cálculo con una línea horizontal para cada valor o futuro que sigas. Escribe su nombre en la columna izquierda. Emplea columnas verticales para registrar tus valoraciones A, B y C, usando una columna por día. Prepara las plantillas semanales y diarias en tu *software* para el trading. Introduce el primer mercado en la plantilla semanal. ¿Te parece que podrías querer operar con estas acciones mañana? Por ejemplo, sí sólo operas a largo y la gráfica semanal se encuentra en una tendencia bajista sólida, no operarás con ellas en la semana venidera. En tal caso márcala con una C y sigue adelante. Introduce el siguiente mercado en tu plantilla semanal. Si parece una posible operación, entonces introdúcela en tu plantilla diaria. ¿Te parece que podrías querer operar con ella el lunes? Si es así, anota una A en la hoja de cálculo. Si parece imposible que operes con ella el lunes pero que sí sea posible más adelante esa semana, apunta una B en la hoja de cálculo. Ahora pasa al siguiente mercado e introdúcelo en la plantilla semanal. Repite este proceso hasta que completes toda tu lista.

Lleva un buen ritmo, no te ralentices. Deberías terminar con cada mercado en bastante menos de un minuto. Recuerda que las buenas operaciones deberían saltar a ti desde la pantalla y tomarte del rostro y decirte: «¡Soy yo! ¡Opera conmigo!». Si tienes que entornar los ojos con una gráfica, probablemente no haya ninguna operación que llevar a cabo.

El verdadero trabajo empieza después de haber rellenado tu hoja de cálculo ABC. Ahora debes estudiar cada acción o futuro que hayas marcado con una A. Aplica tu sistema de trading, marca los niveles de entrada, los *stops* y los objetivos de beneficios, y anota tus órdenes para el día venidero. Haz esto con cada mercado que hayas valorado con una A, dejando de lado los demás. Después del cierre del lunes, repasa todos tus mercados valorados con una A. Si has entrado en ellos, rellena una página en tu diario de trading y sigue gestionando esas operaciones de acuerdo con tu plan. Si tus órdenes de entrada no se han activado, vuelve a revisar esos mercados. ¿Sigues queriendo entrar el martes? Ignorar los grupos valorados con una B y una C ahorra tiempo y te permite concentrarte en las transacciones más más prometedoras.

Repite el procedimiento después del cierre del martes. Pero ahora revisa también los mercados que valoraste con una B el fin de semana. Ahora ha llegado el momento de decidir si puedes ascenderlos a la categoría A y empezar a monitorizarlos a diario o hacerlos descender a la categoría C y dejarlos tranquilos hasta el fin de semana.

Antes hemos revisado el plan de acción: una hoja de cálculo para registrar tus órdenes para el día venidero. Eso y el sistema ABC se prestan a combinarse en una única hoja de cálculo. Cada línea horizontal contiene un instrumento de operaciones bursátiles, y cada columna un día de trading. Las celdas se llenan con las letras A, B o C, que indican tu calificación de ese valor o futuro para el día venidero. Los triángulos rojos en las esquinas identifican las celdas en las que has insertado comentarios que te dicen cómo operar con ellos.

El aburrimiento es el enemigo del trader. Es duro fijarse en un mercado día tras día, mientras no va a ningún sitio. Un profesional debe monitorizar sus mercados, pero nadie disfruta viendo cómo crece la hierba. El sistema ABC proporciona una solución elegante. Te permite monitorizar todos tus mercados de forma rápida y eficaz, pero dedicar la mayor parte de tu tiempo y atención a las operaciones más prometedoras. Una vez que te acostumbres a aplicar el sistema ABC, podrás duplicar fácilmente el número de mercados que sigues e incrementar tus oportunidades para el trading.

El árbol de toma de decisiones

Un trader profesional se toma los mercados en serio y les dedica el tiempo y la atención que merecen. Si has leído hasta aquí, probablemente estarás más dedicado que la persona media. Ahora es el momento de hablar de crear tu plan de acción.

Debes dedicar un cierto tiempo al trabajo con tu mercado cada día: mantenerte en estrecho contacto con el mercado es esencial para el éxito. Debes decidir en qué mercados operar: céntrate en unos pocos selectos para triunfar. Debes diseñar un plan para tu formación. Por último, pero no por ello menos importante, debes diseñar tu plan de trading: un plan escrito es el sello distintivo de un trader serio.

El diseño de un plan de trading

Los traders pasan por tres fases de desarrollo. Todos empezamos siendo principiantes. Algunos sobrevivimos el tiempo suficiente para convertirnos en aficionados serios o semiprofesionales, y unos pocos ascienden al nivel experto. Un trader con un buen plan por escrito muestra un nivel creciente de desarrollo.

Un principiante nunca redacta un plan porque no tiene nada que escribir. Se está divirtiendo demasiado yendo tras consejos candentes e intentando lograr un enorme triunfo rápido.

Incluso aunque quisiera escribir algo, no sabría por dónde empezar. Un aficionado serio o un semiprofesional que redacte un plan, incluyendo normas de gestión del dinero, está en camino hacia el nivel experto.

La principal diferencia entre un plan de trading y un sistema mecánico es el grado de libertad que proporciona a los traders. Los sistemas de trading son rígidos, mientras que los planes establecen las normas principales, pero te proporcionan la libertad para usar tu juicio.

Algunos principiantes obtienen una falsa sensación de seguridad con el vertido de toneladas de datos en sistemas mecánicos y encontrando conjuntos de reglas que habrían funcionado en el pasado. Los mercados son organismos sociales vivos que se desarrollan, crecen y cambian. Las normas rígidas ajustadas a datos pasados no es probable que tengan un buen desempeño en el futuro. Si los sistemas mecánicos pudieran funcionar, los mejores programadores ya serían los dueños de los mercados. Todos los sistemas mecánicos de trading se autodestruyen con el paso del tiempo. Los promotores los siguen vendiendo porque al público le encantan los trucos de marketing.

Un plan de trading incluye algunas normas inquebrantables junto con recomendaciones más flexibles que requieren de un ejercicio de valoración. Tu buen juicio mejora con la experiencia. Un plan de trading incluye los principios para escoger los mercados, define los tipos de operaciones, genera señales de compra y de venta, y distribuye el capital para el trading. Cuando redactes un plan, evita la tentación de hacer que lo incluya todo. Debes saber cuándo parar. Anota tus reglas, pero indica cuándo usarás tu juicio en el momento de tomar una decisión.

Debes saber qué tipo de trading te gusta. Una idea general (ganar dinero comprando y vendiendo) no es lo suficientemente específica. Los triunfadores ganan dinero de distintas formas, mientras que los perdedores encajan en la misma papelera de la impulsividad. Un inversor fundamental a largo plazo, como Peter Lynch, buscando su esquiva inversión que multiplica su valor por diez (unas acciones que decuplican su precio), actúa de forma distinta a un trader a corto plazo que opera a corto para venderle esas acciones. Ambos puede que tengan éxito a largo plazo, pero el agente bursátil con cartera propia con un horizonte temporal de treinta minutos cerrará sus operaciones a corto con un pequeño pero rentable descenso antes del final de la jornada, al igual que el inversor a largo plazo se aferrará a sus posiciones a largo.

Un plan de trading refleja tus intereses por mercados concretos y las técnicas, tu experiencia y el tamaño de tu cuenta. Refleja tu personalidad, además del comportamiento de tus mercados. Si dos amigos con el mismo capital y una experiencia similar operaran en el mismo mercado y redactaran sus planes, acabaría con unos resultados distintos. Puedes crear más de un plan si te gustan distintos tipos de trading.

Si no dispones de un plan, empieza a trabajar en uno. Redactar un plan inteligente requiere de mucho trabajo. La primera vez que intenté hacerlo fue durante un vuelo de Nueva York a Los Ángeles. Pensé que cinco horas en el aire serían suficientes. Un mes más tarde todavía estaba en ello.

Aquí tenemos dos descripciones bastante básicas de planes de trading para ilustrar su estructura básica y proporcionar los puntos iniciales para desarrollar el tuyo. Leer el plan de trading de otra persona es como una guía para hacer el amor. Puede que el manual te abra los ojos a algunas posturas nuevas que nunca habías visto, pero en último término tendrás que hacer lo que se adapte mejor a tu temperamento y a tu entorno para disfrutar del resultado.

Plan de trading A

El trader A tiene 50 000 dólares en su cuenta y está interesado en el mercado de valores. Lo ha estado monitorizando durante algún tiempo y ha visto que las acciones con una alta capitalización (las acciones del tipo de las que están incluidas en el índice Dow Jones) tienden a moverse en forma de tendencias constantes, pero que oscilan por encima y por debajo de sus tendencias centrales varias veces al año.

Un plan de trading toma una idea del comportamiento de los mercados: que los precios oscilan por encima y por debajo de su valor medio, y lo traduce en forma de un plan de acción. Identifica la tendencia y las desviaciones, elige las herramientas para aprovecharlas e incluye normas de gestión del dinero, objetivos de beneficios y *stops*.

INVESTIGACIÓN

1. Descarga cuatro años de datos de treinta acciones del Promedio Industrial del índice Dow Jones.
2. Usa gráficas semanales con MME de veintiséis semanas para identificar las tendencias a largo plazo.

    Un trader serio analizará otros enfoques: una MME más larga o más corta, distintas MME para distintas acciones, u otra herramienta de seguimiento de tendencias, como una línea de tendencia de regresión mínima. Encontrar las mejores herramientas para monitorizar el consenso medio del valor de tu mercado te obliga a investigar mucho antes de ejecutar la primera operación.
3. Determina la desviación media del valor de cada acción con la que planeas operar.

    Mide cuánto asciende o cae un valor por encima o por debajo de su MME semanal antes de regresar a ella. Los canales pueden ayudar, o puedes introducir esas cifras en una hoja de cálculo. Averigua lo lejos de la MME que se dan esas reversiones, tanto en términos del precio como de los porcentajes, además de la duración media de esas desviaciones.

ACTUACIONES SEMANALES

Revisa las gráficas semanales de todas las acciones que sigas. Marca las que se hayan desviado de sus tendencias centrales más de un 75 por 100 de su desviación media y sitúalas en tu lista de monitorización diaria.

ACTUACIONES DIARIAS

Para racionalizar nuestro análisis, sólo pensaremos en comprar, pese a que un plan de trading completo también es posible que exponga pasos para operar a corto.

1. Aplica una MME de veintidós días a tu monitorización diaria para definir sus tendencias a corto plazo. Estudia si una MME más larga o más corta harían una mejor tarea. Cuando unas acciones se desvían en la gráfica semanal, pero su MME diaria deja de moverse y se aplana, se convierten en candidatas para la compra.

   Aquí tenemos otra idea que estudiar: ¿es comprar más beneficioso cuando el mercado en general sube? ¿Cómo definirás la tendencia del mercado en general? ¿La MME de un índice como el S&P o el NASDAQ, o un indicador, como el índice nuevo máximo-nuevo mínimo?[1] Si tus acciones marchan a su propio ritmo, entonces ignora al mercado en general, ya que de otro modo podrías comprar más cuando el mercado general suba y menos cuando baje.

2. Cuando la gráfica semanal muestre una desviación descendente, compra con el primer *tick* ascendente de la MME diaria. Estudia los tipos de entradas: por debajo de la MME, en su cercanía, al precio de mercado o en una ruptura por encina del máximo del día anterior.

3. Sitúa un *stop* usando el indicador SafeZone en la gráfica diaria y marca un objetivo de beneficios en la MME semanal. Recalcula tus órdenes a diario.

Calcula tu riesgo monetario por acción y decide cuántas acciones comprar mientras obedeces la norma del 2 por 100. Un trader con 50 000 dólares en su cuenta no deberá arriesgar más de 1000 dólares por operación, incluyendo el deslizamiento y las comisiones. No entres en una operación si el 6 por 100 de tu cuenta ya está expuesto a riesgo en otras transacciones.

Este plan incluye varias normas inmaculadas: comprar sólo cuando los precios estén por debajo de la MME semanal; comprar sólo cuando la MME diaria esté subiendo; hacer tus deberes, recalcular tus *stops* a diario y nunca arriesgar más del 2 por 100 del capital de tu cuenta; y no exponer más del 6 por 100 de tu cuenta a riesgo. Este plan también hace que ejercites tu juicio: exactamente dónde entrar, dónde establecer los objetivos de beneficios y con qué tamaño operar (siempre que sigas las reglas del 2 por 100 y del 6 por 100). No hace falta decir que debes respaldar tu plan escrito manteniendo unos buenos registros.

Tu plan probablemente se irá volviendo más elaborado con el paso del tiempo. El mercado te dará varias sorpresas, que llevarán a que adaptes tu plan y que lo prolongues. El plan anterior

---

1. Este sencillo indicador, que puede calcularse fácilmente para cualquier mercado, es la mejor estimación del poder de los toros y los osos en el marcado de valores. Los nuevos máximos son las acciones que están alcanzando un nuevo máximo del año: los líderes en cuanto a fortaleza. Los nuevos mínimos son las acciones que están alcanzado un nuevo mínimo del año: los líderes de la debilidad. Si comparas su número cada día, verás si el liderazgo ascendente o descendente es más fuerte. Este indicador te muestra lo que están haciendo los líderes, y generalmente puedes esperar que la muchedumbre siga a los líderes. He descrito este indicador ampliamente en *Vivir del trading: Trading for a living*.

vincula el análisis de la triple pantalla (múltiples franjas de tiempo e indicadores) con la gestión del dinero, las entradas y las salidas.

Plan de trading B

El trader B tiene 30 000 dólares de capital de riesgo y quiere operar con futuros. Se ha dado cuenta de que esos mercados tienden pasar mucho tiempo en bandas de fluctuación planas, interrumpidas por unas tendencias breves pero rápidas. Quiere aprovechar esos movimientos de impulso de corta duración.

INVESTIGACIÓN

Este trader tiene relativamente poco dinero, pero no quiere operar con minicontratos. En ese caso, debería centrarse en mercados baratos cuyos niveles normales de ruido no abrumen a sus normas de gestión del dinero.

Por ejemplo, un cambio de un punto en el índice S&P 500 se traduce en forma de 250 dólares en los futuros del S&P. Un movimiento normal de cinco puntos en un día corriente dará lugar a un cambio de 1250 dólares de capital, exponiendo a un trader con una cuenta de 30 000 dólares a una pérdida del 4 por 100. La regla del 2 por 100 deja fuera de los límites a muchos mercados volátiles y caros en el caso de cuentas pequeñas. El café, la soja, las divisas y muchos otros deben dejarse tranquilos hasta que tu cuenta sea mucho más grande.

1. Descarga dos años de historia del maíz, el azúcar y el cobre. El maíz es el menos volátil de los cereales y el azúcar es el producto tropical menos volátil. Ambos son muy líquidos, permitiendo unas entradas y salidas fáciles, al contrario que otros mercados caros, como el zumo de naranja, cuyo pequeño volumen expone a los traders a un mal deslizamiento. El cobre es líquido y tiende a ser relativamente tranquilo, excepto en las épocas de *booms* económicos. Los E-minis (un contrato de futuros que se negocia electrónicamente y que representa una fracción del tamaño de un contrato estándar) son un buen vehículo para los traders de futuros interesados en el mercado de valores. Descarga dos series de datos de cada contrato: por lo menos dos años de datos continuos para las tablas semanales y seis meses de los datos del mes que tienes por delante para las gráficas diarias.
2. Analiza varias MME para determinar cuál desempeña el mejor trabajo monitorizando tendencias en las gráficas semanales. Haz un trabajo similar con las gráficas diarias. Encuentra los mejores canales para cada mercado, especialmente para los tres meses anteriores en las gráficas diarias.

Estos canales deben contener entre el 90 y el 95 por 100 de la acción reciente del mercado. Los tres últimos meses son los más relevantes, pero es una buena idea retroceder dos años en el estudio de tu canal para prepararte para sus expansiones y contracciones espectaculares. Muchos traders se desorientan cuando los mercados cambian. Si conoces los datos históricos, te sentirás menos sorprendido.

Revisa las gráficas semanales de tus mercados y determina sus tendencias. Cuando la tendencia semanal suba, acude a las gráficas diarias y busca oportunidades de compra. Cuando la tendencia semanal baje, busca oportunidades para operar a corto. Si la tendencia semanal no está clara, deja a ese mercado tranquilo o ve directamente a las gráficas diarias.

Puedes definir las tendencias semanales usando la pendiente de una MME, o puedes ser más creativo, especialmente si monitorizas sólo unos pocos mercados. Puedes, por ejemplo, emplear tanto la MME como el histograma de la MACD para identificar tendencias. Cuando ambos indicadores se mueven en la misma dirección, señalan movimientos extrafuertes.

ACTUACIONES DIARIAS

Para optimizar nuestro debate, sólo hablaremos de comprar, pero la misma lógica se aplica a las operaciones a corto. Todo trader de futuros debe sentirse cómodo con las operaciones a corto. Estos mercados no tienen una norma relativa al *tick* ascendente, y el número de posiciones a corto siempre es igual al de las posiciones a largo.

1. Aplica el sistema de impulso. Cuando tanto la MME como el histograma de la MACD asciendan, proporcionan una fuerte señal de compra.
2. Opera a largo al día siguiente, pero no compres por encima de la línea superior del canal.

    Esta entrada agresiva aspira a aprovechar movimientos de impulso de alta velocidad. Deberás investigar y analizar esta idea en el mercado en el que quieras operar en ese momento. Evita la trampa de los sistemas mecánicos con los que la gente opera mucho después de que los mercados hayan cambiado.

    Antes de entrar en una operación, calcula dónde situar tu *stop*. Mira qué porcentaje de tu capital arriesgarás con esa transacción. Decide si tus normas de gestión del dinero te permiten entrar en él. ¿Te permite operar la norma del 6 por 100? Si, por ejemplo, has perdido el 3,5 por 100 de tu cuenta este mes y tienes una transacción abierta con un 2 por 100 de tu cuenta en riesgo, no podrás abrir ninguna operación nueva porque eso podría en peligro más del 6 por 100 de tu capital.
3. Determina un *stop* usando el indicador SafeZone en la gráfica diaria.

    Si la ubicación de tu *stop* te permite entrar en esa operación, emite la orden de compra. En cuanto tengas la confirmación, pon tu *stop*. Recalcula tu *stop* y coloca uno nuevo cada día. No permitas que un movimiento violento repentino atraviese un *stop* mental mientras no estés mirando.

    Recoge tu beneficio antes del cierre del día, durante el cual la pantalla diaria desconecta su señal de compra. Esto significa que debes calcular tu fórmula unos minutos antes del cierre. La línea superior del canal en la gráfica diaria es un objetivo demasiado modesto cuando quieres aprovechar un movimiento de impulso. Permanece con la transacción mientras la señal de compra permanezca activa. Asegúrate de comprobar este enfoque.

Este plan combina unas normas inmaculadas con recomendaciones que te animan a usar tu juicio. Usar múltiples franjas de tiempo, seguir las reglas de gestión del dinero, emplear *stops* y mantener unos registros escrupulosamente son aspectos no negociables. Escoger los mercados, los puntos de entrada, los objetivos de beneficios y decidir con qué tamaño operar dependen de tu juicio.

Cuenta con modificar tu plan mientras sigues estudiando los mercados y tu experiencia crece. Recuerda anotar cualquier cambio y registra tu desarrollo como trader. Asegúrate de añadir la venta a corto a tu plan, ya que forma parte integral del operar con futuros.

En algún momento quizás quieras diseñar un diagrama de flujo de tu proceso de toma de decisiones que sea algo parecido a lo siguiente:

¿Me permite operar la norma del 6 por 100?

Si la respuesta es No, mantente al margen; si es Sí:

¿Está la gráfica semanal emitiendo una señal?

Si la respuesta es No, pasa al siguiente mercado; si es Sí:

¿Está la gráfica diaria enviándome una señal para que opere en la misma dirección?

Si la respuesta es No, omite ese mercado, si es Sí:

¿Dónde situaré mi objetivo de beneficios y mi *stop,* y vale la pena operar con la relación entre riesgo y beneficio?

Si la respuesta es No, omite esa transacción; si es Sí:

¿Con qué tamaño me permite operar la norma del 2 por 100 y con qué cantidad negociaré?

Uno podría dibujar un diagrama de flujo sustancioso por cada operación, pero la idea clave es que hay varias normas inmaculadas que tienen que ver, principalmente, con la gestión del dinero y con múltiples franjas de tiempo. Mientras obedezcas estas normas, dispones de una amplia opción de técnicas analíticas y de trading. Simplemente asegúrate de mantener unos buenos registros y sigue aprendiendo de ellos si quieres operar como un profesional.

Principiante, semiprofesional y profesional

Las preguntas de los traders revelan sus etapas de desarrollo. Los principiantes siempre preguntan acerca de los métodos de trading: qué indicadores usar, qué sistemas escoger. Quieren conocer los parámetros adecuados del oscilador estocástico y la mejor duración de una media móvil. La mayoría de los novatos están tan emocionados con los beneficios y tan despistados con respecto a los riesgos que ninguna herramienta sofisticada puede salvarlos de los desastres.

Los que sobreviven a la etapa de la inocencia original avanzan gracias a una combinación de suerte, trabajo o un sentido innato de la precaución. Aprenden a escoger operaciones y averiguan en qué punto comprar y vender. Empiezan a preguntar por qué, si saben tanto, sus beneficios son tan inconstantes. ¿Cómo es que su cuenta aumenta un 20 por 100 un mes y baja un 25 por 100 al mes siguiente? ¿Cómo puede ser que puedan ganar dinero pero no hacer crecer su capital?

Los traders que se encuentran en esta segunda etapa suelen recoger un beneficio y gastárselo antes de que ese dinero se desvanezca. Se sienten inseguros acerca de su capacidad de ganar dinero. Recuerdo, hace años, tomar un beneficio diminuto de unos futuros de francos suizos y salir corriendo a una joyería para comprarle a mi esposa de entonces un collar. En otra ocasión usé un beneficio mínimo para comprarle a mi hija un caro gato abisinio. Esos gatos son longevos, y el suyo, llamado Swissie, solía recordarme mis antiguos días de trading impulsivo.

Los traders que quedan atrapados en ese nivel siguen rebotando hacia arriba y hacia abajo como una flor en un agujero de hielo. Para pasar a la siguiente etapa, un trader debe superar el mayor obstáculo para ganar: la persona que ve frente al espejo. Debe reconocer su papel a la hora de ejecutar operaciones impulsivas, transacciones indisciplinadas, operaciones sin *stops*. Independientemente de lo inteligentes que sean sus métodos, no será un ganador hasta que su mente se encuentre en el lugar adecuado. Su personalidad, con todas sus singularidades, influye en los resultados más que ningún ordenador. Los traders que se encuentran en esa etapa preguntan: «¿Debo poner *stops* o puedo usar *stops* mentales?». «¿Por qué tengo miedo de apretar el gatillo?». «¿Cómo puede ser que las operaciones en las que no entro funcionen mejor que aquéllas en las que entro?».

Un trader que sobreviva, tenga éxito y avance hasta la tercera etapa se siente relajado y tranquilo. Cuando hace preguntas, está interesado en la gestión del dinero. Su sistema de trading está asentado, su disciplina es buena y dedica mucho tiempo a pensar cómo distribuir su capital para el trading y reducir el riesgo.

Estas tres fases forman una pirámide con una base ancha y una cima estrecha. El viaje tiene una elevada tasa de arrepentimiento. Escribí este libro para ayudar a hacer que tu camino sea un poco más llano y rápido, menos doloroso y más productivo.

¿Cuáles son los objetivos de beneficios razonables para cada etapa? Las cifras que te daré puede que te sorprendan por bajas. Querrás ganar más dinero, y deberías sentirte libre de aspirar a más, a hacerlo mejor si puedes. Estos postes indicadores deberían ayudarte a ver si estás alcanzando los requisitos mínimos. Te ayudan a reconocer cuándo te encuentras en problemas, de forma que puedas detenerte, pensar y adaptar tus métodos. Si operas para un banco y sigues pasando por alto los objetivos de beneficios, tu gerente te quitará tus privilegios de trading. Un trader particular no dispone de un gerente y está al cargo de su propia disciplina. Si este libro te ayuda a pararte, pensar, reorganizarte y ascender, no habré perdido el tiempo escribiéndolo.

1. Principiante

A. *El nivel de rendimiento mínimo aceptable para un principiante es una pérdida de un 10 por 100 de su capital para el trading en un año.* Los traders quedan sorprendidos cuando les doy esta cifra. Olvidan que la mayoría de los principiantes se hacen fosfatina rápidamente. Muchos pierden un 10 por 100 en un mes, por no decir una semana. Si puedes sobrevivir durante un año y perder menos de un 10 por 100, tu educación habrá sido barata y estarás por delante de la multitud.

B. *El objetivo de un principiante es cubrir sus gastos del trading y generar un rendimiento anual en su cuenta que equivalga a una vez y media los intereses actuales de las letras del Tesoro o un instrumento carente de riesgo comparable.* Debes cargar el gasto del *software*, la información, las clases y los libros (incluyendo el que estás leyendo) a tu cuenta de trading. Los principiantes suelen tirar su dinero con gurús que les prometen las llaves del reino de los cielos. Cargar los gastos relacionados con el trading en tu cuenta introduce un útil baño de realidad. Si puedes cubrirlos y además vencer a las letras del Tesoro, ya no serás un principiante.

2. Intermedio (aficionado serio o semiprofesional)

A. *El nivel de rendimiento mínimo aceptable para un aficionado serio es un rendimiento sobre su capital del doble de la tasa de interés actual de las letras del Tesoro.* Tu mejora es evolutiva, y no revolucionaria. Corta algunas de tus pérdidas un poco más rápido, recoge algunos de tus beneficios un poco antes y aprende algunos trucos del oficio más. Una vez que cubras tus gastos de trading y ganes el doble de lo que podrías ganar con unos instrumentos financieros carentes de riesgo, estarás muy por delante de los teóricos del mercado eficiente.

B. *El objetivo de un aficionado serio o de un semiprofesional es generar un rendimiento del 20 por 100 sobre su capital.* En esta etapa, el tamaño de tu capital de trading se convierte en un factor importante. Si estás operando con un millón de dólares, quizás puedas empezar a vivir de tus beneficios. Pero ¿qué sucede si operas con una cuenta relativamente pequeña de, digamos, 50 000 dólares? Sabes que puedes operar, pero un 20 por 100 de 50 000 dólares no da suficiente para vivir. La mayoría de los traders subcapitalizados se destrozan a sí mismos operando de forma excesiva, intentando obtener unos rendimientos poco realistas con sus pequeñas cuentas. Asume unos riesgos alocados y obtendrás unos resultados alocados; tanto por la parte alta como por la parte baja. Es mejor que te ciñas a tu sistema de trading y que hagas uso de tus habilidades operando con el dinero de otras personas *(véase «Hacerse profesional» más adelante).*

3. Experto

A. *Los objetivos mínimos de rendimiento son más flexibles para los expertos. Sus beneficios son más constantes, pero no necesariamente superiores a los de los aficionados serios. Tienes que seguir haciéndolo mejor que las letras del Tesoro: quedar por detrás de ellas resultaría ridículo.* Un experto puede conseguir un rendimiento de un 100 por 100 en un año bueno, pero si estás operando con una cantidad importante de dinero año tras año, el simple hecho de superar el 20 por 100 supone un desempeño muy bueno. Genios certificados como George Soros mantiene una media, durante toda su vida, de cerca de un 30 por 100 anual.

B. *El objetivo de un trader experto consiste en meter suficiente dinero en inversiones sin riesgo para poder mantener su estándar de vida actual para siempre, incluso aunque deje de practicar el trading.* En esta etapa, el trading se convierte en un juego al que sigues jugando para tu propio disfrute. Ciertamente, Soros no necesita más dinero para sus gastos personales, pero opera en la bolsa porque disfruta gastándose fortunas en causas políticas y de beneficencia. Lo que resulta curioso es que cuando ya no tienes que esforzarte para ganar dinero, éste empieza a fluir más rápidamente que nunca.

Hacerse profesional

Un principiante hará mejor empezando con una cuenta relativamente pequeña. Alguien que ha ascendido a un sólido nivel semiprofesional necesita empezar a aumentar el tamaño de su cuenta para incrementar sus beneficios. Un experto con una cuenta grande debe ser precavido para no impactar en mercados poco activos con sus operaciones: debe vigilar que no se dé una caída de su rendimiento, que es un efecto colateral frecuente de un mayor tamaño.

El tamaño mínimo para una cuenta de trading es de unos 20 000 dólares en este momento. Una vez que hayas ascendido al nivel de un trader aficionado serio o semiprofesional, 80 000 dólares te proporcionarán una mayor libertad para diversificar. Una vez que consigas que tu cuenta tenga 250 000 dólares, puedes empezar a pensar en ascender al trading profesional. Éstos son valores mínimos absolutos, y si puedes incrementarlos, tu vida será más fácil. Empezar con 50 000 dólares, disponer de 120 000 dólares a un nivel semiprofesional y pasar a ser un profesional operando con 500 000 dólares mejorará tus probabilidades de éxito.

¿Qué sucede si no dispones de esa cantidad? Operar con un presupuesto ajustado incrementa la presión hasta niveles mortales. Una persona con una cuenta diminuta no podrá aplicar la esencial norma del 2 por 100. Si sólo tiene 5000 dólares, su riesgo permitido es de sólo 100 dólares por transacción, lo que garantiza que se verá echado por su *stop* debido al ruido del mercado. Un principiante desesperado traga saliva y ejecuta una operación sin un *stop*. Lo más probable será que pierda, pero ¿qué pasa si gana, acaba con 7000 dólares, y luego ejecuta otra transacción y sube hasta los 10 000 dólares? Si es inteligente, reducirá abruptamente su tamaño de trading y empezará, entonces, a usar la regla de 2 por 100. Ha tenido mucha suerte y debería pasar a operar con sus ganancias usando un programa de trading sensato. La mayoría de la gente queda embriagada por el éxito y no puede parar. Un principiante que haya conseguido doblar su capital con su apuesta de 5000 dólares suele creer que el juego es fácil y que es un genio. Siente que puede caminar sobre las aguas, pero al poco tiempo se ahoga.

Quizás puedas empezar consiguiendo un empleo en el trading, pero la corporación de Wall Street no contratará a alguien de más de veinticinco años dándole un trabajo pagado como aprendiz de trader. Una opción más realista es recortar gastos bruscamente, conseguir otro empleo y ahorrar dinero tan rápidamente como puedas, mientras operas sobre el papel en los mercados. Esto exige disciplina, y algunos de los mejores traders han empezado así. La tercera opción consiste en operar con el dinero de otras personas.

Operar con tu propio capital reduce el nivel de estrés. Tener que conseguir dinero incrementa la tensión e interfiere con el trading. Pedir un préstamo no es una forma sensata de conseguir fondos porque los intereses elevan una barrera infranqueable para el éxito. Pedir dinero prestado a la familia y los amigos tiene la letra pequeña añadida de tener que justificar su confianza e intentar fanfarronear.

El dinero procedente del miedo es dinero que se perderá. Si tienes que estar preocupado por devolverlo, no podrás concentrarte en el trading. Las compañías que contratan a ejecutivos suelen ejecutar comprobaciones del crédito de sus candidatos. Un nivel elevado de deuda descarta una candidatura, ya que una persona preocupada por el dinero no podrá concentrarse correctamente en su trabajo. Conozco a un perdedor crónico que recibió un cuarto de millón de dólares de su madre como regalo de bodas. Ella le dijo que se comprase una plaza en un mercado como agente bursátil con cartera propia a modo de inversión, pero él se sentía molesto por su dependencia económica de esta terca mujer y decidió mostrar lo bueno que era en realidad. Pidió un préstamo para su plaza como agente bursátil con cartera propia y fue a operar al parqué. Su plan tenía un final predecible y, a día de hoy, su familia habla del «agente bursátil con cartera propia que nunca fue».

Te irá mejor aprendiendo a operar con tu propio dinero. El momento de usar el dinero de otras personas llegará cuando sepas qué estás haciendo y quieras aprovechar tus habilidades. Hay enormes masas de capital circulando por el sistema financiero que están buscando gerentes de cartera competentes. Muéstrales un buen historial que se remonte a varios años y dispondrás de todo el dinero que quieras gestionar.

Tengo un amigo que se sacó un grado en ingeniería pero que consiguió un trabajo como administrativo en la bolsa en un mercado de futuros. Pasó muchos años aprendiendo a operar, ahorró 50 000 dólares y dejó su empleo para operar a jornada completa. Consiguió otro empleo escribiendo un libro y dando algunas clases, pero siguió batallando pese a sus beneficios anuales del 50 por 100. Sus ganancias eran de unos 25 000 dólares anuales, pero tenía que pagar el alquiler, comer y en ocasiones comprarse una raqueta de tenis nueva y un par de zapatos. Después de algunos años haciendo esto, tuvo un mal año y se quedó en el umbral de rentabilidad. Fue entonces cuando tuvo que comerse el cereal destinado a la siembra: recurrir a su capital de trading para cubrir sus gastos básicos. Entonces se puso en contacto con una gran compañía de gestión del dinero.

La empresa examinó su historial y le afianzó con 50 000 dólares adicionales. Debía operar a través de esa compañía, con unas comisiones bajas, y conservaría el 20 por 100 de cualquier beneficio conseguido con el dinero gestionado. Él siguió dando buenos resultados y ellos le siguieron dando más dinero. Al cabo de unos pocos años gestionaba 11 millones de dólares, pero entonces tuvo otro mal año, con sólo un 18 por 100 de beneficios. Antaño, habría tenido que recurrir a su capital para pagar sus gastos básicos, pero ahora las matemáticas eran distintas. Un 18 por 100 de beneficio de 11 millones de dólares equivalía a casi 2 millones de dólares, y su porción del 20 por 100 de esos 2 millones eran 400 000 dólares. Ésa es la cantidad que ganaba en un mal año. Ahora gestiona más de 100 millones de dólares. Su rendimiento como trader no ha cambiado mucho, pero el tamaño de sus recompensas se disparó.

Puedes empezar a operar con el dinero de otras personas informalmente, sin una licencia, aunque deberás registrarte una vez que los fondos bajo tu gestión superen un cierto límite. Las normas son distintas para las acciones y los futuros porque tienen unos reguladores diferentes.

Puedes empezar pidiendo a la gente que te dé poderes notariales sobre sus cuentas, permitiéndote operar, pero no retirar el dinero. Una vez que te hayas registrado, no es buena idea que tengas cuentas gestionadas individualmente, ya que sus propietarios recibirán los mismos recibos de confirmación por cada operación y empezarán a atosigarte con preguntas. Es mejor tener todas las cuentas agrupadas en una y que los miembros reciban un único extracto a final de mes explicándoles cuánto vale esa cuenta unificada y cuál es su parte.

Los gerentes de cartera de futuros están regulados por la NFA (National Futures Association, o Asociación Nacional de Futuros). Para convertirte en AMMP (asesor de mercados de materias primas) es necesario que superes un examen llamado Series 3, a no ser que seas un agente bursátil con cartera propia. Los gerentes de cartera del mercado de valores están regulados por la SEC (Securities and Exchange Commission, o Comisión de Valores y Mercados). Su examen, llamado Series 7, es mucho más difícil y mucha gente dedica meses a prepararlo.

La NFA, más partidaria del libre mercado, permite que sus miembros cobren tasas de rendimiento, llevándose una parte de las ganancias, de forma muy parecida a como los abogados estadunidenses trabajan con honorarios condicionados. No es infrecuente que un gerente de cartera se lleve un 20 por 100 de los beneficios, pero ésa no es la forma en la que la mayoría gana su dinero. Muchos cobran un 1 o 2 por 100 de los activos como tasa por la gestión. Si recaudas un 1 por 100 de 50 millones de dólares, te llevas medio millón de dólares anuales simplemente por ser un tipo agradable. Cualquier tasa por rendimiento se suma a eso como la guinda de un pastel.

La SEC, que es más de sangre azul, no permite las tasas de rendimiento, obligando a sus miembros registrados a contentarse con un pequeño porcentaje de los activos. Como los activos en el mercado de valores son mucho mayores que en el mercado de futuros, esas tasas no son moco de pavo. A pesar del bombo y platillo publicitario de los fondos mutuos, esas tasas son un factor decisivo clave del rendimiento a largo plazo de los fondos. El fondo Vanguard Fund, que siempre ha hecho de las tasas bajas su objetivo clave para su venta, sigue consiguiendo unos mejores resultados que la mayoría de los gerentes de cartera célebres a largo plazo.

Los gerentes de cartera del mercado de valores han dado con una forma de bordear la regulación de la SEC contra las tasas de rendimiento. Establecen unos vehículos conocidos como fondos de cobertura. Sólo se permite a los llamados inversores cualificados que superan las pruebas de renta y activos invertir en ellos. Los gestores de fondos de cobertura suelen invertir su propio dinero en los fondos y reciben tasas de rendimiento comparables a las de los mercados de futuros. Un gerente de un fondo de cobertura opera con su propio dinero, además de con el de sus clientes, razón por la cual probablemente los fondos de cobertura como grupo obtengan unos mejores resultados que los fondos mutuos. Monitorizar a los gestores de fondos de cobertura y desplazar fondos entre ellos ofrece una alternativa a la monitorización de los mercados para los inversores ricos. Si sigues esta ruta, asegúrate de averiguar qué porcentaje de sus propios activos tienen en sus fondos.

Los gerentes de cartera exitosos pasan por tres etapas de desarrollo. Muchos empiezan gestionando informalmente algunas cuentas modestas. Luego se registran y los fondos gestionados ascienden a millones de dólares. Los que acumulan un historial de cinco años con ganancias constantes y descensos pequeños pueden aspirar al premio clave: los fondos de pensiones y el dinero procedente de legados. Los que logran gestionar estos activos son la verdadera élite de los gerentes de cartera profesionales.

CAPÍTULO 10

Entra en mi habitación del trading

Las buenas operaciones empiezan y acaban con la gestión del dinero. La norma del 6 por 100 te dice, en primer lugar, si puedes ejecutar una transacción o no. Luego, antes de emitir una orden, la regla del 2 por 100 te dice el tamaño máximo permitido para esa operación, basándose en la distancia entre tu entrada hasta el *stop*. Emparedado entre esas dos normas tenemos al análisis del mercado. Aquí, en este capítulo, quiero explicarte el proceso analítico.

Sorprendente pero cierto: la mayoría de la gente que escribe libros sobre el trading no opera en la bolsa. Al preparar sus libros, se fían del poder de los ejemplos hipotéticos bien escogidos. Las únicas personas obligadas a revelar sus historiales son los gerentes de cartera. Yo opero con mi propio dinero, y no siento la necesidad de mostrar toda mi contabilidad a la gente fisgona. Pese a ello, has confiado lo suficiente en mí como para comprarte este libro. Como toda confianza es mutua, quiero corresponderte mostrándote algunas de mis operaciones.

Aquí tenemos algunas transacciones que he ejecutado en los últimos meses. Es importante saber que todas ellas ya se hayan cerrado. Una de las peores cosas que puede hacer un trader es revelar sus operaciones abiertas, poniendo en juego su ego, y estropear el proceso de toma de decisiones. Las operaciones completadas son historia de la que podemos aprender.

Estas gráficas muestran cómo un trader toma sus decisiones de compra y venta. Las mías se basan principalmente en el sistema de trading de la triple pantalla: tomar decisiones estratégicas en la franja de tiempo más larga y decisiones tácticas en el período de tiempo más corto.

Siempre que efectúo una operación imprimo sus gráficas y marco las señales clave que provocaron que actuara. Siempre que cierro una transacción, imprimo sus gráficas de nuevo y marco las señales que me hicieron salir. Puede que escriba algunas líneas sobre cómo me di cuenta de una operación potencial, cómo me sentía al entrar y al salir, etc. Intento no escribir una tesis sobre cada transacción y registro sólo los factores clave, intentando ser breve y conciso.

Mi diario, que es un álbum de tapa dura encuadernado en espiral, se encuentra en una estantería en mi habitación del trading. A veces entro en esa habitación por la tarde, me despatarro en una butaca y reviso mis operaciones, una tras otra. Algunas páginas son agradables y otras dolorosas, pero todas son educativas.

Mientras vayas buscando operaciones, no sientas como si tuvieras que encontrar los mismos patrones que los mostrados aquí. Éste es simplemente un breve extracto del diario de un hombre: algunas de las operaciones realizadas en los últimos meses. Además, el trading es intensamente personal, con los diferentes individuos reaccionando a los distintos aspectos del juego. Hay muchas formas de ganar dinero e incluso más formas de perderlo. Mi principal objetivo al mostrarte algunas páginas de mi diario es el de animarte a empezar a documentar tus operaciones para aprender de tu propia experiencia.

Fragmentos del diario

Las gráficas de mi diario de trading están impresas en color y marcadas a mano. Los comentarios, escritos en los márgenes, son telegráficos y abreviados. Al preparar este manuscrito para su publicación tuve que imprimir esas gráficas en blanco y negro, y no en color, al tiempo que expandía un poco mis comentarios para hacer que fueran fáciles de entender.

Mostrar tu diario de trading a desconocidos se parece casi a invitarlos a tu dormitorio durante un momento íntimo. A medida que nos vamos haciendo mayores, cada vez nos preocupa menos lo que los demás piensen de nosotros. No creo que hubiera podido mostrarte mi diario hace algunos años.

La pregunta claves es: ¿qué vas a hacer con esto? ¿Les echarás un vistazo a las páginas despreocupadamente? ¿Las revisarás lentamente, evaluando cada señal de trading? ¿Te sentirás sobrepasado? ¿Te sentirás crítico, especialmente con las operaciones con unas valoraciones que disten de ser perfectas? Antes de pasarte mis registros de seis operaciones recientes, sólo tengo una pregunta. ¿Llevarás tu propio diario? Si mi ejemplo te ha inspirado, habré conseguido mi objetivo.

Operación 1: CSCO a largo

El mercado de valores ha estado cayendo durante un año, acelerando en los últimos meses. En un campamento para traders celebrado un mes antes de esta operación le pregunté a un instructor invitado, que era un experto famoso, qué compañías quedarían en pie en el fondo de un serio declive económico y financiero: es decir, qué acciones comprar entre las ruinas. Su respuesta: BGEN, CSCO e IBM. Incluí a las tres en mi monitorización semanal del mercado.

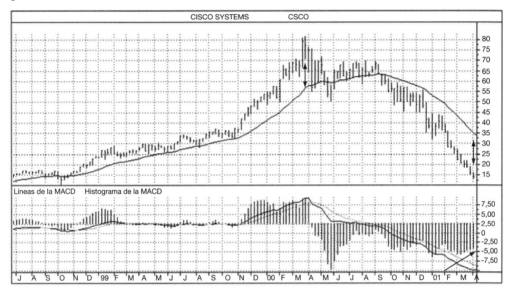

GRÁFICA 10.1   Entrada semanal

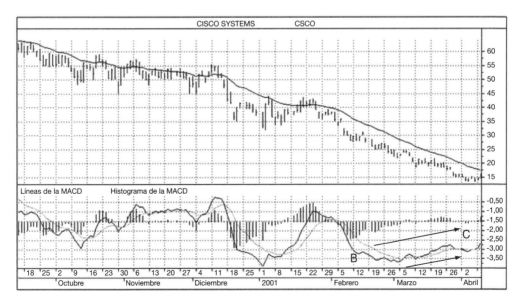

GRÁFICA 10.2   Entrada diaria 1

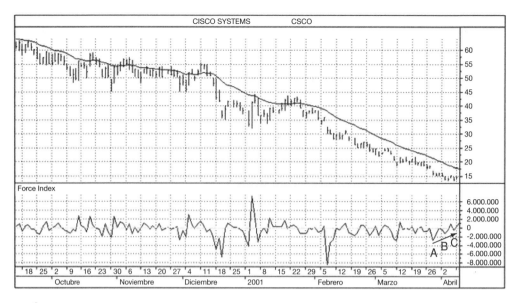

GRÁFICA 10.3   Entrada diaria 2

Entrada

Semanal: CSCO ha perdido más del 85 por 100 de su valor, pero esta compañía no va a desaparecer como una estúpida empresa puntocom. Las bandas de fluctuación semanales se han vuelto estrechas, las barras cercanas al borde derecho sólo tienen un par de dólares de amplitud en comparación con las barras de diez dólares de un año atrás. Ésta es una señal de que los excesos especulativos han sido exprimidos. El histograma de la MACD semanal ha estado subiendo durante las seis últimas semanas en el borde derecho: es alcista. El precio semanal está tan por debajo de su MME como lo estuvo por encima en el máximo en 2000. La «goma elástica» que conecta el precio con la MME está demasiado estirada, lista para volver a contraerse.

Diaria: Divergencia alcista enorme entre el precio y el histograma de la MACD. Véase lo fuertes que estaban los osos en el mínimo A, cómo estaban más débiles en el mínimo B y ahora en el punto C. Con unos precios muy inferiores los osos apenas tienen poder. Además, hay una divergencia alcista (B-C), que rara vez se ve, entre el precio y las líneas de la MACD. La triple divergencia alcista (A-B-C) entre el Force Index de dos días y el precio muestra que cada intento reciente por llevar los precios a niveles inferiores era más débil que antes. Esta divergencia te está gritando que compres ahora, porque revela que los osos se han quedado sin aliento y que los toros están a punto de tomar el control.

Actuación: A largo el 9 de abril de 2001 a 13,91 dólares, con un *stop* en 13,18 dólares, por debajo del último mínimo.

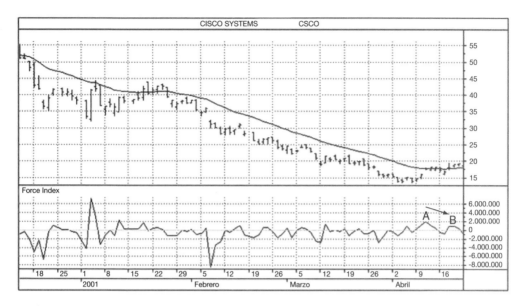

GRÁFICA 10.4 Salida

Salida

Diaria: Los precios regresaron ligeramente por encima de su MME, solucionando la situación de sobreventa, y parecen haberse ahogado. El Force Index de dos días está trazando una divergencia bajista (A-B), mostrando que el ascenso de los pasados tres días es más débil que durante la semana anterior.

Actuación: Vendí largos el 20 de abril de 2001 a 18,85 dólares. Valoración de la operación de un 55 por 100 (obtuve 4,94 puntos de una canal de 9 puntos).

Operación 2: GX a largo

Distintas acciones suelen trazar unos patrones similares con unos pocos días de diferencia entre sí. Si averiguas qué están haciendo los líderes, puedes empezar a buscar patrones similares entre los rezagados. Una amiga me llamó la atención sobre GX cuando me telefoneó para pedirme mi opinión sobre un puñado de acciones que le gustaban. Sus patrones tenían un aspecto extraordinariamente similar a CSCO, que ya estaba funcionando a mi favor.

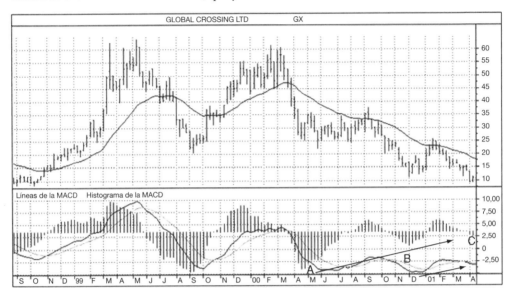

GRÁFICA 10.5 Entrada semanal

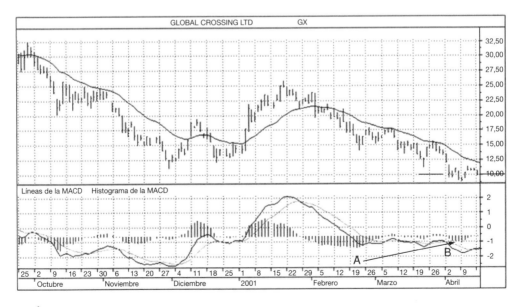

GRÁFICA 10.6 Entrada diaria 1

266

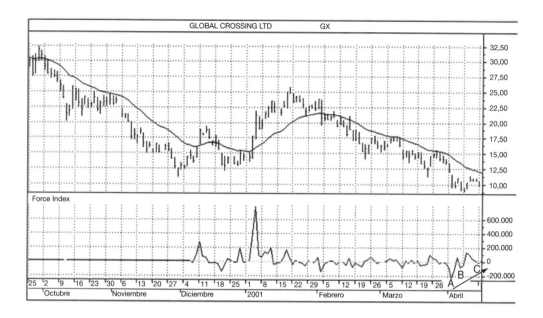

GRÁFICA 10.7   Entrada diaria 2

Entrada

Semanal: GX ha perdido más del 80 por 100 de su valor. Los precios están tan profundamente por debajo de sus MME semanal como no lo han estado nunca, justo por encima del nivel de soporte psicológico de los 10 dólares. Tanto el histograma de la MACD como las líneas de la MACD están trazando unas divergencias alcistas enormes (A-B-C y B-C, respectivamente).

Diaria: Divergencia alcista entre el histograma de la MACD y el precio (A-B) muestra que los osos se están volviendo más débiles, los precios se están quedando sin inercia y no existe una gran presión de venta. Hace siete jornadas de trading hubo una falsa ruptura por debajo de los 10 dólares, y la barra más a la derecha está descendiendo para volver a poner ese nivel a prueba. El mínimo de la ruptura de la semana anterior proporciona un punto lógico para el *stop* de protección. El Force Index de dos días está trazando una triple divergencia alcista (A-B-C), mostrando que los osos no tienen fuerza: se trata de una compra clarísima. Es de esperar que los precios suban por encima de su MME.

Actuación: A largo el 16 de abril de 2001 a 10,05 dólares, con un *stop* a 8,76 dólares, por debajo del último mínimo.

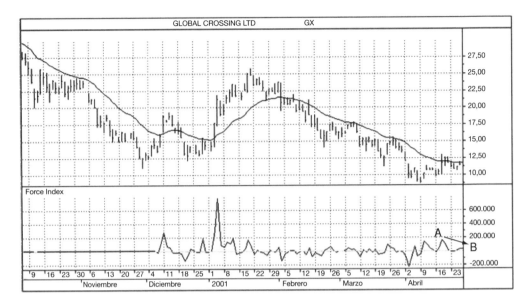

GRÁFICA 10.8 Salida

Salida

Diaria: El ascenso se está ahogando, ya que los precios han regresado ligeramente por encima de su MME. EL Force Index de dos días está trazando una divergencia bajista (A-B), mostrando que el ascenso en el borde derecho se está quedando sin fuerza.

Actuación: Vendí a largo el 27 de abril de 2001 a 11,47 dólares. Valoración de la operación: 24 por 100 (obtuve 1,42 puntos de un canal de 5,82 puntos).

Operación 3: PG a largo

A finales de abril de 2001 celebré un pequeño campamento de fin de semana en un centro turístico de California. Una vez que expuse mis métodos, pasamos la mayor parte del tiempo aplicándolos a las acciones elegidas por los participantes en el campamento. De las docenas de acciones que analizamos ese fin de semana, ninguna de ellas pareció más atractiva que PG. El lunes por la mañana me conecté a Internet y emití una orden de compra.

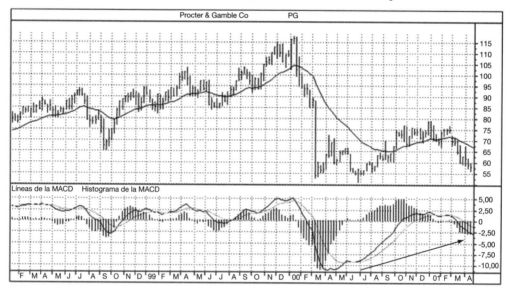

GRÁFICA 10.9

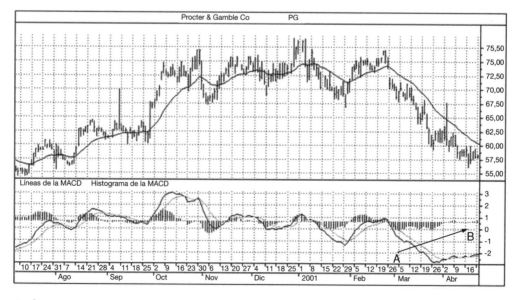

GRÁFICA 10.10

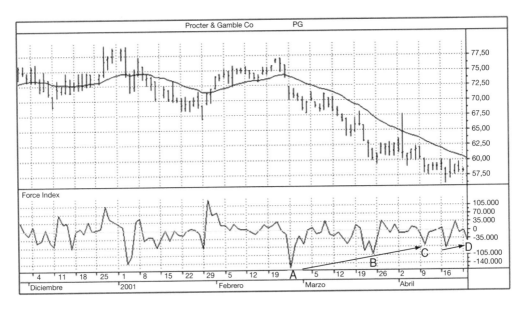

GRÁFICA 10.11

Entrada

Semanal: Los precios están cayendo hacia su soporte. El histograma de la MACD semanal está al borde de completar una divergencia alcista, mientras que el mercado en general está subiendo.

Diaria: Divergencia alcista del histograma de la MACD (A-B) con un segundo fondo (B) extremadamente superficial que muestra que los osos se han quedado completamente sin aliento. El Force Index de dos días muestra tanto una divergencia alcista a más largo plazo (A-B-C-D) desde febrero como una a corto plazo (C-D) en el borde derecho, dando la orden final para apretar el gatillo. Espera que los precios suban por encima de su MME, por lo menos tan alto como tan bajos están ahora por debajo de esa línea.

Actuación: A largo el 23 de abril de 2001 a 58,02 dólares, con un *stop* a 55,95 dólares, por debajo del último mínimo.

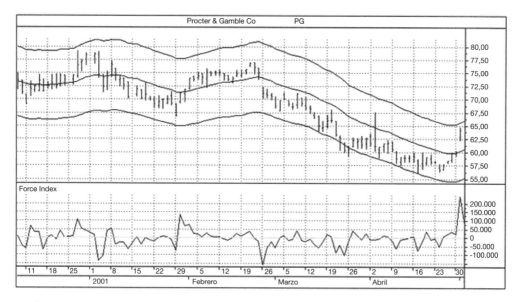

GRÁFICA 10.12

Salida

Diaria: En el borde derecho, los precios ascendieron debido a un informe de beneficios. Tenía una orden en pie para vender a 62 dólares que se ejecutó a 63.

Actuación: Vendí a largo el 1 de mayo de 2001 a 63 dólares. Valoración de la operación del 45 por 100 (obtuve 4,98 puntos de un canal de 10,83 puntos).

Operación 4: IMPH a largo

La misma amiga que me llamó por las acciones de GX me envió un *e-mail* y me pidió mi opinión sobre otra docena de acciones que le gustaban, entre ellas éstas, que me llamaron la atención.

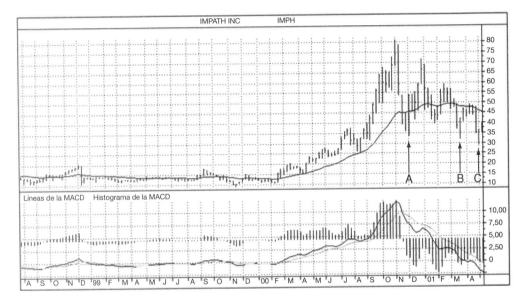

GRÁFICA 10.13

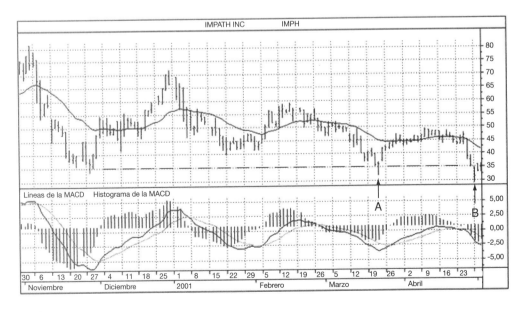

GRÁFICA 10.14

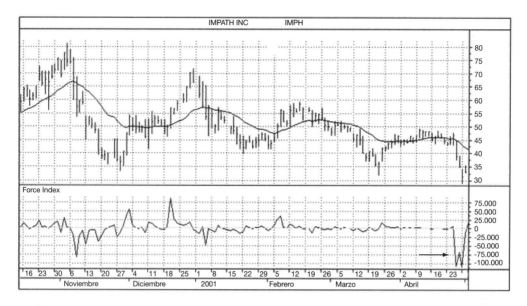

GRÁFICA 10.15

Entrada

Semanal: Hay una cola de canguro (C) en el borde derecho de la gráfica, una figura que rara vez se ve en las gráficas semanales. Las colas anteriores (A y B) dieron lugar a grandes ascensos. El mercado en general es alcista.

Diaria: Los precios se encuentran al nivel de su soporte. También se ve una cola de canguro (B) en la gráfica diaria. Un mínimo profundo en el Force Index de dos días cerca del borde derecho refleja una liquidación masiva que parece haber pasado, ya que los precios ascendieron por encima del soporte. Es de esperar que los precios regresen a su MME.

Actuación: A largo el 2 de mayo de 2001 a 33,86 dólares, con un *stop* en 30,50 dólares, a medio camino en sentido descendente de la cola.

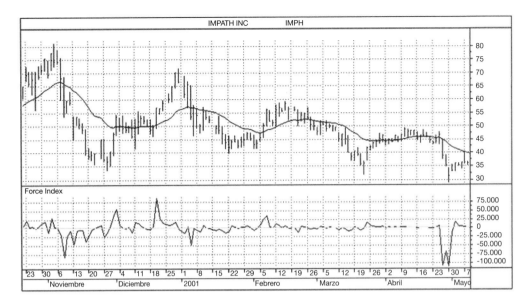

IMPATH INC   IMPH

Force Index

'23 '30 '6 '13 '20 '27 '4 '11 '18 '25 '1 '8 '15 '22 '29 '5 '12 '19 '26 '5 '12 '19 '26 '2 '9 '16 '23 '30 '7
Noviembre   Diciembre   2001   Febrero   Marzo   Abril   Mayo

GRÁFICA 10.16

Salida

Diaria: Otra cola está apuntando hacia arriba. La subida esperada hasta la MME se produjo. Lamentablemente, los precios rebotaron antes que se pudieran recoger beneficios a ese nivel.

Actuación: Vendí a largo el 8 de mayo de 2001, a 36,39 dólares. Valoración de la operación del 16 por 100 (obtuve 2,53 puntos de un canal de 16 puntos).

274

Operación 5: OCA a corto

Un dentista amigo mío me pidió que echase un vistazo a una compañía que estaba intentando absorber su empresa del sector de la odontología. Le estaban ofreciendo sus acciones y no sabía si era un buen trato. A mí me pareció todo lo contrario.

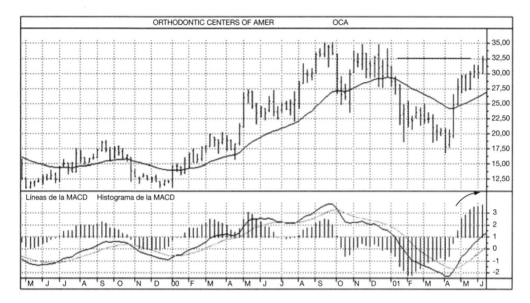

GRÁFICA 10.17

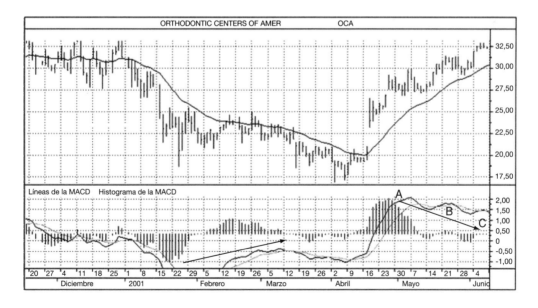

GRÁFICA 10.18

GRÁFICA 10.19

Entrada

Semanal: El ascenso está entrando en una fuerte resistencia, con el histograma de la MACD semanal aplanándose en el borde derecho, indicando que la subida está cerca de su final.

Diaria: Divergencias bajistas enormes en los valores diarios del histograma de la MACD y de las líneas de la MACD (A-B-C), además de en el Force Index (A-B-C). Los pequeños rangos diarios durante la última semana muestran que los toros se han retirado del mercado. La resistencia frente a este ascenso es abrumadora. El plan consiste en vender a corto con un *stop* SafeZone.

Actuación: A corto el 11 de junio de 2001 a 32,21 dólares, con un *stop* en 33,49 dólares.

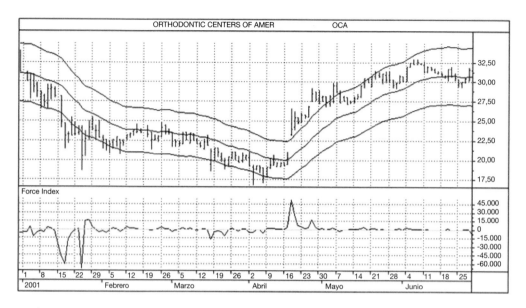

GRÁFICA 10.20

Salida

Diaria: Fuerte soporte cerca de la MME, los precios no están colapsando. El último día de ascenso en el borde derecho alcanzó el *stop* SafeZone.

Actuación: Cerré cortos el 28 de junio de 2001 a 31,46 dólares. Valoración de la operación del 11 por 100 (obtuve 0,75 puntos de un canal de 7 puntos).

Operación 6: EBAY a corto

Cuando el mercado se estaba volviendo más «pesado» en verano de 2001, con muchas acciones cayendo, encontré esta operación en EBAY, que en esa época se encontraba en mi lista de monitorización cotidiana.

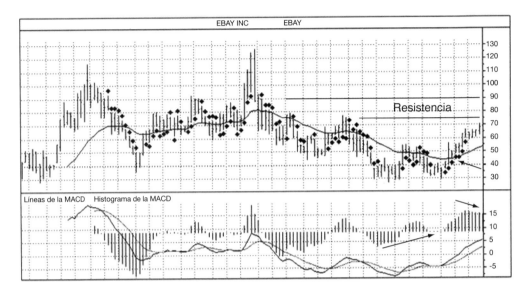

GRÁFICA 10.21

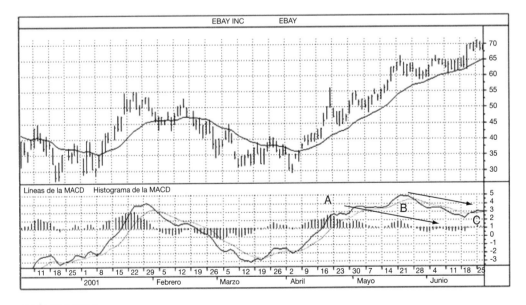

GRÁFICA 10.22

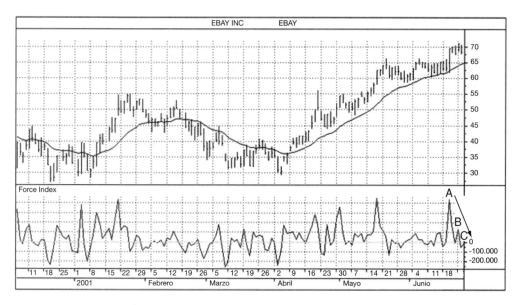

GRÁFICA 10.23

Entrada

Semanal: El ascenso está entrando en una resistencia, y el histograma de la MACD semanal ha estado descendiendo durante las cuatro últimas semanas. El sistema de impulso ya no está emitiendo su señal de compra, como sí hizo en el punto A, permitiéndonos operar a corto.

Diaria: Divergencias bajistas enormes entre los precios y el histograma de la MACD (A-B-C), además de una rara divergencia bajista con las líneas de la MACD (B-C). La triple divergencia bajista (A-B-C) entre el Force Index y el precio en el borde derecho da una señal para apretar el gatillo. El plan consiste en vender a corto con un *stop* SafeZone.

Actuación: A corto el 25 de junio de 2001 a 69 dólares, con un *stop* en 72,51 dólares.

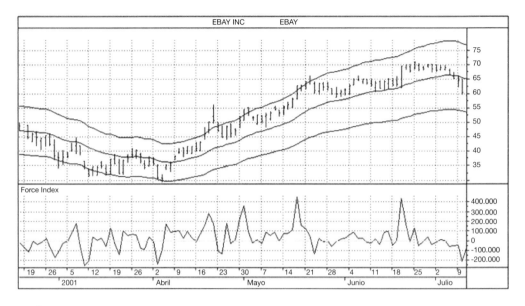

GRÁFICA 10.24

Salida

Diaria: El precio colapsa por debajo de la MME, más o menos a una profundidad igual a cuanto solía encontrarse por encima de ella. El Force Index no puede estar más bajo: es el momento de cerrar cortos.

Actuación: Cierre de cortos el 11 de junio de 2001, a 59,34 dólares. Valoración de la operación del 42 por 100 (obtuve 9,79 puntos de un canal de 23 puntos).

Tu próxima operación

M e llevó veinte años de trading y tres años de escritura acabar este libro. El trabajo fue duro, pero disfruté del camino. Leértelo debe haberte supuesto mucha dedicación, especialmente si lo has estudiado y no simplemente leído por encima. Escribí el libro a varios niveles, y probablemente te lleve más de una lectura captar todas sus ideas y conceptos. Es de esperar que regreses y revises secciones de este libro en los siguientes meses y años, a medida que tu experiencia crezca y surjan nuevas preguntas.

Hemos pasado mucho tiempo juntos en mi habitación del trading, pero ahora nuestros caminos se separan.

He logrado lo que quería, he resumido mis ideas sobre el trading. Ahora, liberado del procesador de textos, me voy a dedicarme a mis pasiones, especialmente al trading y viajar. Pasaré más tiempo frente a la pantalla, viajaré a lugares lejanos y, si disponen de buenas conexiones a Internet, operaré desde allí, combinando mis intereses.

¿Qué harás tú?

Has recibido lecciones de psicología, análisis técnico, gestión del dinero y mantenimiento de registros. Si te tomas el éxito en serio, empieza a aplicar lo que has aprendido. Tienes trabajo por delante.

Tu primera tarea consiste en establecer un sistema de mantenimiento de registros tal y como se ha descrito. Llevar registros es como mirarte en un espejo mientras te afeitas con una cuchilla muy afilada. Correrás menos peligro si miras. Ahondando en este tema, esto me recuerda cómo, en una ocasión, envié a un paciente a Alcohólicos Anónimos que me dijo que esas reuniones le arruinaron como alcohólico. Emborracharse ya nunca volverá a ser divertido. Llevar unos registros hará lo mismo por ti: te inmunizará contra las apuestas impulsivas.

Tu siguiente paso consiste en establecer tu plan de gestión del dinero. Síguelo anotando tu plan de trading, un árbol de toma de decisiones. Una vez que lo hagas, actuarás de forma contraria a la mayoría del público que opera en la bolsa. Somete a prueba todo lo que leas en este libro o en cualquier otro libro. Sólo el poner a prueba puede hacer que cualquier método sea el tuyo propio.

Los que se centran en las recompensas, que son considerables, suelen someterse a un esfuerzo excesivo. Es mejor operar con un pequeño volumen para estar más relajado y disfrutar del proceso de aprendizaje. Entonces emergerás no sólo siendo más rico, sino también siendo una persona más atenta, consciente, libre y en paz contigo mismo.

He pasado por este camino, tomado mis decisiones y luchado contra mis demonios en la senda que va de ser un aficionado con los ojos como platos a ser alguien que sabe lo que está haciendo. El camino ha tenido muchos trechos duros, pero tanto el viaje como las recompensas valen la pena.

Cerrar este libro no significa tener que decir adiós. Si sigo organizando mis campamentos para traders: puedes venir a pasar una semana durante la cual trabajaremos juntos con el trading. Todas las ideas nuevas que aparecen en este libro se han presentado antes a los asistentes a mis campamentos, a quienes dedico este libro.

Al escribir este libro te he dado lo mejor de mí y no me he guardado nada. Espero que lo des todo de ti para convertirte en un buen trader. Ahora regreso a mi habitación del trading y te deseo el éxito en la tuya.

Doctor Alexander Elder
Nueva York
Febrero de 2002

Bibliografía

ACHELIS, S.: *Technical analysis from A to Z.* McGraw-Hill, Nueva York, 1995. (Trad. cast.: *El análisis técnico de la A a la Z.* Valor Editions: Barcelona, 2016).

APPEL, G.: *Day-trading with Gerald Appel* (vídeo). FinancialTrading, Nueva York, 1989.

BASSO, T. F.: *Panic-proof investing.* John Wiley & Sons, Nueva York, 1994.

BELVEAL, L. D.: *Charting commodity market price behavior* (1969). Dow Jones Irwin, Homewood (Illinnois), 1989.

BERNSTEIN, P. L.: *Against the gods.* John Wiley & Sons, Nueva York, 1996. (Trad. cast.: *Contra los dioses: la extraordinaria historia del riesgo.* Profit Editorial: Barcelona, 2020).

BLOOM, H.: *The Lucifer principle.* Atlantic Monthly Press, Nueva York, 1995.

BRIESE, S. E.: *The inside track to winning* (vídeo). Financial Trading, Nueva York, 1993.

BROWER, W.: Comunicación personal.

CAPLAN, D.: *Trade like a bookie.* Com-Op Publishing, Oxnard (California), 1995.

CHANDE, T. S. y KROLL, S.: *The new technical trader.* John Wiley & Sons, Nueva York, 1994.

DOMINGUEZ, J. y ROBIN, V.: *Your money or your life.* Penguin Books, Nueva York, 1992. (Trad. cast.: *La bolsa o la vida: Los 9 pasos para transformar tu relación con el dinero y alcanzar la libertad financiera.* Kitsune Books: Barcelona, 2023).

DOUGLAS, M.: *The disciplined* trader. New York Institute of Finance, Nueva York. 1990. (Trad. cast.: *El* trader *disciplinado: Cómo desarrollar actitudes ganadoras.* Valor Editions de España: Barcelona, 2020).

—: *Trading in the zone*. Prentice-Hall, Englewood Cliffs (Nueva Jersey), 2001. (Trad. cast.: *Trading en la zona*. Valor Editions de España, D. L.: Barcelona, 2015).

EDWARDS, R. D. y MAGEE, J.: *Technical analysis of stock trends* (1948). New York Institute of Finance, Nueva York, 1992. (Trad. cast.: *Análisis técnico de las tendencias de los valores*. Profit Editorial: Barcelona, 2021).

EHLERS, J.: Comunicación personal.

—: *Rocket science for traders*. John Wiley & Sons, Nueva York, 2001.

ELDER, A.: *Rubles to dollars*. New York Institute of Finance, Nueva York, 1999.

—: *Study guide for come into my trading room*. John Wiley & Sons, Nueva York, 2002.

—: *Study guide for trading for a living*. John Wiley & Sons, Nueva York, 1993.

—: *Trading at the right edge* (vídeo). Financial Trading, Nueva York, 1996.

—: *Trading for a living*. John Wiley & Sons, Nueva York, 1993. (*Vivir del trading: Trading for a living*. Valor Editions de España, D.L.: Barcelona: 2014).

—: *Winning psychology and tactics* (vídeo). Financial Trading, Nueva York, 1999.

FRIEDENTAG, H. C.: *Options–Investing without fear*. International Publishing, Chicago, 1995.

GLEICK, J.: *Chaos*. Viking Penguin, Nueva York, 1987. (Trad. cast.: *Caos: la creación de una ciencia*. Crítica: Barcelona, 2012).

GUPPY, D.: Comunicación personal.

HAGSTROM, R. G., JR.: *The Warren Buffett way*. John Wiley & Sons, Nueva York, 1995. (Trad. cast.: *Warren Buffet*. Gestión 2000: Barcelona, 2012).

HARTLE, T.: «Talking with "Turtle" Russell Sands», *Stocks & Commodities*, vol. 12, n.º 10, pp. 544-548 (1992).

HIERONYMUS, T. A.: *Economics of futures trading*. Commodity Research Bureau, Nueva York, 1971.

HURST, J. M.: *The profit magic of stock transaction timing*. Prentice-Hall, Englewood Cliffs (Nueva Jersey), 1970.

KAUFMAN, P. J.: *Smarter trading*. McGraw-Hill, Nueva York, 1995.

LeBEAU, C.: Comunicación personal.

LeBEAU, C. y LUCAS, D. W.: *Technical traders guide to computer analysis of the futures market*. McGraw-Hill, Nueva York, 1991.

LeFEVRE, E.: *Reminiscences of a stock operator*. George H. Doran Company, Nueva York, 1923. (Trad. cast.: *Memorias de un operador de bolsa: La biografía novelada de Jesse Livermore, uno de los mayores especuladores de todos los tiempos*. Deusto: Barcelona, 2012).

LEIGH, N.: *Thirteen against the bank*. Weidenfeld, Londres 1976. (Trad. cast: *Trece contra la banca*. Maeva Ediciones: Madrid, 2013).

LYNCH, P.: *One up on Wall Street*. Simon & Schuster, Nueva York, 1989. (Trad. cast.: *Un paso por delante de Wall Street: Cómo utilizar lo que ya sabes para ganar dinero en bolsa*. Deusto: Barcelona, 2015).

McMILLAN, L. G.: *Options as a strategic investment*, 3.ª ed. New York Institute of Finance, Nueva York, 1999.

Murphy, J. J.: *Technical analysis of the financial markets*. Prentice-Hall, Englewood Cliffs (Nueva Jersey), 1999. (Trad. cast.: *Análisis técnico de los mercados financieros*. Gestión 2000: Barcelona, 2016).

Natenberg, S.: *Option volatility and pricing*. McGraw-Hill, Nueva York, 1994.

Nison, S.: *Japanese candlestick charting techniques*. New York Institute of Finance, Nueva York, 1991. (Trad. cast.: *Las velas japonesas: Una guía contemporánea de las antiguas técnicas de inversión de Extremo Oriente*. Valor, D. L.: Barcelona, 2014).

Perry, R.: Comunicación personal.

—: RightLine Report–Stock splits and momentum trading (presentación en el campamento para traders, enero de 2001).

Schabacker, R. W.: *Technical analysis and stock market profits*. Pearson Professional, Londres, 1997.

Schwager, J. D.: *Market wizards*. HarperBusiness, Nueva York, 1990. (Trad. cast.: *Los magos del mercado*. Valor Editions de España, D. L.: Barcelona, 2016).

—: *Technical analysis of the futures markets*. John Wiley & Sons, Nueva York, 1995.

—: *The new market wizards*. HarperBusiness, Nueva York, 1992. (Trad. cast.: *Los nuevos magos del mercado: Entrevistas con traders legendarios*. Valor Editions: Barcelona, 2019).

Steidlmyer, J. P. y Koy, K.: *Markets & market logic*. Porcupine Press, Chicago, 1986.

Sweeney, J.: *Campaign trading*. John Wiley & Sons, Trading, 1996.

Teweles, R. J. y Frank J. J.: *The futures game*, 3.ª ed. McGraw-Hill, Nueva Yotk, 1998.

Tharp, V. K.: *Trade your way to financial freedom*. McGraw Hill, Nueva York, 1998. (Trad. cast.: *Tener éxito en trading*. Valor Editions de España: Barcelona, 2022).

Thorp, E. O.: *Beat the dealer*. Vintage Books, Nueva York, 1966.

Vince, R.: *Portfolio management formulas*. John Wiley & Sons, Nueva York, 1990.

Wilder, J. W., Jr.: *New concepts in technical trading systems*. Trend Research, Greensboro (Carolina del Sur), 1976. (Trad. cast.: *Nuevos conceptos sobre sistemas técnicos de operación en bolsa*. GESMOVASA: Madrid, 1988).

Agradecimientos

Escribir esta página es como comerse un postre: después de trabajar en este libro durante más de tres años, tengo la posibilidad de dar las gracias a aquellos que me ayudaron a lo largo del camino.

Gracias, en primer lugar, a los participantes en mis campamentos, que es la gente a la que le dedico este libro. Durante los últimos (muchos) años, he estado organizando campamentos para traders, entablando amistad con algunas de las personas más agudas e inquisitivas que hay en los mercados. Sus preguntas me forzaron a profundizar y articular mis ideas más claramente. A fecha de hoy, uno de los momentos culminantes del mes es una reunión de participantes en los campamentos en mi apartamento en Manhattan.

Quiero dar las gracias a mi personal, especialmente a mi gerente, Inna Feldman. Confío en ella para que cuide bien de mis clientes mientras viajo u opero en la bolsa en el extranjero.

Fred Schutzman, un viejo y fiel amigo, sacó tiempo de su atareada agenda para leerse todo el manuscrito, y su agudísima vista detectó varios descuidos. Fred llevó a cabo una revisión similar de mi anterior libro, *Vivir del trading: Trading for a living*. Durante la fiesta por su publicación, le presenté a la mujer que era mi subgerente. Empezaron a salir, se casaron y el año pasado tuvieron su tercer hijo. Fred tiene una hermosa familia, lo que supone un premio inesperado por su duro trabajo.

Mi mejor amigo, Lou Taylor, a quien dediqué *Vivir del trading: Trading for a living,* falleció más de un año antes de que acabara este libro. Sus sabios consejos fueron inestimables, y su ausencia en la siguiente fiesta por la publicación de un libro me hará sentir un enorme vacío.

Mi hija mayor, Miriam, que es periodista en París, me ayudó a corregir este manuscrito. Parece que era hace poco cuando era yo el que corregía sus deberes, y ahora es ella la que usa un bolígrafo rojo con mis escritos. Su dominio de la lengua y su estilo son impecables: parece que esos deberes dieron sus frutos. Mi segunda hija, Nika, que es historiadora del arte en Nueva York, que es otra persona con un afilado sentido del gusto, desarrolló el diseño de la sobrecubierta de este libro. También seleccionó las fuentes e hizo otras sugerencias para mejorar el aspecto y la sensación transmitida por el libro. Las dos, además de mi hijo más joven, Danny, me han proporcionado muchas alegres distracciones del trabajo. Frecuentemente los llevé conmigo en mis viajes, y como les gusta irse a dormir tarde, dispuse del tiempo para trabajar en este libro en los cafés de Venecia, Fiyi, Nueva Zelanda y en otros lugares, antes de un día esquiando o visitando museos.

Mi anterior gerente, Carol Keegan Kayne, que corrigió todos mis libros anteriores, revisó las galeradas de éste. Me convenció, de una vez por todas, de que ninguno de mis libros está acabado hasta que ella le da el visto bueno.

Mi viejo amigo Ted Bonanno me aisló de la parte más estresante de la escritura de un libro: la negociación de un contrato de publicación. Ted es un entrenador olímpico de remo (hace no mucho fue a los Juegos Olímpicos de Sídney y no me acerqué al gimnasio durante tres benditas semanas). Entrenamos juntos, y fue divertido hablar de negocios con Ted mientras corríamos o entre series de levantamiento de pesas.

En último lugar, pero no por ello menos importante, quiero dar las gracias a muchos amigos de todo del mundo en cuyas casas en la playa, la montaña o la ciudad me he alojado a veces mientras escribía este libro. Como muchos de ellos son traders, espero que se beneficien de los conocimientos que compartí con ellos tanto como yo disfruté de su hospitalidad.

Doctor Alexander Elder
Nueva York
Febrero de 2002

Acerca del autor

Alexander Elder (doctor), es un trader profesional que vive en Nueva York. Es el autor de *Vivir del trading: Trading for a living* y de *Study guide for trading for a living,* que se consideran clásicos actuales entre los traders. Estos superventas internacionales, que se publicaron por primera vez en 1993, se han traducido al chino, holandés, francés, alemán, griego, japonés, coreano, polaco y ruso. También ha escrito *Rubles to dollars*, un libro sobre la transformación de Rusia.

El doctor Elder nació en Leningrado y creció en Estonia, donde entró a estudiar a la Facultad de Medicina a los dieciséis años. A los veintitrés, mientras trabajaba como médico en un barco, escapó de un barco soviético en África y recibió asilo político en EE. UU. Trabajó como psiquiatra en la ciudad de Nueva York y dio clases en la Universidad de Columbia. Su experiencia como psiquiatra le proporcionó un conocimiento único sobre la psicología del trading. Los libros, artículos y revisiones de *software* del doctor Elder le han asentado como uno de los expertos destacados en trading.

El doctor Elder es un orador muy solicitado en conferencias y es el fundador de los campamentos para traders. Se anima a los lectores de *Entra en mi habitación del trading* a solicitar una suscripción gratuita a su boletín informativo electrónico escribiendo o telefoneando a:

Financial Trading, Inc.
Apartado de Correos 20555, Columbus Circle Station
Nueva York (Nueva York) 10023, EE. UU.
Tel.: 718-507-1033; Fax: 718-639-8889
e-mail: info@elder.com
Página web: www.elder.com

ÍNDICE ANALÍTICO

ÍNDICE